U1011951

高职高专项目式实践类系列教材

电动汽车高压安全及防护

主　编　赵红荣

副主编　邱　霖　曾德军

编　者　任　飞　林　波　唐建敏

　　　　强　军　刘　祥　柳小永

主　审　钟向群

西安电子科技大学出版社

内 容 简 介

本书根据高职教育的特点，立足实践与应用能力培养的原则，力求在实训项目的内容、体系和方法上有所创新，同时依据职业教育改革创新工程——汽车领域“1+X”证书制度中智能新能源汽车职业技能等级证书模块要求组织编写内容，注重在教学和训练中融入“1+X”职业资格考试理论与技能知识，实现“以知识体系为中心”到“以能力达标为中心”的转变。

全书由8个实训项目组成，实训项目一至七包括31个任务和19个训练，实训项目八包括8个综合训练任务，涵盖了电动汽车高压安全及防护技术的基本知识与技能训练，具体主要内容包括：电动汽车高压防护用品、电动汽车安全性分析、纯电动汽车高压部件、混合动力汽车高压部件、电动汽车维修作业的高压安全及防护、电动汽车充电安全、电动汽车高压安全与应急处理、电动汽车高压安全检测与维修综合训练等。本书采用项目式教学，做到步步有任务、节节有训练、处处有考评，仿真训练与实际动手操作相结合。

本书可作为高等职业院校、高等专科院校、成人教育高校和五年一贯制高职院校汽车工程类、交通类、微机计算类、电子电气类、人工智能类、信息类、机电类、化工化学类等相关专业的教材或参考书，也可作为社会从业人员的技术参考书和培训用书。

图书在版编目(CIP)数据

电动汽车高压安全及防护 / 赵红荣主编. —西安：西安电子科技大学出版社，2020.8

ISBN 978-7-5606-5735-6

Ⅰ. ① 电…　Ⅱ. ① 赵…　Ⅲ. ① 电动汽车—高电压—安全技术—高等职业教育—教材

Ⅳ. ① U469.72

中国版本图书馆 CIP 数据核字(2020)第 124190 号

策划编辑　万晶晶

责任编辑　曹　锦　万晶晶

出版发行　西安电子科技大学出版社(西安市太白南路2号)

电　　话　(029)88242885　88201467　　邮　　编　710071

网　　址　www.xduph.com　　电子邮箱　xdupfxb001@163.com

经　　销　新华书店

印刷单位　咸阳华盛印务有限责任公司

版　　次　2020年8月第1版　2020年8月第1次印刷

开　　本　787毫米×1092毫米　1/16　印张 20.75

字　　数　487千字

印　　数　1～2000册

定　　价　52.00元

ISBN　978-7-5606-5735-6 / U

XDUP 6037001-1

序

“高职高专项目式实践类系列教材”是在贯彻落实《国家职业教育改革实施方案》(简称“职教20条”)文件精神，推动职业教育大改革、大发展的背景下，结合职业教育“以能力为本位”的指导思想，以服务建设现代化经济体系为目标而组织编写的。在新经济、新业态、新模式、新产业迅猛发展的高要求下，本系列教材以现代学徒制教学为导向，以“1+X”证书结合为抓手，对接企业、行业岗位要求，围绕“素质为先、能力为本”的培养目标构建教材内容体系，实现“以知识体系为中心”到“以能力达标为中心”的转变，开展人才培养的实践教学。

本系列教材编审委员会于2019年6月在重庆召开了教材编写工作会议，确定了此系列教材的名称、大纲体例、主编及参编人员(含企业、行业专家)等主要事项，决定由重庆科创职业学院为组织方，聘请高职院校的资深教授和企业、行业专家组成教材编写组及审核组，确定每本教材的主编及主审，有序推进教材的编写及审核工作，确保教材质量。

本系列教材坚持理论知识够用，技能实战相结合，内容上突出实训教学的特点，采用项目制编写，并注重教学情境设计、教学考核与评价，强化训练目标，具有原创性。经过组织方、编审组、出版方的共同努力，希望本套“高职高专项目式实践类系列教材”能为培养高素质、高技能、高水平的技术应用型人才发挥更大的推动作用。

高职高专项目式实践类系列教材编审委员会

2019年10月

高职高专项目式实践类系列教材

编审委员会

前　言

本书是在贯彻落实《国家职业教育改革实施方案》(简称“职教 20 条”)文件精神，推动职业教育大改革、大发展的背景下，结合职业教育“以能力为本位”的指导思想，依据智能新能源汽车职业技能等级证书模块要求，将“电动汽车高压安全及防护”课程建立在实训项目模块化操作实体模型的基础上，规范了“实训模块—实训项目—实训任务”的实训体系，既发挥多元专长辨识的功能，又充分保证了国家职业教育目标、职业教育课程体系以及与企业岗位需求的有效衔接，实现了“以知识体系为中心”到“以能力达标为中心”的转变。

本书是编者结合多年理论与实训教学经验，以电动汽车高压安全及防护技能训练中的典型实训项目为载体，将教学、训练、职业资格考试理论与技能知识考点统筹，借助各智能新能源汽车仿真软件平台及实车与台架的实践开发经验等编写而成的。在知识结构上，本书根据智能新能源汽车职业活动范围和职业能力水平的特征，引用德国职业教育教学“六步法”，把职业技能点和知识点对接到教学课程中，培养智能新能源汽车复合型技术技能人才。

本书的主要特色：

1. 立足专业，紧贴教学标准

为适应高职汽车工程类、交通类、电子电气类、人工智能类、信息类、机电类、化工化学类等相关专业教学，对电动汽车高压安全与防护基础、高压安全与应急处理技术基础教学内容做了合理取舍，精炼实训项目，满足教学需求。

2. 理论与实践相结合，体现职教特色

在内容编排上，贯彻理论实践一体化的教学思想，采用德国职业教育教学“六步法”——信息（咨询）、计划、决策、实施、控制（检查）、评价（评估）等六个工作步骤，通过模拟企业真实的工作环境，让学生亲身参与到工作过程之中，学习和掌握与工作过程相关的知识和技能，学会从工作过程的全局出发分析和解决问题，从而获得与工作岗位更贴近的工作能力。将

"训练"贯穿于教学全过程，通过训练来培养学生的技能。尤其是仿真、实物制作的引入，使枯燥的理论学习变得形象和生动。

3. 多元化考评体系，促进"1+X"证书结合

为体现出对学生专业技能和综合素质的培养，注重学生在完成学习实训任务过程中的考评，在每个技能训练项目的任务表中给出了明确和详细的考评标准，并将工作习惯、协作精神等纳入考核。同时将"新能源汽车高压安全及防护"与国家新能源职业标准考纲中要求的知识和技能考点融入实训项目中，强化学生认知"1＋X"职业资格证书协调发展。

本书由赵红荣担任主编，负责全书的统稿工作；邱霖、曾德军担任副主编，负责全书的编写工作；钟向群担任主审，负责全书的审稿工作。强军负责编写实训项目一，唐建敏负责编写实训项目二，林波负责编写实训项目三，曾德军负责编写实训项目四，赵红荣、邱霖负责编写实训项目五，任飞、赵红荣负责编写实训项目六，刘祥、柳小永负责编写实训项目七，林波、赵红荣、任飞负责编写实训项目八。

本书教学参考学时如下：

课 程 内 容	学 时
实训项目一　电动汽车高压防护用品	4
实训项目二　电动汽车安全性分析	6
实训项目三　纯电动汽车高压部件	10
实训项目四　混合动力汽车高压部件	6
实训项目五　电动汽车维修作业的高压安全及防护	10
实训项目六　电动汽车充电安全	6
实训项目七　电动汽车高压安全与应急处理	6
实训项目八　电动汽车高压安全检测与维修综合训练	16
总 计	64

由于编写组成员水平有限，书中难免存在不足之处，恳请兄弟院校师生及广大读者批评指正，以便进一步修订和完善。

编　者

2020年3月

目　录

实训项目一 电动汽车高压防护用品

项目分析

电动汽车相对于传统的内燃机汽车，完全依赖于发电厂或者车载发电机所产生的电能作为动力来源。为了满足人们日常出行活动半径的需求，现代电动汽车依据对车辆的行驶里程与功率要求，会携带高功率输出的动力电池，其开路电压在300 V～500 V之间，并且在电能转化的过程中产生高达上百安培的电流。因为这些电压值和电流值远超人体承受的极限，因而带来严峻的电气安全问题。电气安全工作是一项综合性的工作，有技术方面的，也有组织管理方面的。

本项目将从基本现代汽车高压电(简称高压)防护措施入手，进行由浅至深的系统的技术知识介绍，并针对车辆维修技术人员进行全面、系统的常规电气以及高压环境下安全操作常识的归纳与总结，帮助读者快速了解电动汽车高压安全知识，掌握安全操作技能，为车辆安全维修操作打好理论基础。

本项目需要完成的任务涉及以下内容：

(1) 个人防护用品及其使用方法。

(2) 场地防护用品及其使用方法。

(3) 车辆防护用品及其使用方法。

(4) 绝缘维修工具及其使用方法。

知识目标

(1) 了解常用的个人防护用品及其使用方法。

(2) 了解常用的场地防护用品及其使用方法。

(3) 能够说出车辆防护用品及其使用方法。

(4) 能够描述常用的绝缘维修工具及其使用方法。

能力目标

(1) 能够识别各种防护用品。

(2) 能够正确使用各种防护用品。

(3) 能够识别各种绝缘维修工具。

(4) 会正确使用各种绝缘维修工具。

任务一　常用安全用具的认知和使用

任务目标

相对于传统汽车而言，电动汽车采用了大容量、高电压的动力电池及高压电机和电驱动控制系统，并相应地采用了大量的高压附件设备，由此带来的高压安全隐患问题和造成的高压电伤害问题完全有别于传统燃油汽车。保证安全的技术措施应贯彻一个方针——“安全第一，预防为主”，因此对电动汽车高压部件进行维修和维护前，首先必须正确准备基本绝缘安全用具和辅助安全绝缘用具。本任务主要介绍常用的个人防护用品及其使用方法等方面的知识，要求学生能够识别常用的个人防护用品，掌握其作用及使用规范。

知识链接

在电动汽车的维修中，常用的基本安全用具有安全帽、护目镜、绝缘手套、绝缘鞋(靴)、绝缘地垫等，这些用具对人身安全起到重要的保护作用。因此，我们应认识高压安全常用的个人防护用品及其使用方法，掌握正确使用常用的个人防护用品的技能。

提出任务：在电动汽车的维修中，针对电动汽车高压所用的安全用具，请做一份“电动汽车高压常用的安全用具”清单并说出其用途。你能完成这个任务吗？

一、安全帽

1. 安全帽的作用

安全帽用于保护使用者头部避免或减缓外来物体对人体头部的冲击伤害。常见的安全帽参见图 1-1。

2. 安全帽的防护原理

安全帽可在人体头与帽壳的空间位置构成一个能量吸收系统，起到缓冲作用，因此可减轻或避免对头部的伤害。

3. 安全帽的结构

安全帽由帽壳、帽衬、下颚带、吸汗带、通气孔等组成。

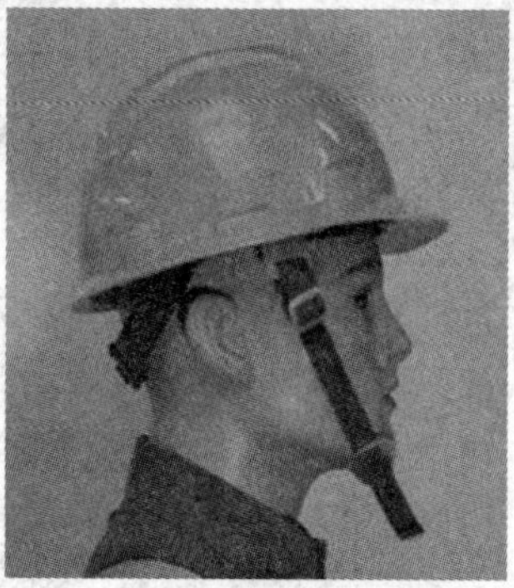

图 1-1　安全帽

二、护目镜

1. 护目镜的作用

在电动汽车维修中，为了防护眼睛或面部，应戴上合适的眼部防护的护目镜，以防止电池液飞溅对眼睛造成伤害。高压电车辆维修使用的护目镜应该具有侧面防护功能，以防止维修过程中产生的电火花对眼睛造成伤害。常见的护目镜参见图 1-2。

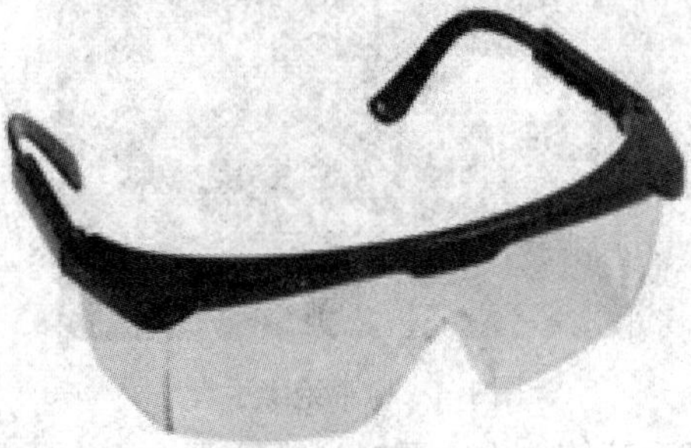

图 1-2　护目镜

2. 护目镜的使用及保管规范

(1) 所选择的护目镜产品需要经过国家级专业机构检测，达到其标准才能使用。

(2) 所选用的护目镜大小及型号要尽量适合使用者的脸型。

(3) 护目镜镜片使用时要做到专人专用，禁止交换使用，防止因护目镜尺寸不符而发生意外情况。

(4) 护目镜使用时间过长或使用不当，会造成镜片粗糙及损坏。留下刮痕后的镜片会影响佩戴者的视线，若达不到佩戴安全标准，则需要及时进行调换。

(5) 护目镜禁止重压，在保存时尽量远离坚固物体，防止对镜片造成损坏。

(6) 在清洗护目镜时，需要使用柔软的专业擦拭布进行清理，并存放于眼镜盒或安全的地方。

三、绝缘手套

在电动汽车维修中，需要使用橡胶制成的电工绝缘手套，该绝缘手套能够承受 1000 V 以上的工作电压，同时具备抗碱性。常见的绝缘手套参见图 1-3。

图 1-3　绝缘手套

1. 绝缘手套的作用

绝缘手套用于防止触电和防止因动力电池泄露化学物质等对人体组织造成伤害。

2. 绝缘手套的使用及保管规范

(1) 每次使用前，应检查绝缘手套是否在有效预防性试验周期内。

(2) 每次使用前，应对绝缘手套的外观进行检查，其表面应无磨损、破漏、划痕等，如图 1-4 所示。若有漏气或裂纹，则禁止使用。

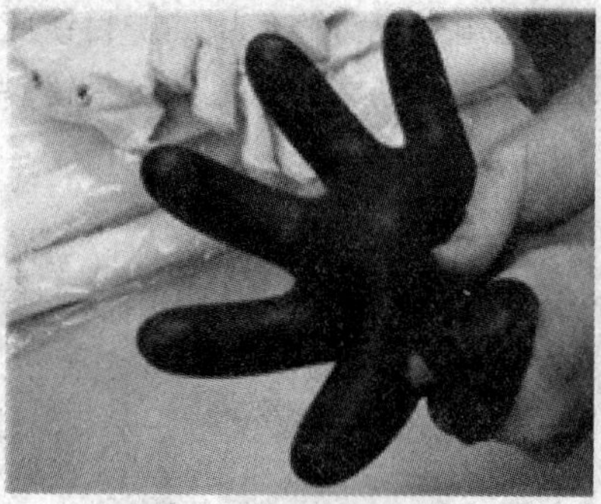

图 1-4　检查绝缘手套

(3) 将衣袖口套入绝缘手套筒口内，同时注意防止尖锐物体刺破手套。

(4) 若一双绝缘手套中的一只可能不安全，则这双手套不能使用。

(5) 绝缘手套使用最佳温度范围为−25℃～+55℃。

(6) 绝缘手套使用后应进行清洁，擦净、晾干后应检查外表是否良好。

(7) 绝缘手套被弄脏时应用肥皂和水清洗，彻底干燥后涂上滑石粉，避免粘连，及时存放在工具室。

(8) 绝缘手套应存放在干燥、阴凉的专用支架上或悬挂起来，且不得贴墙放置。绝缘手套上不得堆压任何物品。

(9) 绝缘手套不准与油脂、溶剂接触。合格与不合格的绝缘手套不得混放，以免使用时拿错。

(10) 绝缘手套应每月进行一次外观检查，同时做好检查和使用记录。每年要实施两次强制规定的定期绝缘性能检查。

四、绝缘鞋

1. 绝缘鞋的作用

电绝缘安全鞋(靴)简称绝缘鞋(靴)，其作用是使人体与地面绝缘，防止电流通过人体与大地之间构成通路而对人体造成电击伤害，把触电时的危险降低到最小程度。因为触电时电流是经接触点通过人体流入地面的，所以电气作业时不仅要戴绝缘手套，还要穿绝缘鞋(靴)。常见的绝缘鞋参见图 1-5。

图 1-5　绝缘鞋

2. 绝缘鞋的使用及保管规范

(1) 每次使用前，应检查绝缘鞋(靴)是否在有效预防性试验周期内。

(2) 穿用绝缘皮鞋和绝缘布面胶鞋时，其工作环境应保持鞋面干燥。

(3) 穿用任何绝缘鞋均应避免接触锐器以及高温、腐蚀性和酸碱油类物质，防止绝缘鞋受到损伤而影响电绝缘性能。

(4) 在潮湿、有蒸汽、冷凝液体或导电灰尘等容易发生危险的场所，尤其应注意配备合适的绝缘鞋，并且按标准规定的使用范围正确使用，不得随意乱用。

(5) 绝缘靴不得当作雨鞋或作他用。一般的胶靴也不能代替绝缘靴使用。

(6) 每次使用前，应对绝缘靴的外观进行检查，其表面应无损伤、磨损或破漏、划痕等。有破漏、砂眼的绝缘靴应禁止使用。

(7) 为方便操作人员使用，现场应配大号、中号绝缘靴各两双。

(8) 绝缘靴存放在干燥、阴凉的专用柜内，其上不得堆压任何物品。

(9) 绝缘靴不得与油脂、溶剂接触。合格与不合格的绝缘靴不得混放，以免使用时拿错。

五、绝缘防护服

1. 绝缘防护服的作用

维修电动汽车高电压系统时，必须穿电绝缘防护服(简称绝缘防护服)。绝缘防护服可防 10 000 V 以下电压，且具有阻燃、耐热、耐压、耐老化等优点，用于保护操作人员的人身安全。常见的绝缘防护服参见图 1-6。

图 1-6　绝缘防护服

2. 绝缘防护服的使用及保管规范

(1) 绝缘防护服使用前应进行全面检查，发现损坏则不得使用。

(2) 绝缘防护服不宜接触明火以及尖锐物体。

(3) 绝缘防护服应保存在通风、透气、干燥、清洁的库房内，其中相对湿度不大于 80%。

(4) 绝缘防护服水洗后，必须放在阴处晾干，折叠整齐后再存放于专用保管袋内。

(5) 绝缘防护服保管期间不宜与酸、油、碱及腐蚀性物质接触。

六、绝缘地垫

1. 绝缘地垫的作用

图 1-7 所示的绝缘地垫是一种对地绝缘以保障施工人员安全的安全防护类产品，可以有效避免因为漏电或误操作等而对室内带电操作人员人身安全造成的伤害，把危害减小到最低。绝缘地垫广泛应用于变电站、发电厂、配电房、试验室以及野外带电作业等场合，

它主要采用胶类或泡沫绝缘材料制作。

(a) 块状绝缘地垫　　(b) 条状绝缘地垫

图 1-7　绝缘地垫

2. 绝缘地垫的使用及保管规范

使用前应检查绝缘地垫上有无破裂(肉眼观察)。绝缘地垫应存放在干燥通风的环境中，远离热源，并且离开地面和墙壁 20 cm 以上。绝缘地垫应避免受酸碱和油的污染，不要露天放置，避免阳光直射。

任务二　电动汽车维修工具的认知和使用

任务目标

电动汽车高压电路的开路电压在 300 V～500 V 之间，并产生高达上百安培的电流，因此在维修时要求使用绝缘工具，以在保证完成维护和维修任务的同时又对维修人员的人身进行安全防护。本任务主要介绍常用的绝缘维修工具和仪表及其使用方法，要求学生能够识别各种绝缘工具，会正确使用各种绝缘维修工具和仪表。

知识链接

电动汽车涉及高压的部分零部件拆装，操作时必须使用绝缘拆装工具，且绝缘拆装工具必须装有耐压 1000 V 以上的绝缘柄。在维修电动汽车高压系统时，必须正确使用专用的绝缘维修工具，这些工具包括常用的套筒、开口扳手、螺丝刀、钳子、电工刀等，也包括专用的检测仪表，如数字万用表等。

提出任务：你所在的维修站需要组建电动汽车专业维修车间，你的主管让你做一份“电动汽车维修工具及检测设备配置”清单，你能完成这个任务吗？

一、绝缘维修工具

电动汽车电气设施维修过程中使用的维修工具是绝缘工具(即绝缘维修工具)。绝缘工具是使用绝缘材料进行加工并适用于电气系统维修和拆装等操作的工具，如图 1-8 所示。维修电动汽车时，使用绝缘工具可以有效防止意外触电事故的发生，确保维修人员的安全。

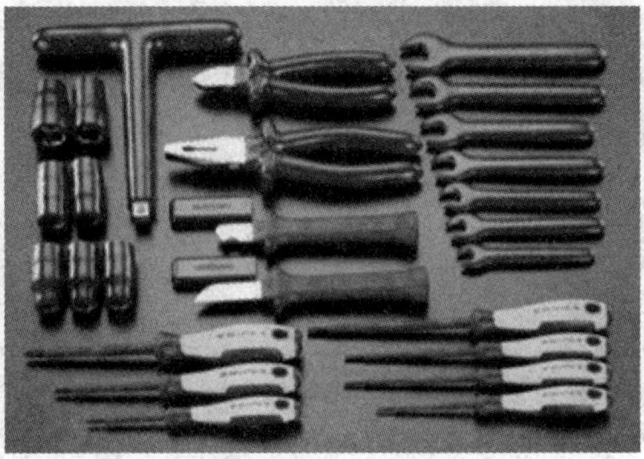

图 1-8　绝缘工具

注意事项：在电动汽车高压维修时，要求绝缘维修工具必须是Ⅱ类工具的类型。

Ⅱ类工具是指采用双重绝缘或加强绝缘的电动工具，在防触电保护方面不仅依靠其基本绝缘，而且将其正常情况下的带电部分与可触及的不带电的可导电部分用品，以可靠、有效的方式设计并制作在工具上。

二、绝缘维修仪表

电动汽车维修过程中需要仪表测试电路导通和中断，以确认高压是否断开。常用的绝缘维修仪表有数字万用表和绝缘电阻测试仪(如手摇绝缘电阻表和高压绝缘测试仪)、数字电流钳、解码器等。

1. 数字万用表

数字万用表(参见图 1-9)应符合 CAT Ⅲ安全级别的要求。该数字万用表通常具备以下检测功能：

(1) 交流/直流(AC/DC)电压、电流。

(2) 电阻。

(3) 频率(Hz)。

(4) 温度(TEMP)。

(5) 二极管。

(6) 连通性。

(7) 电容。

(8) 绝缘测试(低压)。

图 1-9　数字万用表

2. 绝缘电阻测试仪

电气绝缘性能检测时，需要使用专用的绝缘测试仪器。各种类型的绝缘电阻测试仪参见图 1-10，可测量高压电缆及零部件中对车身起绝缘作用的电阻是否位于规定值范围内。最常用的绝缘电阻测试仪就是绝缘电阻表。常用的绝缘电阻表是手摇绝缘电阻表(俗称摇表)，如图 1-11 所示，它是用来测量大电阻和绝缘电阻的检测仪表，其计量单位是兆欧(MΩ)，故又称为兆欧表。

图 1-10　各种类型的绝缘电阻测试仪

图 1-11　手摇绝缘电阻表

3. 数字钳形电流表

在电动汽车维修与诊断时，经常需要测量导线中的电流。由于驱动系统的导线(如逆变器与电动机之间)存在较大的交变电流，因此必须使用数字钳形电流表(参见图 1-12)进行间接测量。数字钳形电流表又称为数字电流钳。

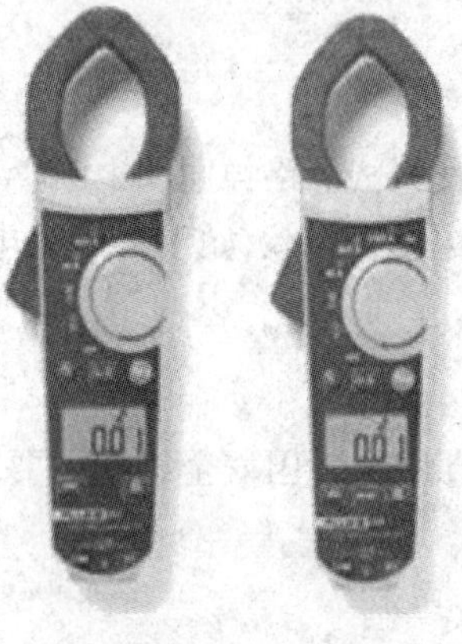

图 1-12　数字钳形电流表

4. 故障诊断仪器

汽车电控系统故障诊断仪器用于对应车型的故障诊断，也称为解码器、故障扫描仪等。不同的车型采用的故障诊断仪器也不同。故障诊断仪器(参见图 1-13)应能与被检测车辆的控制模块(电脑)通信。

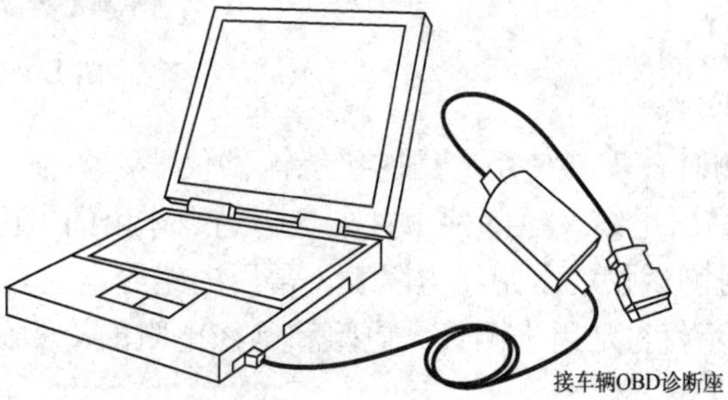

图 1-13　汽车电控系统故障诊断仪器

任务三　安全标识的认知和使用

任务目标

在全部停电或部分停电的电气设备上工作，必须是在完成停电、验电、装设接地线以及悬挂警示牌(或标识牌)和装设遮拦等安全标识后方能开始。本任务要求学生了解常用的场地防护用品及其使用方法，能够对安全标识进行正确认知并掌握其使用规范。

知识链接

当工位上有高电压车辆进行维修时，在工位周围必须布置明显的安全标识，以警示他人：未经允许进入高电压工位可能会发生危险。绝缘安全用具有验电和放电工装、绝缘罩、绝缘隔板及安全围栏(网)和警示牌等，在维修高压系统时必须正确使用专用的绝缘维修工具。安全标识应符合 GB2894—2008、GB2893—2008 的有关要求。

提出任务： 当要进行电动汽车高压部分的维修和检验时，必须做哪些安全防护措施？防触电有许多措施和装置及标识，你知道吗？

一、常见安全标识

常见的安全标识如图 1-14 所示。

图 1-14　常见安全标识

二、场地防护及其他专用安全标识

场地防护及其他专用安全标识参见图 1-15～图 1-17。

注： 单独的维修工位设备应采用特殊的颜色，以便与其他工位进行区别。

图 1-15　维修警示牌

图 1-16　维修遮拦

图 1-17　单独的维修工位

任务四　车辆防护用品的认知和使用

任务目标

电动汽车的维修与保养除了安全防护之外，还需要同常规车辆一样做好车身及车厢内部的防护，本任务要求学生认识机舱三件套和车内五件套，了解其作用及使用注意事项。

知识链接

电动汽车高压部件维修与维护前，除要准备基本绝缘工具、辅助绝缘工具以及安全围栏(网)和警示牌外，还需了解车辆防护的机舱三件套与车内五件套用品及其使用。

提出任务： 你知道如何做好电动汽车的维护与保养中车身及车厢内部的防护吗？

一、机舱三件套

常见的机舱三件套如图 1-18 所示。

图 1-18　机舱三件套

1. 机舱三件套的作用

在电动汽车维修与维护时，机舱三件套可有效地保护好车身的漆面。

2. 机舱三件套的组成

机舱三件套由进气格栅布、左侧翼子板布、右侧翼子板布组成。

3. 机舱三件套的使用注意事项

在电动汽车维修与维护时，打开车机舱前，须将钥匙拧至 OFF 挡；在前舱进行作业之前，必须关闭启动开关机舱内部标有高压危险警示标志的器件，严禁用手直接去触摸。

二、车内五件套

常见的车内五件套如图 1-19 所示。

图 1-19　车内五件套

1. 车内五件套的作用

在电动汽车维修与维护时，车内五件套可保护车内整洁，避免造成污染。

2. 车内五件套的组成

车内五件套由方向盘套、座椅套、脚垫、换挡杆套和手刹手柄套组成。

3. 车内五件套的使用注意事项

在电动汽车维修与维护时，在车内作业之前，必须关闭启动开关。

拓展知识

一、绝缘

所谓绝缘，就是使用不导电的物质将带电体隔离或包裹起来，以对触电起保护作用的一种安全措施。良好的绝缘是保证电气设备与线路的安全运行，防止人身触电事故发生的最基本和最可靠的手段。

绝缘通常可分为气体绝缘、液体绝缘和固体绝缘。三种绝缘物质的基本形式如图 1-20 所示。在实际应用中，固体绝缘物质是被广泛使用且可靠的一种绝缘物质。

(a) 固体绝缘手套　(b) 绝缘油液(如车辆上的绝缘防冻液)　(c) 高压线之间的合适距离绝缘

图 1-20　三种绝缘物质的基本形式

在高压电作用下，绝缘物质可能被击穿而丧失其绝缘性能。在上述三种绝缘物质中，气体绝缘物质与液体绝缘物质被击穿后，一旦排除外界因素(强电场)后即可自行恢复其固有的电气绝缘性能。而固体绝缘物质被击穿以后，则不可逆地完全丧失了其电气绝缘性能。因此，电气线路与设备的绝缘选择必须与电压等级相配合，而且必须与使用环境及运行条件相适应，以保证绝缘的安全作用。

各种线路与设备在不同条件下所应具备的绝缘电阻大致如下：一般情况下，低压线路与设备，其绝缘电阻不应低于 0.5 MΩ；运行中的低压线路与设备，其绝缘电阻不应低于 1000 Ω/V；在潮湿场合下的设备与线路，其绝缘电阻不应低于 500 Ω/V，控制线路的绝缘电阻一般不应低于 1 MΩ，而高压线路与设备的绝缘电阻一般不应低于 1000 MΩ。

二、安全工具检验标签

图 1-21 所示为安全工具检验标签。

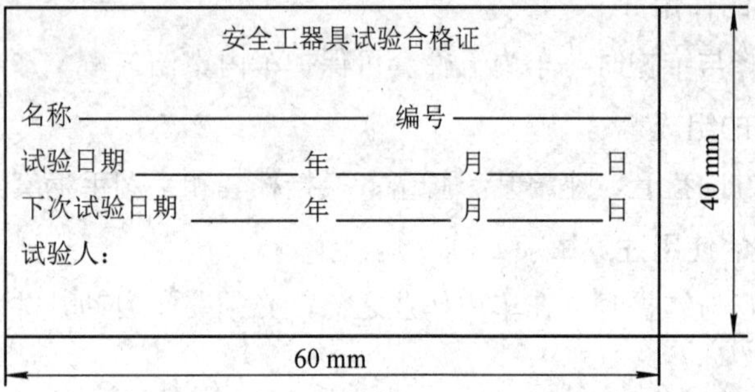

图 1-21　安全工具检验标签

技 能 训 练

在维修电动汽车实操过程中，要求学生养成始终保证“安全第一，预防为主”的意识，在工作时必须穿戴好必要的安全护具，正确使用绝缘维修工具，掌握工作场地的各种安全措施和设置技能。

训练一　防护用品及绝缘工具

一、实训目的

(1) 能够识别和正确使用常用的个人防护用品。
(2) 能够识别和正确使用常用的绝缘工具、维修工具。

二、实训工作准备

(1) 防护装备：绝缘手套(等级 1000 V/300 A 以上)、绝缘帽、绝缘鞋和防护镜等。
(2) 车辆、台架和总成：实训场地。
(3) 专用工具和设备：绝缘工具。
(4) 手工工具：绝缘工具。
(5) 辅助材料：专用绝缘安全护具。

三、实训实施步骤

根据实训场地个人安全防护用品及绝缘工具的类型，练习使用个人安全防护用品及绝缘工具，并学会如何正确自检安全防护用品。

(1) 绝缘手套/皮手套(参见图 1-22)用前检查及其操作中使用注意事项。

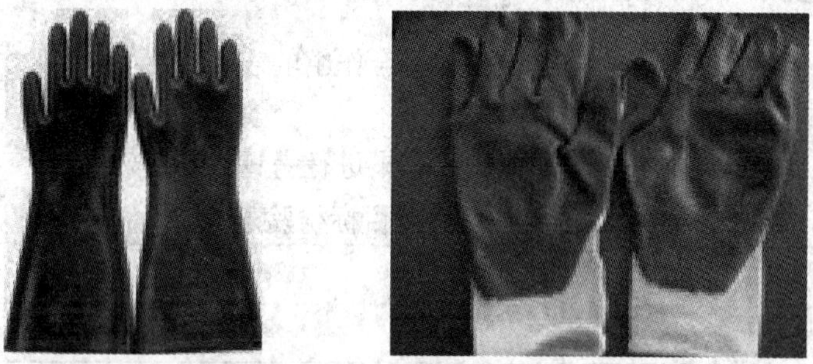

图 1-22　绝缘手套/皮手套

(2) 安全帽/绝缘鞋(参见图 1-23)用前检查及其操作中使用注意事项。

图 1-23　安全帽/绝缘鞋

(3) 护目镜(参见图 1-2)用前检查及其操作中使用注意事项。

(4) 绝缘工具(参见图 1-24)用前检查及其操作中使用注意事项。

图 1-24　绝缘工具

(5) 绝缘测试仪(表)、汽车万用表、各车型故障诊断仪器等用前检查及其操作中使用注意事项。

四、实训注意事项

(1) 请认真查询相关资料。

(2) 必要时，各组之间可相互合作完成实训任务。

(3) 每个小组在规定的 30 min 内完成实训。

五、实训总结

(1) 总结本次课学生学习的表现和在小组合作中的表现。

(2) 各小组进行经验分享。

(3) 知识目标检验。要求按照任务完成效果进行考评，参见表 1-1。

表 1-1　知识目标检验表

项目名称		时　间			地　点	
班　级		小组及成员			得　分	
序　号	项　目	操作内容	规定分	评分标准	扣分记录	得分记录
1	查询资料：认知个人防护用品	绝缘手套；护目镜；绝缘鞋	20 分	选用防护用品不当，扣 3 分。 绝缘手套选择不到位，酌情扣 1～5 分。 不按规范查询，酌情扣 1～10 分		
2	查询资料：认识绝缘工具	绝缘工具	20 分	选用绝缘工具不当，扣 3 分。 设施选择不到位，酌情扣 1～5 分。 不按规范查询，酌情扣 1～10 分		
3	个人防护用品的正确使用方法	绝缘手套；护目镜；绝缘鞋	35 分	选用护具不当，扣 3 分。 穿戴不当，酌情扣 1～5 分。 不按规范使用，酌情扣 1～10 分		

续表

序　号	项　目	操作内容	规定分	评分标准	扣分记录	得分记录
4	绝缘工具的正确使用方法	绝缘工具	15 分	选用设施不当，扣 3 分。 使用方法不当，酌情扣 1～5 分。 不按规范使用，酌情扣 1～10 分		
5	个人防护用品和绝缘工具结合使用方法	剥线头； 连接； 其他	10 分	选用绝缘工具不当，扣 3 分。 综合使用不当，酌情扣 1～5 分。 不按规范使用，酌情扣 1～5 分		
总分			100 分			

(4) 实训考核。要求按照实训完成情况进行考核，参见表 1-2。

表 1-2　实训考核表

考核项目	评分标准	分数	学生自评	小组互评	教师评价	小计
团队合作	是否和谐； 是否分工合作； 是否积极参与					
任务方案	是否正确和合理					
操作过程	能识别和正确使用常用的个人防护用品； 能识别和正确使用常用的绝缘工具、维修工具					
任务完成情况	是否完成					
工作态度	是否规范和标准					
总分						
教师签名		年　月　日			总分	

训练二　安全标识和场地防护及绝缘测试工具

一、实训目的

(1) 能够了解绝缘安全护具、安全标识、车辆防护用品及绝缘测试工具的用途，并在查询和自学及老师的指导下正确使用，避免出现安全事故。

(2) 能够判断实操环境是否符合安全操作规范及要求。

二、实训工作准备

(1) 防护装备：常规实训着装、安全标识、警示牌(或标志)、警示隔离带和遮拦等。

(2) 车辆、台架和总成：实训场地、培训用车。

(3) 专用工具和设备：绝缘工器具、绝缘测试仪(表)、汽车万用表和各车型故障诊断仪器。

(4) 安全标识：电动汽车维护保养安全标识。

(5) 辅助安全工器具：绝缘胶垫及安全围栏(网)和标识牌。

三、实训实施步骤

根据实训场地安全防护设备的类型，练习使用场地安全防护设施，并学会如何正确自检安全防护设备。

(1) 绝缘垫(参见图 1-25)用前检查及其操作中使用注意事项。

图 1-25　绝缘垫

(2) 放电工装(参见图 1-26)用前检查及其操作中使用注意事项。

图 1-26　放电工装

(3) 标识牌/遮拦(参见图 1-27)安放位置。

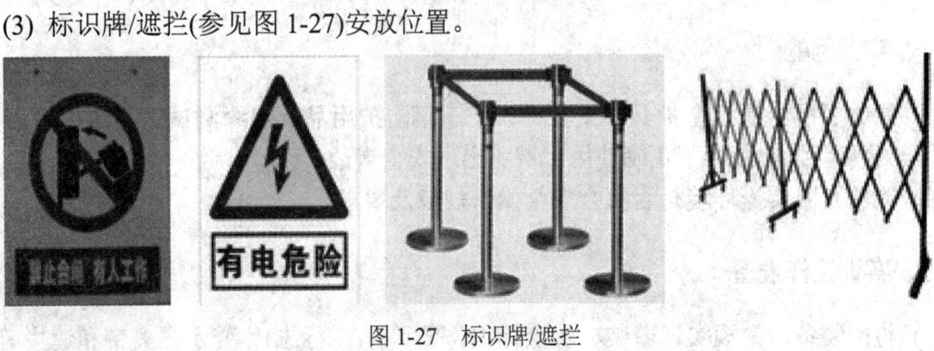

图 1-27　标识牌/遮拦

四、实训拆装工具认知

(1) 根据实训室的配备，分别认识各种绝缘拆装工具的外观、型号、规格和用途。

(2) 根据实训室的条件，采用绝缘拆装工具，拆卸和安装新能源汽车相关部件。

五、实训检测仪表认知

根据实训室的配备，分别认识以下检测仪表的外观、型号、规格和用途。

(1) 数字万用表。

(2) 钳形电流表。

(3) 绝缘测试仪。

六、实训诊断仪器认知和使用

(1) 根据实训室的配备，分别认识各车型故障诊断仪器的外观、型号、规格和用途。

(2) 根据实训室的配备，参照“相关知识”的内容，使用北汽新能源汽车的 BDS 诊断仪器(北京新能源汽车股份有限公司简称北汽新能源)。

七、实训问题讨论

参观电动汽车车间或实训室，讨论以下主题：

(1) 电动汽车维修时为什么要特别注意安全？

(2) 如何保证电动汽车维修时的安全？

(3) 各场地安全标识的作用及操作要领。

八、实训注意事项

(1) 请务必按照老师的指导，合理使用场地绝缘安全护具及测试器具，并严格按老师的示范动作操作，做到安全和正确，并防止造成实操总成及车辆的损坏。

(2) 必要时，可协助其他组员完成实训。

(3) 每个小组在规定的 40 min 内完成实训。

九、实训总结

(1) 总结本次课学生的学习表现和在小组合作中的表现。

(2) 各小组进行经验分享。

(3) 知识目标检验。要求按照任务完成效果进行考评，参见表 1-3。

表 1-3　知识目标检验表

项目名称		时　间			地　点		
班　级		小组及成员				得分	
序　号	项目	操作内容	规定分	评分标准		扣分记录	得分记录
1	查询资料：认知安全标识类别	绝缘垫； 防护网； 标识牌/遮拦等	20 分	选用防护标识不当，扣 3 分。 安全标识选择不到位，酌情扣 1～5 分。 不按规范查询，酌情扣 1～10 分			
2	查询资料：场地防护用品和使用方法	绝缘站台； 绝缘垫； 遮栏； 临时接地线	20 分	选用防护用品不当，扣 3 分。 位置选择不到位，酌情扣 1～5 分。 不按规范查询，酌情扣 1～10 分			
3	检测仪表的认知及正确使用方法	数字万用表； 钳形电流表； 绝缘测试仪	25 分	选用器具不当，扣 3 分。 器具使用不当，酌情扣 1～5 分。 不按规范使用，酌情扣 1～10 分			
4	场地防护用品的正确使用方法	绝缘站台； 绝缘垫； 遮栏； 临时接地线	25 分	选用护具不当，扣 3 分。 防护用品使用不当，酌情扣 1～5 分。 不按规范使用，酌情扣 1～10 分			
5	安全标识防护和场地防护用品的结合使用方法	剥线头； 连接； 测试与测量	10 分	选用器具相配不当，扣 3 分。 结合使用不当，酌情扣 1～5 分。 不按规范使用，酌情扣 1～5 分			
总分			100 分				

(4) 实训考核。要求按照实训完成情况进行考核，参见表 1-4。

表 1-4　实训考核表

考核项目	评分标准	分数	学生自评	小组互评	教师评价	小计
团队合作	是否和谐； 是否分工合作； 是否积极参与					
任务方案	是否正确和合理					
操作过程	能够了解绝缘安全护具、安全标识、车辆防护用品及绝缘测试工具的用途					
任务完成情况	是否完成					
工作态度	是否规范和标准					
	总分					
教师签名			年　月　日		总分	

项　目　小　结

(1) 能够说出常用的个人防护用品及其使用方法。

(2) 能够说出常用的场地防护用品及其使用方法。

(3) 能够说出车辆的防护用品及其使用方法。

(4) 能够描述常用的绝缘工具及其使用方法。

(5) 常用的绝缘工具及其使用方法。

思 考 与 练 习

一、填空题

1. 电动汽车高压防护用品有____________________、____________________。

2. 电动汽车常用的绝缘维修仪表有____________、____________、____________、____________等。

3. 机舱三件套是指______________、______________、____________。

4. 车内五件套是指____________、____________、____________、____________、______________。

5. 电动汽车常用的防止触电的个人防护用品有______________、______________、______________、______________、______________等。

二、单项选择题

1. 电动汽车相对于传统的内燃机汽车，则_________依赖于发电厂或者车载发电机所产生的电能作为动力来源。

A. 完全　　B. 不完全　　C. 相当于　　D. 相当于

2. 现代电动汽车依据对车辆的行驶里程与功率要求，会携带高功率输出的动力电池，其开路电压经常可以达到_________之间

A. 800 V～900 V　　B. 30 V～50 V

C. 100 V～300 V　　D. 300 V～500 V

3. 数字万用表应符合 CAT_________安全级别的要求。

A. Ⅰ　　B. Ⅲ　　C. Ⅳ　　D. Ⅱ

4. 各种线路与设备在不同条件下所应具备的绝缘电阻大致如下：一般情况下，低压线路与设备，其绝缘电阻不应低于_________。

A. 5.0 MΩ　　B. 0.8 MΩ　　C. 0.5 MΩ　　D. 10.0 MΩ

三、判断题 (正确请打√，错误请打×)

1. 在高压电作用下，绝缘物质可能被击穿而丧失其绝缘性能。　　(　　)

2. 维修电动汽车时，在前舱进行作业之前，必须关闭启动开关机舱内部标有高压危险警示标识的器件，严禁用手直接去触摸。　　(　　)

3. 当工位上有高电压车辆进行维修时，要求在工位周围必须布置有明显的警示标识，避免他人未经允许进入高电压工位而发生危险。（　　）

4. 所谓绝缘，就是使用不导电的物质将带电体隔离或包裹起来，以对触电起保护作用的一种安全措施。（　　）

四、简答题

1. 电动车维修车间的防护设备有哪些？请至少列举出5个。

2. 防止触电的个人防护设备主要有哪些？

3. 电动汽车维修时为什么要特别注意安全？

4. 如何保证电动汽车维修时的安全？

实训项目二　电动汽车安全性分析

项目分析

电动汽车是一个复杂的机电一体化产品，其中的许多部件包括动力电池、电机、充电机、能量回收装置、辅助电池充电装置等都会涉及高压安全问题。这些部件的工作条件比较恶劣，振动、酸碱气体的腐蚀、温度及湿度的变化，都有可能造成动力电缆及其他绝缘材料迅速老化甚至绝缘破损，纯电动汽车电压和电流等级都比较高，动力电压一般都在 300 V～500 V(直流)之间，电流瞬间能够达到几百安，这些都会危及人身安全。

本项目需要完成的任务涉及以下内容：

(1) 电动汽车高压部件的组成及作用。

(2) 电动汽车高压安全性隐患及其防护。

(3) 电动汽车高压安全措施。

知识目标

(1) 能够说出电动汽车高压特征。

(2) 能够说出动力电池安全特性及高压防护方法。

(3) 能够描述高压安全性隐患与防护方法。

能力目标

(1) 能够正确识别电动汽车高压部件。

(2) 会正确操作测量高压。

(3) 会正确使用各种安全防护操作。

任务一　电动汽车的高压组成

任务目标

纯电动汽车与混合动力汽车均设计有高电压，并携带高功率输出的电池，其开路电压可达 300 V～500 V；在实际使用时，电能转化过程中可产生高达几百安培的电流。这些远超人体承受极限的能量将带来比内燃机车辆严峻得多的电气安全问题。本任务要求学生能够识别电动汽车高压部件了解电动汽车高压部件的组成及作用，能够进行全面的电动汽车高压安全性分析。

知识链接

在电动汽车的使用和维修中，为了保障人身安全，需要了解电动汽车的高压特征和安全性隐患，掌握动力电池及高压零部件的安全特性及高压防护方法。

提出任务：你知道电动汽车高压特征吗？知道纯电动汽车与混合动力汽车的高电压主要组成部分吗？

一、电动汽车高压位置

纯电动汽车与混合动力汽车均设计有高电压，主要高压部件在车辆上的位置如图 2-1 所示。高电压车辆的高压部件主要集中在以下几个位置：高压配电箱/盒、电源系统、驱动系统、空调与加热系统、充电系统等。

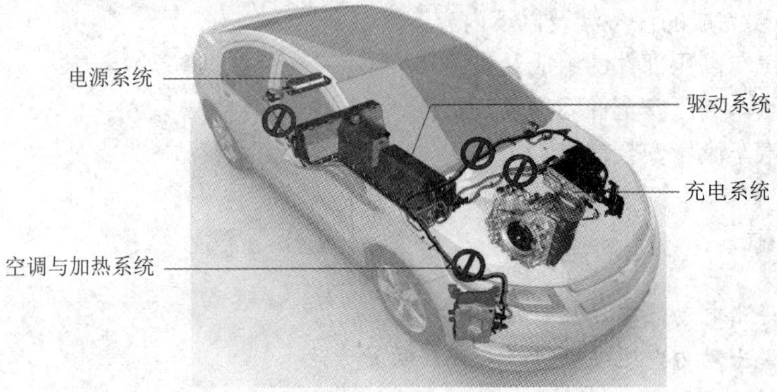

图 2-1　主要高压部件在车辆上的位置

1. 高压配电箱

高压配电箱/盒(高压控制盒)的基本目的是确保汽车运行安全、驾乘人员安全和汽车运行环境安全。高压配电箱如图 2-2 所示，它被安装在动力蓄电池与各高压零部件之间，可完成动力电池电源的输出及分配，实现对支路用电器的保护及切断。

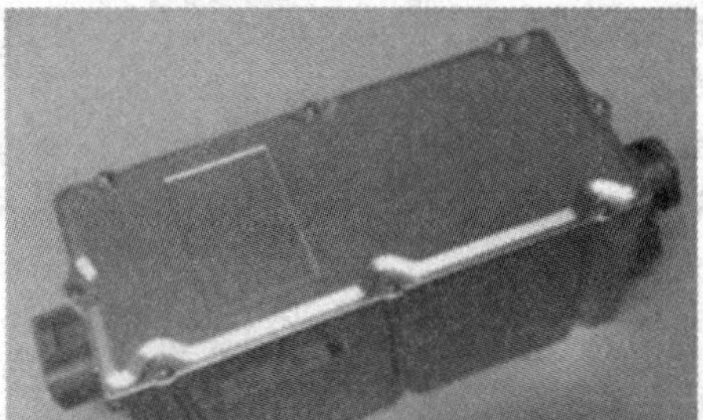

图 2-2　高压配电箱

2. 电源系统

电动汽车的电源系统主要是动力电池系统，该系统由电池模组、电池管理系统、动力电池箱及辅助元器件四部分组成，参见图2-3。

电池包(电池模组)的主要功能有：① 提供动力；② 电量计算；③ 温度、电压、湿度检测；④ 漏电检测、异常情况报警；⑤ 充电与放电控制、预充电控制；⑥ 电池一致性检测和系统自检等。

3. 驱动系统

驱动系统组成驱动电机系统，是纯电动汽车三大核心部件之一，是车辆行驶的主要执行机构。其特性决定了车辆的主要性能指标，直接影响车辆动力性、经济性和用户驾乘感受等。

驱动电机系统由驱动电动机(DM)、驱动电机控制器(MCU)构成分别如图 2-4 和图 2-5 所示。驱动电机系统通过高压与低压线束、冷却管路，与整车其他系统作电气和散热连接。

图2-3　电源系统

图2-4　驱动电机(DM)

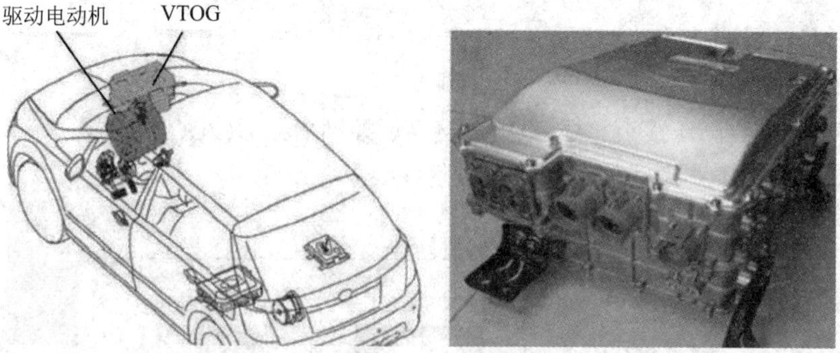

图2-5　电动汽车电机控制器

在图2-5中，VTOG为双向逆变充/放电式电机控制器。VTOG作为一款高度集成化的新型多功能控制器，其主要功能是电机控制与车辆控制、电网对车辆充电、车辆对电网放电、车辆对用电设备供电以及车辆充/放电。驱动电机控制器通过采集加速、制动、挡位、模式等信号控制动力输出。

4. 空调与加热系统

空调与加热调节系统(参见图2-6)的作用是根据室外环境随时调节汽车内部的温度、湿度和通风状况，保持最舒适的驾车环境。

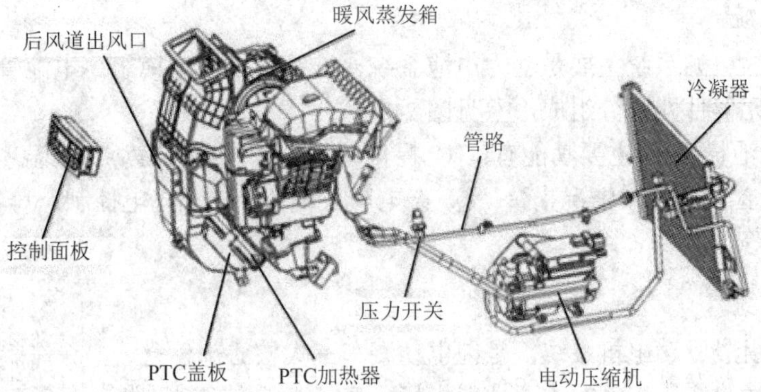

图 2-6　空调与加热系统

5. 充电系统

充电系统由车载充电机、车辆慢充口、车辆快充口、高压线束等组成。常见的车载充电机参见图 2-7。

图 2-7　车载充电机实物图

6. 高压附件线束

高压附件线束(高压线束总成)是指连接高压控制盒到 DC/DC 转换器、车载充电机、空调压缩机、空调 PTC 之间的线束。高压附件线束接口较多，各接口结构及定义分别如图 2-8、图 2-9 所示。

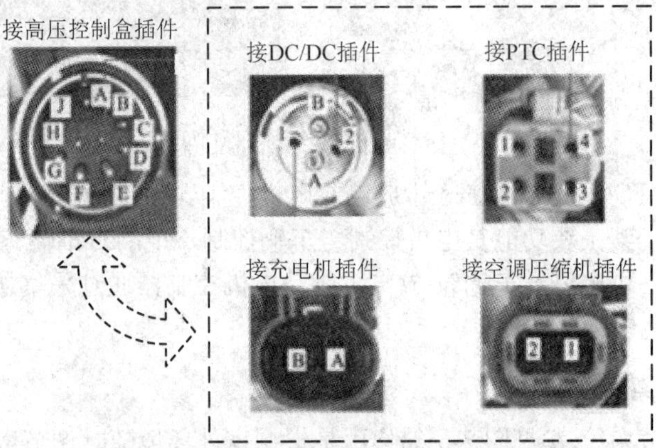

图 2-8　互锁接线口实物图

接高压控制盒插件
A—DC/DC电源正极；
B—PTC电源正极；
C—压缩机电源正极；
D—PTC-A组负极；
E—充电机电源正极；
F—充电机电源负极；
G—DC/DC电源负极；
H—压缩机电源负极；
J—PTC-B组负极；
L—互锁信号线；
K—空引脚

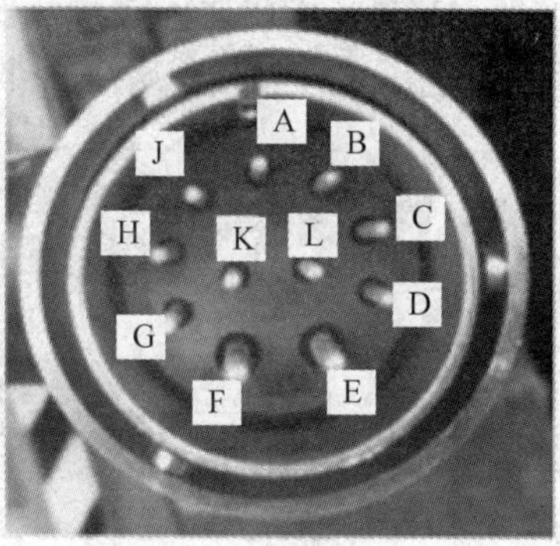

图 2-9　高压附件线束接口实物图

二、高电压车辆高压特征

高压部件都具有明显的橙色标识，或者在部件的醒目位置粘贴高压标识。

1. 高电压类型

纯电动汽车和混合动力汽车，其高电压系统均同时具有直流高电压和交流高电压，如图 2-10 所示。

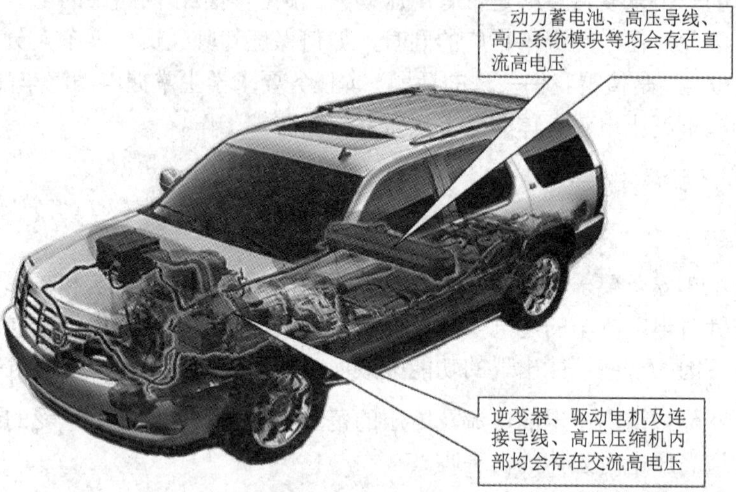

图 2-10　高电压车辆的主要高电压类型

直流高电压主要分布在动力电池到各个驱动部件的位置，如动力电池到驱动逆变器之间连接的是直流高电压；动力电池到高压压缩机之间连接的是直流高电压。

交流高电压主要分布在逆变器与驱动电机之间，以及充电接口与车载充电器之间。不同的是逆变器与驱动电机之间的交流高电压通常都在 300 V 左右，而充电接口与车载充电器之间的交流高电压即为外部电网的 220 V(50 Hz)电压。

2. 存在时间

高电压车辆上的高电压并不是持续存在的，除了动力电池会持续存在高电压外，其他的系统或部件只有在运行时才具有高电压。充电系统部件仅在车辆充电期间存在高电压，这包括来自外部电网的 220 V 交流高电压，以及车载充电器与动力电池之间的直流高电压，如图 2-11 所示。逆变器、高压压缩机、PTC 加热器以及 DC/DC 转换器部件只有在系统运行时，来自动力电池的高电压才会加载到这些部件上。

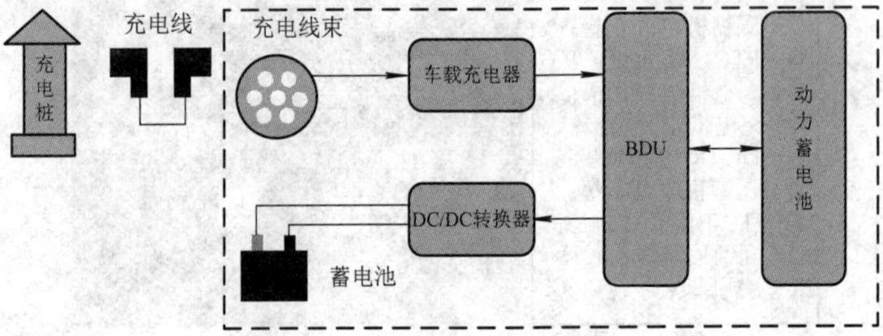

图 2-11　充电期间具有高电压的部件

任务二　电动汽车的高压危害性

任务目标

电动汽车的一个重要特点就是带有高压动力回路，其工作回路中的电压甚至可以达到 600 V 以上。因此，在电动汽车推广的同时，如何保证驾驶人员、乘车人员以及汽车保养与维修人员的安全，是值得我们关注的话题。本任务要求学生掌握电动汽车高压电的定义，充分认识电动汽车高压电对人体的危害，做好安全防护工作。

知识链接

了解电动汽车安全要求标准的三部分：车载储能部分、功能安全和故障防护、人员触电防护。掌握针对电动汽车的电气安全提出的一系列标准要求，以保证电动汽车不会在正常使用的情况下因为一些可能出现的功能失效而对使用者和周围环境造成危害。

提出任务：你知道高压电的电流及电压的范围吗？知道人体能够承受的最大电流强度是多少吗？知道高压电对人体的伤害吗？

一、高压电的定义

汽车领域中的高压电参见图 2-12。在电动汽车领域，特别是混合动力电动汽车、燃料电池电动汽车、纯电动汽车，高压电是指：直流电压大于 60 V 且小于等于 1500 V；交流电压大于 25 V 且小于等于 1000 V。

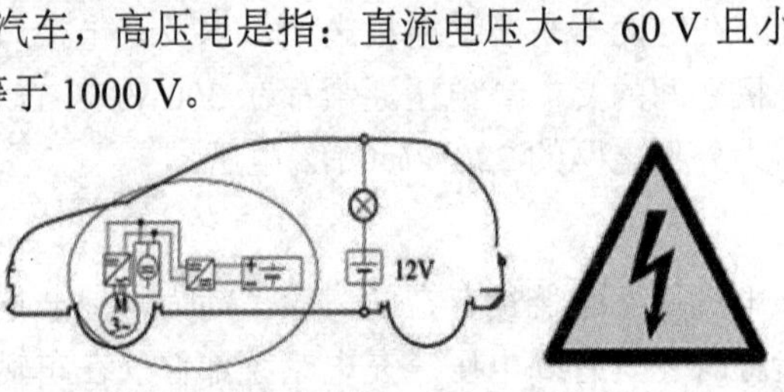

图 2-12　汽车领域中的高压电

图 2-13～图 2-15 所示是部分电动汽车动力蓄电池实物。对电压等级及设备分类可根据 GB/T 18384.3—2001，把电压分为 2 个等级，如表 2-1 所示。

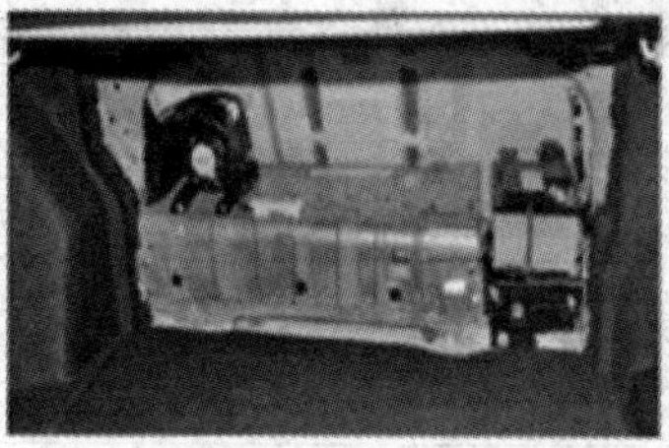

图 2-13　广汽丰田雷凌的动力蓄电池(245 V)

图 2-14　北汽 EV 系列的动力蓄电池(330 V)

图 2-15　比亚迪秦的动力蓄电池(500 V)

表 2-1　电压等级

电压等级	工作电压 U/V	
	直流系统	交流系统(15 Hz～150 Hz)RMS
A	$0<U\leqslant 60$	$0<U\leqslant 25$
B	$60<U\leqslant 1000$	$25<U\leqslant 660$

注：RMS(Root Mean Square)表示交流电压的有效值。

二、高压电的危害

高压电对人体产生危害主要有三种方式：电流作用、电弧和二次伤害。由于高压电对人体伤害较大(参见图 2-16)，因此应该认真对待有故障的电动汽车、充电桩以及其他电气设备，并立即消除可能产生的故障。

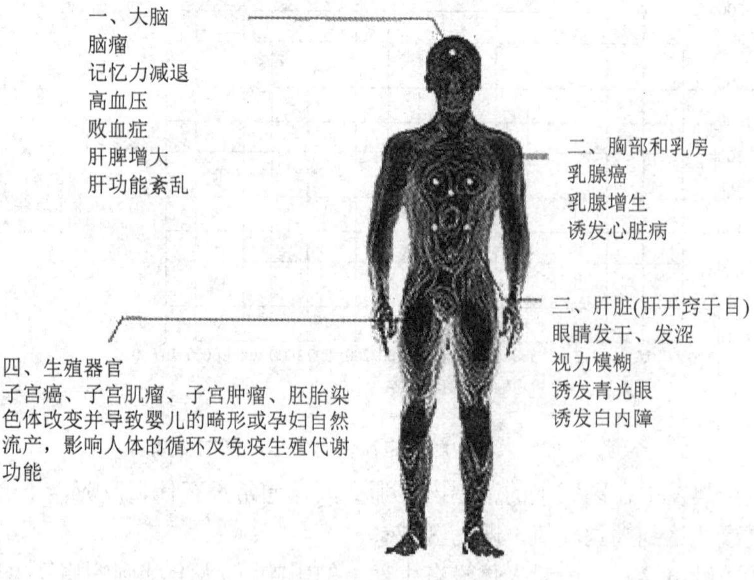

图 2-16　高压电对人体的伤害

1. 电流作用

1) 确定通过人体的电流强度

当人体接触电压为 230 V、频率为 50 Hz～60 Hz 的交流电时，人体各部分的阻抗值参见表 2-2。

表 2-2　人体各部分的阻抗值

电流路径	身体电阻估计值/Ω	电流路径	身体电阻估计值/Ω
手—手	1000	手—胸部	450
手—脚	1000	手—胯部	550
手—双脚	750		

参照表 2-2 和大多数情况下已知的触电电压，就可以对通过人体的电流值进行估算。例如，对于电阻为 1000 Ω 的手—手电流路径，在 230 V 的接触电压下，通过人体的电流强度为

$$I=\frac{U}{R}=\frac{230}{1000}=0.23\ \text{A}=230\ \text{mA}$$

2) 电流的生理效应

在上述的例子中，230 mA 的电流虽然不大，但加在人体时，会对人体造成很大的伤害。

人体的电阻，受触电电流路径的长度和横截面影响。触电电流对人体危害的程度，与其持续作用时间长短存在一定的关系。当触电电流较大时，较短的触电时间也会对人体造成致命伤害。即使触电时间较短，大于 500 mA 的电流也足够使人致命。

图 2-17 所示是频率为 50 Hz～60 Hz 的交流电通过人体时对人体的影响情况。图中，横坐标是触电电流值，纵坐标是触电时间。

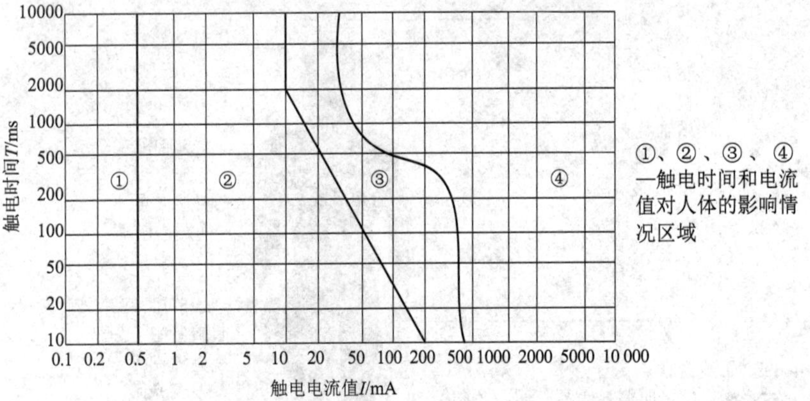

图 2-17　人体中触电电流值与触电时间的关系

如果触电事故发生在区域①的范围内，那么人体通常没有什么反应，不会产生生理影响。如果触电事故达到知觉阈值，即为区域②。

在区域②的触电事故一般对人体没有生理上的影响，但人会感到疼痛及出现抽搐现象，直到释放限制，即为区域③。

在区域③的触电事故中，人体会因为电流的作用而出现呼吸困难、心跳紊乱(心室颤抖)、抽搐等，但一般不会造成器官的损坏。随着电流强度的增加和电流冲击持续时间的增加，心房可能出现颤动并伴有短暂的心脏骤停。当触电时间较长时，达到释放极限(区域④)的过程中，可能会导致肌肉收缩和呼吸困难。

而在区域④的触电事故中，则可能造成心室纤颤。随着电流强度和持续时间的增加，会产生病理和生理效应，如心搏骤停、呼吸停止和严重烧伤等。

虽然从理论上讲，如果触电电流是低于释放限值(处于区域①和区域②)，那么无论触电时间多长，对人体也是无害的，但是即使如此，也有可能导致二次事故，例如跌倒摔伤等。

3) 对人体组织的影响

电流强度大和作用时长是电流对人体组织影响中最重要的两个因素。图 2-18 所示时间-电流图阐明了交流电对人体的作用。

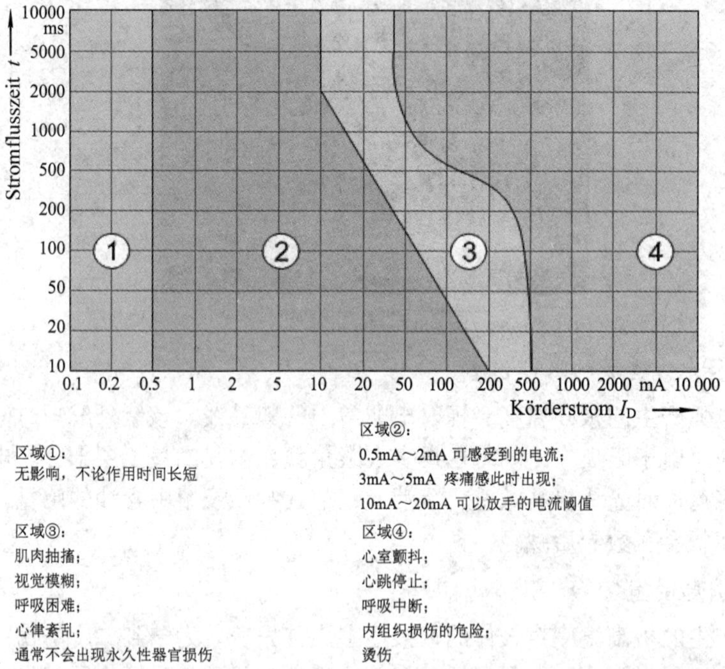

图 2-18　时间-电流图

人体电阻主要是皮肤电阻，人体表皮角质层的电阻很大，在干燥情况下可达到 6 kΩ～10 kΩ，甚至更高；潮湿情况下可降到 1 kΩ。在理论研究中，我们可以把人体本身看作一个大电阻(1 kΩ)，当对人体施加一个电压时，便会产生对应的电流，电流强度的大小和作用时间的长短会对人体造成不同的伤害。从图 2-18 中可以看出，当电流强度大于 50 mA 且作用时间超过 10 ms 时，会造成人体心室颤动、呼吸困难，危及触电人员的人身安全。若以 800 Ω～1200 Ω 作为人体电阻值，根据欧姆定律可知 $U=IR$，则 40 V～60 V 的电压就可能造成这类的人身伤害。

在触电事故发生后，受伤人员必须接受医生处理或观察，原因是在事故现场的学徒、急救人员或受伤者通常不能对身体损伤或内组织损伤做出正确估计。由于受伤者甚至在触电事故发生数小时后也可能会出现身体机能紊乱，因此必须及时接受医生的处理。

2. 电弧伤害

直流电并不是无害的，只是相对于交流电，同样电流强度其所造成的人体生理反应并没有那么强。直流电的危害主要是由电弧引起的。

一般在短路的情况下，直流电会出现电弧。在带电部件上工作时经常会发生短路。短路电弧的温度可超过4000℃。在这个过程中，金属部分在几分之一秒内蒸发，并通过所产生的电磁场的吹动作用而被喷出，对人体造成伤害。

日常，因强烈的紫外线辐射引起的眼睛眩晕、皮肤的一度和二度灼伤，均是电弧事故的典型后果。

与可控制的电弧应用不同，通常在进行不同的焊接作业中，设备短路时可产生不可控的电弧，即所谓的故障电弧(闪络故障)。其原因包括存在缺陷的绝缘材料，作业中人为失误以及因电气设备维修而产生的损坏等。电弧焊接参见图2-19。

图2-19　电弧焊接

1) 由光强和光线造成的眼部伤害

伴随故障电弧产生的极高温度会辐射出非常强的紫外线。该紫外线短时间作用于人眼即可产生所谓的“电子眼炎”，同时也损害人眼角膜、结膜的最上层部分。电子眼炎造成的不良反应有疼痛、对光线极其敏感、流泪、眼部红肿以及眼中含沙的感觉。通过眼部的新生细胞这些症状会在数天后减轻。

2) 热辐射引起的危害

故障电弧产生的极高温度对人体的直接危害，首先表现为一到二度烧伤；其次在伤口处还会出现由绝缘材料燃烧和金属颗粒升华并伴随电弧强烈的磁场作用产生的有毒燃烧产物。另外，绝缘材料或人造材料的分解产物也可能引发呼吸器官损伤。故障电弧参见图2-20。

图2-20　故障电弧

三、二次事故伤害

二次事故是指在事故中仅有低量流经电流参与，但事故本身却由防御或惊吓反应造成的事故。例如，电流也会间接地伤害人体，触电者可能因触电导致失去平衡而跌落，如图 2-21 所示。

【例 1】一个人在一电气设备的导线上作业，由于受到可能无害的电击惊吓而坠落受伤。

【例 2】一位机械师触碰了引擎舱内一导电部件，由于反射作用将手从危险区域迅速抽回，但因舱内尖锐的棱角受到了擦伤。

图 2-21　二次伤害——触电跌落

四、触电方式

电流只能在封闭的导体中流动。如果人体成为这个导体的一部分，那么就有危险。

电动汽车上的触电方式包括直接接触电击和间接接触电击。

1. 直接接触电击

直接接触电击是指人身直接接触电气设备或电气线路的带电部分而遭受的电击。它的特征是人体接触电压。直接接触电击带来的危害是最严重的，其所形成的人体触电电流总是远大于可能引起心室颤动的极限电流。

例如，如图 2-22 所示，一名机械师在进行电动汽车引擎舱内的维修作业时，未按规定佩戴高压防护手套，且用手触碰了高压系统的导电元件；而此时机械师的髋部正接触在车身上，电能会通过机械师的身体及车身进行传导，本车载电源电压为 400 V。这样就容易发生人体直接触电严重事故。

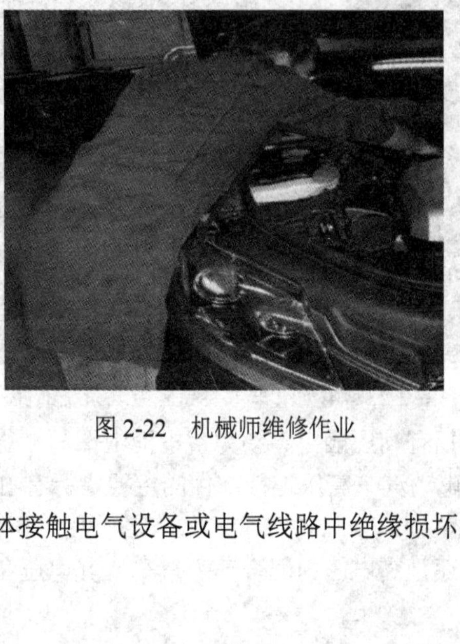

图 2-22　机械师维修作业

2. 间接接触电击

间接接触电击是指人体接触电气设备或电气线路中绝缘损坏外露的部分，从而遭受的电击触电。

任务三　电动汽车的高压安全措施

任务目标

电动汽车通常配备有电压在 300 V 以上和电流可达 200 A 以上的电源系统，这与传统的汽车只配有 12 V/24 V 电源系统相比，其安全等级是完全不一样的。传统的连接器设备已经难以满足其大电流、高电压的要求，电动汽车连接器必须是大功率连接产品。由于电动汽车的这种高电压和大电流的特点，可能危及高压零部件的使用安全性和人身安全，因此从工程上讲，必须把高压安全措施做到位。本任务要求学生掌握电动汽车的高压安全措施。

知识链接

通常情况下，我们将高电压类型电动汽车的电气系统分为低压电气系统、CAN(控制器局域网络)网络通信系统和高压电气系统。低压电气系统指的是 12 V 电源及车身电气系统；CAN 网络通信系统是指包括整车控制器、BMS(电池管理系统)和电动机控制器之间的通信网络；高压电气系统包括了动力蓄电池、驱动电机及其控制器等。以下阐述的电动汽车安全隐患主要针对的就是高压电气系统。

提出任务： 发展电动汽车以来，人们十分关心的问题就是其安全性高吗？锂离子动力电池安全吗？电动汽车到底安全吗？

一、高压安全

电动汽车主要的高压电气系统部件如图 2-23 所示。

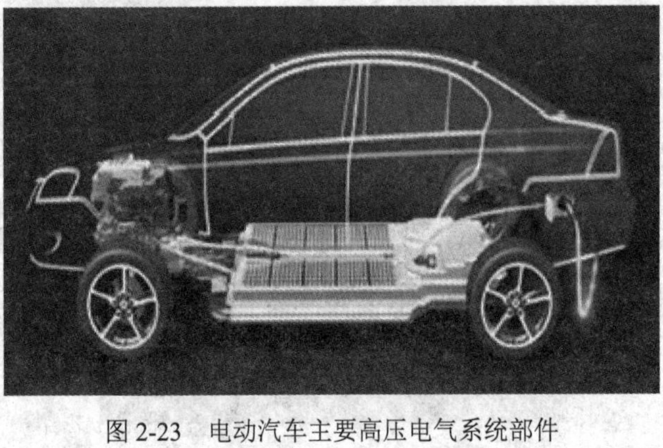

图 2-23　电动汽车主要高压电气系统部件

电动汽车安全隐患包括有高压触电、动力蓄电池泄漏与燃烧，以及车辆在特殊情况下可能存在的其他风险等。电动汽车高压连接部件的主要指标有 IP 等级、绝缘等级、低电阻性、防错性、锁止功能等。

无论是纯电动汽车，还是高电压的混合动力汽车，其电压和电流等级都是比较高的。

动力蓄电池的电压一般在 300 V～600 V，正常工作时的电流可达几百安培。

人体能承受的安全电压的高低取决于人体允许通过的电流和人体的电阻。人体电阻主要是由体内电阻、体表电阻、体表电容组成。虽然人体电阻随着条件的不同在很大的范围内变化，但是人体电阻一般不低于 1 kΩ。人体没有任何感觉的电流阈值是 2 mA。这意味着如果人或其他物体构成动力蓄电池系统(或“高电压”电路)与地之间的外部电路，最坏的情况下泄漏电流不能超过 2 mA，即人直接接触电气系统任一点时，流过人体的电流应当小于 2 mA 才可认为车辆绝缘合格。

我国民用电网中的安全电压多采用 36 V，大体相当于人体允许电流 30 mA(取人体电阻为 1200 Ω)的情况，这就要求人体可接触的电动汽车中任意两个带电部位之间的电压要小于 36 V。电动汽车中人体常见的触电形式如图 2-24 所示。以 288 V 电压为例，对于系统中的高电压元件，假如由于内部破损或者潮湿，那么有可能会传递给外壳一个电势；如果形成两个这样外壳具有不同电势的部件，那么在两个外壳之间会形成具有危险性的电压！此时，如果手触及到这两个部件，就会发生触电的危险！

图 2-24　人体触电的主要形式

二、动力蓄电池安全

电动汽车的关键部分是动力蓄电池(参见图 2-25)，对于动力蓄电池安全性的研究是分析高压电类型电动汽车安全性的前提。近年来，锂离子电池在纯电动汽车和混合动力汽车上得到了广泛的应用，下面以锂离子电池为例，来介绍动力蓄电池的安全性。

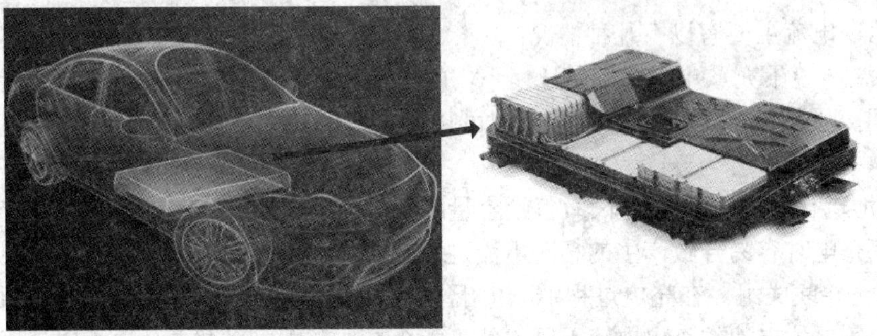

图 2-25　电动汽车动力蓄电池与安装位置

锂离子电池在正常使用过程中不会出现安全问题，但电池的滥用会导致电池的热效应加剧，这是锂离子电池出现安全问题的导火索，最终表现为电池的“热失控”，从而引起安全事故。导致热失控有以下几种情况。

1. 过充电与过放电

在给车辆进行充电时，特别是在电池充电末期，电池内部锂离子的浓度增加、扩散性能下降，进而浓差极化增加、电池的接受能力下降，电池再充电就会出现过充电(简称过充)。过充电时，如果电池的散热较好，或者过充电流很小，此时电池的温度较低，过充电后只发生电解液的分解，电池仍然是安全的；如果此时电池的散热较差，或者由于高倍率充电导致电池温度很高而引发化学反应，往往存在安全隐患。图 2-26 所示为一辆电动客车电池在过充电时导致的着火事故。

图 2-26　电池过充电导致温度过高着火

同样，在电池放电末期时其提供大电流的能力下降，当电池剩余电量不足而又需要大电流放电时，就会使电池过放电(简称过放)。过放电过程如下：当电池负极的锂离子完全脱出以后，为了维持电流，电池负极表面电极电位低的物质继续被氧化，同时正极材料中的锂离子有可能发生还原反应。在发生过放电时，由于电池负极的锂离子减少、脱出能力下降，进而极化电压增加，此时很容易导致电池负极的活性物质脱落，容易造成电池内部短路。电池内部短路的直接表现就是迅速产生热量，存在着火隐患。

2. 过电流

锂电池过电流主要有以下几种情况：

(1) 低温环境下充放电。在低温环境下，由于电池的导电性和扩散性下降，特别是电池负极的锂离子活动能力下降，因此电池可接受电流的能力下降，容易导致电池出现过电流。

(2) 电池老化、电池的性能下降(包括容量降低、内阻增加、倍率特性下降等)后，仍按照原来电流充电时容易导致产生的相对电流过大。

(3) 电池并联成组。在充电过程中，由于电池一致性的差异，单体电池的内阻各不相同，分配到各单体电池的充电电流不同，就可能会导致分配到某些单体电池电流远大于充电电流。多个电池并联充电电流不一致而导致的过热损坏如图 2-27 所示。

图 2-27　多个电池并联充电电流不一致导致过热损坏

(4) 电池的内部和外部短路。电池短路会在瞬间产生很大电流，电池内部温度急剧升高，从而使电池发生泄漏、起火等安全事故。

3. 电池过温

上述提到的过充、过放、过电流会导致电池过温，以下几种情况也会引起电池过温：

(1) 电池的热管理系统失效。该现象表现为动力蓄电池组总成内电池温度传感器损坏，或者是检测控制电路失效、散热风扇损坏等。如图 2-28 所示为典型动力蓄电池内电池温度监测系统。

图 2-28　电池温度监测

(2) 电池温度采样点有限。车辆上电池数量众多，很难对每个单体电池都实现温度监测。

(3) 温度采样点受限制。由于电池本身结构的原因，新能源汽车的电池管理模块对电池的温度采样点一般都在电池正极与负极接线柱上，或者通过贴片采集电池外壳的温度，因此不能反映实际的电池内部温度。

(4) 工作环境温度高。如果电池靠近驱动电机或空气压缩机等发热部件，那么会导致电池过温。

(5) 电池温度升高会引发的隐患包括电池本身性能的逐步下降，进一步加剧了电池内部的短路。此外，由于电池本身温度过高，会导致电池产生热温度变形，从而发生泄漏等事故。

三、危险运行工况下的安全

电动汽车由于存在高电压，因此在行驶中发生事故时，如果没有很好的安全设计，那么很容易发生安全隐患，这些安全隐患包括高压系统短路、发生碰撞或翻车、涉水或遭遇暴雨等。

1. 高压系统短路

当动力系统的高压线短路时，将会导致动力蓄电池瞬间大电流放电；此时动力蓄电池和高压线束的温度迅速升高，将会导致动力蓄电池和高压线束的燃烧，严重时还可能会引起电池爆炸。若动力蓄电池的高压母线与车身短路，则乘员可能会触碰到动力蓄电池的高压电，从而发生触电伤害。

2. 发生碰撞或翻车

当电动汽车发生碰撞或翻车时，可能导致动力系统高压短路，此时动力系统瞬间产生大量热量，存在发生燃烧甚至爆炸的风险；此外还可能造成高压零部件脱落，对乘员造成触电伤害。如果动力蓄电池受到碰撞或因为燃烧导致温度过高，那么有可能造成电池电解液泄漏，对乘员造成伤害。另外，电动汽车发生碰撞或翻车还会对乘员造成机械伤害。

3. 涉水或遭遇暴雨

当电动汽车遇到涉水、暴雨等工况时，由于水汽侵蚀，高压的正极与负极之间可能出现绝缘电阻变小甚至短路的情况，可能引起电池的燃烧、漏液甚至爆炸，若电流流经车身，可能使乘员遭受触电风险。

4. 充电时车辆的无意识移动

当车辆在充电时，如果车辆发生移动，可能会造成充电电缆断裂，使乘员以及车辆周围人员遭受触电风险；若充电电缆断裂前正在进行大电流充电，还可能造成电池的高压接触器粘连，从而进一步增加人员的触电风险。

5. 动力电池日常存储运输安全性

在动力电池日常存储运输中，需要做相应的安全储备，操作时还需要小心谨慎。作为特别容易发生化学反应的金属，动力电池易延伸和燃烧，所以在包装、运输、存储时没有按规定处理的话，可能会导致严重的事故——燃烧和爆炸。

四、高压零部件保护措施

众所周知，电流流经人体对人生命将构成威胁。因此，电动汽车在设计的时候需要采用适当保护措施，防止电流对人体造成伤害，包括防止直接接触的保护和防止间接接触的保护。

根据所采用保护措施形式的不同，保护措施可分为基本保护和预防式保护。防止触电保护措施必须以这两种独立的保护措施适当组合形式存在，即基本保护和预防式保护组合。被广泛应用的保护措施又有双重绝缘或者加强绝缘保护、通过自动切断电源的保护、停止供电保护和借助小电流保护等。

电动汽车高压系统从原理图上讲，主要高压器件有电池模组、高压配电盒、电机、

DC/DC 转换器、空调(A/C)等。从工程上讲，高压器件的质量以及彼此连接件质量做到位了，电动汽车的安全就能得到保障。不同规格的高压连接器参见图 2-29。由于安全指标持续提升是永恒的课题，因此电动汽车连接器必须是汽车级的产品，工业级的产品是不符合要求的。

电动汽车高压零部件的基本保护措施包括基本绝缘、接触保护、高压线束标记、保护等级，另外还有高压互锁、开盖检测、主动泄放、被动泄放、预充电保护等措施。

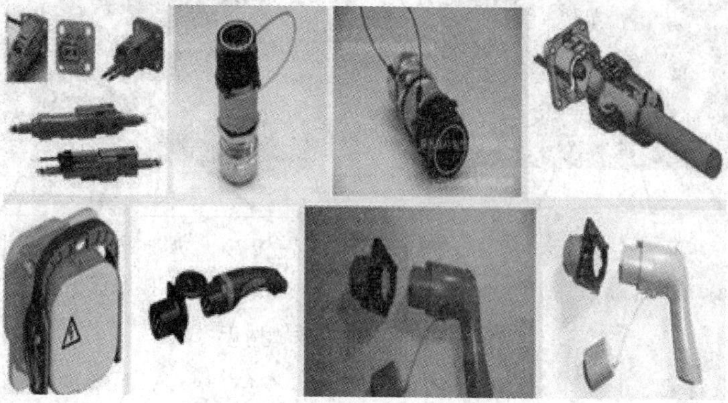

图 2-29 不同规格的高压连接器实物图

五、电气设备和仪器的防护措施

电气设备和仪器的防护措施主要涉及基本保护、容错保护、额外保护、加强/双倍绝缘保护、电间距保护、超低电压保护(SELV 或 PELV)等。

1. 基本保护

所谓的基本保护，是指通过覆盖包装、包裹或绝缘化杜绝了与带电部件的直接接触。覆盖包装或外壳必须符合与使用地点、应用区域相对应的保护标准。绝缘保护只能通过毁坏绝缘物质去除。

1) 基本绝缘

基本绝缘是指加在带电部件上提供防触电的基本保护绝缘，也就是对带电部件提供防止电击之基本保护的绝缘。基本绝缘在有效绝缘的基础上，保护人体以免触电，基本绝缘如图 2-30 所示。

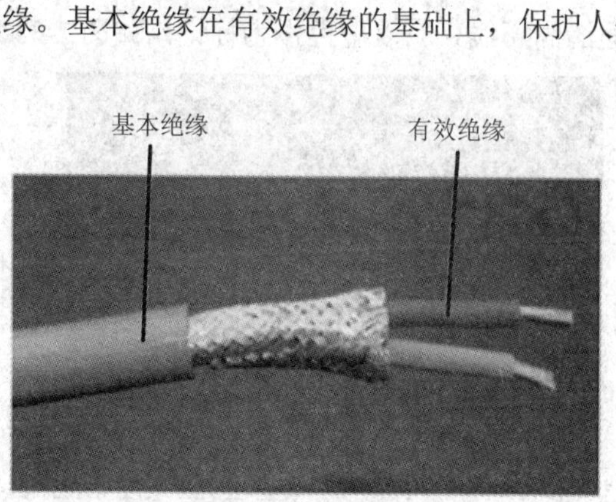

图 2-30 基本绝缘

2) 接触保护

接触保护主要是指高压插头的接触保护，如图 2-31 所示。

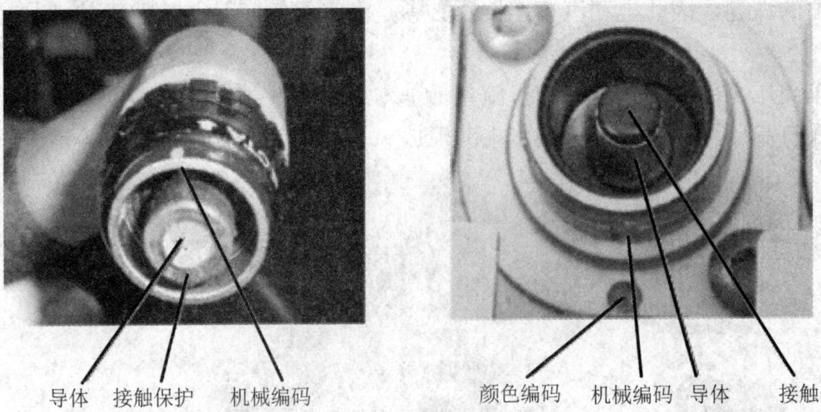

(a) 插头上接触保护　　(b) 插座上接触保护

图 2-31　高压插头接触保护

3) 高压线束标记

对高压线束的防护及标记(或标识)应满足以下要求：

(1) 高压器件外部的高压线束必须含有屏蔽层，或在外部罩有屏蔽罩等，以屏蔽电磁辐射。高压接插件在对接状态下须达到 360° 屏蔽。

(2) 高压器件外部的高压线束外部应包裹波纹管，如图 2-32 所示。

图 2-32　高压线束外部包裹波纹管

(3) 高压零部件外面的高压线束应以橙色作为标记，如图 2-33 所示。

1—高压元件安全标识；2—电子控制器；3—橙色高压线缆连接器；4—橙色高压线缆

图 2-33　高压橙色标记

(4) 高压器件均贴有安全标识，如图2-34所示。

图2-34 安全标识

4) 保护等级

高压部件的外壳防护等级，即IP保护方式代号简介如图2-35所示。

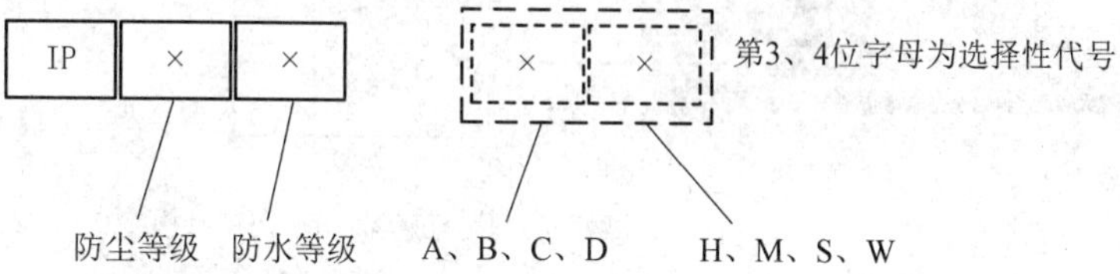

图2-35 防护等级代号

电动汽车上的某些高压接插件要求达到IP67，并且360°屏蔽。IP67中，数字6表示防接触保护，防止粉尘内部堆积；数字7表示浸入规定压力的水，经规定时间后进水量不致达到有害程度。

2. 容错保护

容错保护的保护装置应当防止在基本保护失效的情况下产生的伤害，以及在导电部件上危险接触电压的产生。自动断路器参见图2-36。例如，在电动汽车高压线路中安装的容错保护由一个电流自动断路器(在过高电流下短路)以及所有导体的“接地”构成。插座上连接的用电器也同样通过电气设备的地线与一个电位均衡器相连，危险的电位差可以由此减弱甚至消除。

图2-36 自动断路器

3. 额外保护

额外保护是指在基本保护和/或容错保护失效的情况下，在使用者疏忽大意以及特殊条件下，故障电流保护系统能够提供额外的人员保护。RCD(漏电保护装置)线路集成在电路的往、返回路中，它通过磁动势平衡互感器来对比往、返回路中的电流大小。当两路电流不相等时，电路就会被切断。额外保护器如图 2-37 所示，在红圈外加说明：30 mA。

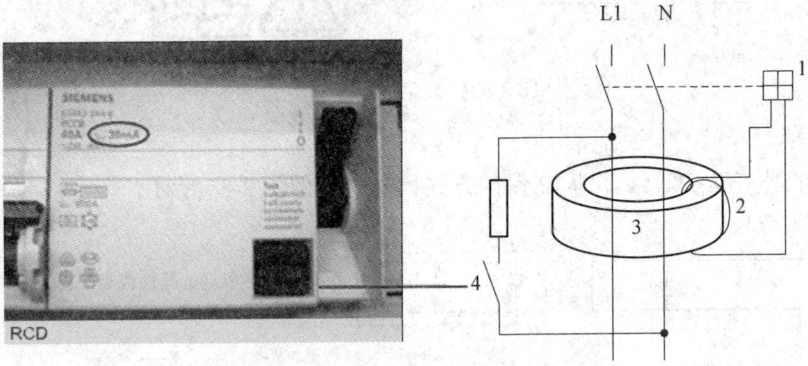

磁动势平衡互感器：1—闭锁机构；2—工作线圈；
3—环形铁芯；4—复位开关

图 2-37　额外保护器

当额定故障电流 $I = 30$ mA 时，介入工作的 RCD 线路可提供人员保护，参见图 2-37。

4. 加强/双倍绝缘保护

加强/双倍绝缘保护措施体现为基本保护实行基本绝缘化，容错保护增加额外或加强绝缘材料。具备这种保护的用电器的标识如图 2-38 所示。

5. 电间距保护

电间距保护体现为给用电器添加一个独立电路。隔离变压器“隔离”了用电器回路与安装电网。它的基本保护由绝缘化、包裹或者覆盖包装来保证，人在触碰导电部件时不会产生人体流经电流(容错保护)。电间距保护器及回路标识参见图 2-39。

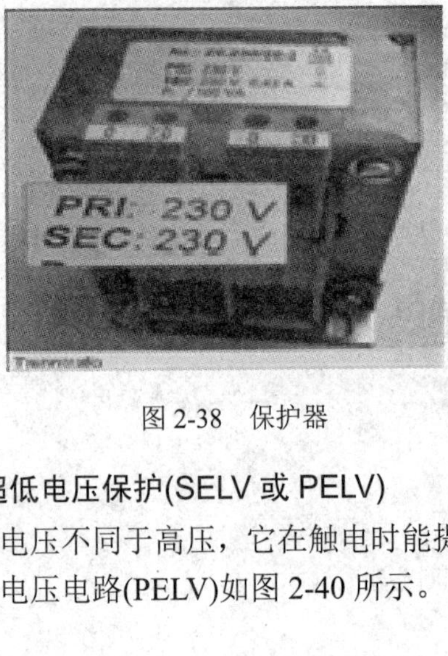

图 2-38　保护器

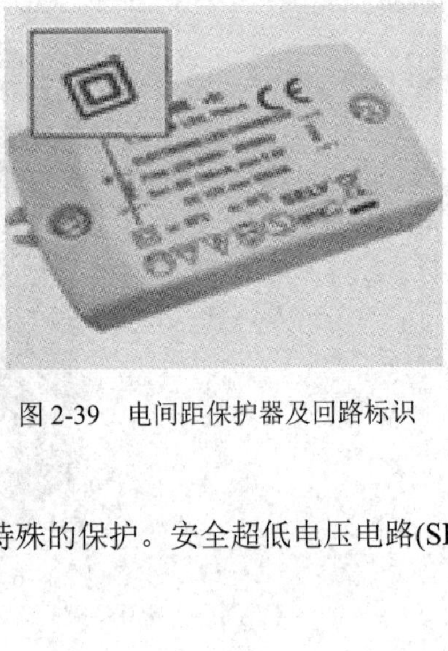

图 2-39　电间距保护器及回路标识

6. 超低电压保护(SELV 或 PELV)

超低电压不同于高压，它在触电时能提供特殊的保护。安全超低电压电路(SELV)与保护性超低电压电路(PELV)如图 2-40 所示。

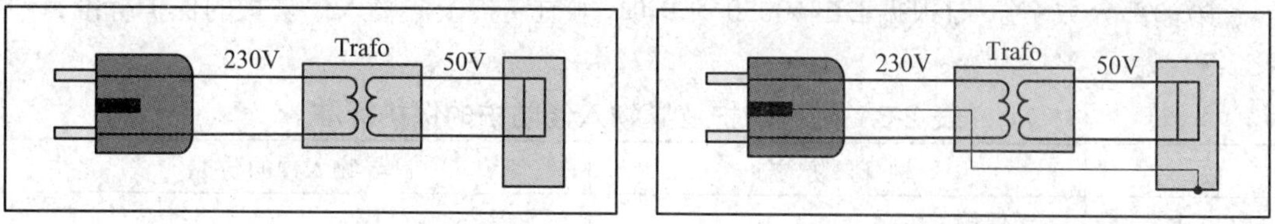

(a) SELV　　　　(b) PELV

图 2-40　超低电压保护器电路图

在上述两种情况下，如同电间距防护一样，用电器回路都会通过一个变压器与电网安全地隔离，然而输出电压会降低至超低电压范围，所以其保持在危险电压范围以内。超低电压保护器如 2-41 所示。

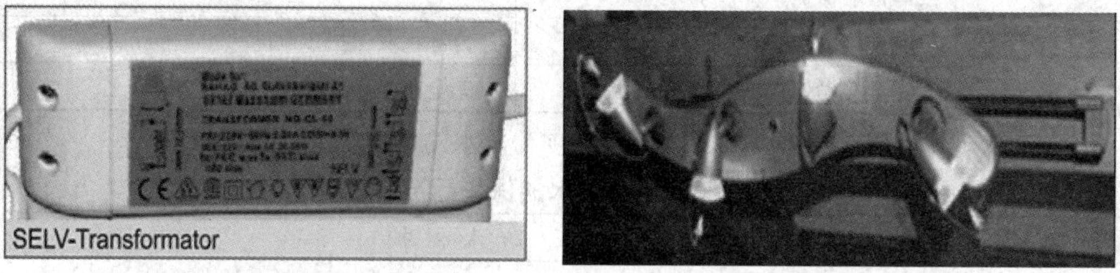

(a) MB 锁锁止高压回路与联锁装置　　　　(b) 超低电压照明系统

图 2-41　超低电压保护器

例如，SELV 电路可以应用在插座部件、模型铁路变压器和照明用卤素灯上，通过负载电压降低至 25 V(交流)/60 V(直流)以下，此处无需基本保护。

与 SELV 电路不同的是，在 PELV 电路中的一条导线或者用电器本体会直接接地，参见图 2-40(b)，如此一来就达到了均衡电势的效果。例如，该电路应用在存在潜在爆炸危险领域的超低电压机械上，就达到了避免产生电火花的目的。另外，在音响仪器上应用 PELV 电路，需要仪器外壳接地以屏蔽干扰。

7. 仪器外壳的保护标准

对于电子设备的外壳及包装需要按照其使用地点和使用功能满足不同的要求。例如，触碰防护、异物入侵防护和防水保护等重要属性都是由 IP 等级所确定的。

DIN 标准 EN60529 和 DIN40050 第 9 项(仅公路机动车)明确了相应 IP 码的标准。IP 码由最少 2 项和最多 4 项的说明组成，参见图 2-42。

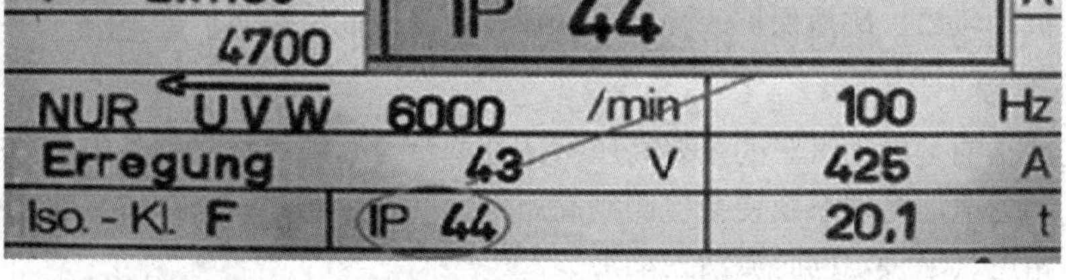

图 2-42　特别标出的 IP 码

第一部分数字意义(根据 DIN40050 第 9 项，触碰防护及异物入侵防护的保护标准)参见表 2-3。

表 2-3 触碰防护及异物入侵防护的保护标准

数 字	触 碰 防 护	异物入侵的防护
0	无保护	无保护
1	手大面积接触保护	防止直径大于等于 50 mm 的异物进入
2	手指触碰保护	防止直径大于等于 12 mm 的异物进入
3	直径大于等于 2.5 mm 的工具，金属线等接触保护	防止直径大于等于 2.5 mm 的异物进入
4	直径大于等于 1 mm 的工具，金属线等接触保护	防止直径大于等于 1 mm 的异物进入
5K	完全接触保护	内部积灰保护
6K	完全接触保护	完全灰尘异物保护

第二部分数字意义(根据 DIN40050 第 9 项，防水的保护标准)见表 2-4。

表 2-4 防水的保护标准

数 字	防 水 保 护
0	无防水保护
1	对竖直下落的水滴具备防水保护
2	对倾斜至 15°(相对铅垂面)下落的水滴具备防水保护
3	对倾斜至 60°(相对铅垂面)下落的水滴具备防水保护
4	对任意方向喷溅水具备防水保护
5	对任意方向由单喷嘴喷出的水柱具备防水保护
6	对大流量水柱具备防水保护
6K	对较高压力水柱具备防水保护
7	短时间浸泡防水保护
8	长时间浸泡防水保护
9K	对高压水柱及水蒸气具备防水保护

数字 3 或 4 表示该部件具备特别的触碰保护或特殊的校验条件。

六、预防保护措施

针对功能失效、高压安全等方面所做的预防式保护措施主要有：高压互锁、开盖检测、主动泄放、被动泄放、碰撞保护、预充电保护、电源极性反接防护等。

1. 高压互锁

高压互锁指的是电动汽车的主要高压接插件均带有互锁回路，当其中某个接插件被带电断开时，动力电池管理系统便会检测到高压互锁回路存在断路，然后立即进行报警并断开主高压回路电气连接，同时激活主动泄放。

高压互锁的功能是：高电压触点监控电路可在出现带电状态断开高压电路的情况时，

通过低压电路控制高压主接触器断开，防止触电风险。高压互锁线路图如图 2-43 所示。安全回路线是个环形线路，通过 12 V 电网元件来监控高电压电网；不能在未断开安全线的情况下就拔下高压插头(设计实现)；安全回路线发生断路的话，会导致高压系统立即被切断。

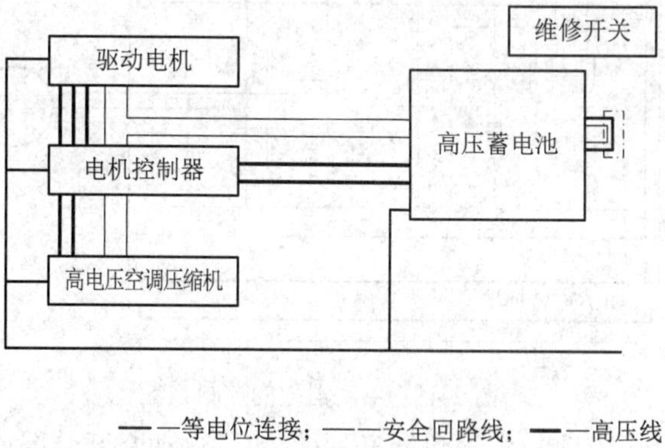

图 2-43　高压互锁线路图

2. 开盖检测

开盖检测指的是电动汽车的重要高压电控元件具有开盖检测功能，当这些元件的盖子在整车高压回路连通的情况下打开时，会立即进行报警，并断开高压主回路电气连接，同时激活主动泄放。开盖检测如图 2-44 所示。

图 2-44　开盖检测

3. 主动泄放

主动泄放指的是驱动电机控制器中含有主动泄放回路，当检测到车辆发生较大碰撞，或高压回路中某处接插件存在拔开状态，或含有高压的高压电控元件存在开盖的情况时，控制器可在 5 s 内将高压回路直流母线电压主动泄放到 60 V 以下，迅速释放危险电能，最大限度保证人员安全。

主动泄放的功能是通过放电可以消除高压器件内电容器上的残余电压。

主动泄放是由电池管理系统控制的，每次切断高压系统或者中断低压控制线时，都会进行主动放电，主动泄放的控制如图 2-45 所示。

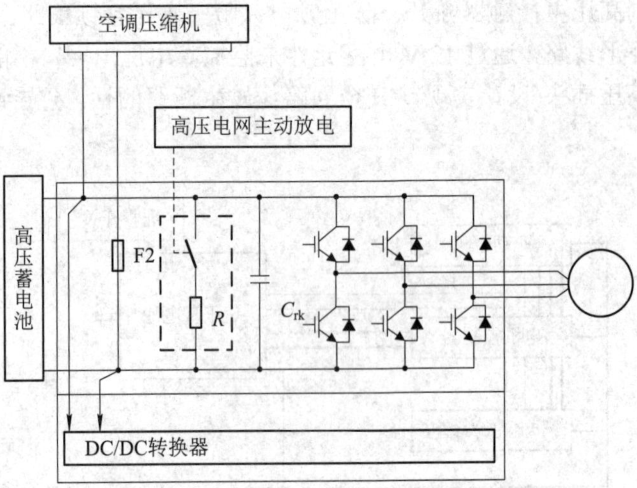

图 2-45 主动泄放的控制

主动放电是指当高压电路与电池包断开后(例如，自动断开装置或手动断开装置启动时)，由于有容性储能元件及线束上本身存在的容性，高压母线仍会残留有对人体造成电击伤害的危险电压，因此有必要将高压母线的电压释放到安全范围内。根据电压和能量的情况以及电压衰减所需要的时间，不同的制造商可能有不同的主动放电方案和设计。某些电动汽车高压系统断电后采用电阻放电就是其中的一种方案。

4. 被动泄放

被动泄放是指在含有主动泄放的同时，驱动电机控制器、空调驱动控制器等内部含有高压的电控产品同时设计有被动泄放回路，可在 2 min 内将高压回路直流母线电压泄放到 60 V 以下。被动泄放作为主动泄放失效的二重保护。

被动泄放的功能是为了保证即使在已把部件拆卸下来的情况下，也可以把残余电压消除掉。

5. 碰撞保护

碰撞保护是指当车辆发生碰撞时，动力电池管理器检测到碰撞保护信号大于一定阈值时，会切断高压系统主回路的电气连接，同时通知驱动电机控制器激活主动泄放，从而将发生碰撞时的短路风险和人员电击风险降到最低。

6. 功能互锁

功能互锁是指当车辆在进行充电或插上充电枪时，车辆的高压电控系统会限制整车不能通过自身驱动系统驱动，以防止可能发生的线束拖拽或安全事故。

充电互锁时，出于安全考虑，电动汽车要带有充电功能互锁的功能，即在充电时电动汽车动力系统要处在断开的状态，以防止电动汽车连接在充电电源上时被意外启动。另外，有一些电动汽车是通过车辆端的充电插口实现该功能的，当充电插口插入充电插头时，控制系统会辨认插头已经连接到位，这时即使车辆的启动开关处于 ON 挡位置，操作人员也不能真正地启动车辆，油门踏板是失效的。

7. 漏电传感器

漏电传感器如图 2-46 所示。漏电传感器的功能是检测电动汽车直流动力电源母线与其外壳、车身底盘之间的绝缘阻抗。通常利用检测与动力电池输出相连接的负极母线与车身底盘之间的绝缘电阻，来判断动力电池包的漏电程度。

图 2-46　漏电传感器

漏电保护装置如图 2-47 所示，常见的有漏电保护开关、漏电断路器。其主要功能是在设备发生漏电故障时起到安全保护作用。它具有过载和短路保护功能，可用来保护线路或电动机的过载和短路。漏电保护开关在电动汽车上主要以绝缘电阻监测系统的形式出现(有些车辆为监测高压用电器壳体与高压触头之间是否漏电而安装小型的漏电保护装置)，传统的漏电保护开关主要安装在非车载充电系统上。例如，绝缘电阻值小于等于 100 kΩ 为一般漏电；绝缘阻值小于等于 20 kΩ 为严重漏电。

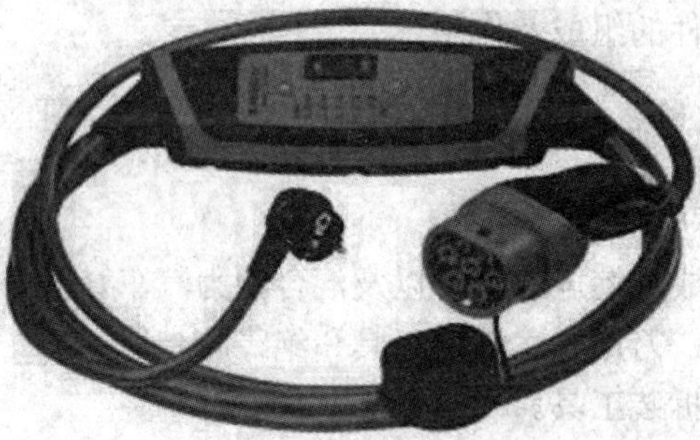

图 2-47　漏电保护装置

8. 维修开关

维修开关如图 2-48 所示，其功能是在车辆维修时直接断开高压回路，从而保证操作人员安全。

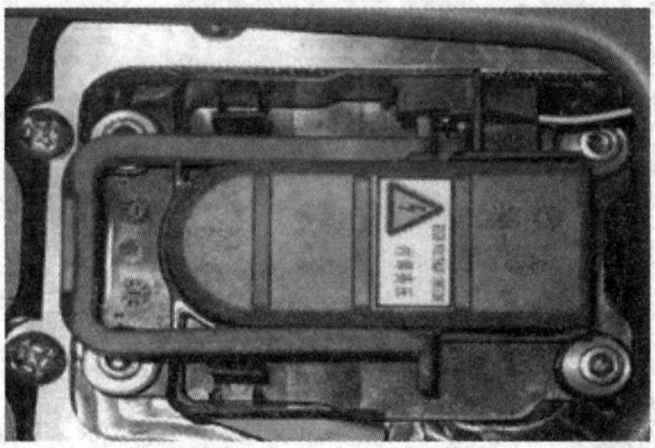

图 2-48　维修开关

9. 预充电保护

预充电(管理)保护是电动汽车中必不可少的重要环节之一，其中电动汽车预充电的主要作用是给电机控制器(即逆变器)的大电容进行充电，以减少接触器接触时火花拉弧，降低冲击，增加安全性。预充电系统一般都与电池组布置在一起，有些电动汽车也将其与配电箱放在一起。

技 能 训 练

训练一　认识电动汽车的高压与低压系统结构

一、实训目的

(1) 能够正确识别电动汽车高压部件。
(2) 能够说出电动汽车高压特征。
(3) 电动汽车高压部件的组成及作用。

二、实训准备工作

(1) 防护装备：绝缘防护装备。
(2) 车辆、台架和总成：纯电动汽车以及混合动力汽车。
(3) 专用工具和设备：万用表、放电工具和绝缘胶带等。
(4) 手工工具：绝缘拆装工具。
(5) 辅助材料：无。

三、实训注意事项

(1) 请务必按照各小组的组成单位，合理使用场地绝缘安全护具及测试器具，并严格按安全操作规范动作操作，做到安全和正确，并防止造成实操总成及车辆的损坏。
(2) 必要时，可协助其他组员完成实训。
(3) 每个小组在规定的 20 min 内完成实训。

四、实训实施步骤

(1) 找到动力电池组。
(2) 找到高压控制盒。
(3) 找到永磁驱动电机、电机控制器。
(4) 找到 DC/DC 转换器。
(5) 找到空调与暖风系统。

(6) 找到车载充电机。

(7) 在实训车辆上学习高电压车辆高压特征。

五、实训总结

(1) 总结本次课学生学习表现及在小组合作中的表现。

(2) 各小组进行经验分享。

(3) 知识目标检验。要求按照任务完成效果进行考评，参见表 2-5。

表 2-5　知识目标检验表

项目名称		时　间		地　点		
班　级		小组及成员			得分	
序　号	项　目	操作内容	规定分	评分标准	扣分记录	得分记录
1	动力电池组	找到动力电池组位置，观察并认识其形状，分析其结构	15 分	选择位置不当，扣 3 分。 安全标识选择不到位，酌情扣 1～5 分。 操作及结构分析不当，酌情扣分		
2	高压控制盒	找到高压控制盒位置，观察并认识其形状，分析其结构	15 分	选择位置不当，扣 3 分。 安全标识选择不到位，酌情扣 1～5 分。 操作及结构分析不当，酌情扣分		
3	永磁驱动电机、电机控制器	找到永磁驱动电机、电机控制器位置，观察并认识其形状，分析其结构	15 分	选择位置不当，扣 3 分。 安全标识选择不到位，酌情扣 1～5 分。 操作及结构分析不当，酌情扣分		
4	DC/DC 转换器	找到 DC/DC 转换器位置，观察并认识其形状，分析其结构	15 分	选择位置不当，扣 3 分。 安全标识选择不到位，酌情扣 1～5 分。 操作及结构分析不当，酌情扣分		
5	空调与暖风系统	找到空调与暖风系统位置，观察并认识其形状，分析其结构	15 分	选择位置不当，扣 3 分。 安全标识选择不到位，酌情扣 1～5 分。 操作及结构分析不当，酌情扣分		
6	车载充电机	找到车载充电机位置，观察并认识其形状，分析其结构	15 分	选择位置不当，扣 3 分。 安全标识选择不到位，酌情扣 1～5 分。 操作及结构分析不当，酌情扣分		
7	高电压车辆高压特征	说出高电压车辆的主要高压类型	10 分	回答不到位，酌情扣 1～5 分。 回答错误，酌情扣分		
总分			100 分			

(4) 实训考核。要求按照实训完成情况进行考核，参见表 2-6。

表 2-6　实训考核表

考核项目	评分标准	分数	学生自评	小组互评	教师评价	小计
团队合作	是否和谐； 是否分工合作； 是否积极参与					
任务方案	是否正确和合理					
操作过程	能够正确识别电动汽车高压部件； 能够说出电动汽车高压特征、电动汽车高压部件的组成及作用					
任务完成情况	是否完成					
工作态度	是否规范和标准					
总分						
教师签名		年　月　日			总分	

训练二　认识电动汽车的高压与低压线路

一、实训目的

(1) 认识电动汽车高低压线路。

(2) 简要画出线路原理图。

二、实训准备工作

(1) 防护装备：绝缘防护装备。

(2) 车辆、台架和总成：纯电动汽车以及混合动力汽车。

(3) 专用工具和设备：万用表、放电工具和绝缘胶带。

(4) 手工工具：绝缘拆装工具。

(5) 辅助材料：无。

三、实训注意事项

(1) 以各小组为单位，进行现场实车高低压线路确认实操训练，要求严格执行安全规范操作，做到安全和正确，并防止造成发生高压事故。

(2) 必要时，可协助其他组员完成实训。

(3) 每个小组在规定的 40 min 内完成实训。

四、实训实施步骤

电动汽车电气系统的另一个重要组成部分就是汽车高压与低压电气系统。高压电气系统的主要功能是根据车辆行驶的功率需求，完成从动力电池或燃料电池到驱动电动机的能量变换与传输过程。在传统的燃油汽车中，电动助力转向系统、制动系统等主要由低压电气系统供电；而在电动汽车中，为了节约能源，对于功率较大的子系统，如制动气泵电动机、电动助力转向系统和电动空调等一般均采用高压供电。

燃油汽车与电动汽车低压电气系统两者的主要区别在于，燃油汽车的辅助蓄电池由与发动机相连的发电机来充电，而电动汽车的辅助蓄电池则由动力电池通过 DC/DC 转换器来充电。图 2-49 所示为典型的电动汽车高压与低压电路原理图，12 V 低压电气系统由高压动力电池通过 DC/DC 转换器为其充电，而高压动力电池系统通过车载充电器进行充电。

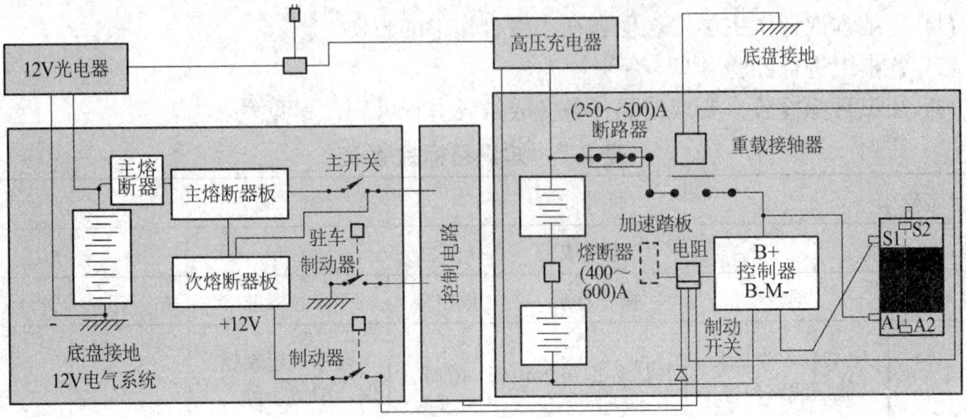

图 2-49　典型的电动汽车高压与低压电路原理图

高压电气系统主要由动力电池 / 燃料电池、驱动电动机和功率转换器等大功率、高电压电气设备组成。整车高压电气系统原理如图 2-50 所示。高压电源从电的正极 D+出发，首先通过位于驾驶员控制台的高压开关 DK1，该开关受低压控制，作为整车高压电源的总开关以及充电开关。经线路 2 可以进行充电操作，经线路 3 与主电动机控制器通过驱动电动机来驱动车辆行走，直流电源变换器(给低压 24 V 电源充电)、转向系统控制器(控制转向助力机构)、制动系统控制器(控制和驱动气泵打气提供制动能量)及冷暖一体化空调相连，最后经过分流器 FL 流回负极。分流器 FL 的作用是检测高压线路中的电流值。此外，在电池内部之间装有 500 A 的熔断器 F，防止高压回路中电流过大。

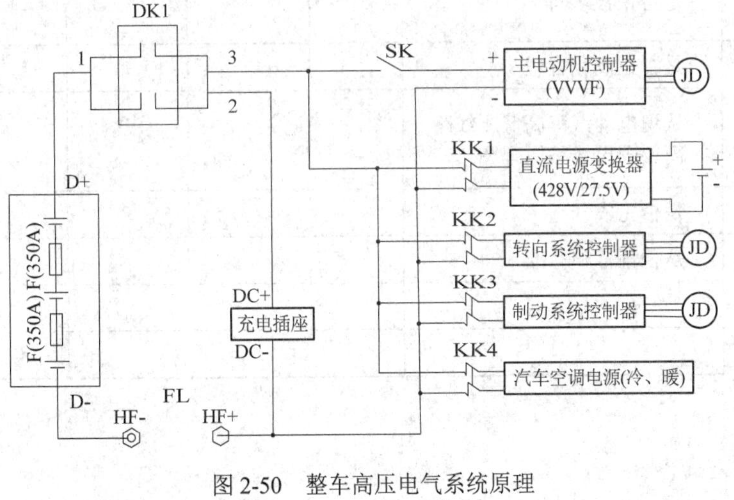

图 2-50　整车高压电气系统原理

动力电池组通过DC/DC转换器将高压直流电转换为12 V或24 V低压直流电，为仪表、照明、控制系统和车身 DC 提供电能，并给辅助蓄电池(DC/AC)充电，构成整车低压电气系统。低压电气系统主要由 DC/DC 功率转换器、辅助蓄电池和若干低压电器设备组成。电动汽车的低压电器设备主要包括灯光系统、仪表系统、娱乐系统、电动车窗、刮水器、除霜器和各种控制器等。

五、实训总结

(1) 总结本次课学生学习表现和在小组合作中的表现。

(2) 各小组进行经验分享。

(3) 知识目标检验。要求按照任务完成效果进行考评，参见表 2-7。

表 2-7　知识目标检验表

项目名称		时　间		时　间		
班　级		小组及成员			得分	
序　号	项目	操作内容	规定分	评分标准	扣分记录	得分记录
1	电动汽车高压与低压线路原理	具体参见图 2-49	40 分	操作、绘制错误，酌情扣分		
2	整车高压系统原理	具体参见图 2-50	60 分	操作、绘制错误，酌情扣分		
总分			100 分			

(4) 实训考核。要求按照实训完成情况进行考核，参见表 2-8。

表 2-8　实训考核表

考核项目	评分标准	分数	学生自评	小组互评	教师评价	小计
团队合作	是否和谐； 是否分工合作； 是否积极参与					
任务方案	是否正确和合理					
操作过程	认识电动汽车高低压线路； 简要画出线路原理图					
任务完成情况	是否完成					
工作态度	是否规范和标准					
总分						
教师签名		年　月　日			总分	

项 目 小 结

(1) 能够说出电动汽车高压特征。
(2) 能够说出动力电池安全特性及高压防护方法。
(3) 能够描述高压安全性隐患与防护方法。
(4) 能够正确识别电动汽车高压部件。
(5) 会正确操作测量高压。
(6) 会正确使用各种安全防护操作。

思 考 与 练 习

一、填空题

1. 高电压车辆的高电压部件主要集中在__________、__________、__________、__________四个位置。

2. __________是完成动力电池电源的输出及分配，实现对支路用电器的保护及切断。

3. 电动汽车的电源系统主要是动力电池系统主要由__________、__________、__________、__________四部分组成。

4. 驱动电机系统是纯电动汽车三大核心部件之一，是车辆行驶的主要执行机构，其特性决定了车辆的主要性能指标，直接影响__________、经济性和__________。

5. __________系统的作用是根据室外环境随时调节汽车内部的温度、湿度和通风状况，保持最舒适的驾车环境。

6. 充电系统由__________、__________、__________、__________等组成。

7. 高压部件都具有明显的______色标识，或者部件的醒目位置粘贴有______标识。

8. 纯电动汽车和混合动力汽车，其高电压系统均同时具有______高压和______高压。

9. 高压电是指：直流电压大于_____ V且小于等于_____ V；交流电压大于_____ V且小于等于______ V。

10. 高压电对人体产生危害，主要有三种方式：__________、__________、__________。

11. 直流电的危害主要是由______________引起的。

12. 电动汽车上的触电包括______________、______________。

13. 电动汽车安全隐患包括____________、____________以及车辆特殊情况下可能存在的其他风险等。

14. 电动汽车连接器主要指标有_______等级、_______等级、_______、_______、锁止功能。

15. 电动汽车的关键部分是__________，对于动力蓄电池安全性的研究是分析高压电类型电动汽车安全性的前提。

二、单项选择题

1. ________的基本目的是确保汽车运行安全、驾乘人员安全和汽车运行环境安全。

A. 电源系统　B. 高压控制盒
C. 驱动系统　D. 空调与加热系统

2. 驱动电机系统由驱动电动机(DM)、________构成。

A. 高低压线束　B. 冷却管路
C. 车载充电机　D. 驱动电机控制器(MCU)

3. 高压部件都具有明显的________标记，或者部件的醒目位置粘贴有高压标识。

A. 橙色　B. 红色　C. 黄色　D. 绿色

4. 高压电是指：直流电压大于 60 V 且小于等于________；交流电压大于________且小于等于 1000 V。

A. 1000 V，25 V　B. 1500 V，22 V
C. 1500 V，25 V　D. 2000 V，50 V

5. 当电流强度大于________，作用时间超过 10ms 时，会造成人体心室颤动、呼吸困难，危及触电人员安全。

A. 30 mA　B. 45 mA　C. 55 mA　D. 50 mA

6. 动力蓄电池的电压一般在(　　)V，正常工作时，电流可达几百安培。

A. 220～600　B. 200～400
C. 300～600　D. 100～400

三、判断题(正确请打√，错误请打×)

1. 只有纯电动汽车其高电压系统均为直流高压，混合动力汽车为交流高压。(　　)
2. 人体电阻主要是皮肤电阻，人体表皮角质层的电阻很大。(　　)
3. 直流高压主要分布在动力电池到各个驱动部件的位置，交流高压主要分布在逆变器与驱动电机之间，以及充电接口与车载充电器之间。(　　)
4. 交流电流有害而直流电流无害。(　　)
5. 直接接触电击指人体接触电气设备或电气线路的绝缘损坏外露的部分，而遭受的电击触电。(　　)

四、简答题

1. 电动汽车高压特征有哪些?
2. 说出动力电池安全特性及高压防护方法。
3. 试说明电动汽车高压部件的组成及作用。
4. 简述高压控制盒(高压配电箱)的基本目的。
5. 锂离子电池的“热失控”有哪几种情况?

实训项目三　纯电动汽车高压部件

项目分析

相对于传统汽车而言，纯电动汽车采用了大容量、高电压的动力电池及高压电机和电驱动控制系统，并采用了大量的高压附件设备，如电动空调压缩机、PTC 加热器及 DC/DC 转换器等。由此而隐藏的高压安全隐患问题和造成的高压电伤害问题完全有别于传统燃油汽车。

根据纯电动汽车的特殊结构及电路的复杂性，并考虑纯电动汽车高压电安全问题，必须对高压电系统进行安全、合理的规划设计和必要的监控，这也是电动汽车安全运行的必要保证。

本项目需要完成的任务涉及以下内容：

(1) 纯电动汽车高压部件的组成。

(2) 纯电动汽车各高压部件的作用。

(3) 纯电动汽车高压部件的识别。

知识目标

(1) 了解纯电动汽车的高压部件组成。

(2) 能够正确叙述纯电动汽车高压部件的作用。

能力目标

(1) 能够正确识别纯电动汽车的高压部件。

(2) 能够在纯电动汽车上找到各高压部件。

任务一　动力电池及电池管理器的认知

任务目标

动力电池及电源管理为电动汽车核心技术之一。本任务针对性地讲解电动汽车动力电池及其管理系统的基本工作原理，使学生了解电动汽车动力电池相关新技术及应用情况，了解电池系统各组成部分的基本功能/作用。

知识链接

结合各类动力电池结构、原理、特点、检测及电源管理的特点，需要重点掌握电池系统基本结构、动力电池系统的构成和基本功能，以及动力电池管理系统的工作模式；掌握电池单体和电池模组包装运输安全要求及动力电池保养安全要求。

提出任务：发展电动汽车以来，人们知道电动汽车的动力源是动力电池，那么了解动力电池的位置和作用吗？知道电池单体与电池模组安全要求有哪些吗？

一、动力电池系统组成部件

动力电池系统组成部件包括动力电池模组、动力电池箱、电池管理系统和辅助元器件等，如图 3-1 所示。

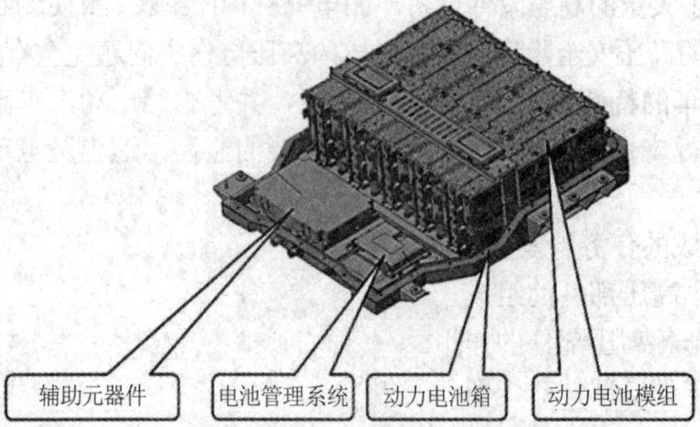

图 3-1　动力电池系统组成

1. 动力电池箱

动力电池箱是支撑、固定、包围电池系统的组件，参见图 3-2。它主要包含上盖和下托盘，还有辅助元器件，如过渡件、护板、螺栓等。动力电池箱有承载与保护动力电池组及电气元件的作用。电池箱体螺接在车身地板下方，其防护等级为 IP67，螺栓拧紧力矩为 95 N · m ± 5 N · m。整车维护时，需观察电池箱体螺栓是否有松动，电池箱体是否有破损严重变形，密封法兰是否完整，确保动力电池可以正常工作。

图 3-2　动力电池箱

2. 电池管理系统

电池管理系统(BMS)参见图 3-3，其中的硬件包括 BMS、高压控制盒，还包括采集电压、电流、温度等数据的电子器件。

图 3-3　电池管理系统实物图

BMS 是电池保护和管理的核心部件，在动力电池系统中，它的作用就相当于人的大脑，以保证电池安全和可靠的使用。

BMS 通过电压、电流及温度检测等功能实现对动力电池系统的过压、欠压、过流、过温保护以及继电器控制、SOC 估算、充/放电管理、均衡控制、故障报警及处理、与其他控制器通信等功能。此外，电池管理系统还具有高压回路绝缘检测功能，以及为动力电池系统加热功能。

3. 电池模组

电池单体和电池模组参见图 3-4。电池模组是由多个电池模块(一组并联的电池单体组合)或单体电芯(电池模块的最小单元)串联组成的一个组合体。它一般由正极、负极、电解质及外壳等构成，可实现电能与化学能之间的直接转换。

(a) 单体　　(b) 模组

图 3-4　电池单体与电池模组

4. 辅助元器件

辅助元器件主要包括动力电池系统内部的电子元器件，如熔断器、继电器、电流传感器、接插件以及电子元器件以外的辅助元器件(如密封条、绝缘材料等)，参见图 3-5。

图 3-5　动力电池各辅助元器件

5. 高压插件

动力电池的高压插件参见图 3-6，其特性包括电气特性、机械特性。

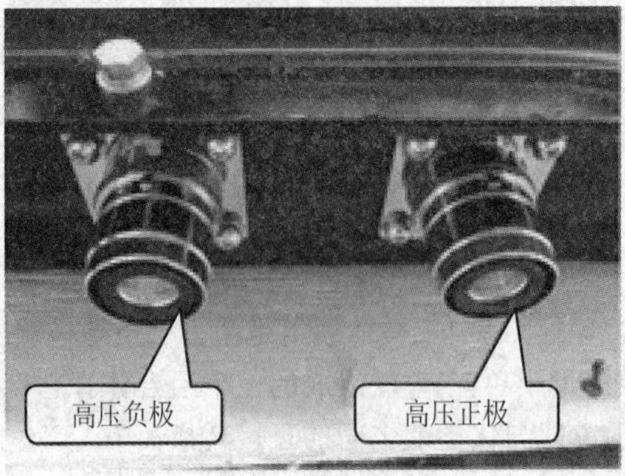

图 3-6　高压插件

6. 低压插件

动力电池的低压插件如图 3-7 所示，其特性如表 3-1 所示。

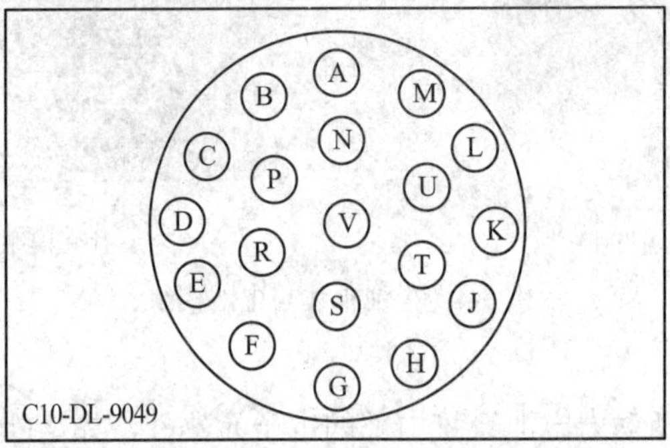

图 3-7　动力电池低压插件

表 3-1　低压插件特性

针脚编号	针脚名称	功能描述	额定电流/A	I_{max}/A
A	DC/DC 使能	BMS 输出信号，高有效	＜0.5	＜0.5
B	ON 挡唤醒	钥匙唤醒	＜0.5	＜0.5
E	12V+	常电	1	5
M	12V–	常电		
L	充电唤醒	充电时充电机唤醒 BMS	＜0.5	＜0.5
N	evcan_H	EVBUS	＜0.5	＜0.5
P	evcan_L			
S	incan_H	INBUS		
R	incan_H			
C	慢充 CC	慢充 CC 检测	＜0.5	＜0.5
D	MCU 唤醒		＜0.5	＜0.5
H	远程唤醒		＜0.5	＜0.5
F	碰撞信号	碰撞信号输入	＜0.5	＜0.5

7. 动力电池的安装布置

纯电动汽车的动力电池(模组)布置在底盘下面，如图 3-8 所示。

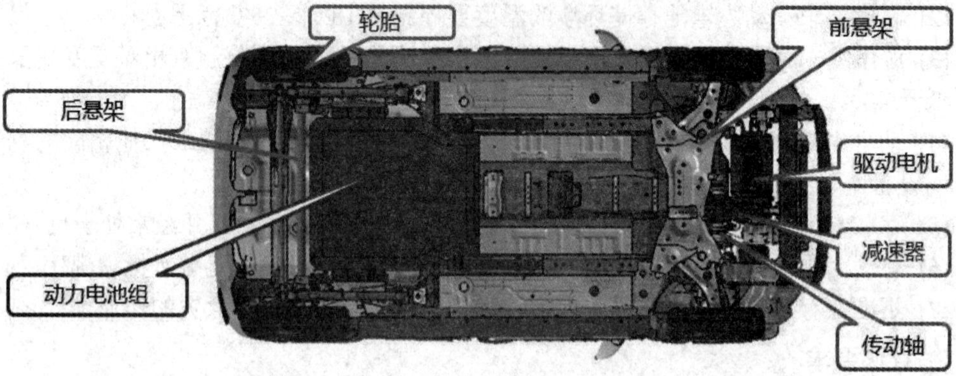

图 3-8　动力电池的安装布置

二、动力电池系统作用

动力电池系统功能图如图 3-9 所示。动力电池系统的主要作用接收和存储由车载充电机、制动能量回收装置和外置充电装置提供的高压直流电，并且为驱动电机控制器、DC/DC 转换器、电动空调压缩机、PTC 加热器等高压部件提供高压直流电。

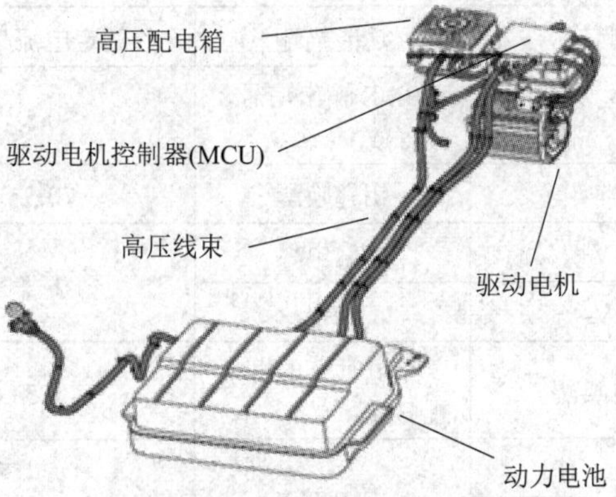

图 3-9　动力电池系统功能图

动力电池系统的绝缘电阻值分为正极与外壳的绝缘电阻值、负极与外壳的绝缘电阻值。其测量方法为：在接触器断开的条件下，采用绝缘表测量正极对地绝缘电阻值及负极对地绝缘电阻值进行判定，若正极对地绝缘电阻值及负极对地绝缘电阻值均大于等于 500 Ω/V 为合格，小于 500 Ω/V 为不合格。

三、动力电池的仓库管理要求

1. 基本要求

(1) 动力电池及动力电池模组属危险品，为保障后续搬运与运输安全，所有动力电池(模组)须通过 UN38.3 测试。

(2) 温度要求：动力电池存储环境的温度要控制在 18℃～25℃范围内。

(3) 湿度要求：有效控制仓库湿度，避免仓库长时间处于极端湿度(相对湿度高于 90%或者低于 40%)。

(4) 动力电池仓库应用砖墙实体相隔，库房必须采用封闭、防爆或其他相应的安全电气照明设备。

(5) 存放易燃易爆物品的地点，应配备品种数量充足消防器材，并经常处于良好状态。

(6) 有动力电池的地方，一定要有严禁吸烟等一些违禁条例规定警示标识(牌)。

(7) 不准在存放易燃易爆物品的库房、场地附近进行可能引起火灾的作业。

2. 存储要求

(1) 动力电池应存储在通风良好、干燥和凉爽处，高温和高湿可能损害电池性能和/或腐蚀电池表面。

(2) 装有动力电池的纸箱不应该堆得超过规定的高度，如果过多的电池纸箱堆在一起，那么底层纸箱中的电池可能因受到挤压而变形，甚至可能出现漏液。

(3) 动力电池应避免存放或陈列在阳光直射处及会遭受雨淋的地方。因为电池被淋湿后，绝缘电阻会减小，可能出现自放电和生锈；温度上升可能损坏电池。

(4) 以原有的包装存放和陈列动力电池，因为去掉包装后堆放易引起电池短路和损坏。

(5) 对互相接触容易引起燃烧、爆炸的物品以及灭火方法不同的物品，应隔离存放。

3. 搬运要求

(1) 进行物料搬运时，无论使用何种搬运工具都应妥善处理，以防物料掉落或损伤等。

(2) 进行物料搬运时，应考虑负荷、叠层、方向性等问题。

(3) 使用叉车或推车，其装载方式应先重后轻，被运物料不可超过通道及电梯门的宽度及高度，行进速度需适中。

(4) 搬运者应使用合格的搬运工具(叉车、推车等)。

(5) 动力电池纸板箱应小心装卸，粗暴装卸可能造成电池短路或受损，从而导致漏液、爆炸或着火。

4. 处理要求

(1) 在与地方法规不抵触的情况下，锂电池可作公共垃圾处理。

(2) 不要私自拆卸动力电池。

(3) 除了使用经批准的可控制炉子外，不要用火处理电池。

5. 其他要求

(1) 仓库管理人员要每天检查货物信息，如发现储位不对、账物不符、品质问题等应及时反馈和处理；工作结束或下班，应进行防火检查，切断电源。

(2) 仓库内保持安全通道畅通，杜绝有堆积物，保证人员安全。

(3) 仓库内的规划区域要有明确标识，其中物料摆放区内要分类分小区存放，且有清楚的标识。

(4) 仓库管理人员要每天对仓库区域进行清洁整理工作，及时清理地面的污物、杂物，并将仓库内的物料整理到指定的区域内，达到整洁、整齐、干净、卫生、合理的摆放要求。

任务二　漏电传感器的认知

任务目标

电动汽车动力电池具有高电压，尤其是大型电动汽车动力电池电压，通常在 200 V 以上。正常时，用电器(负载)与车体保持绝缘。漏电传感器的目的在于提供一种简单、实用的电动汽车漏电保护回路，一旦发现用电器(负载)对车体发生漏电，它会立即切断动力电池与用电器(负载)的连接。本任务要求学生掌握漏电传感器的作用。

知识链接

人类社会对于节能、环保的追求，也使新能源汽车成为全球汽车产业面临的时代命题，电动汽车作为新能源汽车的成员之一，越来越受到重视。而电动汽车的安全问题也引起了人们的高度重视。漏电保护器的作用是防患于未然，电路工作正常时反映不出来它的重要，往往不易引起大家的重视。漏电保护器的安全运行要靠一套行之有效的管理制度和措施来保证。

提出任务：你们知道漏电保护器的作用有哪些？什么是直流漏电流传感器？什么是交流漏电流传感器？

一、漏电传感器

漏电保护器(参见图 3-10)为一种电动汽车漏电保护回路，能及时发现漏电并切断动力电池电源。在使用电动汽车的过程中，除了做好定期的维护外，还应定期对漏电保护器的动作特性(包括漏电动作值及动作时间、漏电不动作电流值等)进行测试。

图 3-10　电动汽车漏电保护器

漏电传感器(参见图 3-11)用于对电动汽车直流动力电源母线与其外壳、车身底盘之间的绝缘阻抗检测，通常检测与动力电池输出相连接的负极母线和车身底盘之间的绝缘电阻，来判断动力电池包(模组)的漏电程度。若绝缘电阻值小于等于 100 kΩ，则为一般漏电；绝缘电阻值小于等于 20 kΩ，则为严重漏电。

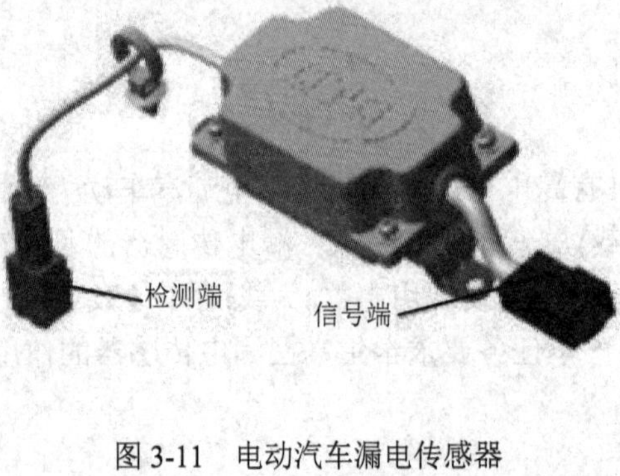

图 3-11　电动汽车漏电传感器

如果漏电保护器发生误动作和拒动作，其原因一方面是由漏电保护器本身引起，另一方面是来自线路的故障，应认真地具体分析，不要私自拆卸和调整漏电保护器内部器件。

二、直流漏电流传感器

直流漏电流传感器环绕安装在直流回路的正/负出线上，当装置运行时，实时检测各支路传感器输出的信号，当支路绝缘情况正常时，流过传感器的电流大小相等、方向相反，其输出信号为零；当支路有接地时，传感器中有电流差流过，传感器的输出不为零。因此通过检测各支路传感器的输出信号，就可以判断直流系统是否有接地支路。

三、交流漏电流传感器

交流漏电流传感器是一种利用电磁感应原理将被测交流小电流转换成与该电流成比例输出的直流电流或电压信号的测量模块，原边与副边之间高度绝缘。通常输出标准的直流DC 4 mA～20 mA、DC 0 V～5 V、DC 0 V～10 V等信号，此标准信号可以被多种采集设备采集，如PLC(电力线载波通信，一种智能控制器)、RTU(远程测控网络端，用于监视、控制与数据采集)、DAS(直接连接存储，存储设备只用于与独立的一台主机服务器连接，其他主机不能使用该存储设备)卡等，用于多种电流监控的场合。

任务三　高压配电箱的认知

任务目标

电动汽车高压配电箱(盒/柜)是所有纯电动汽车、混合动力汽车的高压电大电流电源分配单元(PDU)。它采用集中配电方案，结构设计紧凑，接线布局方便，检修方便快捷。高压配电箱还要集成部分电池管理系统智能控制管理单元，从而更进一步简化整车系统架构配电的复杂度。本任务将介绍高压配电箱认识与高压配电箱的作用，要求学生掌握高压配电箱的位置及其主要作用。

知识链接

电动汽车通常在大功率的电力下运行，电压在600 V以上，电流高达400 A，对高压配电系统的设计及高压部件的选用有巨大挑战。采用集中式高压电气系统架构配电，将高压动力电源直接接入高压配电盒后，再根据系统的需要分配到系统高压电气部件，对如何保证整个高压系统及其各个电气设备的安全性、系统绝缘、电磁干扰及屏蔽、密封及耐振动等具有很高要求。

提出任务：高压配电箱的主要作用是什么？为什么要进行高压配电？

一、高压配电箱

高压配电箱也称为分线盒或高压控制盒。图3-12所示为北汽EV160高压控制盒，它被安装在动力蓄电池与各高压部件之间，其作用是完成动力蓄电池电源的输出及分配，实现对支路用电器的保护及切断。

图 3-12　北汽 EV160 高压控制盒安装位置

各种适用于电动汽车的智能高压配电箱均获得广泛应用，是满足高压安全标准的开关产品，具有较高的安全及密封防水等级，在寿命、功耗、体积及重量上也有较大的优势，具体如图 3-13 所示。

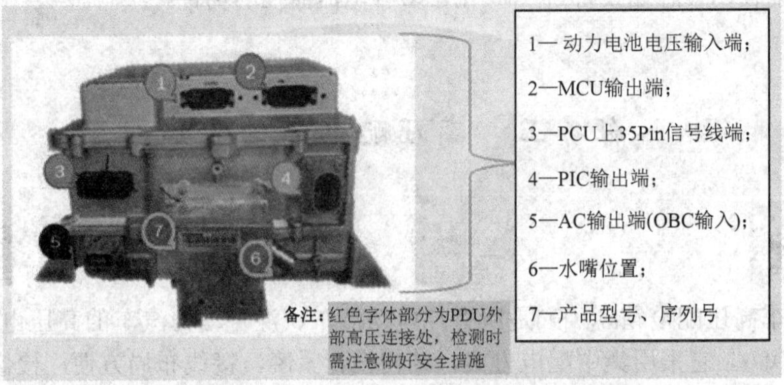

图 3-13　北汽 EX200 高压配电箱实物外部结构

二、高压配电箱连接

从外部上看，高压配电箱与快充口、空调压缩机、PTC 加热器、电机控制器、DC/DC 转换器和车载充电机通过高压导线连接。图 3-14 所示为北汽 EC180 电动汽车的外部插口。

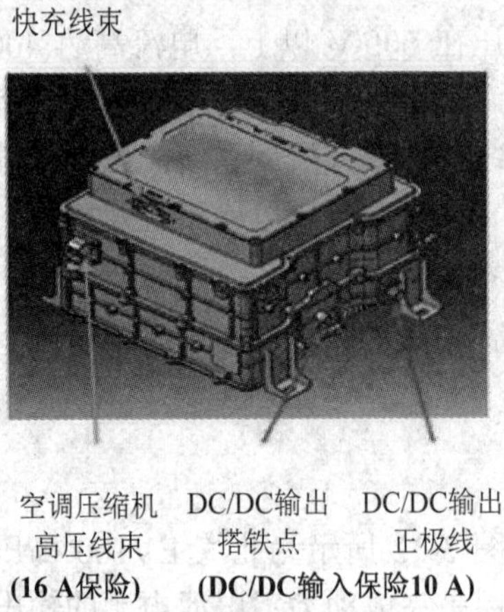

(a) 连接快充端

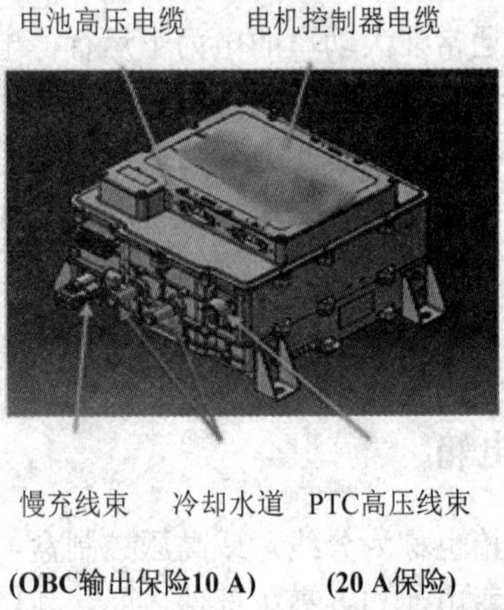

(b) 连接电机控制器端

图 3-14　北汽 EC180 高压配电箱的外部插口

三、高压配电箱内部的主要结构

电动乘用车高压直流电互联方式如图 3-15 所示，其中高压控制盒的内部，由 PTC 控制板、4 个高压熔断器和快充继电器等组成高压直流电互联方式。

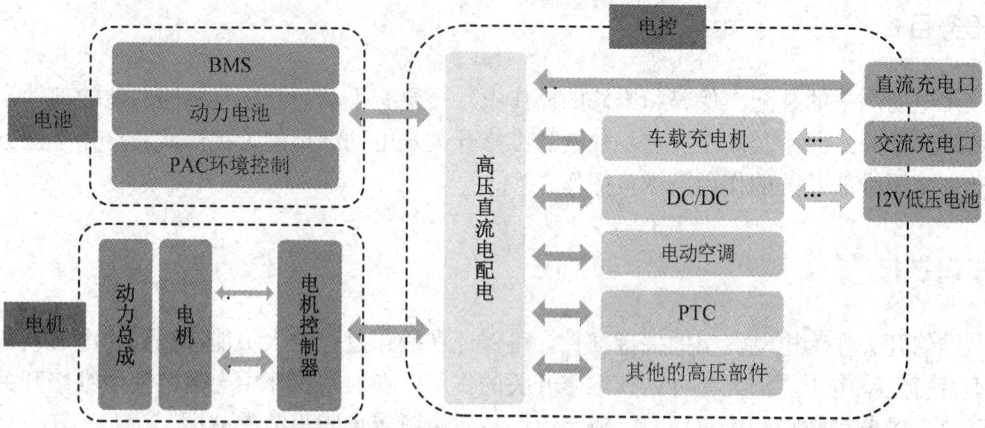

图 3-15　电动乘用车高压直流电互联方式

电动汽车高压配电箱(PDU)的功能是动力电池与各高压设备的电源和信号传递的桥梁，并随时检测整个高压系统的绝缘故障、断路故障、接地故障及高压故障等，是整车系统动力电能安全传输的保障性措施。图 3-16 所示为北汽 EX200 高压配电箱内部结构。

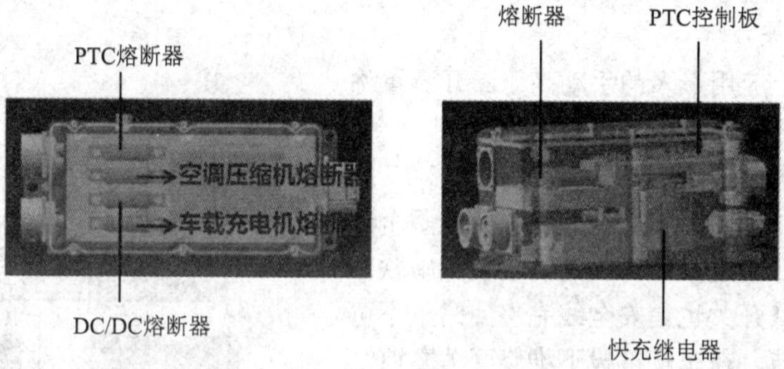

(a) 上部结构　　(b) 上下部结构

图 3-16　北汽 EX200 电动汽车高压配电箱内部结构

在电动汽车上，与高压配电箱相连接的高压部件包括动力电池、电机控制器、变频器、逆变电源、电动空调、电动除霜、充电座等。

(1) 高压配电箱的基本目的：确保车辆运行安全、驾乘人员安全和车辆运行环境安全。

(2) 高压配电箱的必要性：动力电池作为电动汽车的能量存储装置，受到整车尺寸小、可用空间非常有限且布置困难的影响，于是工程上将各回路的接触器及保险丝等集成起来，一是能满足整车动力驱动要求；二是便利动力电池系统维修，减少或不用拆卸动力电池包。

(3) 高压配电箱设计要求：器件布置紧凑，易于拆卸和装配。

(4) 安全措施：注重散热布置，严防温度聚焦升高。

任务四　维修开关的认知

任务目标

在电动汽车的装配、保养和维修的操作中，需要有手动断开电气回路功能的部件，这就是维修开关。因涉及高压安全，故紧急维修开关是电动汽车的关键部件之一。本任务要求学生掌握维修开关的作用及规范操作。

知识链接

维修开关作为电动汽车的关键部件，可保证在操作过程中人员能接触到的电气设备上面不带有危险电压，因此充分认识维修开关的作用，在实践操作中会规范使用维修开关，是避免造成车辆故障和人身伤害，避免引起高压拉弧等危险事故的前提。

提出任务：知道维修开关的作用吗？能在车辆上找到其具体的安装位置吗？

一、高压断电

电动汽车高压断电部位有两处：一处是紧急维修开关；另一处则是主继电器。

1. 维修开关

电动汽车上应用最多的手动高压断开装置称为维修开关(或保养开关、保养插头等等)，位于动力电池组的电气中点，其基本原理如图 3-17 所示。动力电池中电池单体串联/并联组合成两个部分，这两个部分通过维修开关的高压触头串联在一起，同时维修开关也是安全线完整回路里不可缺少的一个环节。在车辆被拔下维修开关之前，务必在佩戴好绝缘护具的情况下，将启动开关设置在 OFF 挡，并且断开低压线路，将拔下开关时产生有害电弧的几率降至最低。

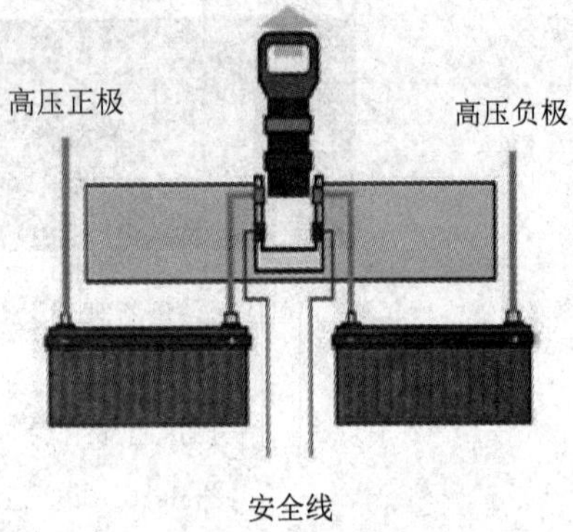

图 3-17　维修开关基本原理

维修开关的功能是，在车辆维修时直接断开高压回路，从而保证操作人员的安全。

2. 主继电器控制

(1) 启动按钮。当挡位切换至 OFF 挡时，主继电器即会断开，高压线路被切断。

(2) 碰撞断电信号。当碰撞传感器识别到碰撞发生时，即通过电子控制单元(ECU)断开主继电器，从而切断高压回路。

(3) 互锁装置激活切断信号。互锁装置检测到存在高压部件开盖等危险情况时，即通过电子控制单元(ECU)控制主继电器切断高压回路。

由以上分析可知，通过手动操作断开高压电的方式有两种：一是操作启动按钮，使挡位切换至 OFF 挡；二是操作紧急(高压)维修开关。平时最常用的断电方式就是操作启动按钮，只有在车辆维修、存在漏电危险等特殊情况时才使用紧急维修开关。电动汽车紧急维修开关参见图 3-18。

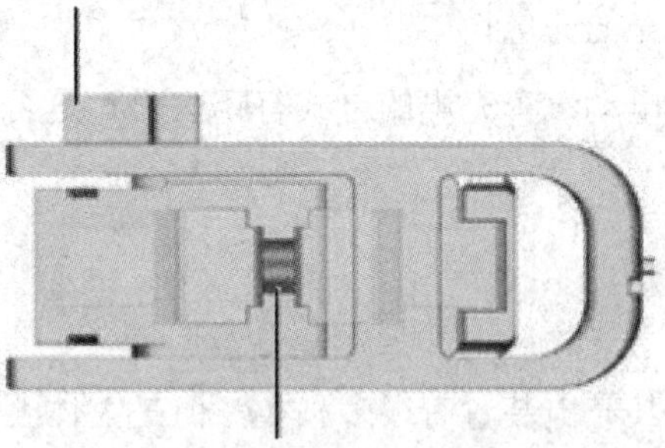

图 3-18 电动汽车紧急维修开关

拔下紧急维修开关，会断开安全线，动力电池的两部分也就断开了，其最高电压一分为二，同时高压回路被彻底断开。手动断开装置的断开操作或拆卸不需要任何辅助工具(防护用具除外)。

二、推荐的操作步骤

(1) 断开点火开关，并将钥匙移开智能钥匙系统探测范围。
(2) 断开低压蓄电池负极端子。
(3) 确认绝缘手套不漏气并佩戴。
(4) 断开紧急维修开关。
(5) 将紧急维修开关保存于自己口袋当中。
(6) 等待 10 min 或更长时间，以便高压部件总成内部电容放电。
(7) 进行维修操作。

任务五 充电口的认知

任务目标

电动汽车如何能具有较长的续驶里程，取决于电池的电量及电池性能，因而蓄电池充电设备是不可缺少的子系统之一。它的功能是将电网的电能转化为电动汽车车载蓄电池的电能。所以充电设施对电动汽车来说也是十分重要的，本任务要求学生充分认识充电设施，掌握充电操作技能。

知识链接

随着能源问题的日益突出和环境形势的日渐严峻，电动汽车的发展迎来了新的契机。对于一辆电动汽车而言，蓄电池充电设备的功能就是将电网里面的电能转化为蓄电池中的电能。在电动汽车使用充电系统时，必须正确认识各种充电方式，掌握充电设施及其充电操作技能，认识慢充与快充的充电口。

提出任务：你们知道电动汽车充电的方式有哪些吗？是否知道电动汽车快充与慢充的位置？

一、充电设施

对于电动汽车而言，其充电装置有很多种类，但是大体上可以分为两大类：车载充电装置和非车载充电装置。充电系统是电动汽车主要的能源补给系统，可分为常规充电(俗称慢充)及快速充电(俗称快充)两种方式。

1. 车载充电装置

车载充电装置如车载充电机的位置参见图 3-19。车载充电装置将 220 V 交流电转换为动力电池的直流电，实现电池电量的补给。其包括车载充电机、车载充电发电机组和运行能量回收充电装置。它将一根带插头的交流动力电缆线直接插到电动汽车的插座中，从而给电动汽车充电。车载充电装置通常使用结构简单、控制方便的接触式充电器(装置)，也可以是感应充电器(装置)。它是完全按照车载蓄电池的种类进行设计的，因而针对性较强，一般由充电桩(俗称慢充充电桩，参见图 3-20)提供电网的电能。

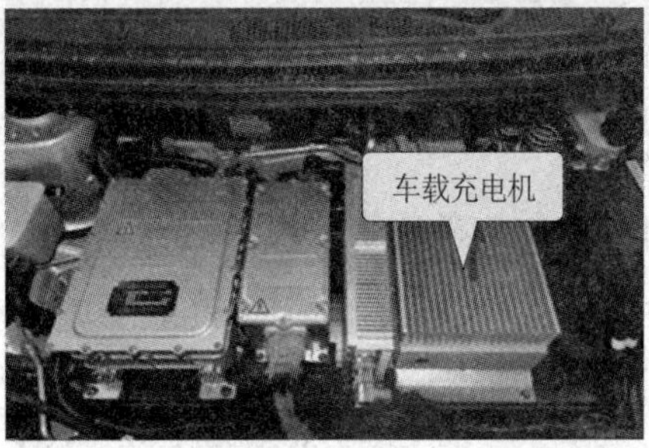

图 3-19　车载充电机位置

图 3-20　慢充充电桩

2. 非车载充电装置

在非车载充电装置中，快充装置参见图 3-21。对于地面充电装置，它主要包括专用充电机、专用充电站、通用充电机、公共场所用充电站等。它可以满足各种电池的各种充电方式。通常非车载充电器的功率、体积和重量均比较大，以便能够适应各种充电方式。另外，根据对电动车蓄电池充电时的能量转换的方式不同，充电装置可分为接触式和感应式。

图 3-21　非车载充电装置(快充)

二、慢充口

慢充口如图 3-22 所示。车辆慢充口位于传统汽车油箱盖的位置。慢充系统主要部件有供电设备(电缆保护盒、充电桩和充电线等)、慢充(接)口、车内高压线束、高压控制盒、车载充电机等。

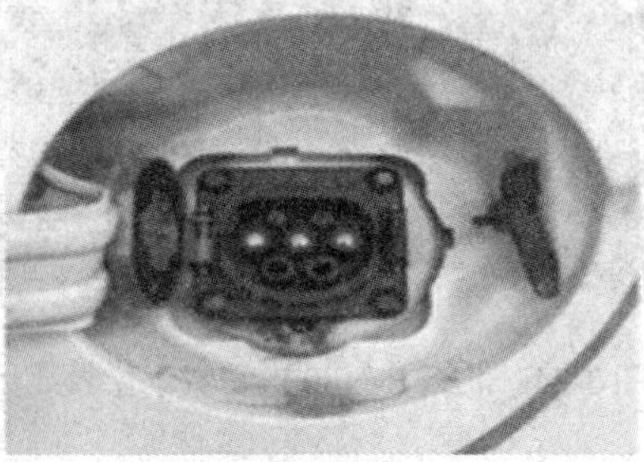

图 3-22　慢充口

在车辆进行慢充时，外部电源(慢充桩或普通插座)依次通过充电枪、慢充口和车载充电机把 220 V 的交流电转为动力蓄电池的直流电，再经过高压控制盒，给动力蓄电池进行慢充充电。

慢充口及端口定义如图 3-23 所示。

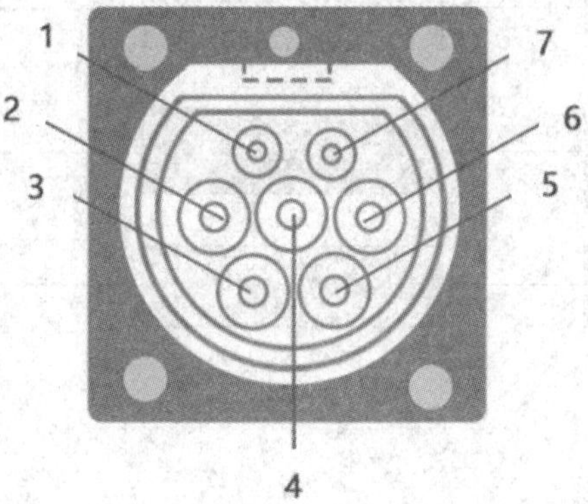

1—CP，控制导引；2—N，中线；3—L3，交流电源(三相)；4—PE，保护接地；

5—L2，交流电源(三相)；6—L1，交流电源；7—CC，充电连接确认

图 3-23　慢充口及端口定义

1. 慢充控制策略

1) 加热保温控制

慢充前如果动力电池有预热需求，或者慢充充电后动力电池有保温需求，则车载充电机作为电源将由 BMS 控制加热装置执行加热或保温功能。

2) 慢充显示

慢充过程中，充电线连接状态、剩余电量及电压和电流由仪表显示。北汽 EC180 电动汽车仪表显示参见图 3-24。

图 3-24　北汽 EC180 电动汽车仪表显示

2. 慢充上/下电控制

慢充上/下电过程中，充电模式控制由 BMS 控制，慢充的保温和加热由 BMS 向车载充电机(OBC)发送工作模式、电压及电流指令，充电机执行。慢充模式参见图 3-25。

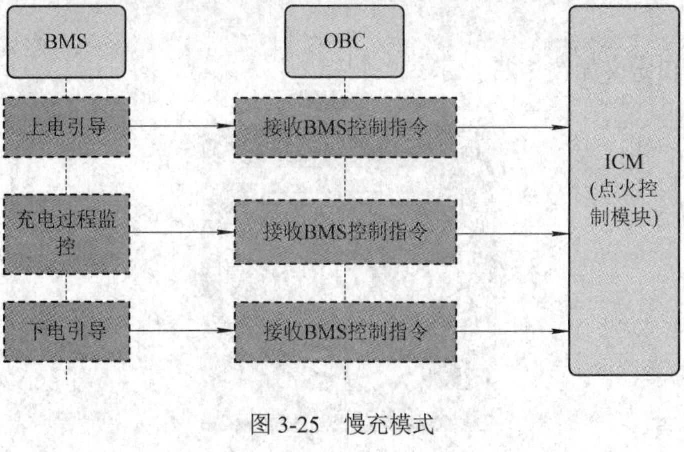

图 3-25　慢充模式

三、快充口

电动汽车的快充口一般位于车辆前部，如图 3-26 所示；也有些电动汽车的快充口与慢充口在一起并位于车辆的前部，如图 3-27 所示。

图 3-26　位于车辆前部的快充口

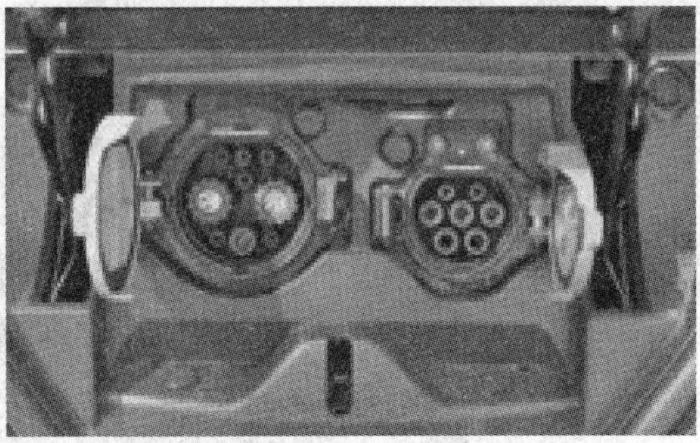

图 3-27　位于车辆前部的快充口与慢充口

使用快充时，一般可在 30 min 内使蓄电池充电至 80%。电动汽车快充时，需要到快充桩进行充电，将充电枪一头与充电桩连接，另一头连接在车身快充口，检查枪口连接牢固程度后，将充电桩充电模式设置为快充模式，实现电动汽车的快速充电。

注意：充电过程中不能晃动枪头或拔枪，否则容易引起高压触电危险事故。

快充口及端口定义如图 3-28 所示。

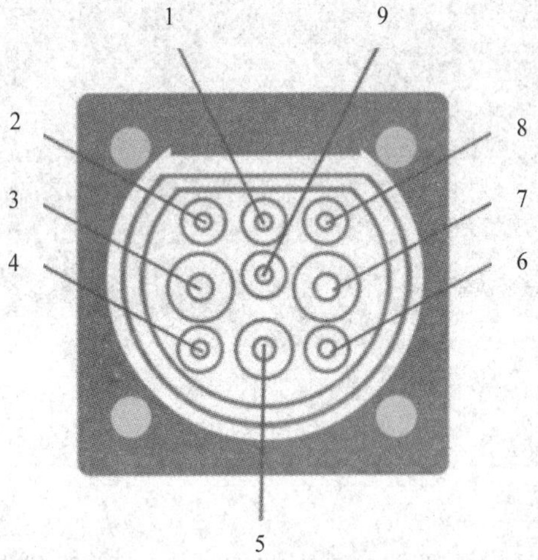

1—CC2，充电连接确认；2—S-，充电通信 CAN_L；3—DC-，直流电源负；
4—A-，低压辅助电源负；5—PE，保护接地；6—A+，低压辅助电源正；
7—DC+，直流电源正；8—S+，充电通信 CAN_H；9—CC1，充电连接确认

图 3-28　快充口及端口定义

四、高压线束

在电动汽车上，连接各高压零部件的高压线束使用橙色警示外表。电动汽车的高压线束一般共分为 5 段，分别是动力蓄电池高压电缆、电机控制器电缆、快充线束、慢充线束和高压附件线束(高压线束总成)。图 3-29 所示为北汽 EC180 电动汽车高压线束分布情况。

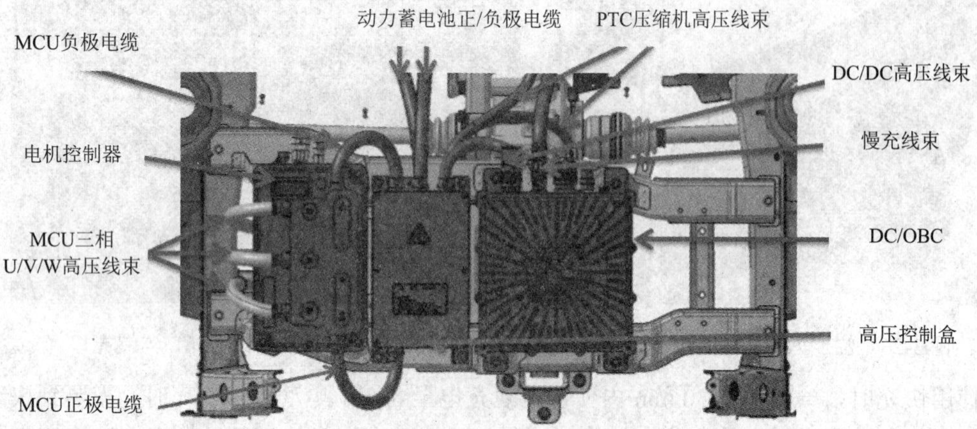

(a) 机舱俯视图

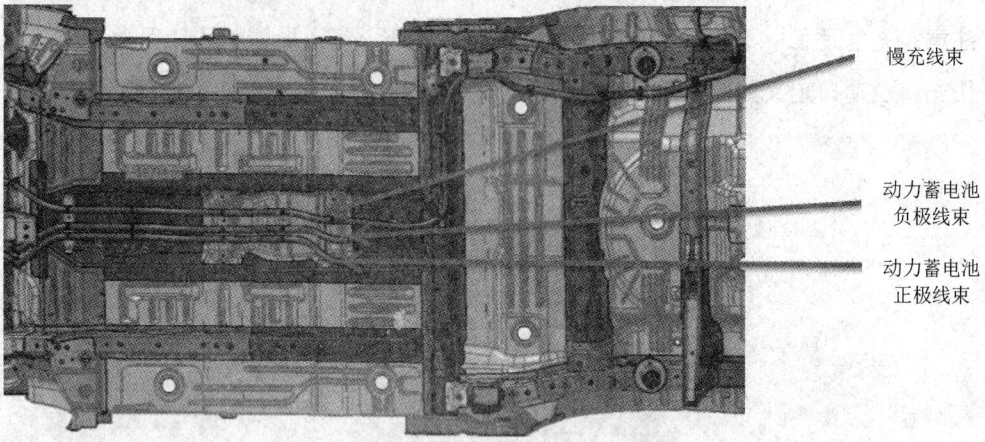

(b) 底盘仰视图

图 3-29　北汽 EC180 电动汽车高压线束分布

1. 动力蓄电池高压电缆

动力蓄电池高压电缆是指连接动力蓄电池到高压控制盒之间的电缆。该电缆线束包括动力蓄电池的电源线和互锁线。其两端接口的结构及引脚的定义如图 3-30 所示。

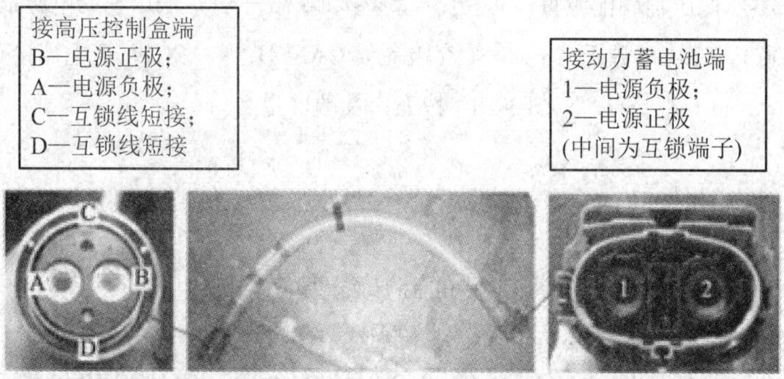

图 3-30　动力蓄电池高压电缆线束接口的结构及引脚的定义

2. 电机控制器电缆

电机控制器电缆是指连接高压控制盒到电机控制器之间的电缆。该电缆包括电机控制器的动力电源线与互锁线。其两端接口的结构及引脚的定义如图 3-31 所示。

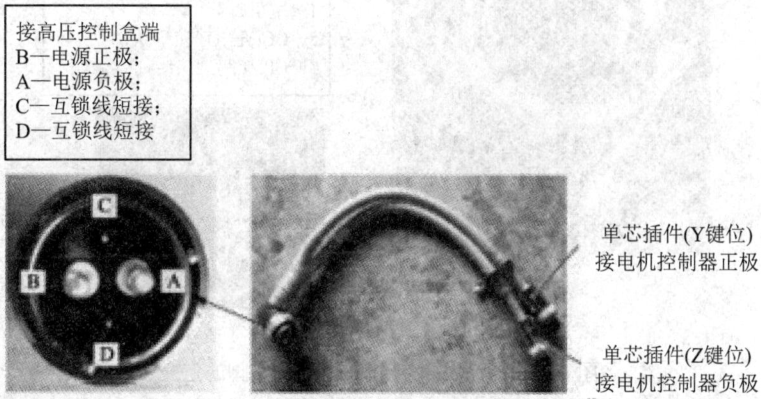

图 3-31　电机控制器电缆两端接口的结构及引脚的定义

3. 快充线束

快充线束是指连接快充口到高压控制盒之间的线束。快充线束各接口的结构及引脚的定义如图 3-32 所示。

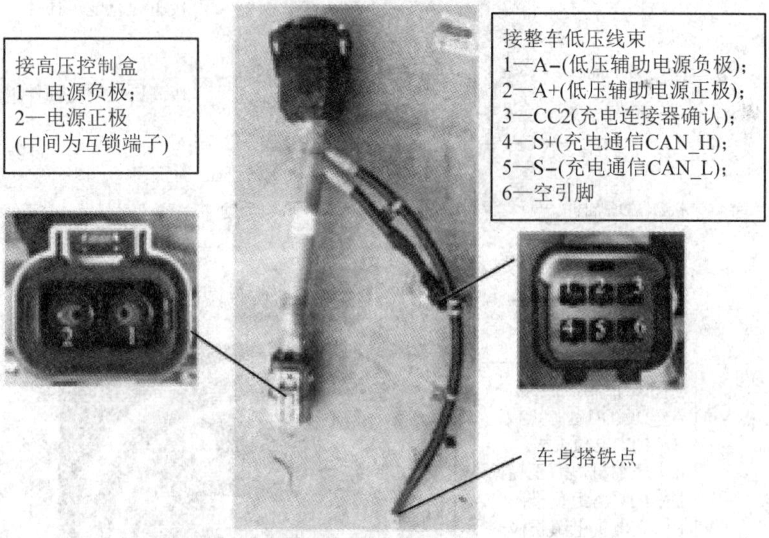

图 3-32　快速线束各接口的结构及引脚的定义

4. 慢充线束

慢充线束是指连接慢充口到车载充电机之间的线束。慢充线束接口的结构及引脚的定义如图 3-33 所示。

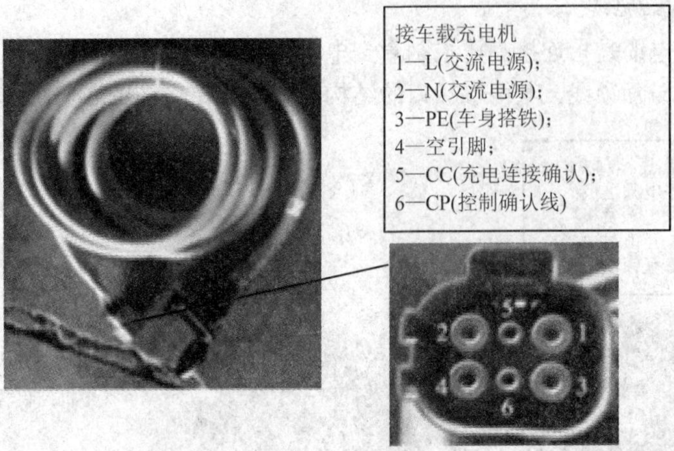

图 3-33　慢充线束接口的结构及引脚的定义

5. 高压附件线束

高压附件线束(高压线束总成)是指连接高压控制盒到 DC/DC、车载充电机、空调压缩机、空调 PTC 之间的线束。高压附件线束接口较多，各接口的结构及引脚的定义分别如图 3-34～图 3-36 所示。

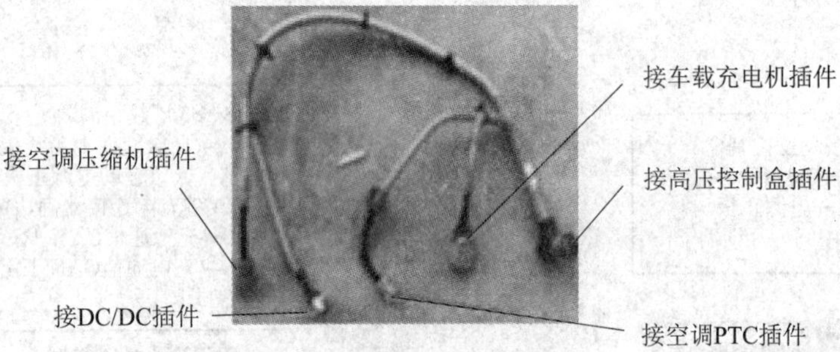

图 3-34　高压附件线束接口实物图

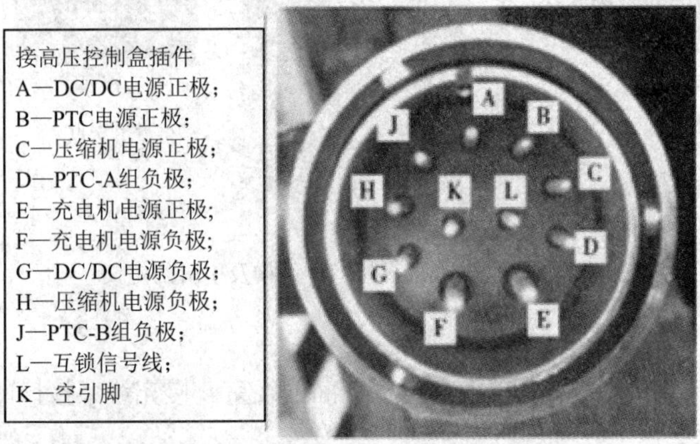

图 3-35　接高压控制盒插件端口引脚的定义

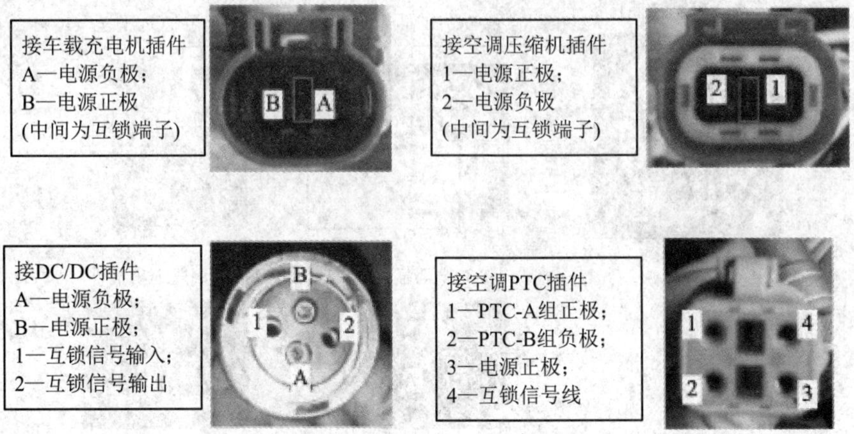

图 3-36　其他接口引脚的定义

高压附件线束(高压线束总成)设置了高压互锁功能，该设计的主要目的如下：

(1) 整车在高压上电前确保整个高压系统的完整性，使高压处于一个封闭的环境下，提高工作的安全性。

(2) 整车在运行过程中，当其高压系统回路断开或者完整性受到破坏时，需要启动安全防护。

(3) 防止带电插/拔高压连接器给高压端子造成的拉弧损坏。其互锁接线原理如图 3-37 所示；互锁接线口连接如图 3-38 所示。

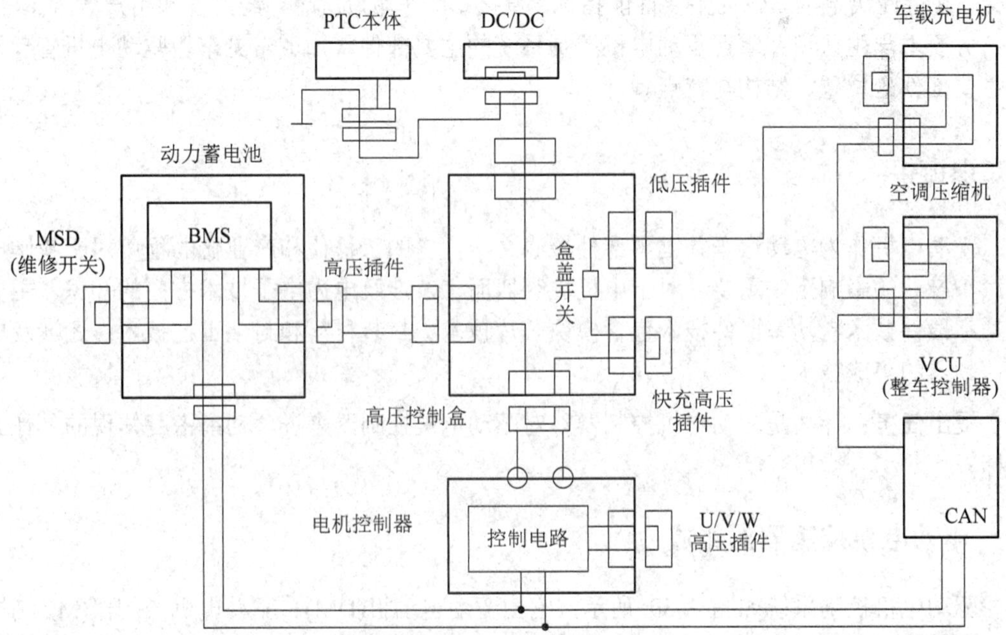

图 3-37　高压附件线束(高压线束总成)互锁接线原理

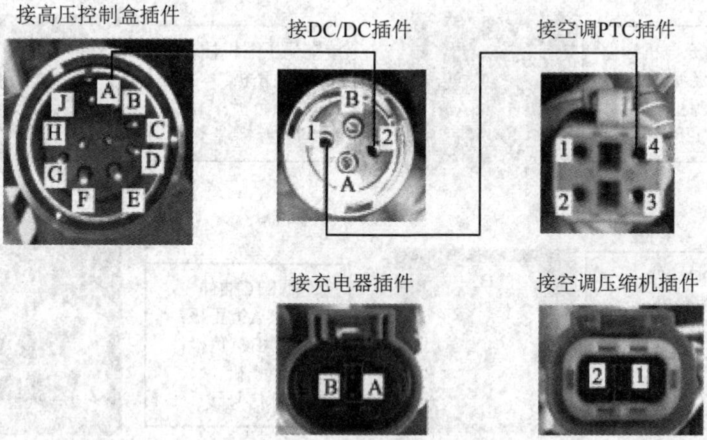

图 3-38　互锁接线口连接图

任务六　驱动电机控制器的认知

任务目标

驱动电机控制器是纯电动汽车三大核心部件之一。电机控制器是车辆行驶的主要执行机构，其特性决定了车辆的主要性能指标，直接影响车辆动力性、经济性和用户驾乘感受。本任务要求学生认识并掌握驱动电机控制系统的主要部件，知道常见车型驱动电机管理模块主要部件的位置、结构与特点。

知识链接

驱动电机作为电动汽车关键零部件核心之一，它的工程化和产业化的程度对于我国电动汽车产业的影响至关重要。对于电机控制器而言，涉及电力电子技术方面的知识，主要指功率器件技术，功率器件技术包含模块芯片技术、封装材料和封装工艺技术；还涉及电机控制器的集成技术。

提出任务：什么是驱动电机控制器？对驱动电机控制器来说，功率密度体现的是什么指标？

一、驱动电机控制器的组成

驱动电机控制系统如图 3-39 所示，它由驱动电动机(DM)、驱动电机控制器(MCU)构成，通过高/低压线束与整车其他系统连接。

电机控制器和电机的功率密度密切相关。虽然功率密度是一个外在指标的体现，实际上却和内部所使用的功率模块和功率模块的封装形式都密切关联。

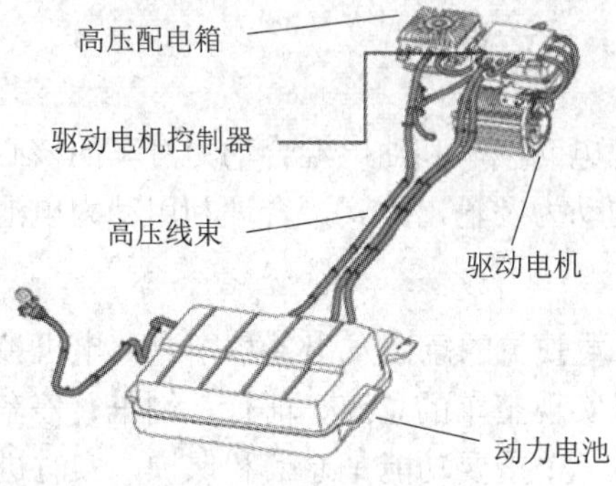

图 3-39　驱动电机控制系统

驱动电机控制器(MCU)又称智能功率模块，以 IGBT(绝缘栅双极型晶体管)模块为核心，并辅以驱动集成电路、主控集成电路，可对所有的输入信号进行处理，并将驱动电机控制系统运行状态的信息通过 CAN2.0 网络发送给整车控制器。驱动电机控制器内含故障诊断电路，当诊断出现异常时，它将会激活一个错误代码，发送给整车控制器，同时也会存储该故障码和数据。图 3-40 所示为北汽 EX200 驱动电机控制器。

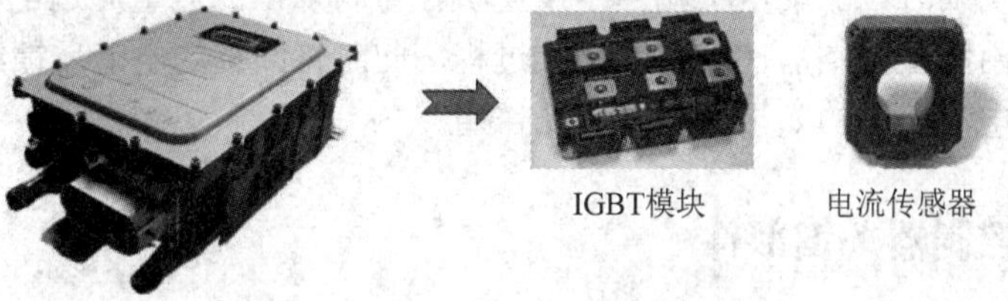

图 3-40　北汽 EX200 驱动电机控制器

使用以下传感器来提供驱动电机控制系统的工作信息：

(1) 电流传感器：用以检测电机工作的实际电流(包括母线电流、三相交流电流)。

(2) 电压传感器：用以检测供给电机控制器工作的实际电压(包括动力电池电压、12 V 蓄电池电压)。

(3) 温度传感器：用以检测电机控制系统的工作温度(包括 IGBT 模块温度、电机控制器板载温度)。

驱动电机控制器(MCU)构成如图 3-41 所示。它可通过高/低压线束、冷却管路与整车其他系统作电气和散热连接。

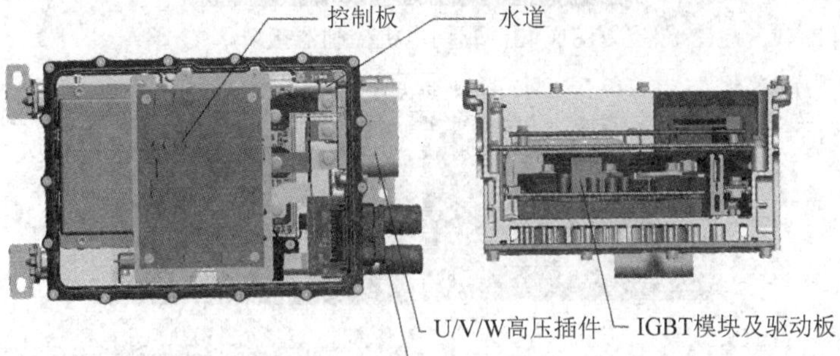

(a) 上部结构　　(b) 上下部结构

图 3-41　驱动电机控制器构成

二、驱动电机控制系统工作原理

驱动电机控制系统是纯电动汽车和油电混合动力汽车的核心部件，它担负着采集车辆运行工况，计算车辆需要的动力及输出方式，合理利用动力电池存储能量的任务。

1. 控制过程

整车控制器(VCU)根据驾驶员的意图发出各种指令，电机控制器(MCU)响应并反馈，实时调整驱动电机输出，以实现整车的怠速、前行、倒车、停车、能量回收以及驻坡等功能。电机控制器(MCU)的另一个重要功能是通信和保护，实时进行状态和故障检测，保护驱动电机系统和整车安全、可靠运行。

2. 驱动过程

由动力蓄电池输出的高压直流电经过高压控制盒后，向电机控制器(MCU)发出相应的指令，促使驱动电机转动。

3. 馈能制动过程

在汽车进行制动时，驱动电机相当于发电机，可将发出的电量通过电机控制器(MCU)进行能量回收，由高压控制盒控制电能回收过程，此时将回收的电能反馈给动力电池，进而达到给动力蓄电池充电的效果，实现馈能作用。

三、驱动电机控制器关键部件

本知识点介绍驱动电机控制系统的主要部件结构和检测技术。

1. 驱动电机控制器外部结构

驱动电机控制器(MCU)外部结构如图 3-42 和图 3-43 所示。

图 3-42　驱动电机控制器接口

(a) 散热齿结构　　(b) 散热风扇结构

图 3-43　驱动电机控制器散热齿和散热风扇

2. 驱动电机控制系统内部管理模块

驱动电机管理模块(控制器)通常简称为 MCU，主要用于管理和控制驱动电机的运转速度、方向以及将驱动电机作为逆变电机发电。MCU 的功能类似于传统汽车的发动机控制模块参见图 3-44～图 3-47。

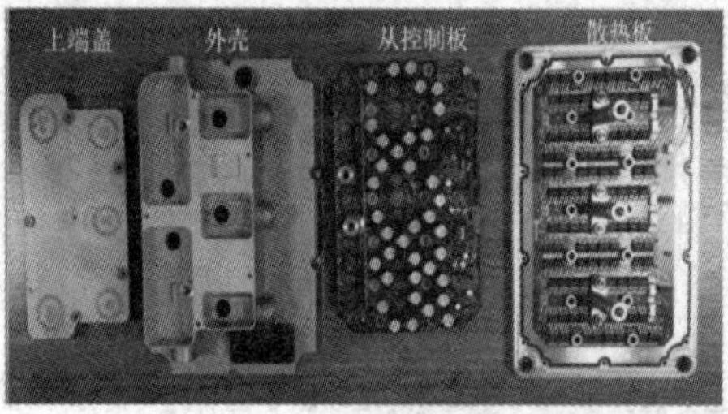

图 3-44　驱动电机控制器分解图

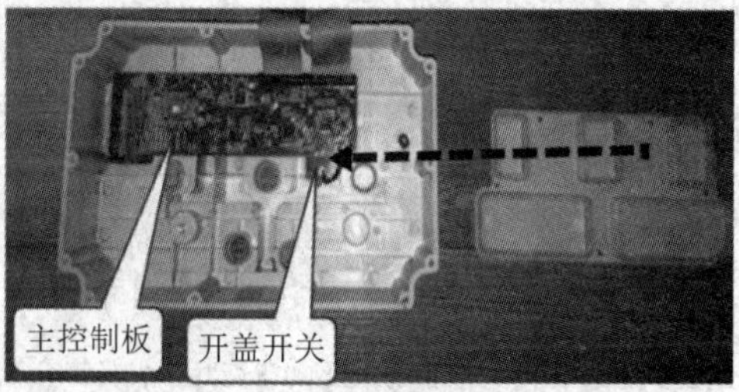

图 3-45　驱动电机控制器主控制板

图 3-46　驱动电机控制器从控制板

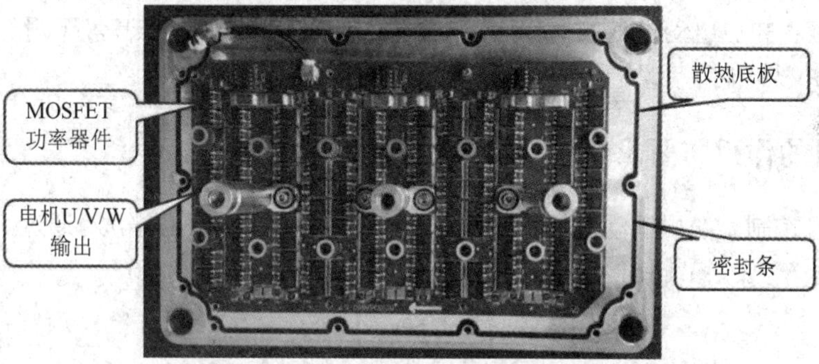

图 3-47　驱动电机控制器散热板

3. 驱动电机管理模块集成技术

目前使用在纯电动汽车上的驱动电机管理模块主要有两种类型，一种是仅用于控制驱动电机的，即 MCU；另一种是具有集成控制功能的驱动电机管理模块，即具有 MCU 与 DC/DC 的功能，这类驱动电机管理模块也被称为 PCU，如图 3-48 所示。

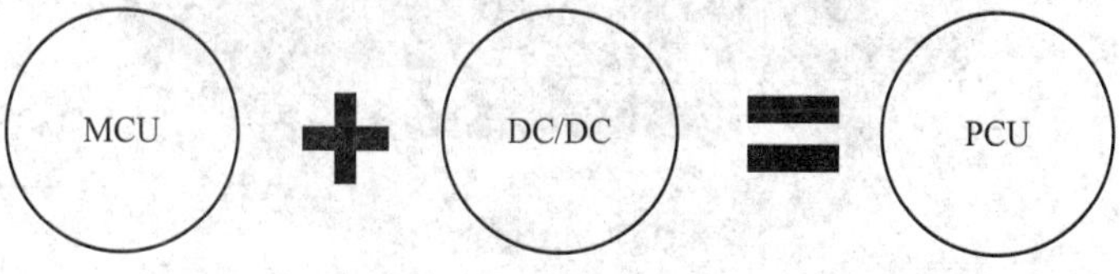

图 3-48　驱动电机管理模块

将 MCU 与 DC/DC 集成化，是目前纯电动汽车与混合动力汽车驱动电机管理模块发展的一个趋势，集成度更高的系统既节省了成本，也利于系统之间的信息共享与车辆部件位置的布置设计。

任务七　电动机的认知

任务目标

汽车行驶的特点是频繁地起动、加速、减速、停车等，在低速或爬坡时需要高转矩，在高速行驶时需要低转矩。电动机的转速范围应能满足汽车从零到最大行驶速度的要求，即要求电动机具有高的比功率和功率密度。本任务要求学生认知驱动电机的作用和结构，了解驱动电机的控制策略。

知识链接

驱动电机也称为动力电机或驱动电动机，是纯电动汽车的唯一动力源，可向外输出转矩，驱动汽车前进/后退。驱动电机系统是纯电动汽车三大核心部件之一，是车辆行驶的主要执行机构，其特性决定了车辆的主要性能指标，直接影响车辆的动力性、经济性和用户驾乘感受。可见，驱动电机系统是纯电动汽车中十分重要的部件。

提出任务：知道电动机是如何作为发电机发电的吗？(例如，在高坡下滑、高速滑行以及制动过程中把势能或者动能通过电机转化电能。)

一、电动机的作用与要求

驱动电机控制系统由驱动电动机(DM)、驱动电机控制器(MCU)构成，通过高/低压线束、冷却管路与整车其他系统作电气和散热连接，参见图 3-49 和图 3-50。

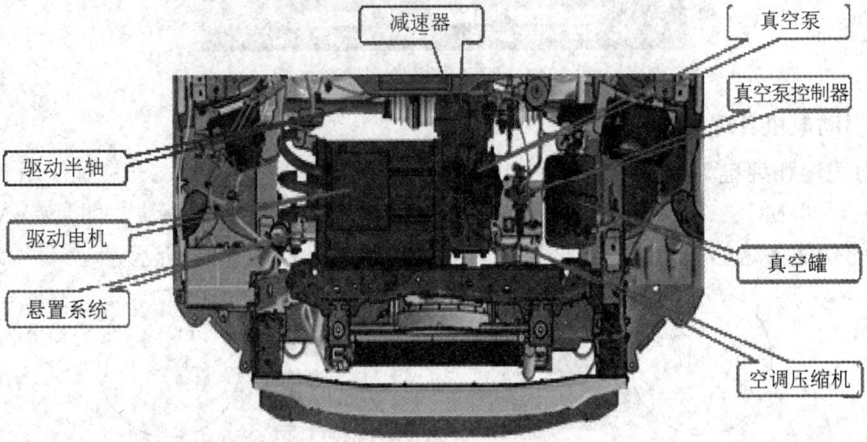

图 3-49　电动汽车机舱高压部件布置仰视图

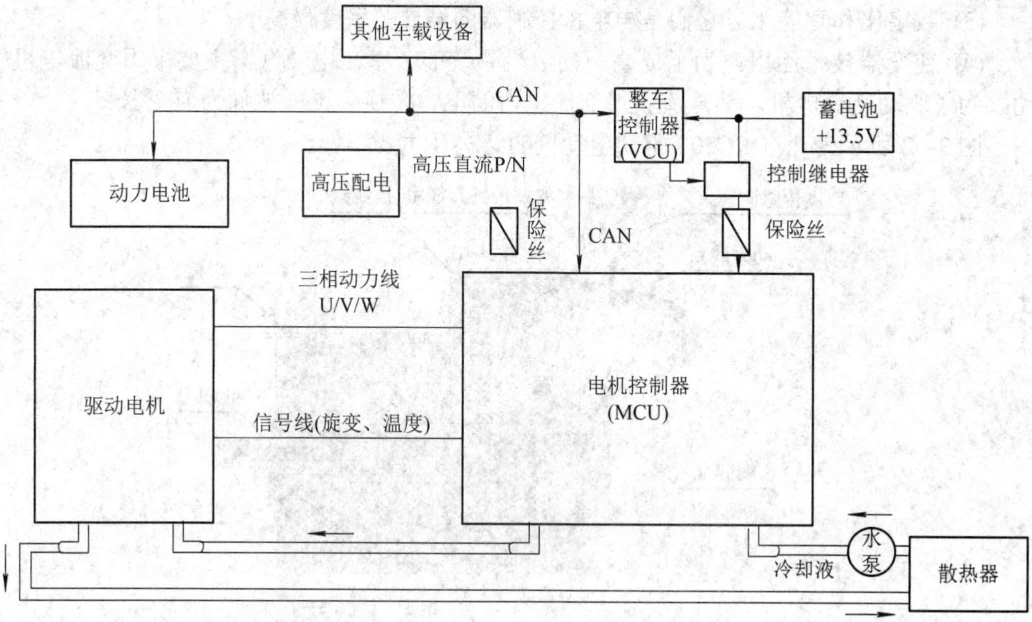

图 3-50　驱动电机系统连接示意图

整车控制器(VCU)根据驾驶员的意图发出各种指令，电机控制器(MCU)响应并反馈，实时调整驱动电机(DM)输出，以实现整车的怠速、前行、倒车、停车、能量回收以及驻坡等功能。电机控制器的另一个重要功能是通信和保护，实时进行状态和故障检测，保护驱动电机系统和整车安全、可靠运行。

驱动电机(DM)如图 3-51 所示。电动机的共同特征都是转速比较高，功率也尽量找相近的，包括电压和冷却方式。整车根据车辆运行的不同情况，包括车速、挡位、电池 SOC 值等，使电机输出扭矩/功率。当电机控制器从整车控制器处得到扭矩输出命令时，将动力电池提供的直流电转化成三相交流电，以驱动电机输出扭矩，通过机械传输来驱动车辆。

图 3-51　驱动电机

二、驱动电机系统结构

现代电动汽车驱动电机的发展具有以下几个趋势：

(1) 集成化。它包括机电耦合集成、电力电子控制器集成等。

(2) 高效率化。通过技术途径，追求高效率和低成本。

(3) 数字化和智能化。它们是与电机控制器的发展关联度最高的。

(4) 逆变器技术运用。为了提高驱动电机系统的效率，电动汽车主要采用交流电机驱动。为了驱动交流电机，从直流获得交流电力的电力转换装置就被称为逆变器。

图 3-52 所示为北汽 EC200 驱动电动机的结构及主要零件。

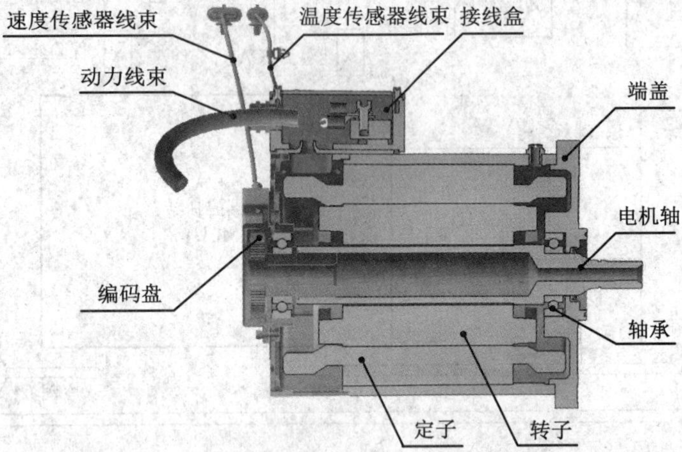

图 3-52　北汽 EC200 电动汽车驱动电动机结构

任务八　DC/DC 和空调驱动器的认知

任务目标

电动汽车是以电为核心动力的，其核心部件可总结为大三电、小三电。其中，大三电是指电机、电控、电池；小三电则有不同的说法，有人将“电动空调、电动刹车、电动转向”称为小三电，也有人将“DC/DC 转换器(DC/DC Convertor)、车载充电机、高压配电盒”称为小三电。本任务要求学生认知 DC/DC 转换器的作用和简单维护，掌握并认知空调驱动器的作用和工作策略。

知识链接

DC/DC 转换器(也称为变换器)是直流对直流的电压转换器，用于将动力电池或逆变器产生的电能转换成 12 V 低压电能，给 12 V 蓄电池充电和车身电气设备供电。汽车空调从压缩机驱动及热源原理上说，电动汽车空调系统和传统燃油空调系统基本相同，存在的差异主要表现在空调压缩机的驱动方式和暖风的来源上。

提出任务：你知道在电动汽车中 DC/DC 转换器与空调驱动器的功用吗？

一、DC/DC 转换器

给车载电气供电的 DC/DC 如图 3-53 所示，它是将某一直流电源电压转换成任意直流电压的转换器。作为电动汽车动力系统中很重要的一部分，它的一类重要功能是为动力转向系统、空调以及其他辅助设备提供所需的电力；另一类功能，是出现在复合电源系统中，与超级电容串联，起到调节电源输出和稳定母线电压的作用。

图 3-53　给车载电气供电的 DC/DC

纯电动汽车给车载电气供电的 DC/DC 如图 3-54 所示，在对其选型时，并不是直接将全部电气功率加在一起来计算需求的，而是把用电设备分为长期用电、连续用电、短时间间歇用电和附加用电设备等类型，并对它们赋予不同的权值来计算需求。

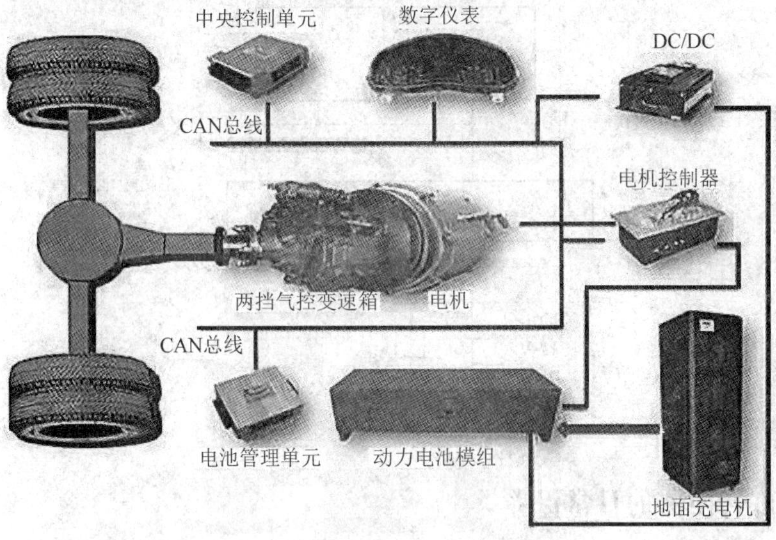

图 3-54　给车载电气供电的 DC/DC 在电动汽车电气系统中的位置

DC/DC 相当于传统车辆的“发电机”，它是将动力电池的高压电转为低压电给蓄电池及低压系统供电的。DC/DC 转换器具有效率高、体积小、耐受恶劣工作环境等特点，其参数要求参表 3-2。

表 3-2　DC/DC 转换器参数

项　目	参　　数
输入电压	80 V～130 V DC
输出电压	14 V±0.25 V DC
效率	额定电压、半载，大于等于 90%
冷却方式	风冷
防护等级	IP67
工作环境温度	−40℃～85℃

混合动力汽车(HEV)和纯电动汽车(EV)配置两种电池，一种是行驶中用作电机电源的高电压主机电池(动力电池)；另一种是作为车辆附件类及控制 ECU 电源的 12 V 辅助电池。

图 3-55 所示为混合动力系统组成示意图。由于 EV 无法利用发动机的动力进行发电，因此一般搭载 DC/DC 转换器，进行主机电池向辅助电池的降压式直流对直流电力转换。虽然 HEV 可以利用发动机通过交流发电机发电，但是混合动力系统为了改善油耗，要反复进行怠速停机与起动发动机，因此一般采用可以输出稳定电压并且高效率完成电力转换的 DC/DC 转换器。

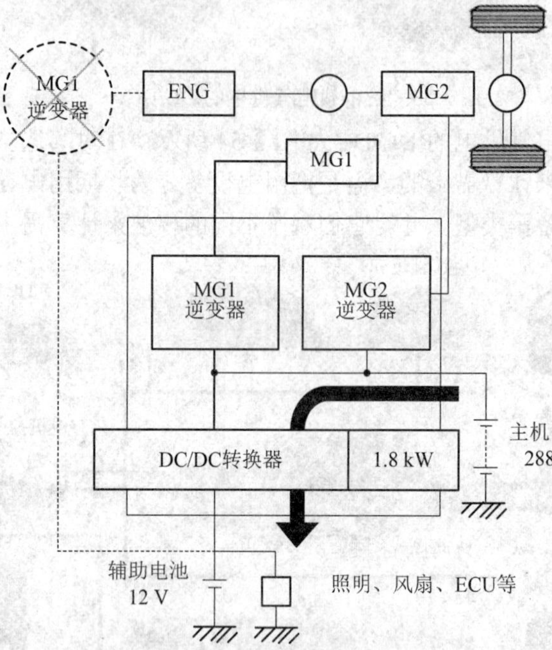

图 3-55　混合动力系统组成示意图

二、DC/DC 转换器的日常保养

DC/DC 转换器工作原理图如图 3-56 所示。DC/DC 转换器的功能是将动力蓄电池中高压的直流电转换为整车低压为 14 V 的直流电，给整车低压用电系统供电及铅酸蓄电池充电。其作用相当于传统汽车中的交流发电机。

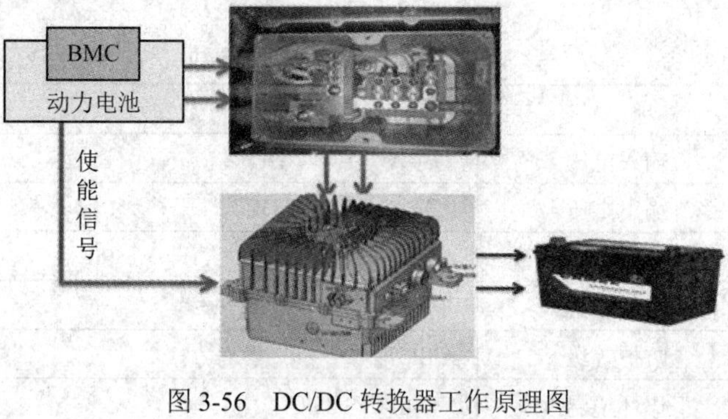

图 3-56　DC/DC 转换器工作原理图

DC/DC 转换器日常保养注意事项如下：

(1) 散热齿上尽可能减少杂物，保证散热时风道畅通。

(2) 低压连接器是否有松动，保证连接器可靠连接。

(3) 检查高压连接器是否可靠连接。

(4) 检查外壳是否有明显碰撞痕迹，对 DC/DC 模块是否造成损坏。

(5) 检查正极保险是否出现松动。

三、空调控制器和控制策略

1. 空调控制器

空调控制器(以下简称 ECC)与 PTC 加热器(以下简称 PTC)通过速率为 500 kb/s 的 CAN 网络进行信息交互，如图 3-57 所示。ECC 与 EAC(电动空调压缩机)信息交互时，根据 CAN 协议，在冷暖调节(即屏幕显示)至暖区四挡时，ECC 发出 PTC 使能命令，参见图 3-58。当环境温度大于 35℃时，不允许 PTC 加热器工作。在收到 VCU 停机命令后，不允许启动 PTC 加热器，若已经启动，则应及时停止 PTC 工作。在 PTC 启动状态下，若乘员关闭空调，则风机时延 5 s 后停机，同时风向调整至吹足，该时延状态仅用于 PTC 散热，显示屏在关机时刻即关闭。

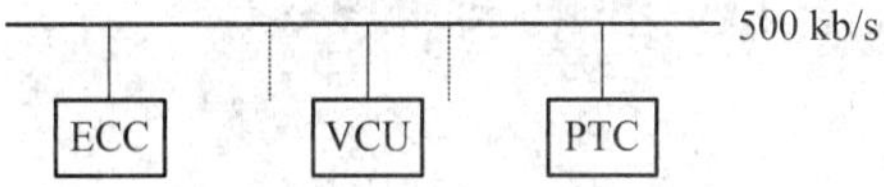

图 3-57　ECC 与 PTC 信息交互

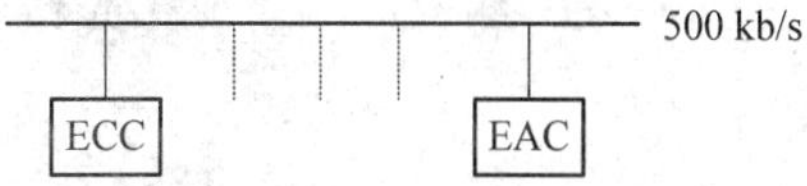

图 3-58　ECC 与 EAC 信息交互

2. ECC 控制策略

图 3-59 所示为三种车型空调控制面板示意图，这三种控制面板的操作界面虽然不同，但是空调系统的控制策略是类似的。其控制策略的简单化说明如图 3-60 所示。

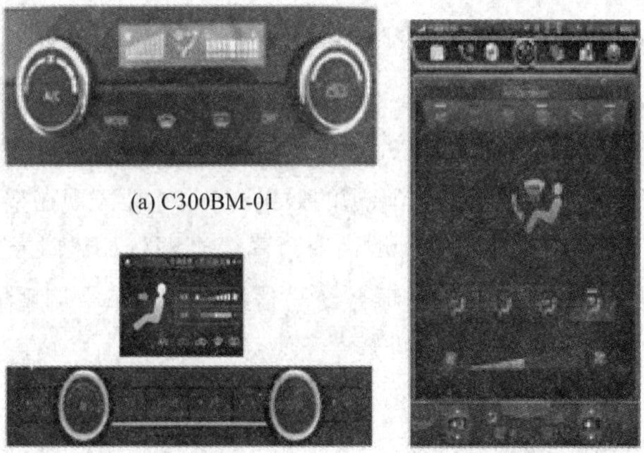

(a) C300BM-01

(b) EX200

(c) C33DB-M02

图 3-59　三种车型空调控制面板示意图

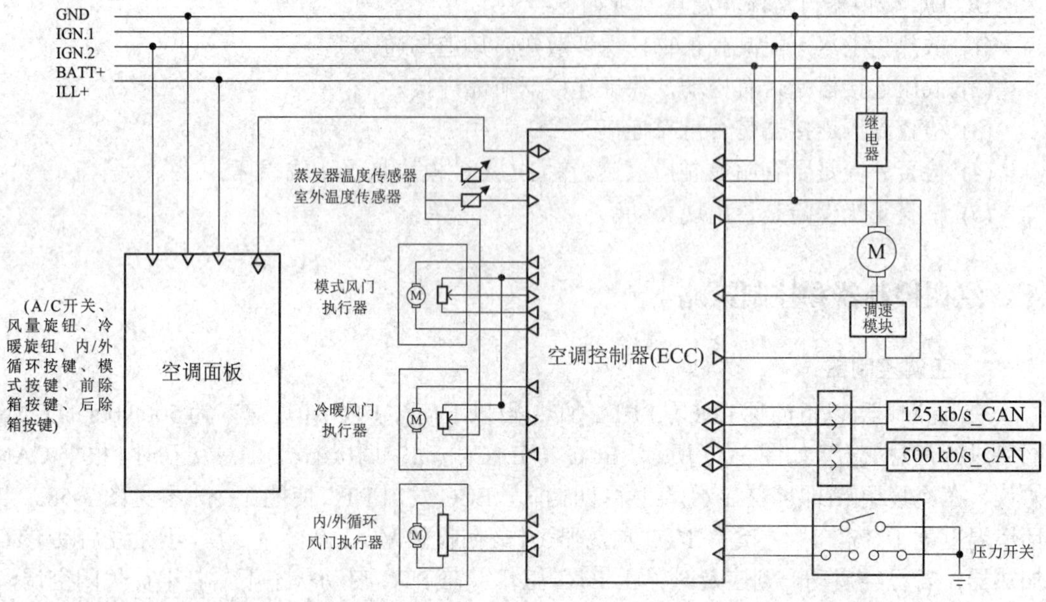

图 3-60　空调控制面板控制策略

任务九　空调压缩机及 PTC 加热器的认知

任务目标

高压电动空调压缩机由动力电池驱动。电动汽车空调系统普遍采用电动空调压缩机制冷，其制冷原理与传统汽车空调的相同，而电动汽车的暖风通常采用电加热方式。本任务要求学生认知空调压缩机和 PTC 加热器的作用。

知识链接

虽然电动汽车空调系统和传统燃油汽车空调系统基本相同，但是它们在系统构成上存在着差别，不同类型的电动汽车又有不同的特点。纯电动汽车没有发动机作为空调压缩机的动力源，也没有发动机余热可以利用以达到取暖、除霜的效果。差异主要表现在空调压缩机的驱动方式和暖风的来源上，对于电动汽车而言，一般需要布置一个 PTC 加热器来完成制热的功能。

提出任务：你们知道电动汽车的空调系统与传统燃油汽车空调系统的差异有哪些吗？知道电动汽车采用什么方式给予暖风的吗？

一、空调压缩机

从原理上说，纯电动汽车空调系统和传统燃油汽车的系统不同，电动汽车目前普遍采用电动压缩机制冷，高压电动空调压缩机由动力电池驱动。图 3-61～图 3-63 所示分别为电动汽车空调系统结构、车内结构及实物结构。

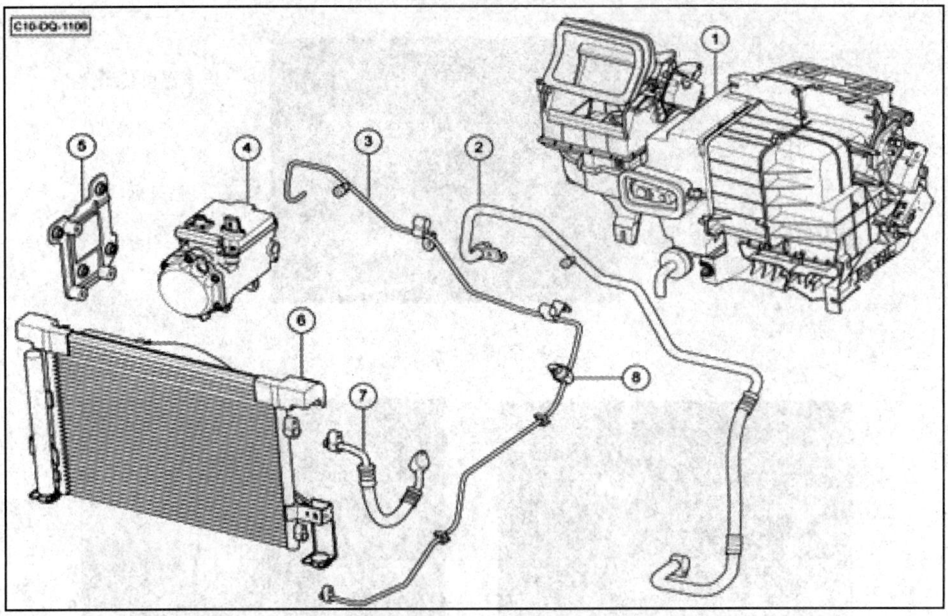

①—车内空调箱总成；②—空调低压管；③—空调空压细管；④—电动压缩机；
⑤—压缩机支架；⑥—冷凝器；⑦—空调高压管；⑧—压力开关

图 3-61　电动汽车空调系统结构

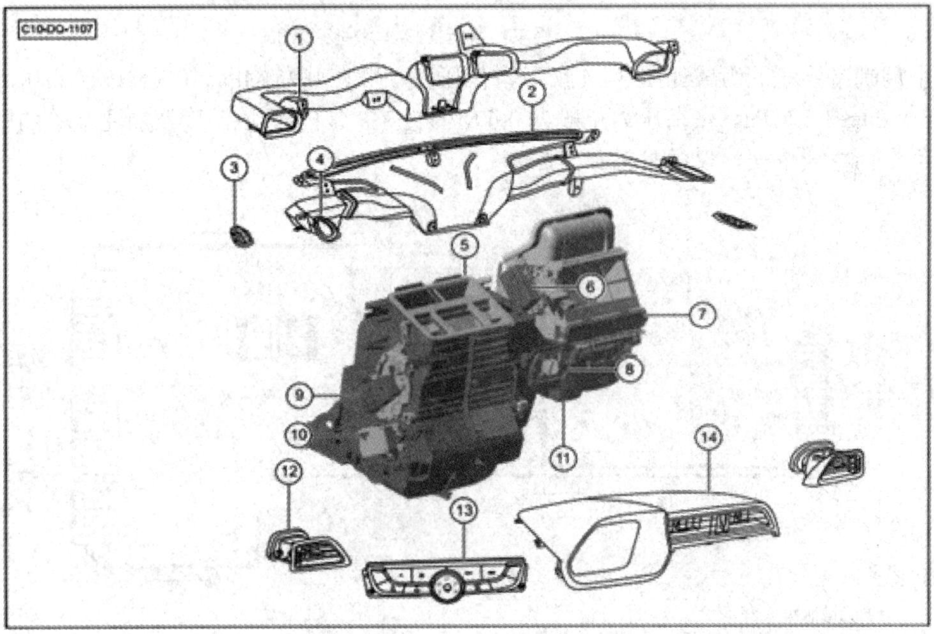

①—吹面风道；②—除霜风道；③—侧除霜盖板；④—侧除霜风道；⑤—车内风箱总成；
⑥—内外循环电机；⑦—空调滤芯；⑧—调速模块；⑨—模式电机；⑩—冷暖电机；
⑪—鼓风机；⑫—仪表侧出风口；⑬—空调控制器；⑭—仪表中央出风口

图 3-62　电动汽车空调系统车内结构

(a) 空调系统结构

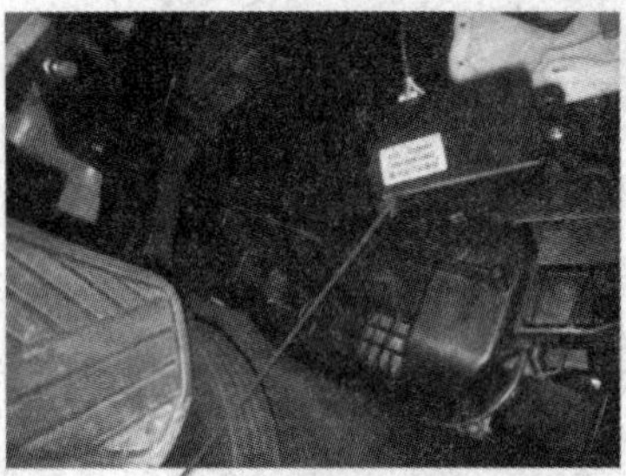

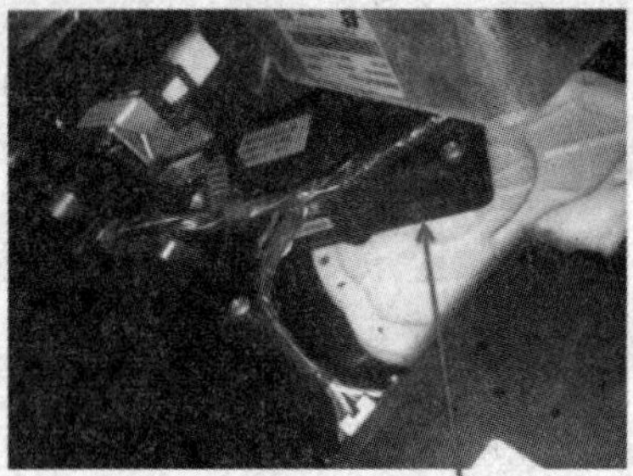

(b) 冷暖电机结构　　(c) 模式电机结构

图 3-63　电动汽车空调系统实物结构

空调制冷系统的组成如图 3-64 所示，低压力一般在 0.25 MPa～0.3 MPa；高压力一般在 1.3 MPa～1.5 MPa。平衡压力一般为 0.6 MPa 左右，因受环境温度及加注量等的影响，该值不作为主要依据，仅供参考。

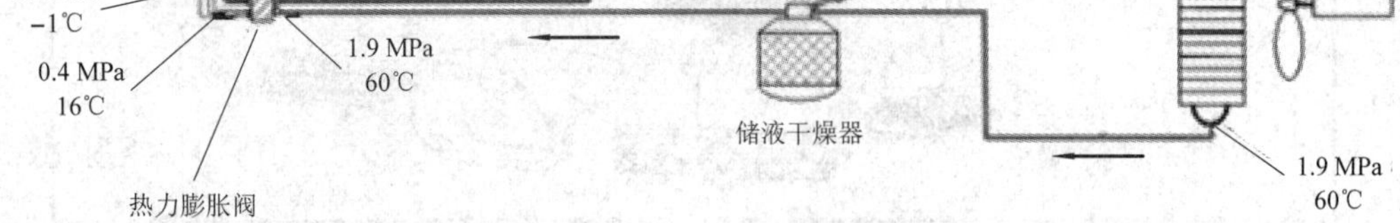

图 3-64　电动汽车空调制冷系统组成

空调压缩机的使用过程如下：

电动汽车空调压缩机(参见图 3-65)属于用电设备，由动力蓄电池输出的高压直流电(380 V)，经高压控制盒处理后，使电压和电流达到空调压缩机的使用要求，从而驱动空调压缩机的转动，使空调压缩机正常工作。

图 3-65　电动汽车空调压缩机

二、PTC 加热器

电动汽车中暖风通常采用电加热方式实现。电加热方式分为两种：一种是通过加热冷却液，再经过循环为暖水箱提供热量(目前为主流)；另一种是直接加热经过蒸发箱的空气实现暖风。

电动汽车 PTC 加热器如图 3-66 所示。可将其简单理解为一个大电阻，当有电流通过时，便产生热量。PTC 加热器工作时，需要消耗动力蓄电池的能量，导致热效率偏低，能耗很大，特别是在冬季的极端情况下使用空调，消耗的电量使车辆的续航里程减少一半左右。

图 3-66　电动汽车 PTC 加热器

电动汽车暖风的使用过程如下：

PTC 加热器同样属于用电设备，且由动力蓄电池输出的高压直流电(380 V)流经高压控制盒处理后，使电压电流达到 PTC 加热器的使用要求，从而促使 PTC 加热器正常工作，达到车内暖风效果。

技 能 训 练

训练一 认识动力电池、电池管理系统和充电接口

一、实训目的

(1) 能够识别和拆/装动力电池。
(2) 能够识别电池管理系统。
(3) 能够识别快充和慢充充电接口。

二、实训工作准备

(1) 防护装备：绝缘防护装备。
(2) 车辆、台架和总成：纯电动汽车。
(3) 专用工具和设备：充电器、电池组托架、专用测试仪和蓄电池专用拆装工具。
(4) 手工工具：组合工具和装配楔。
(5) 辅助材料：警示标识和设备、绝缘地胶、清洁剂。

三、实训注意事项

(1) 请务必按照各小组的组成单位，合理使用场地绝缘安全护具及测试器具，并严格按安全操作规范动作操作，做到安全和正确，并防止造成实操总成及车辆的损坏。
(2) 必要时，可协助其他组员完成实训。
(3) 每个小组在规定的 20 min 内完成实训。

四、实训实施步骤

(1) 穿戴防护装备，做好安全防护措施。
(2) 打开充电门，观察和认识交流充电接口、直流充电接口。
(3) 安全举升电动汽车，并利用专业工具拆卸动力电池包。
(4) 打开动力电池包箱体，观察和认识动力电池组成和电池管理器。
(5) 原位安装动力电池包，并安全降落电动汽车，启动汽车进行检验。
(6) 实训现场 6S 管理。

五、实训总结

(1) 总结本次课学生学习表现及在小组合作中的表现。
(2) 任选两个小组进行经验分享，交流学习。

(3) 知识目标检验。要求按照任务完成效果进行考评，参见表3-3。

表3-3 知识目标检验表

项目名称		时 间			地 点		
班 级		小组及成员				得分	
序 号	项目	操作内容	规定分	评分标准		扣分记录	得分记录
1	实训前准备	资料查询； 工具准备； 防护器具准备	30分	查询资料不到位，扣5分。 工具准备错误，扣3～10分。 防护器具选择错误，扣3～10分			
2	识别高压部件	动力电池； 电池管理系统； 充电接口	20分	识别缺项，扣3分(每缺一项)。 认识高压部件错误，扣1～5分			
3	拆卸操作	工具使用； 操作规范； 组内合作	25分	小组合作不到位，扣5分。 操作错误，扣1～10分。 工具选择错误，扣3～10分			
4	拆卸后高压部件的识别	动力电池； 电池管理系统； 充电接口等	10分	资料查询不到位，扣2分。 识别缺项，扣1分(每缺一项)。 认识高压部件错误，扣1～5分。 小组合作不到位，扣3分			
5	回装操作	工具使用； 操作规范； 组内合作	15分	小组合作不到位，扣3分。 操作错误，扣1～5分。 回装选择错误，扣1～5分			
总分			100分				

(4) 实训考核。要求按照实训完成情况进行考核，参见表3-4。

表3-4 实训考核表

考核项目	评分标准	分数	学生自评	小组互评	教师评价	小计
团队合作	是否和谐； 是否分工合作； 是否积极参与					
任务方案	是否正确和合理					
操作过程	能够识别和拆/装动力电池； 能够识别电池管理系统； 能够识别快充和慢充充电接口					
任务完成情况	是否完成					
工作态度	是否规范和标准					
总分						
教师签名		年 月 日			总分	

训练二　认识高压配电箱、维修开关和漏电传感器

一、实训目的

(1) 能够识别维修开关并进行高压断电操作。
(2) 能够识别不同车型的高压配电箱。
(3) 能够识别漏电传感器并掌握其重要作用。

二、实训工作准备

(1) 防护装备：绝缘防护装备。
(2) 车辆、台架和总成：纯电动汽车。
(3) 专用工具、设备：电池组托架、绝缘表、数字万用表和蓄电池专用拆装工具。
(4) 手工工具：组合工具和装配楔。
(5) 辅助材料：警示标识和设备、绝缘地胶、清洁剂。

三、实训注意事项

(1) 请务必按照各小组的组成单位，合理使用场地绝缘安全护具及测试器具，并严格按安全操作规范动作操作，做到安全和正确，并防止造成实操总成及车辆的损坏。
(2) 必要时，可协助其他组员完成实训。
(3) 每个小组在规定的 20 min 内完成实训。

四、实训实施步骤

(1) 穿戴防护装备，做好安全防护措施。
(2) 识别维修开关，进行高压断电操作。
(3) 识别漏电传感器，使用数字万用表对其进行参数测量。
(4) 识别不同车型的高压配电箱，使用专业工具拆卸高压配电箱。
(5) 原位安装拆卸部件，并启动车辆检验。
(6) 实训现场 6S 管理。

五、实训总结

(1) 总结本次课学生学习表现及在小组合作中的表现。
(2) 任选两个小组进行经验分享，交流学习。
(3) 知识目标检验。要求按照任务完成效果进行考评，参见表 3-5。

表 3-5　知识目标检验表

项目名称		时　间		地　点		
班　级		小组及成员			得分	
序号	项目	操作内容	规定分	评分标准	扣分记录	得分记录
1	实训前准备	资料查询； 工具准备； 防护器具准备	30 分	查询资料不到位，扣 5 分。 工具准备错误，扣 3～10 分。 防护器具选择错误，扣 3～10 分		
2	识别高压部件	维修开关； 漏电传感器； 高压配电箱	20 分	识别缺项，扣 3 分(每缺一项)。 认识高压部件错误，扣 1～5 分		
3	拆卸操作	工具使用； 操作规范； 组内合作	25 分	小组合作不到位，扣 5 分。 操作错误，扣 1～10 分。 工具选择错误，扣 3～10 分		
4	拆卸后高压部件的识别	维修开关； 漏电传感器； 高压配电箱	10 分	资料查询不到位，扣 2 分。 识别缺项，扣 1 分(每缺一项)。 认识高压部件错误，扣 1～5 分。 小组合作不到位，扣 3 分		
5	回装操作	工具使用； 操作规范； 组内合作	15 分	小组合作不到位，扣 3 分。 操作错误，扣 1～5 分。 回装选择错误，扣 1～5 分		
总分			100 分			

(4) 实训考核。要求按照实训完成情况进行考核，参见表 3-6。

表 3-6　实训考核表

考核项目	评分标准	分数	学生自评	小组互评	教师评价	小计
团队合作	是否和谐； 是否分工合作； 是否积极参与					
任务方案	是否正确和合理					
操作过程	能够识别维修开关并进行高压断电操作； 能够识别不同车型的高压配电箱； 能够识别漏电传感器并掌握其重要作用					
任务完成情况	是否完成					
工作态度	是否规范和标准					
总分						
教师签名		年　月　日			总分	

训练三　认识整车控制器、电动机控制器和电动机

一、实训目的

(1) 能够识别和拆/装整车控制器。
(2) 能够识别和拆/装电动机控制器。
(3) 能够识别和检测电动机。

二、实训工作准备

(1) 防护装备：绝缘防护装备。
(2) 车辆、台架和总成：纯电动汽车。
(3) 专用工具和设备：电动车举升机、绝缘表和数字万用表。
(4) 手工工具：组合工具和装配楔。
(5) 辅助材料：警示标识和设备、绝缘地胶、清洁剂。

三、实训注意事项

(1) 请务必按照各小组的组成单位，合理使用场地绝缘安全护具及测试器具，并严格按安全操作规范动作操作，做到安全和正确，并防止造成实操总成及车辆的损坏。
(2) 必要时，可协助其他组员完成实训。
(3) 每个小组在规定的 20 min 内完成实训。

四、实训实施步骤

(1) 穿戴防护装备，做好安全防护措施，断开高压维修开关。
(2) 打开机舱盖，识别整车控制器并进行线束插/拔操作。
(3) 识别电动机控制器，进行线束插/拔操作，进行控制器盖板拆卸操作。
(4) 举升汽车，进行电动机的识别和参数测量。
(5) 原位安装拆卸部件，并启动车辆检验。
(6) 实训现场 6S 管理。

五、实训总结

(1) 总结本次课学生学习表现及在小组合作中的表现。
(2) 各小组进行经验分享。
(3) 知识目标检验。要求按照任务完成效果进行考评，参见表 3-7。

表 3-7　知识目标检验表

项目名称		时　间			地　点	
班　级		小组及成员			得分	
序号	项目	操作内容	规定分	评分标准	扣分记录	得分记录
1	实训前准备	资料查询； 工具准备； 防护器具准备	30 分	查询资料不到位，扣 5 分。 工具准备错误，扣 3～10 分。 防护器具选择错误，扣 3～10 分		
2	识别高压部件	整车控制器； 电机控制器； 电动机	20 分	识别缺项，扣 3 分(每缺一项)。 认识高压部件错误，扣 1～5 分		
3	拆卸操作	工具使用； 操作规范； 组内合作	25 分	小组合作不到位，扣 5 分。 操作错误，扣 1～10 分。 工具选择错误，扣 3～10 分		
4	拆卸后高压部件的识别	整车控制器； 电机控制器； 电动机	10 分	资料查询不到位，扣 2 分。 识别缺项，扣 1 分(每缺一项)。 认识高压部件错误，扣 1～5 分。 小组合作不到位，扣 3 分		
5	回装操作	工具使用； 操作规范； 组内合作	15 分	小组合作不到位，扣 3 分。 操作错误，扣 1～5 分。 回装选择错误，扣 1～5 分		
总分			100 分			

(4) 实训考核。要求按照实训完成情况进行考核，参见表 3-8。

表 3-8　实训考核表

考核项目	评分标准	分数	学生自评	小组互评	教师评价	小计
团队合作	是否和谐； 是否分工合作； 是否积极参与					
任务方案	是否正确和合理					
操作过程	能够识别和拆/装整车控制器； 能够识别和拆/装电动机控制器； 能够识别和检测电动机					
任务完成情况	是否完成					
工作态度	是否规范和标准					
	总分					
教师签名			年　月　日		总分	

训练四　认识 DC/DC 和空调驱动器、空调压缩机及 PTC 加热器

一、实训目的

(1) 能够识别 DC/DC 模块并进行拆/装。
(2) 能够识别空调驱动器。
(3) 能够识别空调压缩机及 PTC 加热器。

二、实训工作准备

(1) 防护装备：绝缘防护装备。
(2) 车辆、台架和总成：纯电动汽车。
(3) 专用工具和设备：电动车举升机、绝缘表和数字万用表。
(4) 手工工具：组合工具和装配楔。
(5) 辅助材料：警示标识和设备、绝缘地胶、清洁剂。

三、实训注意事项

(1) 请务必按照各小组的组成单位，合理使用场地绝缘安全护具及测试器具，并严格按安全操作规范动作操作，做到安全和正确，并防止造成实操总成及车辆的损坏。
(2) 必要时，可协助其他组员完成实训。
(3) 每个小组在规定的 20 min 内完成实训。

四、实训实施步骤

(1) 穿戴防护装备，做好安全防护措施，断开高压开关。
(2) 打开机舱盖，拆卸并识别 DC/DC 和空调驱动器。
(3) 识别 PTC 加热器并进行线束插/拔操作。
(4) 安全举升汽车，进行空调压缩机的识别。
(5) 原位安装拆卸部件，并启动车辆检验。
(6) 实训现场 6S 管理。

五、实训总结

(1) 总结本次课学生学习表现及在小组合作中的表现。
(2) 请各小组进行经验分享。
(3) 知识目标检验。要求按照实训完成效果进行考评，参见表 3-9。

表 3-9　知识目标检验表

项目名称		时　间		地　点		
班　级		小组及成员			得分	
序　号	项目	操作内容	规定分	评分标准	扣分记录	得分记录
1	实训前准备	资料查询； 工具准备； 防护器具准备	30 分	查询资料不到位，扣 5 分。 工具准备错误，扣 3～10 分。 防护器具选择错误，扣 3～10 分		
2	识别高压部件	DC/DC 和空调驱动器； 空调压缩机及 PTC 加热器	20 分	识别缺项，扣 3 分(每缺一项)。 认识高压部件错误，扣 1～5 分		
3	拆卸操作	工具使用； 操作规范； 组内合作	25 分	小组合作不到位，扣 5 分。 操作错误，扣 1～10 分。 工具选择错误，扣 3～10 分		
4	拆卸后高压部件识别	DC/DC 和空调驱动器； 空调压缩机及 PTC 加热器	10 分	资料查询不到位，扣 2 分。 识别缺项，扣 1 分(每缺一项)。 认识高压部件错误，扣 1～5 分。 小组合作不到位，扣 3 分		
5	回装操作	工具使用； 操作规范； 组内合作	15 分	小组合作不到位，扣 3 分。 操作错误，扣 1～5 分。 回装选择错误，扣 1～5 分		
总分			100 分			

(4) 实训考核。要求按照实训完成情况进行考核，参见表 3-10。

表 3-10　实训考核表

考核项目	评分标准	分数	学生自评	小组互评	教师评价	小计
团队合作	是否和谐； 是否分工合作； 是否积极参与					
任务方案	是否正确和合理					
操作过程	能够识别 DC/DC 模块并进行拆/装； 能够识别空调驱动器； 能够识别空调压缩机及 PTC 加热器					
任务完成情况	是否完成					
工作态度	是否规范和标准					
总分						
教师签名			年　月　日		总分	

项目小结

1. 能够正确说出纯电动汽车上高压部件的名称及缩写。
2. 能够正确描述纯电动汽车上各高压部件的作用。
3. 能够在纯电动汽车上识别各高压部件。
4. 能够在纯电动汽车上进行简单的高压部件拆装，进行简单的参数测量。

思考与练习

一、填空题

1. 动力电池根据电池种类的不同可分为__________、__________、__________。

2. 驱动电机控制器的主要功能是控制驱动电机的________、________和__________。

3. 驱动电机控制器总成包含上、中、下三层，上、下层为____________单元，中层为____________单元。

4. DC/DC 转换器的作用是将电池包的________转换成________供整车低压电器使用。

5. 空调驱动器的作用是主要将电池包的____________逆变成三相电、单相电，分别供____________和____________制热使用。

二、单项选择题

1. 比亚迪的 e6 电池满足电动车行驶 600 000 km，使用(　　)年。

A. 10　　B. 20　　C. 30　　D. 40

2. 吉利 EV300 电池包包含多少个(　　)电池单体。

A. 68　　B. 84　　C. 96　　D. 106

3. 北汽 160 电动车的电池包安装在汽车的(　　)。

A. 前舱　　B. 底部　　C. 行李舱　　D. 车顶

4. 漏电传感器根据动力电池正负极与车身的(　　)来判断是否漏电。

A. 绝缘阻值　　B. 电流　　C. 电压　　D. 距离

5. 长安 EV300 驱动电机额定功率为(　　) kW。

A. 50　　B. 75　　C. 110　　D. 120

6. 当动力电池正负极与车身的绝缘阻值为 120 kΩ～140 kΩ 时可判定是(　　)。

A. 不漏电　　B. 一般漏电

C. 严重漏电　　D. 不确定

三、判断题(正确请打√，错误请打×)

1. 动力电池的作用是存储电能、释放电能。　(　　)

2. 维修开关是电动车辆中一种常见的自动断电设备，用于车辆紧急断电。　(　　)

3. 纯电动汽车的交流充电口又称为慢充口，用于将外部交流电充电设备的交流电源连接到车辆直流充电回路上，车辆外部通过高压线连接到交流充电设备。　(　　)

4. 电机控制器上面主要有低压线束接插件和高压线束接插件。（　）

5. 比亚迪 e6 先行者车型空调系统的压缩机为电动压缩机，其系统可被系统主动的调节，其调节范围在 0～8000 r/min。（　）

四、简答题

1. 纯电动汽车的高压部件有哪些？
2. 电池管理控制器的功能有哪些？
3. 高压配电箱的作用是什么？
4. 电机控制器的作用有哪些？
5. 判断漏电的依据是什么？

实训项目四　混合动力汽车高压部件

项目分析

当前普遍使用的燃油发动机汽车存在种种弊病，虽然人们普遍认为未来是电动汽车的天下，但是电池技术问题阻碍了电动汽车的应用。由于电池的能量密度与汽油相比差上百倍，现实迫使工程师们想出了一个两全其美的办法，开发了一种混合动力装置(缩写为 HEV)的汽车。所谓混合动力装置就是将电动机与辅助动力单元组合在一辆汽车上作驱动力，辅助动力单元是一台小型燃料发动机或动力发电机组(电压为 300 V～500 V)。形象一点地说，就是将传统发动机尽量做小，让一部分动力由电池-电动机系统承担。因此，使发动机一直保持在最佳工况状态，经济性和动力性好，排放低。

本项目需要完成的任务涉及以下内容：

(1) 混合动力汽车高压部件的布置。

(2) 混合动力汽车各高压部件的组成及作用。

(3) 混合动力汽车各高压部件的识别。

知识目标

(1) 能够正确说出混合动力汽车上的高压部件。

(2) 能够描述各高压部件的作用及安装位置。

能力目标

(1) 能够在实车上找到高压部件，并说出名称。

(2) 能够叙述找到的高压部件的作用。

任务一　混合动力汽车高压部件的组成

任务目标

混合动力汽车(Hybrid Vehicle)是指车辆驱动系统由两个或多个能同时运转的单个驱动

系统联合组成的车辆，车辆的行驶功率依据实际的车辆行驶状态由单个驱动系统单独或共同提供。混合动力汽车使用的电动力系统中包括高效强化的电动机、发电机和蓄电池等高压部件。本任务要求学生认知高压部件的组成及作用，掌握混合动力汽车的分类。

知识链接

混合动力汽车的车辆驱动系统由两个或多个能同时运转的单个驱动系统联合组成，车辆的行驶功率依据实际的车辆行驶状态由单个驱动系统单独或共同提供。因为其中各个组成部件、布置方式和控制策略的不同，所以形成了多种分类形式。混合动力汽车使用的电动力系统中包括高效强化的电动机、发电机和蓄电池等高压部件，因此需要了解混合动力电动汽车有哪些高压部件。

提出任务：如果你被安排去维修一辆混合动力汽车，在维修车辆前，被问到混合动力汽车高压部件是由哪些组成的，你应该怎么回答？你知道混合动力电动汽车的类型吗？

一、混合动力电动汽车的高压组成

混合动力电动汽车的高压部件有动力电池模组、车载充电器、交流充电口、高压配电箱、维修开关、驱动电机控制器与 DC 总成、电动压缩机、PTC 加热器、空调配电盒及直流母线等，它们大都被布置在车辆的前机舱和行李舱。典型混合动力电动汽车高压部件布置如图 4-1 所示，该图为比亚迪秦混合动力电动汽车的高压部件布置图。

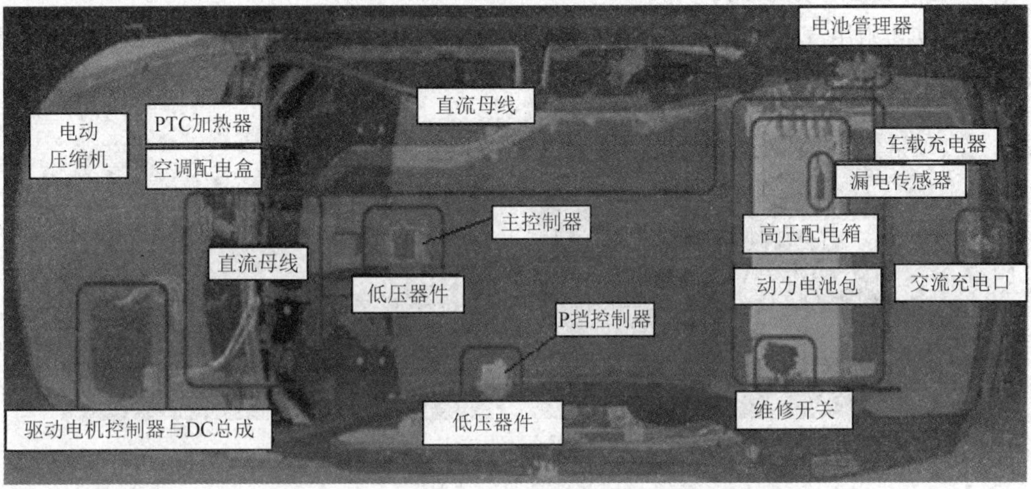

图 4-1　比亚迪秦混合动力电动汽车的高压部件布置图

二、混合动力系统的类型

1. 混合动力汽车的分类

混合动力电动汽车的动力系统如图 4-2 所示。根据混合动力驱动的联结方式不同，一般把混合动力汽车分为三类。

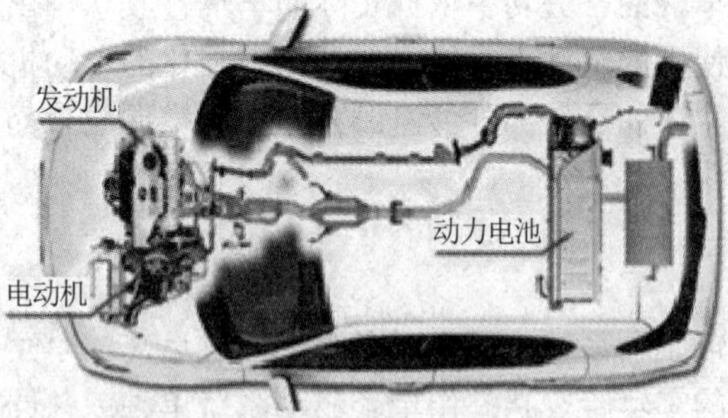

图 4-2　混合动力电动汽车的动力系统

1) 串联式混合动力汽车

串联式混合动力汽车(SHEV)是指由发动机、发电机、驱动电机等三大动力总成用串联方式组成了 HEV 的动力系统。

2) 并联式混合动力汽车

并联式混合动力汽车(PHEV)的发动机和发电机都是动力总成，两大动力总成的功率可以互相叠加输出，也可以单独输出。

3) 混动式混合动力汽车

混动式混合动力汽车(PSHEV)是综合了串联式和并联式的结构而组成的电动汽车，其主要由发动机、电动/发电机和驱动电机三大动力总成组成。

2. 混合动力系统的分类

混合动力乘用汽车和混合动力城市客车分别如图 4-3 与图 4-4 所示。根据在混合动力系统中混合度的不同，混合动力系统还可以分为以下四类。

图 4-3　混合动力乘用汽车

图 4-4　混合动力城市客车

1) 微混合动力系统

从严格意义上来讲，这种微混合动力系统的汽车不属于真正的混合动力汽车，原因是它的电机并没有为汽车行驶提供持续的动力。

2) 轻混合动力系统

轻混合动力系统除了能够实现用发电机控制发动机的起动和停止，还能够实现以下功能：

(1) 在减速和制动工况下，对部分能量进行吸收。

(2) 在行驶过程中，发动机等速运转，发动机产生的能量可以在车轮的驱动需求和发

电机的充电需求之间进行调节。轻混合动力系统电混合度一般在 20%以下。

3) 中混合动力系统

中混合动力系统采用的是高压电机。另外，中混合动力系统还增加了一个功能：在汽车处于加速或者大负荷工况时，电动机能够辅助驱动车轮，从而补充发动机本身动力输出的不足，从而更好地提高整车的性能。这种系统的混合程度较高，电混合度可以达到 30%左右，目前技术已经成熟，被广泛应用。

4) 完全混合动力系统

完全混合动力系统(也称为重度混合动力系统)采用了 272 V～650 V 的高压起动电机，其混合程度更高。与中混合动力系统相比，完全混合动力系统的电混合度可以达到甚至超过 50%。随着电混合动力技术的发展，完全混合动力系统逐渐成为混合动力技术的主要发展方向。

三、混合动力电动汽车控制策略

相比于常规的内燃机汽车和纯电动汽车，混合动力电动汽车动力传动系统增加了整车能量管理和综合控制系统，参见图 4-5。混合动力电动汽车控制策略是以优化发动机的工作效率为目标，协调发动机和驱动电机之间的动力分配，同时进行动力电池组的电量管理；进而使整车的能源利用率达到最优，提高整车的燃油经济性，从而有效降低排放。

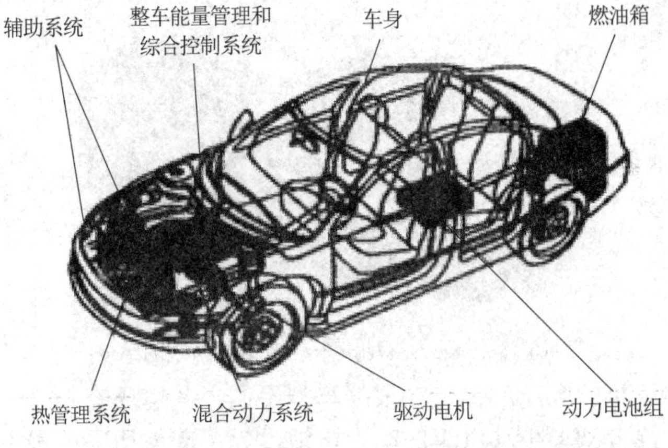

图 4-5　混合动力电动汽车动力传动系统的组成

任务二　混合动力汽车高压部件的作用及安装位置

任务目标

混合动力电动汽车的动力系统主要由控制系统、驱动系统、辅助动力系统和电池组等部分构成。从使用能源角度看，“混合动力”并非是一种“替代能源”，它是一种新的节能技术，但只是把“被浪费掉的能源收集起来，再度使用”，从而达到节能减排的效果，在本质上它是通过减少能源消费，达到延长传统能源使用时间的一种技术手段。

本任务要求学生了解混合动力汽车各高压部件的作用，知道混合动力汽车各高压部件在整车上的安装位置。

知识链接

对于混合动力电动汽车的动力系统，混合动力就是指汽车使用发动机驱动和电机驱动两种驱动方式，其优点在于车辆启动和停止时，只靠电机带动，不达到一定的速度，发动机就不工作，这样便能使发动机一直保持在最佳工况状态。

提出任务：你知道混合动力电动汽车的动力电池包(模组)的电压是多少伏吗？混合动力电动汽车的高压部件有哪些类型，高压部件起到什么作用？

一、动力电池

混合动力电动汽车动力传动系统的组成如图 4-6 所示。混合动力电动汽车具有两套蓄电池系统：一套为 12 V 直流低压蓄电池，它主要是为车常规的低压用电电器提供电源；另一套为高电压直流蓄电池系统，它包括高压动力电池、电池管理系统和漏电传感器，对高压动力电池组进行监测管理和提供安全保护。

图 4-6　混合动力电动汽车动力传动系统的组成

混合动力电动汽车的高压动力电池根据车型不同，其电压有 36 V～600 V 不等的动力电池类型。所有混合动力电动汽车的动力电池，为了获取所需的最大直流电源电压，均是采用串/并联方式将多个单体蓄电池连接而成的蓄电池包。以下用磷酸铁锂电池为例进行介绍。

1. 磷酸铁锂动力电池

目前采用磷酸铁锂电池作为动力电池的混合动力汽车，该电池可以为车载的驱动电机提供最佳的电力。磷酸铁锂动力电池在供电时，经过 DC/DC 转换器将其存储的直流电转换后，为电动机提供交流电能驱动汽车行驶。相反，在充电或在回馈能量时，动力电池存储由电动机、发电机产生并经 DC/DC 转换后的直流电能。

混合动力汽车的动力电池一般被安装在后排座椅与行李舱之间。有的车辆为扩大行李舱的使用空间，将混合动力电池设计安装在车辆乘客室的底部，以降低电池组重心，保证车身稳定。比亚迪秦采用的磷酸铁锂动力电池被安装在后排座椅与行李舱之间，如图 4-7 所示。

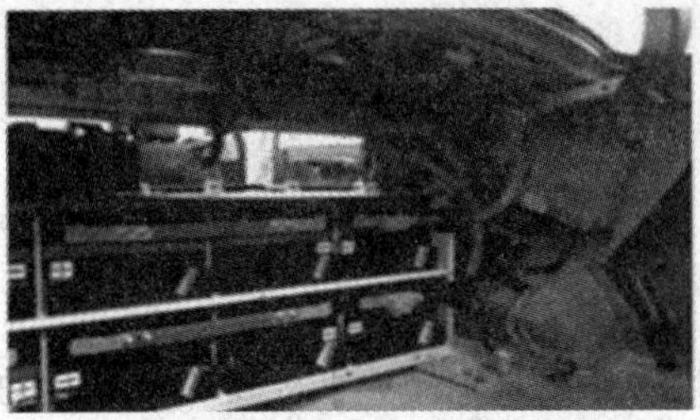

(a) 动力电池组布置(行李舱)

(b) 动力电池组布置(驾驶舱后排座椅后)

图 4-7　比亚迪秦混合动力汽车动力电池安装位置

图 4-8 所示为比亚迪秦混合动力汽车的动力电池包总成及单体电池模组，其组成及参数介绍如下。

(a) 动力电池包总成

(b) 单体电池模组

图 4-8　比亚迪秦动力电池包总成及单体电池模组结构

2. 磷酸铁锂电池组的组成

1) 动力电池模组

动力电池模组一般为分 10 个模组，共 152 个单体动力电池。其中有：

(1) 动力电池串联线。

(2) 动力电池采样线。

(3) 电池信息采集器。

(4) 接触器、熔断器。

(5) 动力电池模组(电池包)护板。

(6) 安装支架。

图 4-9 所示为比亚迪秦动力动力电池模组结构。

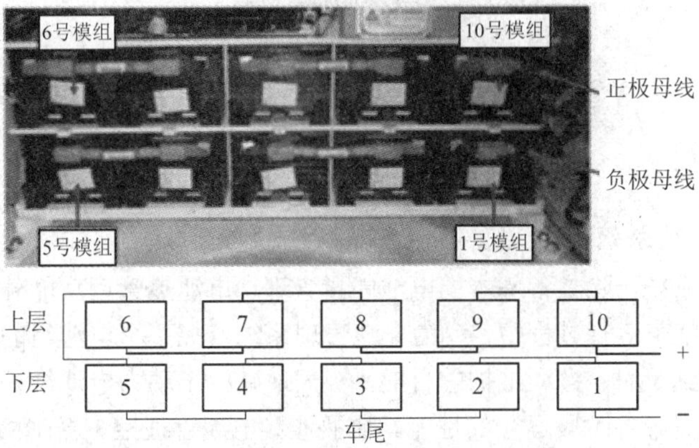

图 4-9　比亚迪秦动力电池模组结构

2) 磷酸铁锂电池包的参数

(1) 每个单体为 3.3 V。

(2) 电池包的标称电压为 501.6 V。

(3) 标称容量为 26 A • h。

(4) 一次充电 13 kW • h。

动力电池通过串联线串/并联为一体，具有高容量、超耐用、低能耗、低排放的特点。

电池包高压线缆如图 4-10 所示，动力电池包高压线缆(束)为橙色，正极线缆两端头有红色标识，负极线缆两端头为黑色标识，便于区分和识别的长、短串联线束。

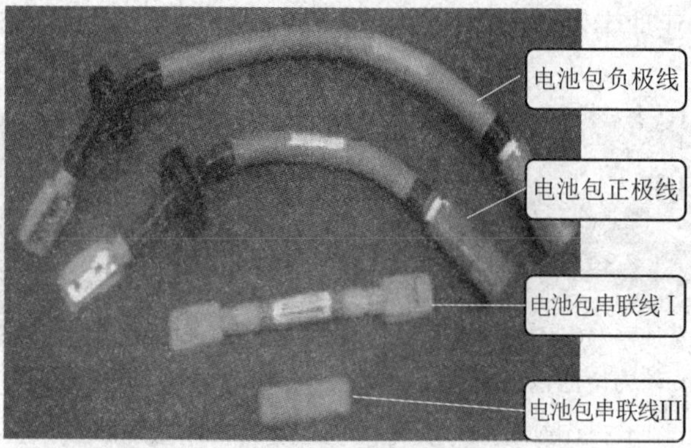

图 4-10　电池包高压线缆

电池包采样线缆(束)如图 4-11 所示，动力电池采样线的主要功能是用来连接电池管理控制器和电池信息采样器，实现两者之间的通信及信息交换。

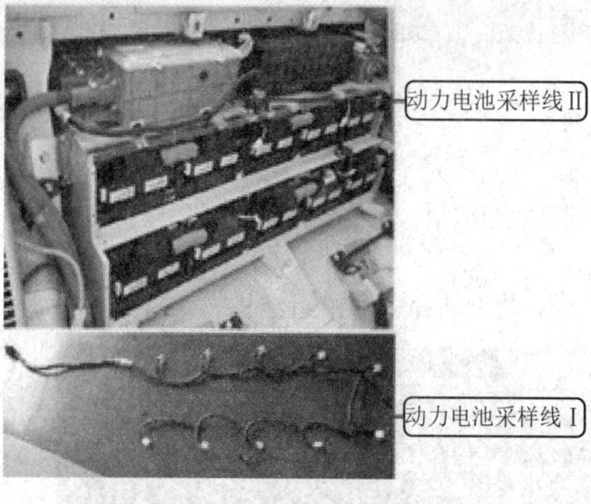

图 4-11　电池包采样线缆

3. 动力电池管理系统

动力电池管理系统，除具备基本的电池能量管理、电池热管理功能外，还具有电池单体自动均衡功能。在整车运行过程中，动力电池管理系统监控整个电池组的单体性能参数，通过电池均衡功能达到及时、自动维护的目的，极大地减少了动力电池维护的时间成本，延长电池的使用寿命，提升各阶段运行的性能。比亚迪秦电池管理控制器(BMS)如图 4-12 所示，采用分布式电池管理系统，位于行李舱车身右 C 柱内板后段。

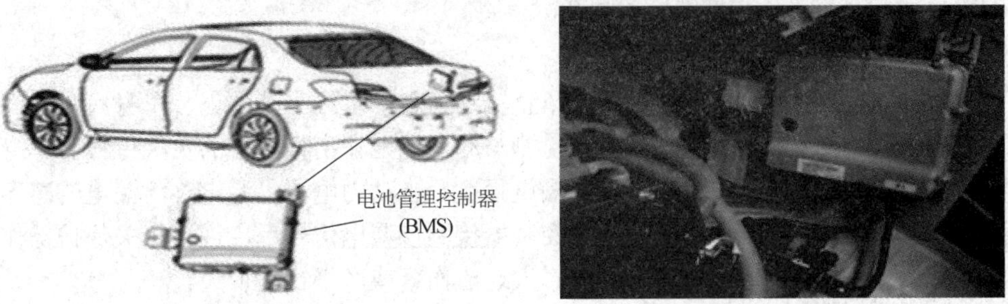

(a) BMS 位置示意图　　　　(b) BMS 位置实物图

图 4-12　比亚迪秦电池管理控制器

比亚迪秦电池管理系统由 1 个电池管理控制器(BMS)、10 个电池信息采集器(BIC)及 1 套动力电池采样线组成。其中，10 个电池信息采集器(BIC)分别位于 10 个动力电池模组的前端，如图 4-13 所示。在它采集对应模组的电压、温度等信息后，通过 CAN 总线传给电池管理控制器(BMS)，即电池管理控制器是电池管理系统的中央控制单元。

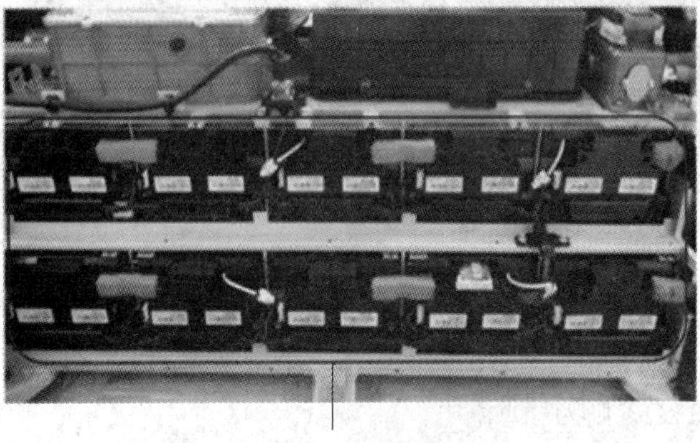

图 4-13　电池信息采集器安装位置

电池管理控制器(BMS)的外观结构图如图 4-14 所示，它具有对动力电池的电压电流检测、充放电管理、接触器控制、电池异常状态报警和保护、电池存储电量(SOC)计算、自检及通信等功能。

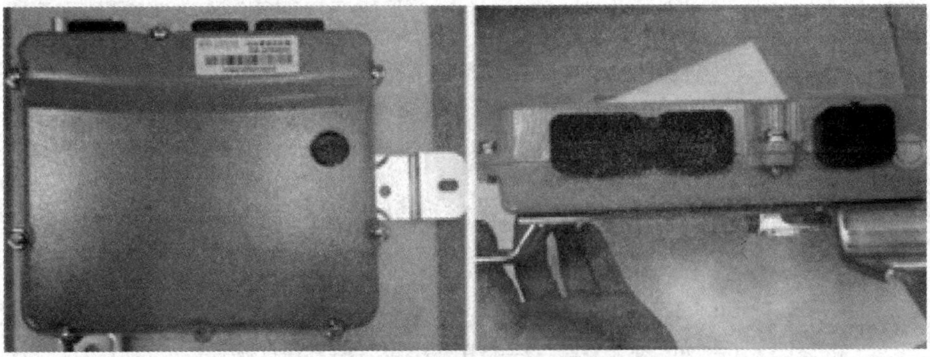

图 4-14　电池管理控制器的外观结构图

二、漏电传感器

漏电传感器用于对混合动力电动汽车直流动力电源母线与其外壳、车身底盘之间的绝缘阻抗进行检测。通常漏电传感器通过检测与动力电池输出相连接的负极母线和车身底盘之间的绝缘电阻，来判断动力电池包的漏电程度。当动力电池包漏电时，漏电传感器给电池管理控制器发出一个信号，电池管理控制器接到该漏电信号后，进行相关保护操作并报警，防止动力电池包的高压外泄，避免对人造成伤害或产生物品损失。

漏电传感器主要监测与动力电池输出相连的负极母线与车身底盘之间的绝缘电阻。

漏电传感器及安装位置如图 4-15 所示。图中漏电传感器位于车身后围搁物板前加强横梁上。

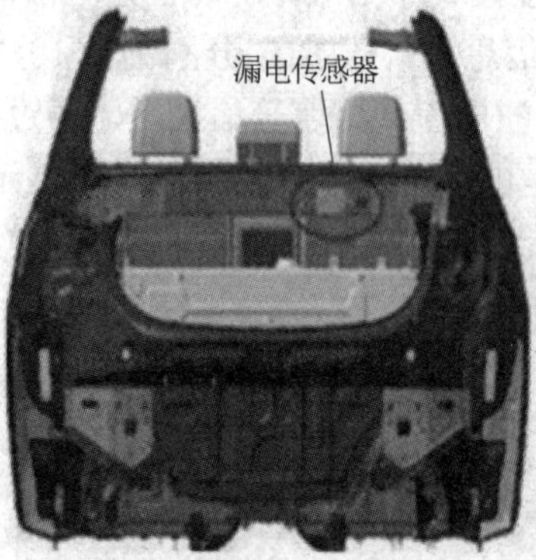

(a) 漏电传感器安装位置

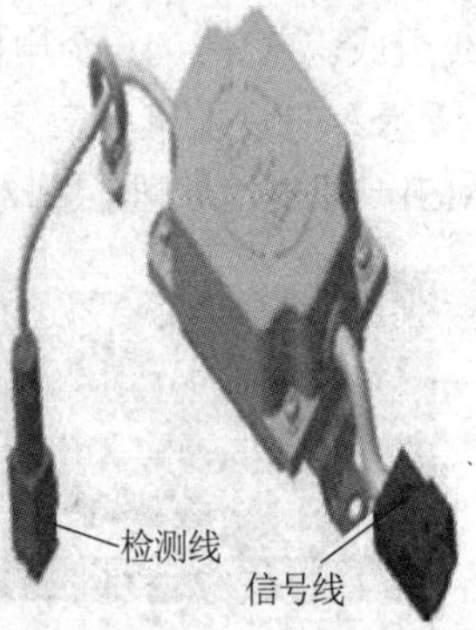

(b) 漏电传感器及线束说明

图 4-15　漏电传感器及安装位置

如果动力电池包的负极与车身绝缘电阻值小于等于 100 kΩ，那么为一般漏电；若绝缘电阻值小于等于 20 kΩ，则为严重漏电。

三、车载充电器

车载充电器及外观结构分别如图 4-16 和图 4-17 所示。车载充电器(简称 OBC)，其功用是将交流充电口传递过来的交流电源转换为直流高压电，然后为动力电池充电，同时在充电过程中给低压电池进行补充充电。

(a) 安装位置

(b) 接插件说明

1—220V 交流输出；2—低压插接件；3—高压直流输出

图 4-16　车载充电器

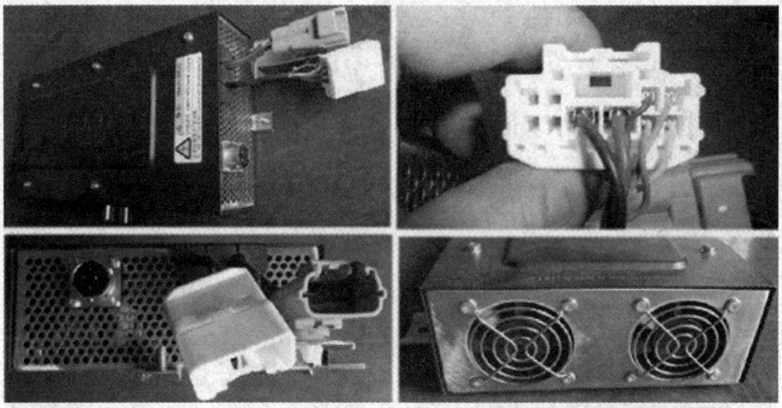

图 4-17　车载充电器外观结构

车载充电器一般安装在行李舱右后侧位置。

车载充电器充电原理如下：

外接交流充电连接装置与车充电器总成连接无误后，车载充电器总成控制交流充电连接装置输出的 220 V 交流电，并控制交流充电及 OFF 挡充电继电器吸合，然后通过交流充电及 OFF 挡充电继电器，给电池管理控制器及高压配电箱提供电源；同时，车载充电器总成与电池管理控制器进行通信，在充电允许的情况下，电池管理控制器控制交流充电接触器及负极接触器吸合；车载充电器检测到动力电池组的反灌电压后，输出充电电压给动力电池包进行充电。

四、高压配电箱

混合动力汽车的高压配电箱，一般被安装在行李舱电池包支架右上方。比亚迪秦混合动力汽车高压配电箱安装位置如图 4-18 所示。

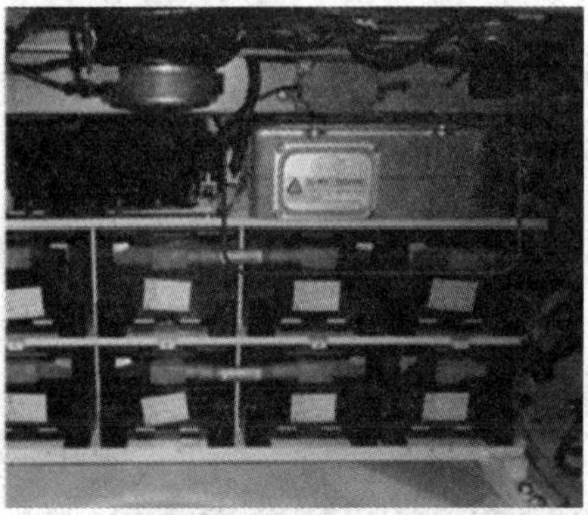

图 4-18　比亚迪秦高压配电箱安装位置

高压配电箱的作用是将电池包的高压直流电分配给整车的高压电气使用。其上游是电池包，下游是驱动电机控制器及 DC/DC 转换器、PTC 加热器、电动压缩机、漏电传感器。高压配电箱也将车载充电器的高压直流电分配给电池包。高压配电箱外部有高压端子、低压线束、漏电传感器检测线、空调熔断器、车充电器熔断器、高压端子连接孔等。其外部结构及高压端子插接件孔外观分别如图 4-19 和图 4-20 所示。

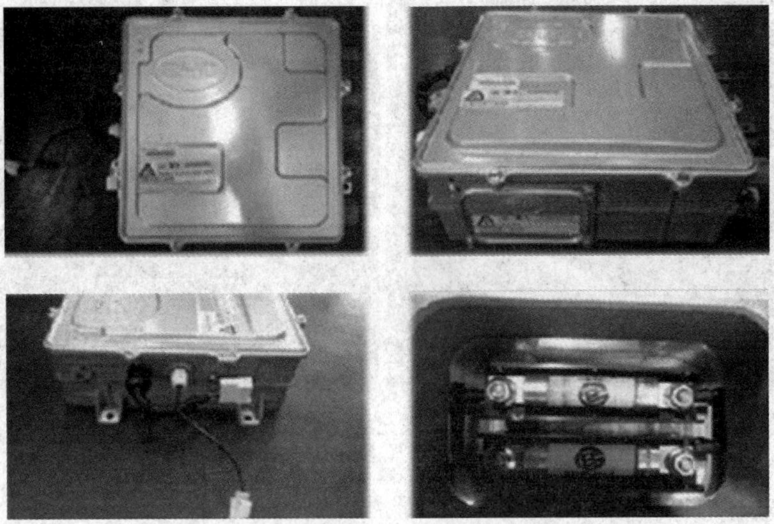

图 4-19　高压配电箱外部结构

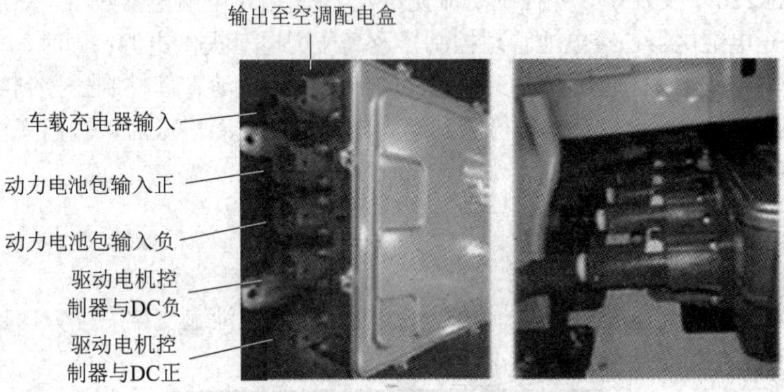

图 4-20　高压配电箱外部高压端子插接件孔

高压配电箱内部结构如图 4-21 所示，其中有接触器、熔断器、霍尔电流传感器等部件。

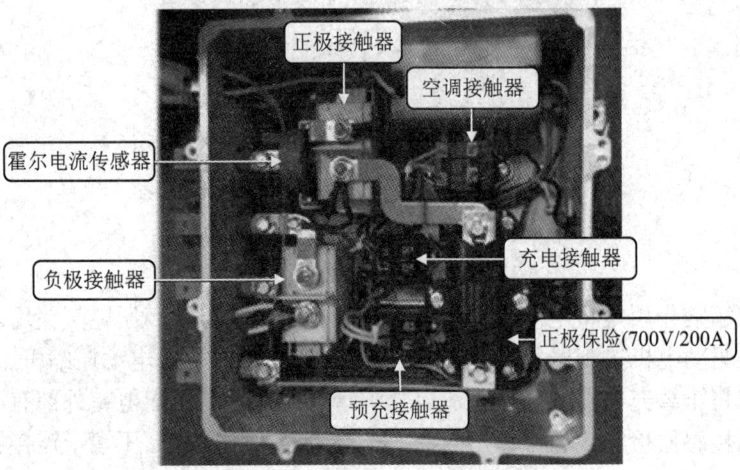

图 4-21　高压配电箱内部结构

五、维修开关

维修开关连接动力电池的一个正极和一个负极。维修开关是电动车辆中一个常用的手动操作设备，位于电池包总成上方的左上角，如图 4-22 所示。在进行车辆维修时，若检修所有的高压模块器件、所有的动力电池包四周的零部件以及其他需要拆卸或移动高压器件为前提的零部件时，都需要提前做好安全准备工作，即直接拔出维修开关——断开高压回路，从而保证操作人员的人身安全。

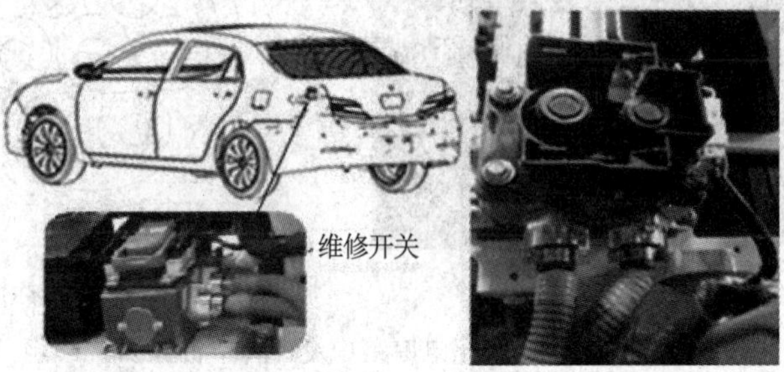

图 4-22　维修开关位置

维修开关在正常状态时，手柄处于水平位置；需要拔出时，应先戴好绝缘安全防护手套，将手柄旋转至竖直状态，再向上拔出；需要插上时，应先沿竖直方向用力向下插入，再将手柄旋转至水平状态，如图 4-23 所示。

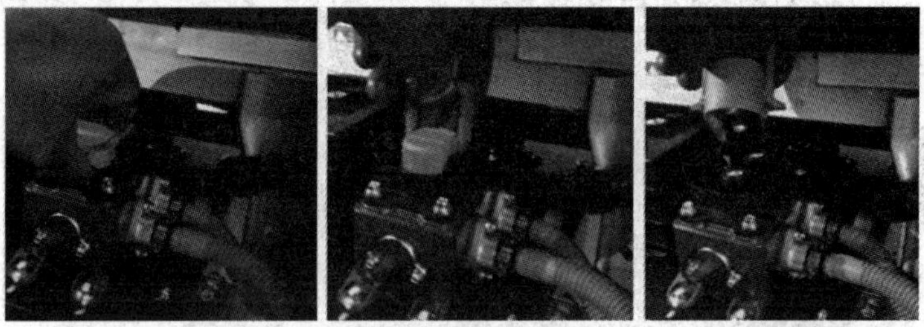

(a) 正常状态　　(b) 拔出状态　　(c) 插上状态

图 4-23　维修开关拔出、闭合锁止状态

六、交流充电口

交流充电口又称为慢充口，位于行李舱后门正中部，如图 4-24 所示。交流充电口用于将外部的电源通过车载充电设施连接到车辆充电回路上。车辆外部通过充电枪及车载充电器连接到交流电充电设备(充电桩)，车辆内部通过橙色的高压电缆连接在车载充电器和配电箱上。

图 4-24　交流充电口及开盖钮

交流充电口盖开锁键在驾驶舱侧车门按键处，按下该按键，即可弹开充电口盖。

交流充电口外壳材料为热塑性塑料(阻燃等级为UL94V-04)，密封件为橡胶或硅胶，充电口材料阻燃、环保、耐磨、耐候、耐冲击、高抗油、抗紫外线；内部金属插针为铜合金(表面镀银+顶部热塑性塑料)，该金属针脚周围塑料上铸有相应的字母标识(或标记)。交流充电口结构及针脚字目标识如图4-25所示。

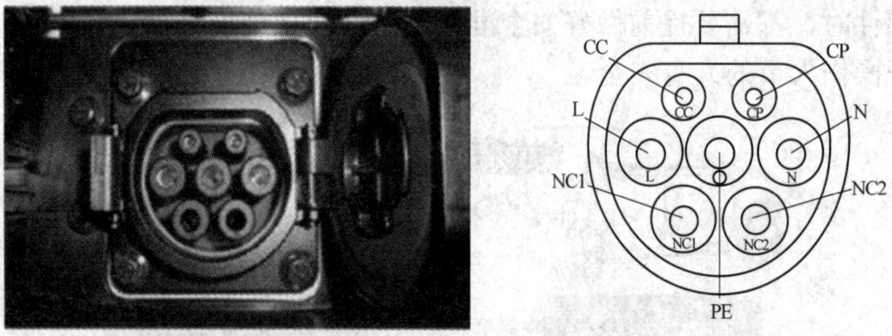

(a) 充电口结构　　(b) 针脚字目标识

图4-25　交流充电口结构及针脚字目标识

七、高压电缆

高压电缆用于连接动力电池与每个高压负载，由高压电缆将动力电池的电能输送到每个高压负载中，保障负载动力输送的稳定性。高压电缆均为橙色线缆，如图4-26所示。

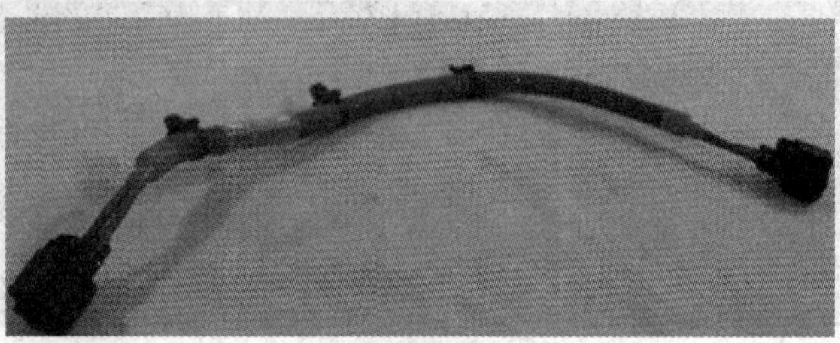

图4-26　高压电缆

整车高压线束布置如图4-27所示。其中有：① 电池包正、负极线；② 电池包串联线Ⅰ、Ⅱ；③ 高压配电箱；④ 交流充电口；⑤ 电池管理控制器；⑥ 驱动电机控制器直流母线(如小线总成)；⑦ 空调高压线；⑧ PTC 小线；⑨ 车载充电器小线；⑩ 维修开关；11 漏电传感器及其他零部件等。高压线束为橙色。

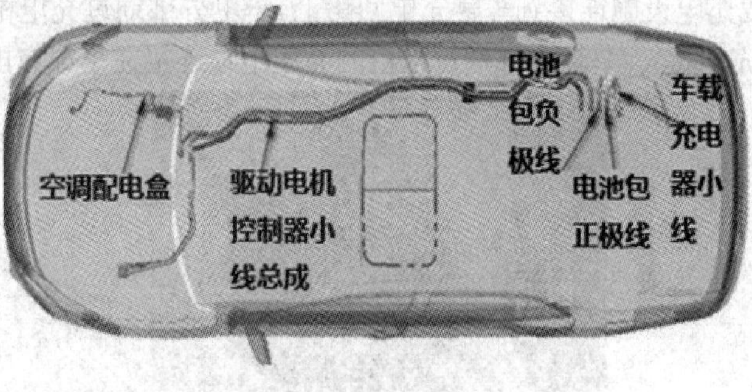

图4-27　整车高压线束布置结构图

八、驱动电机控制器及 DC 总成

混合动力电动汽车的驱动系统均采用以计算机为核心的现代计算机技术和自动控制技术，再利用各种智能控制系统的应用，使得混合动力电动汽车更加安全、节能、环保和舒适。

电机电控的主要部件是驱动电机控制器总成。驱动电机控制器是混合动力汽车整车动力控制的大脑，结合动力电池的当前能力，实时响应用户的驾驶需求，分配发动机和驱动电机动力总成输出的转矩与功率，使整车动力性和经济性达到完美平衡。驱动电机控制器及 DC 总成的位置如图 4-28 所示。该总成由驱动电机控制器和 DC/DC 转换器两个高压零部件集成一体安装在发动机舱左侧。

图 4-28　驱动电机控制器及 DC 总成的位置

混合动力汽车的驱动电机控制器同时集成了双向 DC/DC 转换器，可将整车高压转为低压，供整车低压电气设备及蓄电池充电使用；也可将发电机输出的低压电升压为高压电，供空调使用或对动力电池包进行维护。同时，一般搭载的电控系统具有质量轻、尺寸小的特点，实现了效率、防护等级的提升。

驱动电机控制器的类型为电压型逆变器，利用 IGBT 将直流电转换为交流电，其主要功能是控制电动机和发电机，根据不同工况控制电机的正转、反转、功率、转矩、转速等，即控制电机的前进、倒退、维持电动汽车的正常运转。其中的关键零部件为 IGBT，IGBT 实际为大电容，目的是为了控制电流的工作，保证能够输出和输入合适的电流参数供给电动机或蓄电池。

驱动电机控制器及 DC 总成如图 4-29(a)～(c)所示。电机控制器总成周围有信号接插件插孔，如 12 V 电源线、CAN 线、挡位、节气门、制动控制线、旋变和电机过温信号线、预充满信号线、两根三相线接插件等，其动力电池正/负极接插件，三根电机接插件，还有两个水套接头及其他周边附件。

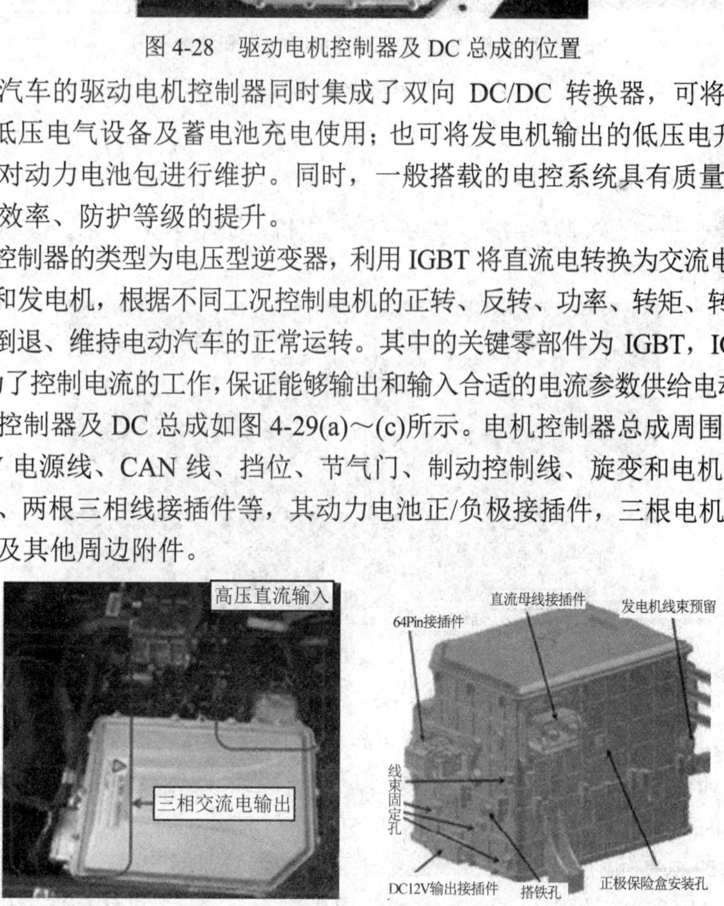

(a) 驱动电机控制器高压输入、输出线缆及周边接插件位置名称

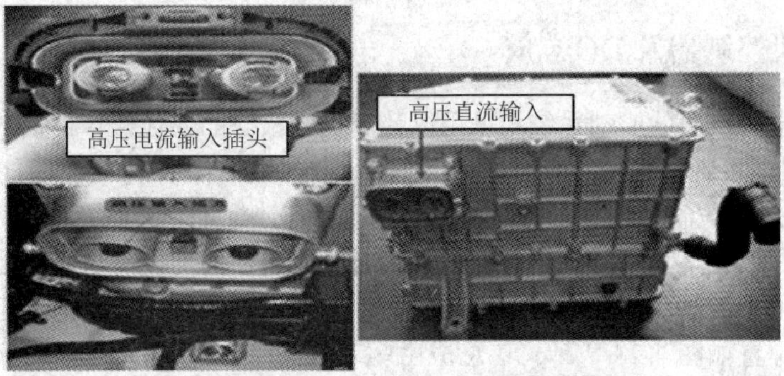

(b) 驱动电机控制器高压线缆的接头和插孔

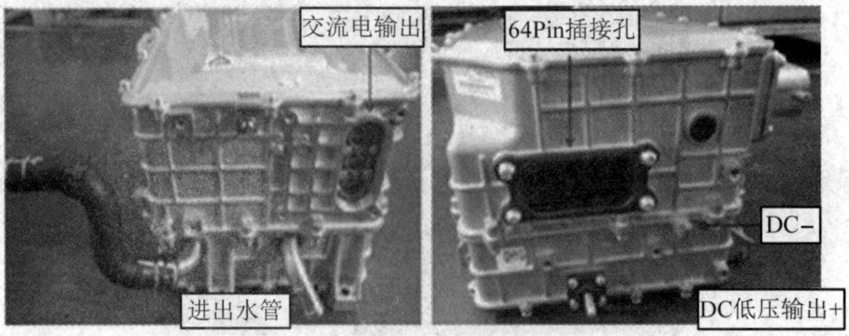

(c) 驱动电机控制器的冷却水管接口和线缆插孔

图 4-29　驱动电机控制器及 DC 总成

九、驱动电机

混合动力汽车一般采用高性能、大功率驱动电机，如图 4-30 所示。该驱动电机具有轻量化、高转速、高效率的优势。

图 4-30　驱动电机及变速器

混合动力汽车的驱动电机整体结构紧凑，空间尺寸相较于同参数电机减小了 50%，电机的总质量轻、功率高，同时可有效提升电机效率达到 94%，拓宽了制动回馈的高效区，使整车节能更加有效。据数据显示，混合动力汽车的电机最高转速可达 12 000 r/min，在混合动力模式下能发出 250 N · m 的最大转矩。

由图 4-30 所示可知，电机设计在变速器上方，通过减速器的齿轮将动力传递到变速器。电机通过一组三相高压线与电机控制器连接；电机上还有旋变温度接插件，用来传递电机内部定子线圈的温度信号；电机冷却液温度传感器接插件的低压连接线束(缆)，将电机的温度信号传递给冷却控制单元进行管理。因此，电机内部也铸有水道，靠冷却液来进行冷却，其水道与发动机冷却系统的水道相通，由电机冷却液的进/出水管进行循环流动，如图4-31所示。

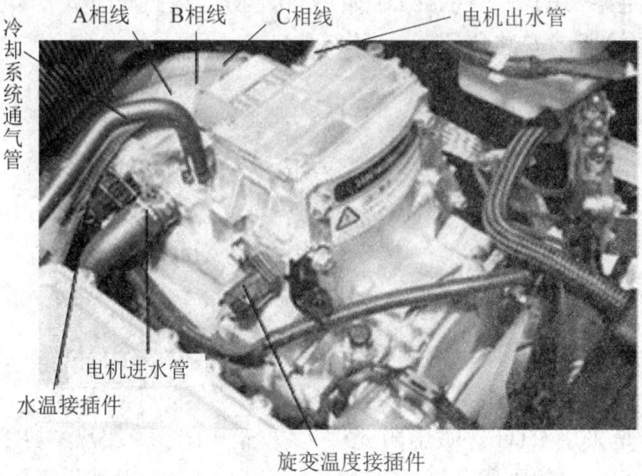

图4-31 电机的高压线、低压接插件及进/出水管

综上所述，混合动力汽车驱动电机的特点如下：

(1) 交流永磁同步电机。

(2) 高密度、小型轻量化、高效率。

(3) 高可靠性、高耐久性、强适应性。

十、PTC加热器

混合动力汽车一般采用两套暖风形式，制热一般采用发动机或PTC加热器管道中冷却液的余热。动力电池电量低或发动机工作时，热水取暖系统的热源通常采用发动机运行加热冷却液，使冷却液流进采暖器芯体，然后利用鼓风机将冷空气吹向采吸器芯体使其吸收热量而变成热空气之后再进入车室内使温度升高。

动力电池电量充足时，在纯电模式状态下是利用PTC加热器取暖的。图4-32所示为比亚迪秦的PTC加热器外观结构，它主要是依靠动力电池对PTC热电阻元件通电产生热量，将冷却液加热，再利用鼓风机将冷空气吹向采吸器芯体使其吸收热量变成热空气，然后进入车室内增加车室的温度。

图4-32 比亚迪秦PTC加器外观结构图

混合动力电动汽车在纯电动模式行驶过程中，利用 PTC 加热器采暖的方式，对整车采暖结构改变较小；利用 PTC 电动水泵进行循环，该空调采暖系统可以在发动机不起动的情况下正常运行，满足乘员的舒适性。PTC 加热器一般安装于发动机舱右上侧，图 4-33 所示为比亚迪秦 PTC 加热器的安装位置。

图 4-33　比亚迪秦 PTC 加热器安装位置

PTC 电加热器是采用 PTC 热敏电阻元件为发热源的一种加热器。PTC 热敏电阻通常是用半导体材料制成的，它的电阻值随温度变化而急剧变化。当外界温度降低时，PTC 的电阻值随之减小，但发热量反而会相应增加。PTC 热敏电阻按材质可以分为陶瓷 PTC 热敏电阻和有机高分子 PTC 热敏电阻。因为 PTC 热敏电阻元件具有电阻值随环境温度高低变化而增加或减小的特性，所以 PTC 电加热器具有节能、恒温、安全和使用寿命长等特点。混合动力电动汽车空调辅助电加热器广泛采用陶瓷 PTC 热敏电阻作为发热源。

十一、电动空调压缩机

混合动力电动汽车在纯电动模式时采用电动空调压缩机取代机械压缩机，空调为电动空调，而对应的采暖系统为 PTC 电加热器采暖，能对驾驶舱迅速地进行制冷、制热，控制温度的高低。

电动空调压缩机作为汽车空调制冷系统的心脏，维持制冷剂在制冷系统内的循环流动，吸入来自蒸发器的低温低压制冷剂蒸气，接着压缩制冷剂蒸气使其压力升高，并将制冷剂送入冷凝器。电动空调压缩机也是制冷系统中低压和高压、低温和高温的界线。它被安装于发动机的右侧，并且在驾驶舱的机舱之间，靠皮带和电池离合器驱动，如图 4-34 所示。

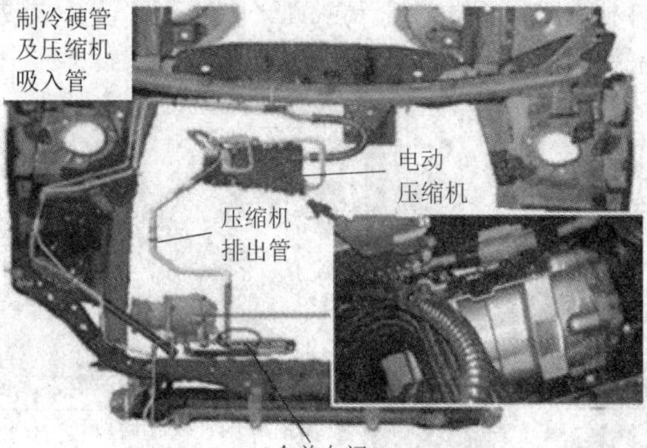

图 4-34　电动空调压缩机的安装位置

电动空调压缩机上集成有压缩机控制器。该压缩机控制器将高压直流电转换成三相交流电以驱动空调压缩机。高压电池组的直流电经电池管理系统后，由电机控制器为空调压缩机驱动电机供电，空调电机带动压缩机产生制冷效果。该控制器将电池管理系统送来的电池组电量信号以及室内传感器送来的温度控制信号进行处理后，通过输出端控制空调电机，从而通过驱动电机来控制压缩机的功率和转速。电动空调压缩机的高/低压线缆如图 4-35 所示，电动压缩机上布置有高压线插头和低压线插头，压缩机本体上有制冷剂循环的进/出管路。

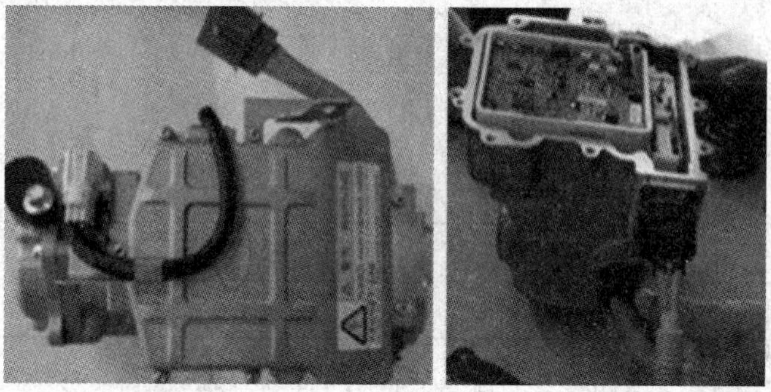

图 4-35　电动空调压缩机的高压与低压线缆

混合动力电动汽车的电动空调压缩机一般为旋式压缩机，该压缩机内部工作分为吸气、压缩和排气等过程。

电动空调压缩机的工作电压范围为 DC 330 V～450 V，控制电源电压范围在 DC 9 V～15 V。电机的额定输入功率为 2437 W，电机类型为直流无刷无传感器的 6 极电机。

技能训练

训练一　认识混合动力汽车高压部件的组成及作用

一、实训目的

(1) 能够正确说出混合动力汽车上高压部件的名称。
(2) 能够正确描述混合动力汽车上各高压部件的作用。

二、实训工作准备

(1) 查询相关资料。
(2) 以小组为实训单位组织完成。

三、实训实施步骤

(1) 阅读教材，小组讨论。
(2) 完成本实训学习高压部件组成和作用的填写。

四、实训注意事项

(1) 采用引导、启发的方式指导学生完成工作任务。

(2) 每个小组在规定的 20 min 内完成实训。

五、实训总结

(1) 总结本次课学生学习表现及在小组合作中的表现。

(2) 各小组进行经验分享。

(3) 知识目标检验。要求按照实训完成效果进行考评，参见表 4-1。

表 4-1　知识目标检验表

<table>
<tr><td>项目名称</td><td></td><td>时　间</td><td colspan="2"></td><td>地　点</td><td colspan="2"></td></tr>
<tr><td>班　级</td><td></td><td>小组及成员</td><td colspan="3"></td><td colspan="2">得分</td></tr>
<tr><td>序号</td><td>项目</td><td>操作内容</td><td>规定分</td><td colspan="2">评分标准</td><td>扣分记录</td><td>得分记录</td></tr>
<tr><td>1</td><td rowspan="7">认识混合动力汽车高压部件的组成和作用</td><td>动力电池、电池管理系统、漏电传感器</td><td>10 分</td><td colspan="2">准确说出动力电池、电池管理系统、漏电传感器等名称(5 分)。
正确描述动力电池、电池管理系统、漏电传感器作用(5 分)。
回答错误，酌情扣分</td><td></td><td></td></tr>
<tr><td>2</td><td>车载充电器</td><td>10 分</td><td colspan="2">准确说出车载充电器名称(5 分)。正确描述车载充电器的作用(5 分)。
回答错误，酌情扣分</td><td></td><td></td></tr>
<tr><td>3</td><td>高压配电箱</td><td>10 分</td><td colspan="2">准确说出高压配电箱名称(5 分)。
正确描述高压配电箱的作用(5 分)。
回答错误，酌情扣分</td><td></td><td></td></tr>
<tr><td>4</td><td>维修开关</td><td>10 分</td><td colspan="2">准确说出维修开关名称(5 分)。
正确描述维修开关的作用(5 分)。
回答错误，酌情扣分</td><td></td><td></td></tr>
<tr><td>5</td><td>交流充电口</td><td>10 分</td><td colspan="2">准确说出交流充电口名称(5 分)。
正确描述交流充电口的作用(5 分)。
回答错误，酌情扣分</td><td></td><td></td></tr>
<tr><td>6</td><td>高压电缆</td><td>10 分</td><td colspan="2">准确说出高压电缆名称(5 分)。
正确描述高压电缆的作用(5 分)。
回答错误，酌情扣分</td><td></td><td></td></tr>
<tr><td>7</td><td>驱动电机控制器及 DC 总成</td><td>10 分</td><td colspan="2">准确说出驱动电机控制器及 DC 总成名称(5 分)。
正确描述驱动电机控制器及 DC 总成的作用(5 分)。
回答错误，酌情扣分</td><td></td><td></td></tr>
</table>

续表

序号	项目	操作内容	规定分	评分标准	扣分记录	得分记录
8	认识混合动力汽车高压部件的组成和功用	电动机	10 分	准确说出电动机名称(5 分)。 正确描述电动机的作用(5 分)。 回答错误，酌情扣分		
9		PTC 加热器	10 分	准确说出 PTC 加热器名称(5 分)。 正确描述动力电池、电池管理系统、漏电传感器的作用(5 分)。 回答错误，酌情扣分		
10		电动空调压缩机	10 分	准确说出动力电池、电池管理系统、漏电传感器等名称(5 分)。 正确描述 PTC 加热器的作用(5 分)。 回答错误，酌情扣分		
总分			100 分			

(4) 实训考核。要求按照实训完成情况进行考核，参见表 4-2。

表 4-2　实训考核表

考核项目	评分标准	分数	学生自评	小组互评	教师评价	小计
团队合作	是否和谐； 是否分工合作； 是否积极参与					
任务方案	是否正确和合理					
操作过程	能够正确说出混合动力汽车上高压部件的名称； 能够正确描述混合动力汽车上各高压部件的作用					
任务完成情况	是否完成					
工作态度	是否规范和标准					
总分						
教师签名		年　月　日			总分	

训练二　认识混合动力汽车高压部件的安装位置及主要参数

一、实训目的

(1) 能够在混合动力汽车上准确识别各高压部件。

(2) 能够正确说出混合动力汽车各高压部件的主要参数。

二、实训工作准备

(1) 高压防护手套、机舱防护三件套。

(2) 车辆：混合动力汽车及车钥匙。

(3) 摆放好安全标识或警示牌。

三、实训技术要求与注意事项

(1) 分析混合动力汽车高压部件布置图，明确需要识别的部件英文字母，查找相关资料及说明书，明确需要识别的部件安装位置。

(2) 做好实训安全操作准备。如做好举升、安全防护、安全提示、工具设备等准备工作。

(3) 在整车实训时需先拆除后排座椅、行李舱盖及电池包后护板、机舱底部护板，便于查找和识别。

(4) 结束后恢复实训场地。如解除车辆举升状态，收拾清洁工具、设备，清扫场地。

四、实训实施步骤

本实训操作主要是对混合动力电动汽车(以比亚迪秦为例)高压部件的安装位置进行查找并认知，为后续操作打好基础。

(1) 抠起行李舱盖开启拉扣，行李舱盖随即弹起。

(2) 查找和认识动力电池包的安全装置，并能区分正极和负极母线。

(3) 查找和认识电池管理器及电池包信息采样线束。

(4) 查找和认识漏电传感器。

(5) 查找和认识车载充电器。

(6) 查找和认识高压配电箱。

(7) 查找和认识维修开关。

(8) 查找和认识交流充电口。

(9) 查找和认识高压电缆。

(10) 抠起机舱盖开启拉扣，机舱盖随即弹起，用手解除保险卡扣并支撑稳固机舱盖，铺设好翼子板保护垫。

(11) 查找和认识驱动电机控制器及 DC 总成。

(12) 查找和认识驱动电机。

(13) 查找和认识 PTC 加热器。

(14) 举升车辆，从机舱下方查找和认识空调电动压缩机。

五、实训总结

(1) 总结本次课学生学习表现及在小组合作中的表现。

(2) 各小组进行经验分享。

(3) 知识目标检验。要求按照实训完成效果进行考评，参见表 4-3。

表 4-3　知识目标检验表

项目名称		时　间			地　点	
班　级		小组及成员			得分	
序号	项目	操作内容	规定分	评分标准	扣分记录	得分记录
1	认识混合动力汽车高压部件的安装位置及主要参数	动力电池； 电池管理系统	10 分	正确找到并认识动力电池、电池管理系统(5 分)。 准确说出动力电池、电池管理系统的主要参数(5 分)。 回答错误，酌情扣分		
2		漏电传感器； 车载充电器	10 分	正确找到并认识车载充电器、漏电传感器(5 分)。 准确说出车载充电器、漏电传感器的主要参数(5 分)。 回答错误，酌情扣分		
3		高压配电箱	10 分	正确找到并认识高压配电箱(5 分)。 准确说出高压配电箱的主要参数(5 分)。 回答错误，酌情扣分		
4		维修开关	10 分	正确找到并认识维修开关(5 分)。 准确说出维修开关的主要参数(5 分)。 回答错误，酌情扣分		
5		交流充电口	10 分	正确找到并认识交流充电口(5 分)。 准确说出交流充电口的主要参数(5 分)。 回答错误，酌情扣分		
6		高压电缆	10 分	正确找到并认识高压电缆(5 分)。 准确说出高压电缆的主要参数(5 分)。 回答错误，酌情扣分		
7		驱动电机控制器及 DC 总成	10 分	正确找到并认识驱动电机控制器及 DC 总成(5 分)。 准确说出驱动电机控制器及 DC 总成主要参数(5 分)。 回答错误，酌情扣分		
8		电动机	10 分	正确找到并认识电动机(5 分)。 准确说出电动机主要参数(5 分)。 回答错误，酌情扣分		
9		PTC 加热器	10 分	正确找到并认识 PTC 加热器(5 分)。 准确说出 PTC 加热器的主要参数(5 分)。 回答错误，酌情扣分		
10		电动空调压缩机	10 分	正确找到并认识电动空调压缩机(5 分)。 准确说出电动空调压缩机的主要参数(5 分)。 回答错误，酌情扣分		
总分			100 分			

(4) 实训考核。要求按照实训完成情况进行考核，参见表 4-4。

表 4-4　实训考核表

考核项目	评分标准	分数	学生自评	小组互评	教师评价	小计
团队合作	是否和谐； 是否分工合作； 是否积极参与					
任务方案	是否正确和合理					
操作过程	认识混合动力汽车高压部件的安装位置及主要参数					
任务完成情况	是否完成					
工作态度	是否规范和标准					
总分						
教师签名		年　月　日			总分	

项 目 小 结

(1) 能够正确说出混合动力汽车上高压部件的名称。

(2) 能够正确描述混合动力汽车上各高压部件的作用。

(3) 能够在混合动力汽车上准确识别各高压部件。

(4) 能够正确说出混合动力汽车各高压部件的主要参数。

思 考 与 练 习

一、填空题

1. 混合动力电动汽车行李舱和后排位置处的高压部件有＿＿＿＿＿＿、＿＿＿＿＿＿、＿＿＿＿＿＿高压配电箱、＿＿＿＿＿＿、＿＿＿＿＿＿、＿＿＿＿＿＿、＿＿＿＿＿＿、＿＿＿＿＿＿等。

2. 混合动力电动汽车的高压动力电池电压有从＿＿＿＿ V 到＿＿＿＿ V 等不同电压电池类型。

3. 比亚迪秦的动力蓄电池安装在＿＿＿＿与＿＿＿＿之间，电池包的标称电压为＿＿＿＿ V。

4. 比亚迪秦车型电池管理系统为＿＿＿＿电池管理系统，位于＿＿＿＿。

5. 漏电传感器主要监测与动力电池输出相连的＿＿＿＿与＿＿＿＿之间的＿＿＿＿＿。

6. 高压配电箱的作用是将电池包的＿＿＿＿分配给整车的＿＿＿＿＿使用。

7. 交流充电口又称为＿＿＿＿，位于＿＿＿＿＿＿＿。

8. 比亚迪秦电机控制器可将整车＿＿＿转为＿＿＿，供整车＿＿＿＿＿电器及＿＿＿＿＿充电使用，也可将发电机输出的＿＿＿＿电升压为＿＿＿＿电。

9. 比亚迪秦驱动电动机最大功率为______ kW；最大转速为______ r/min；最大转矩为______ N·m。

10. 混合动力电动汽车纯电动模式时采用______取代机械压缩机，利用______取暖，PTC 加热器安装于__________。

二、单项选择题

1. 混合动力电动汽车的电池包电量供给(　　)。

A. 驱动电机　　B. 低压蓄电池

C. 全车用低压用电设备　　D. 驱动电机和全车低压用电设备

2. 混合动力汽车电池管理系统由(　　)个电池管理控制器，10 个电池信息采集器组成。

A. 10　　B. 1　　C. 5　　D. 11

3. 动力电池包的负极与车身绝缘阻值大于等于(　　) kΩ，为不漏电。

A. 20　　B. 100～120

C. 125～130　　D. 501.6

4. 车载充电器测到动力电池组的反灌(　　)后，输出充电(　　)给动力电池包进行充电。

A. 电流、电流　　B. 电压、电压

C. 电压，电流　　D. 电流、电压

5. 在维修高压部件之前时，应先穿戴好安全(　　)对维修开关进行拔、插。

A. 鞋　　B. 帽　　C. 防护手套　　D. 眼镜

6. 比亚迪秦车型充电口开锁键在驾驶人(　　)按键处。

A. 侧座椅下面　　B. 侧车门上

C. 仪表台板　　D. 左脚侧

7. 混合动力汽车的高压导线均为(　　)色电(线)缆。

A. 红　　B. 褐　　C. 橙　　D. 黑

8. 混合动力汽车采用的高性能大功率驱动电机，将其设计在(　　)上方。

A. 发动机飞轮　　B. 驱动轮

C. 驱动桥　　D. 变速器

9. 混合动力汽车在纯电状态下，利用(　　)加热器管道中冷却液来取暖。

A IGBT　　B. BMS　　C. PTC　　D. DC/DC

10. 混合动力电动汽车的电动空调压缩机一般为涡旋式压缩机，压缩机内部工作分为吸气、压缩、(　　)等过程。

A. 做功　　B. 吸热　　C. 交换　　D. 排气

三、判断题(正确请打√，错误请打×)

1. 混合动力电动汽车的动力电池安装在行李舱和后排座椅之间，所以取消了燃油箱。(　　)

2. 混合动力电动汽车的动力电池包由 10 个电池模组并联连接组成的。(　　)

3. 电池管理控制器，用字母“BMS”表示，它是电池管理系统的中央控制单元。(　　)

4. 漏电传感器安装在电池包负极与车身后围搁物板前加强横梁的搭铁线上。(　　)

5. 车载充电器，用字母“OBC”表示，其功用是将直流电源转换为交流高压电。(　　)

6. 高压配电箱是将电池包的高压直流电分配给整车的高压部件使用。（　）

7. 维修开关串联连接动力电池的正极或负极电缆线，起到切断电源的作用。（　）

8. 混合动力电动汽车交流充电口位于行李舱后门正中部，又称为快速充电口。（　）

9. 电机控制器及 DC 总成由驱动电机控制器和 DC/DC 转换器两个高压零部件组成一体。（　）

10. 混合动力汽车搭载的驱动电机是直流永磁同步电机。（　）

四、简答题

1. 混合动力汽车电池包的基本参数有哪些?
2. 混合动力汽车电池包的组成部件有哪些?
3. 维修开关的作用是什么?
4. 简述混合动力汽车交流充电口上各针脚字母代表的意义。
5. 混合动力汽车整车高压电缆线有哪些?
6. 电机控制器总成周围有什么信号接插件插孔?
7. 简述混合动力汽车电动机的工作参数和空调电动压缩机的参数。
8. 在混合动力电动汽车上使用 PTC 电加热器有什么特点?
9. 油电混合动力汽车产品在我国被归于“新能源汽车”类别还是“节能汽车”类别?

实训项目五　电动汽车维修作业的高压安全及防护

项目分析

当我们面对一辆汽车，首先要判断其是不是配备高压电池的车辆。新能源电动汽车高压配电柜(盒/箱)是所有纯电动汽车、增程式混合动力汽车的高压电大电流分配单元(PDU)。它采用集中配电方案，结构设计紧凑，接线布局方便，检修方便快捷。对于电动汽车的抢险人员和维修人员，需要在第一时间判断事故或者故障车辆的状态，(如是否为电动汽车)是非常重要的。从系统功能安全的角度出发，每个可能存在的风险，都需要配置相应的安全技术手段与措施，以降低风险发生的概率。

如果电动汽车出现高压漏电，那么将导致乘坐人员触电，产生电磁辐射，损坏控制部件，甚至发生车辆着火等事故。因为电动汽车的动力电池、高压线路、高压部件以及连接插头等部位会发生高压漏电情况，所以有必要对电动汽车进行高压漏电检测。从这个层面出发，高压互锁可作为电动汽车高压系统安全的一个安全措施应用在电路设计中。掌握现代电动汽车的高压安全措施，在处理电动汽车故障时采取必要的安全措施，避免高压触电危险。

本项目需要完成的任务涉及以下内容：

(1) 高压互锁作用。

(2) 维修开关的位置和作用。

(3) 维修开关使用时的注意事项。

(4) 高压安全下电与上电的目的和原理。

(5) 电动汽车高压漏电检测的目的与方法。

知识目标

(1) 了解维修开关的位置和作用。

(2) 了解维修开关使用时的注意事项。

(3) 了解高压安全下电与上电的目的和原理。

(4) 能够描述电动汽车高压漏电检测的目的。

(5) 描述电动汽车高压漏电检测的方法。

能力目标

(1) 掌握对混合动力汽车高压安全断电操作。
(2) 掌握对纯电动汽车安全断电操作。
(3) 掌握高压互锁工作原理与作用。
(4) 能够进行电动汽车动力电池漏电检测操作。
(5) 能够进行电动汽车高压线路漏电检测操作。

任务一　维修开关及高压互锁作用

任务目标

高压互锁(High Voltage Inter-Lock，简称 HVIL)是用低压信号监视高压回路完整性的一种安全设计方法。监测目标是高压连接器这类要求人力操作实现电路接通或断开的电气接口元件。在电动汽车高压回路中，要求具备 HVIL 功能的电气元件主要是高压连接器和手动维修开关(MSD)。本任务要求学生认识手动维修开关(以下简称维修开关)的位置并且掌握其作用，了解维修开关使用时的注意事项。

知识链接

电动汽车高压系统的风险点之一是突然断电，汽车失去动力。可能造成汽车失去动力的原因有几种，其中之一就是高压回路自动松脱。高压互锁可以监测到这种迹象，并在高压断电之前给整车控制器提供报警信息，预留整车系统采取应对措施的时间。

电动汽车的另外一个风险点是人为误操作，在系统工作过程中，手动断开高压连接点。如果没有高压互锁设计，那么在断开高压连接的瞬间，整个回路电压加在断点两端，对于高压连接器这类本身不具备分断能力的器件来说，这是非常危险的。电压击穿空气并在两个器件之间拉弧，时间虽短，但能量很高，可能对断点周围的人员和设备造成伤害。

提出任务：你们知道电动汽车的维修开关装在什么位置？为什么要进行高压互锁回路设计？知道高压互锁的作用是什么吗？

一、维修开关作用

1. 纯电动汽车断电系统

在电动汽车高压回路中，理论上，低压监测回路比高压先接通、后断开，期间保持必要的提前量，时间长短可以根据项目具体情形确定，比如 150 ms，大体可选择这个量级。监测目标是高压连接器这类要求人力操作实现电路接通或断开的电气接口元件。在电动汽车高压回路中，要求具备高电压互锁(HVIL)回路功能的电气元件主要是高压连接器和手动维修开关(MSD)。电动汽车高压断电系统如图 5-1 所示，其中断开部位有两处：一处是手动切断的维修开关(也称紧急维修开关)；另一处是主继电器。

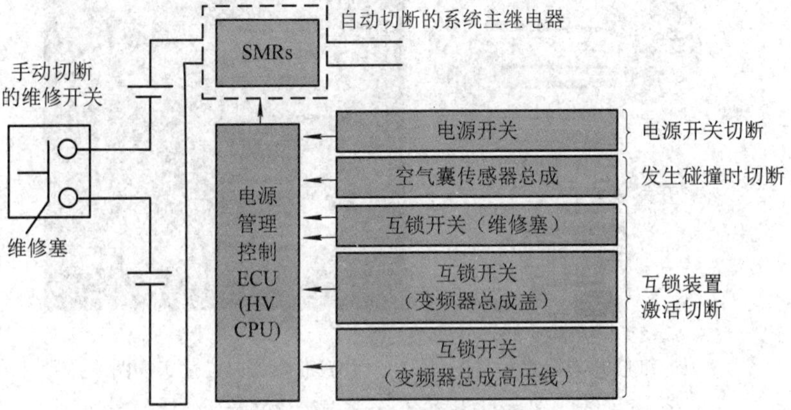

图 5-1　电动汽车高压断电系统

2. 主继电器的软件控制来源

(1) 启动按钮。当挡位切换至 OFF 挡时，主继电器即会断开，高压线路被切断。

(2) 碰撞断电信号。当碰撞传感器识别到碰撞发生时，将通过电源管理控制 ECU 断开主继电器，从而切断高压回路。

(3) 互锁装置激活切断信号。互锁装置检测到存在高压部件开盖等危险情况时，将通过电源管理控制 ECU 控制主继电器切断高压回路。

由以上分析可知，通过手动操作断开高压电的方式有两种：一是操作启动按钮，使挡位切换至 OFF 挡；二是操作维修开关。平时最常用的断电方式就是操作启动按钮，只有在车辆维修、存在漏电危险等特殊情况时才使用维修开关。

电动汽车维修开关实物如图 5-2 所示。在电动汽车的装配、保养和维修的操作中，需要有手动断开高压电气回路功能的装置，保证在操作过程中人员可能接触到的电气设备上不带有危险电压，从而保护人员免受电击伤害。维修开关就是电动汽车高压回路的手动断开装置。在维修人员进行高压系统维护前断开维修开关，可使得高压输出端不带危险电压，从而防止维修人员误接触导致的触电。为此按照国家新能源汽车安全标准，新能源电动汽车在系统上设计有维修开关，当断开维修开关时，动力蓄电池的动力输出立即中断。

图 5-2　电动汽车维修开关实物

图 5-3 所示为比亚迪 e6 紧急维修开关的实物。

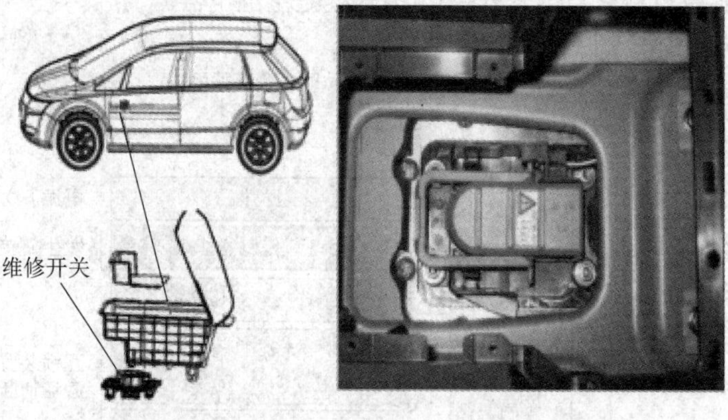

(a) 维修开关位置示意图　　(b) 维修开关位置实物图

图 5-3　比亚迪 e6 紧急维修开关

3. 维修开关的布置

维修开关电气部位布置一般有两种：一种是布置在动力电池和高压配电盒之间；另一种是装在动力电池上，分别如图 5-4 和图 5-5 所示。

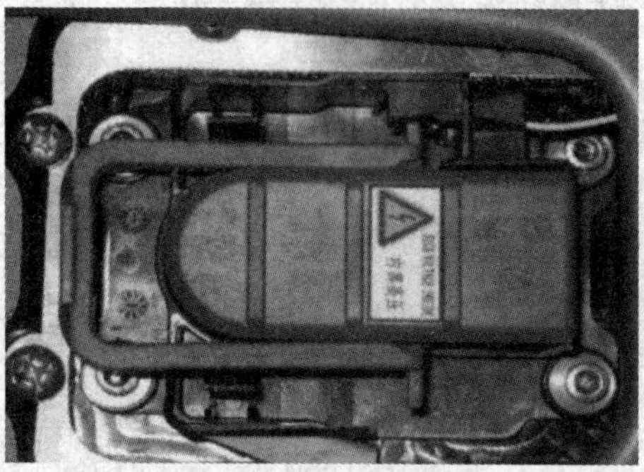

图 5-4　维修开关布置在动力电池和高压配电盒之间

图 5-5　维修开关布置在动力电池上实物图

4. 维修开关操作部位

维修开关操作部位如图 5-6 所示。维修开关作为高压安全部件，它的操作部位布置需遵循一些原则，包括以下三大方面。

(1) 操作部位应长期保持干燥，不易接触到水、饮料等液体，并有适当隔离物进行隔离。

(2) 操作部位应靠近驾驶人，以便紧急情况时驾驶人能较快操作。

(3) 操作开关的布置应易于操作，覆盖物的拆卸不应设计得太过烦琐，以便紧急情况时能较快操作。

图 5-6　维修开关操作部位

5. 防直触设计

依据 GB/T 19751—2005《混合动力电动汽车安全要求》的规定，如果高压连接器可不用工具断开，则在未匹配的情况下需满足 IP××B 防护等级的要求，即防止手指直接接触(简称防直触)，所以维修开关的底座插孔应该依据 IP××B 防护等级进行设计。高压互锁连接器防直触设计如图 5-7 所示。

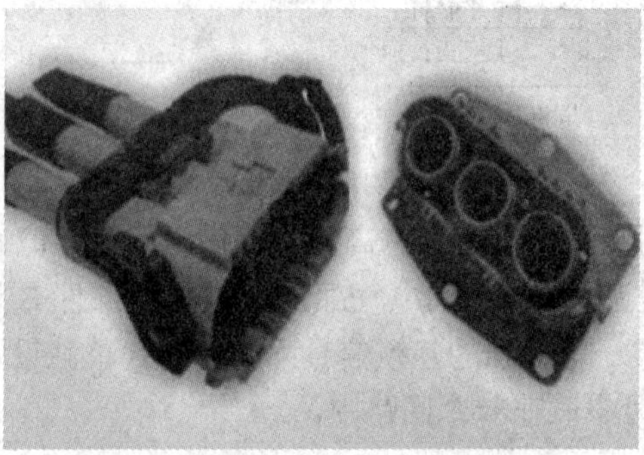

图 5-7　高压互锁连接器防直触设计

二、高压互锁作用

高压互锁连接器如图 5-8 所示，它是由带有卡槽的插头扳手、带有导向槽的二次锁和高压互锁微动开关组成的互锁机构。电动汽车行业对连接器的行业应用要求比较高，高压互锁结构避免了高压接插件开断过程中产生电弧的现象，延长了互锁机构的使用寿命，可有效防止误操作造成的触电危险，确保维修安全。

图 5-8　高压互锁连接器

高压互锁回路功能设计是针对高压电路连接的可靠程度提出的。危险电压闭锁回路也称为高压互锁回路(HVIL)，电动汽车高压互锁回路如图 5-9 所示。高压互锁指的是电动汽车的主要高压接插件均带有互锁回路，它是一个典型的互锁系统，通过低压回路来监测高压系统电器、导线、导线连接器及电器护盖等电气完整性。当高压安全管理系统检测到某处连接断开或某处连接没有达到预期的可靠性时，动力电池管理便会检测到高压互锁回路(HVIL)存在断路，为保护人员安全，将立即进行报警并断开主高压回路电气连接。接着，安全管理系统将直接或通过整车控制器切断相关动力电源的输出并发出声光报警，直到该故障完全排除。

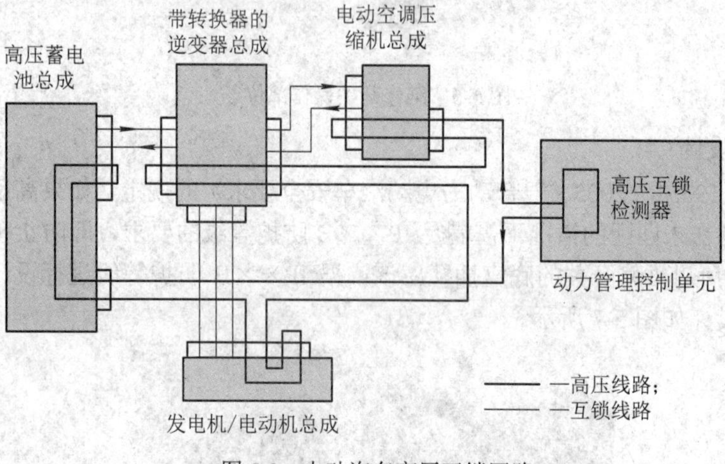

图 5-9　电动汽车高压互锁回路

全部的高压连接器对接位置都配合有高压互锁信号回路，但该回路形式与高压回路不具有必然的联系。也就是说，高压上的电气部件 A 和电气部件 B 构成一个完整回路。但高压互锁后，可能给 A 设置一个单独的互锁信号回路，给 B 单独设置一个互锁信号回路；也可能把 A 和 B 的互锁信号串联在一个回路中。

任务二　高压上电与下电

任务目标

由于电动汽车具有高电压，为了提高整车高压上电与下电安全，在维护与维修电动汽车前，必须首先按照高电压操作章程执行系统高压下电操作。电动汽车的安全操作“五项安全法则”中指出：在开始高压电工作之前，需要断电、防止意外上电、下电结果检查、接地与短路、与邻近带电部件隔离、绝缘。中止系统高电压以后，可以在一定程度上确保汽车高压系统部分之间不再具有高电压，从而保证了维护人员的安全。维修或者故障排除后再进行高压上电。本任务要求学生掌握高压断电的安全要求，掌握高压下电与上电的操作流程。

知识链接

在维护电动汽车车辆时，需要根据其中高压电存在的形式来区别对待。当执行了正确的高压下电程序以后，例如逆变器、高压压缩机等系统就不再具有高压电了，此时对这些部件的维修可以不用再预防被高压击伤的危险。所谓电动汽车下电流程，不仅仅包括高压回路断开过程，同时还需要进行防止回路被误接通、检测回路电压、车辆状态告知等一系列操作。为保证正确下电与上电的安全要求，对整车电气线路进行分类理解，进行合理的高低压电路下电与上电顺序操作。

提出任务：如果我们要对电动汽车进行维修，那么知道第一步要干什么吗？为什么拔出维修开关后，要等过 10 min 以上再对车辆的高压部件及线路进行检查？知道电动汽车上电的安全操作流程吗？

一、高压断电的安全要求

在维护与维修电动汽车前，必须首先按照高电压操作章程执行系统高压下电操作，对动力电池进行高压安全断电。

1. 高压断电目的

高压断电的目的是避免维修人员对车辆进行维修时发生触电。

2. 高压断电原理

维修开关参见图 5-10。维修开关将动力电池模组串联为一个整体，当它断开时，电池包中电池模组处于断开的状态，没有形成闭合回路，此时，不能对动力电池进行充电。

(a) 实物图

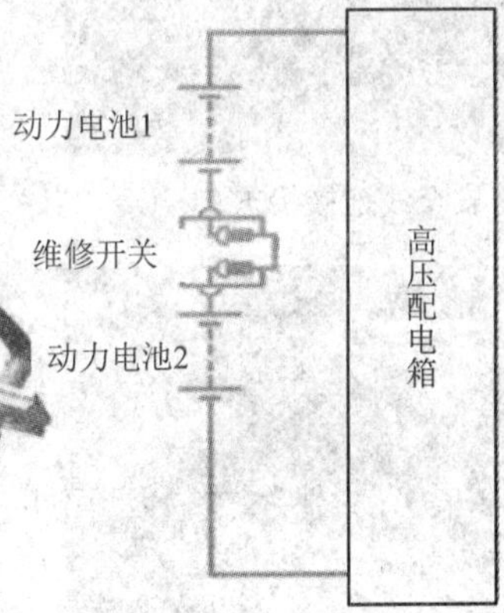

(b) 线路图

图 5-10　维修开关

3. 注意事项

(1) 维修车辆时，一定要拔掉维修开关。

(2) 进行维修开关的插/拔操作时，必须确保整车低压电源已经关闭，启动按钮为断开状态。

(3) 在 ON 挡上电的状态时，严禁插/拔维修开关手柄和壳体上的插接件。

(4) 充电状态时，不得将维修开关手柄和壳体上的插接件拔出。

(5) 在无维修开关手柄的情况下，严禁放入异物替代。

(6) 严禁将手指直接伸入到维修开关的插针孔内，防止触电伤亡。

(7) 严禁私自拆卸维修开关。

4. 操作要求

因涉及高压安全，故维修开关的规范操作是非常重要的，不规范的操作不仅可能造成车辆故障，还有可能引起高压拉弧等危险。维修开关规范操作如下：

(1) 维修开关是在特殊情况下才使用的，如车辆维修、漏电报警等；在非特殊情况下不允许对维修开关进行操作。

(2) 维修开关的操作应由专业人员进行，至少操作人员应该进行过相关培训。

(3) 对维修开关操作时，操作人员必须佩戴必要的劳保用品，如绝缘手套、绝缘胶鞋等，其电压等级必须大于电池组的最高电压。使用前需检查其是否完好无损，以确保操作人员的安全。

(4) 拔下维修开关手柄后，必须妥善保管，直至检修完毕，避免误操作。

(5) 拆下维修开关之后，必须等待至少 10 min 后方能进行维修操作，以确保高压线路的余电已释放。如果条件允许，建议等待时间为 30 min。

注意：只有在断开安全线的情况下才能拔下高压插头，相应步骤如图 5-11(a)～(d)所示。

(a) 安全线连接状态

(b) 断开安全线负极

(c) 断开安全线正极

(d) 安全线断开状态

图 5-11　拔下高压插头

图 5-12 所示为切断电动汽车电源过程的“五项安全法则”操作步骤。另外，也可执行“七步法”：① 停电；② 挂锁；③ 验电；④ 放电；⑤ 悬挂警示牌；⑥ 装设遮栏；⑦ 有监护人。

① 	**第一步，操作前准备。** 1. 维修人员应铺设并佩戴好有效的防护用具。 2. 观察车辆状态，并仔细阅读相关维修说明
② 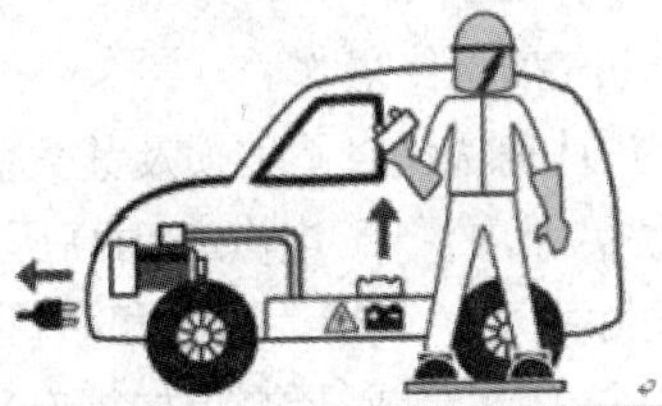	**第二步，断电。** 1. 关掉点火开关(如果有充电插头，请拔掉)。 2. 切断 12 V 辅助小铅酸电池的负极搭铁线。 3. 按规定的方法拆除高压电池组上的橙色维修开关，注意在拔下维修开关的同时，按规定操作维修开关的解锁机关，以免造成损坏
③ 	**第三步，高压部件管理。** 1. 将智能钥匙移至控制的探测范围以外，并且由相关负责人管理好。 2. 拆下的维修塞要由相关负责人进行管理。 3. 用绝缘胶带包裹被断开的高压线路及连接器
④ 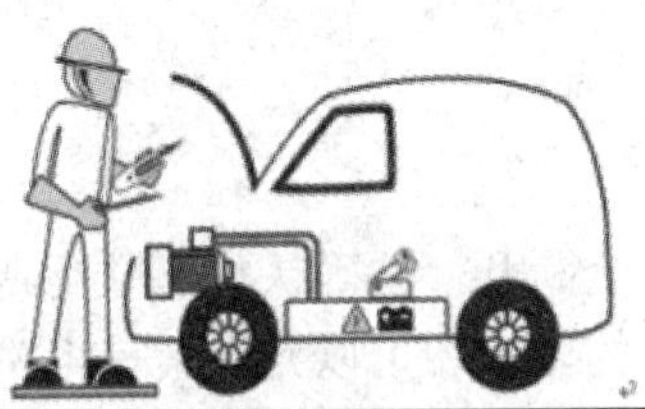	**第四步，验电。** 1. 等待 10 min 或更长时间后再进行下一步操作，以便功率转换器总成内的高压电容器充分放完所存储的电荷。有些车自带主动放电功能，时间会短一些，具体以维修手册推荐的时间为准。 2. 测量电动汽车上的变频器输入和输出线端子的电压，确认无电压后方可接触电路元器件
⑤ 	**第五步，确认断电、维护工作区域安全。** 1. 确认车辆无有害电压，相关高压触头已经做好保护，相关锁具、钥匙已经保管妥当。 2. 在车辆顶部或者明显部位安放警示标识，表明车辆状态。 3. 将车辆的维修区域用护栏围起来，无资质或无关人员不得进入维修区域

图 5-12　切断电动汽车电源过程的五项安全法则

二、高压安全下电

按照国家电动汽车安全标准，在动力电池上都会设计有一个串联的手动维修开关，用于人工切断整个动力电池的回路。图 5-13 所示为丰田公司普锐斯动力电池内部的维修开关。

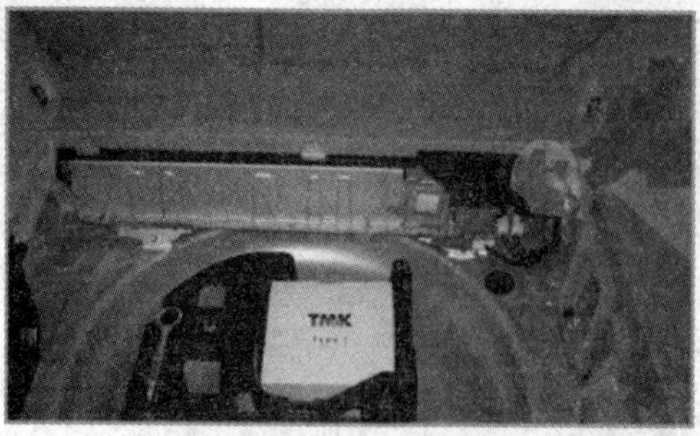

图 5-13　普锐斯手动维修开关(橙色)

1. 电动汽车维修前准备

(1) 确认人员作业资质，符合资质人才可以进行电动汽车维修操作。

(2) 准备好符合相关法律规定以及标准的测量仪表，并且确认仪表不破损及其数值准确。

(3) 检查并佩戴绝缘护具以及相关绝缘工具(详见“实训项目一 电汽车动高压防护用品”)。在维修电动汽车之前，应佩戴绝缘手套，注意摘除手表、戒指、钢笔和手机等，参见图 5-14；脚上穿胶底绝缘鞋；佩戴安全防护眼镜；建议穿非合成纤维的(如棉布)服装，并注意遵循安全警示标签(或标识)提示的内容。

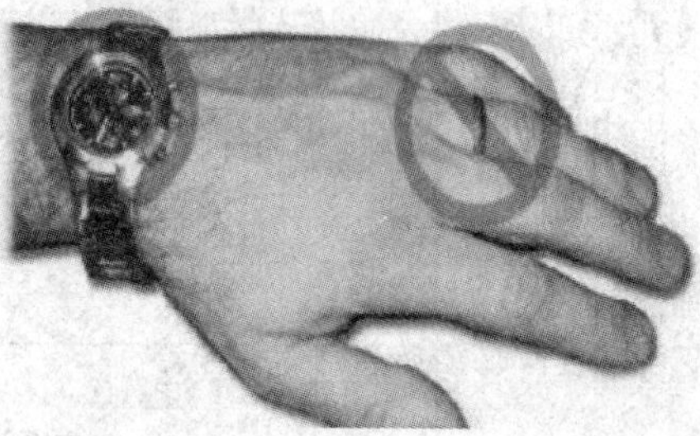

图 5-14　摘除身上一切金属物品

2. 车辆下电

车辆下电是指将高压系统的电源与高压用电部件完全断开，并确认整车以及高压用电部件完全不存在有害电压的过程，经过正确断电操作后的车辆才可以允许具有相关作业资质人员进行检测与维修。

断开电源是指将电气系统和存在电压的部件断开。断开电源的步骤必须按照当前存在的系统电压所施行，从而使闪络现象在断开状态下不会发生。

3. 高压下电操作流程

高压下电主要是通过正确的操作步骤来关闭车辆高压系统。正常情况下，执行高压下电后，车辆除了动力电池外，其他部件应该都不具有高电压。高压下电操作的基本流程如下：

1) 关闭点火开关

关闭点火开关后，将车辆钥匙放到一个安全的区域，通常应该远离被维护的车辆，如图 5-15 所示。刚刚完成作业任务的电气设备不允许错误地重新接通电源，应当谨慎避免车辆的误启动。另外，电动汽车上点火装置钥匙(简称钥匙)应当拔下并妥善保管，或相应地暂时取消其行驶功能。移除的服务插头应当杜绝未经允许使用。电池主开关也应当通过覆盖而隔离起来。

图 5-15 移除车辆钥匙

注意：如果使用按钮启动车辆，那么把钥匙拿到离车至少 5 m 远的地方，防止汽车被意外启动。

2) 断开辅助电池负极端子

找到 12 V 辅助电池，移开乘客侧装饰，断开该电池的负极并固定搭铁线，以防止移动蓄电池负极端子，如图 5-16 所示。

图 5-16 断开蓄电池负极端子并固定

3) 拆除手动维修开关

找到维修开关并断开，如图 5-17 所示。当处理橙色高压组件和线路时，维修人员必须戴着绝缘橡胶手套。将拆下的维修开关放在口袋中，以防止其他人将它安装回车上去，并将裸露的维修开关槽使用绝缘套盖封住或加上维护开关锁具，如图 5-18 所示。

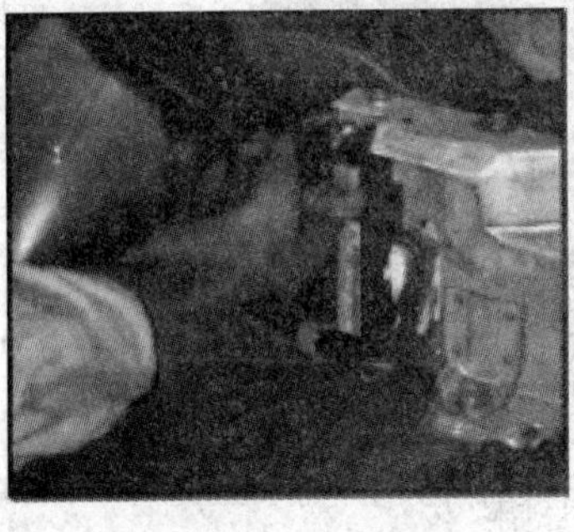

图 5-17 断开手动维修开关

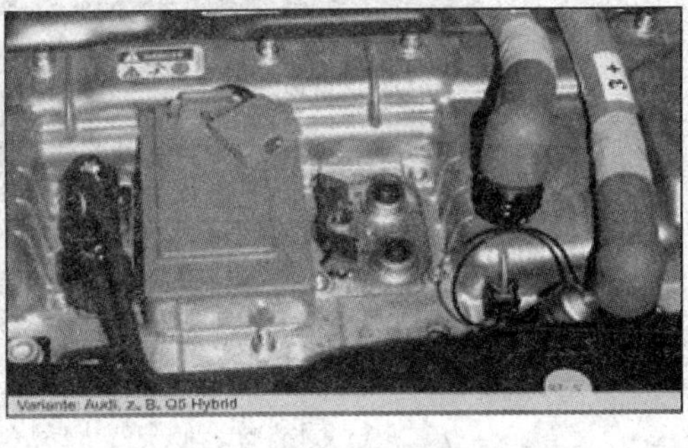

图 5-18 维修开关断开后加锁具

由于手动维修开关能够物理上直接切断动力蓄电池的高电压回路，因此汽车制造厂商都会将该开关设计有特殊的锁止结构(互锁回路)，避免人为意外触发或者行驶中因为震动等因素使其断开。图 5-19 所示为通用汽车公司 SPARK 纯电动汽车上的手动维修开关断开方法演示。

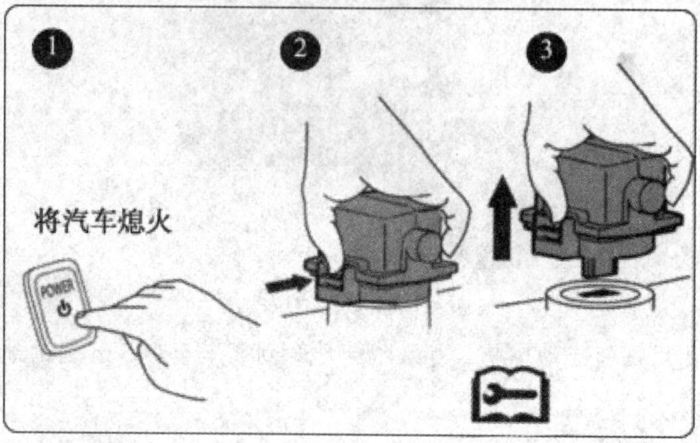

图 5-19　SPARK 纯电动汽车手动维修开关断开方法

注意：

(1) 当手动维修开关被断开后，整车的高压部件将不再有高压电，同时动力蓄电池的总输出正极和负极端口也不再有高压电。

(2) 即使手动维修开关被断开，动力蓄电池内的电池及其连接电路仍然在串联的位置，故其仍有高压电。

(3) 手动维修开关的断开方法一般会标示在开关上面，或者在车辆的用户手册中。

4) 等待 10 min

拆下维修开关后，须至少等待 10 min，使得高压部件中的电容器进行放电，然后才可以继续对车辆进行高压检验操作。车辆仪表显示高电压系统无电如图 5-20 所示。部分电动汽车上该无电压状态可显示在仪表盘上读取。

图 5-20　仪表显示高电压系统无电

如果无电压状态不能在车载仪表或借助制造商订制的测量、检测工具显示，那么就必须注意以下几点：

(1) 所使用的工具必须具备高压系统电压检测许可，并有相应的许可标识，如图 5-21 所示。

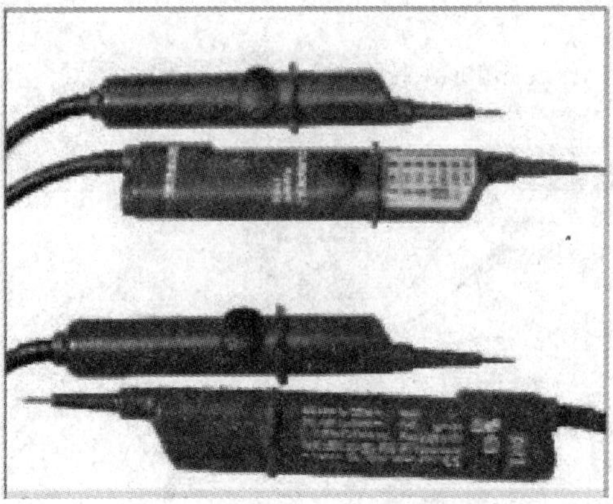

(a) 配有许可标识的电压检测器

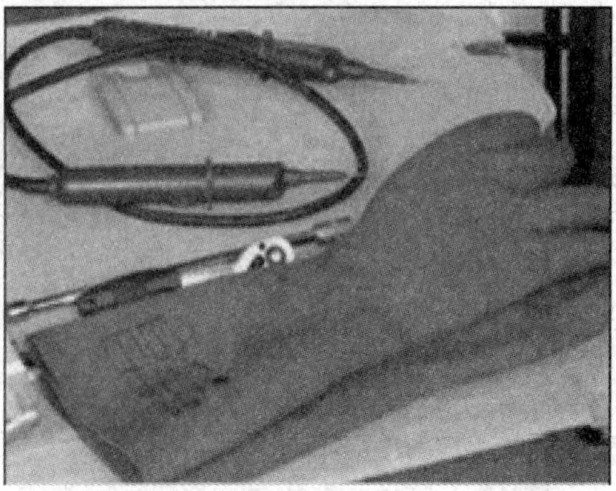

(b) 配有防护手套的电压检测器

图 5-21　电压测试许可标识

(2) 为了保证测量、检测工具功能的完好，在电动汽车上测量之前和之后必须再一次在另一匹配电压上验证，例如在家庭安装的插座上验证。

由于电容(器)的存在，即使已经断开电源的设备也可能存在危险电压，因此一套电气设备在明确无电压状态之前应当被视为加有电压。如果必须省略设备部件无电压状态的确认及覆盖保护，那么为安全起见，必须佩戴厚度和破损程度已经检验合格的电气防护手套，如图 5-22 所示。

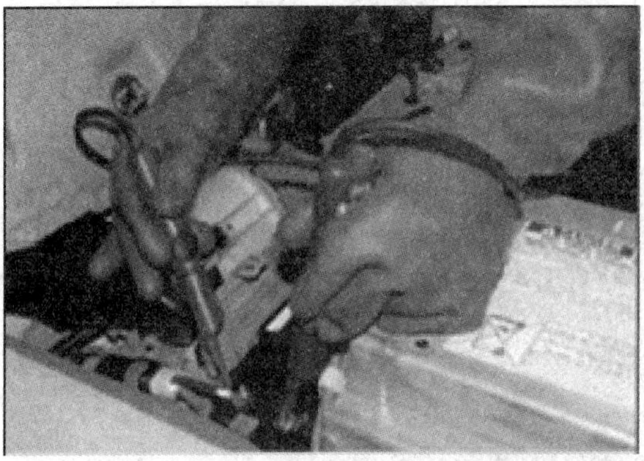

(a) 佩戴合适防护手套进行无电压检验

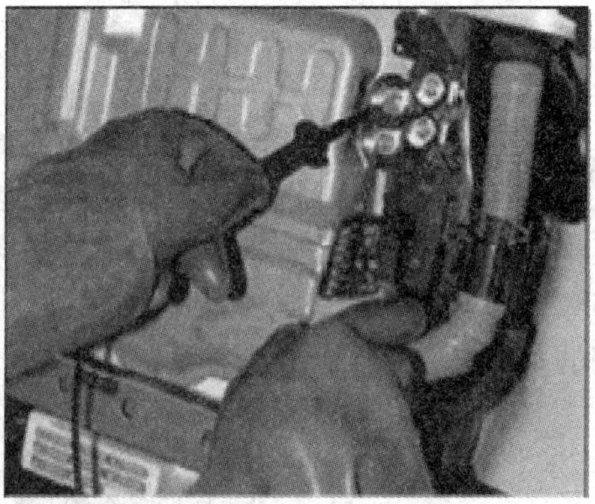

(b) 无电压状态的确认

图 5-22　佩戴电气防护手套的测量

5) 高电压断电的确认和检验

在执行完高电压系统的下电以后必须进行高电压的检验，进行高压断开确认。

高压检验是利用数字万用表再次确认高压中止以后，具体维修的部件上确实已不再有高电压。该步骤符合高压的检验操作标准。高电压系统中止的检验参见图 5-23。

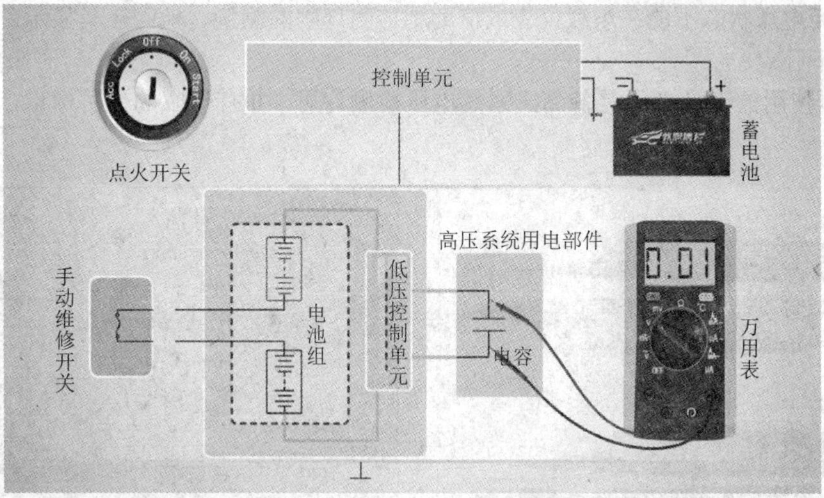

图 5-23　高电压系统中止检验

注意：

(1) 使用万用表测量高电压部件连接器的各个高电压端子，在执行高压中止以后，每个端子对车身的电压应该小于 3 V，且端子正极与负极之间的电压也应该小于 3 V。

(2) 如果任一被测量的电压超过 3 V，说明系统内部存在高压黏结情况，需要有经过特殊培训的工程师来进行处理。

(3) 在检验高电压端子期间，必须佩戴好个人安全防护用品。

4. 高电压系统的检验

在维修带有高电压的电动汽车前，务必执行高电压的中止和检验操作，避免高压触电！

在执行完高电压系统的中止(下电)以后必须进行高电压的检验，进行高压断开确认。

三、高压安全上电

在电动汽车中，除动力电池外，其他部件都是由整车控制单元或混合动力控制单元通过接触器控制高电压的接通与关闭的，这类似于家庭用的设备供电，如图 5-24 所示。电动汽车的动力蓄电池类似于家里的来自外部电网的供电，无论家里配电箱中的总闸是否打开与关闭，电网总是有电的。而电动汽车中接触器所起的作用就是家里总电源的总闸，所不同的是家里的总闸是人来控制的，电动汽车的接触器是由电脑来控制的。

图 5-24　家用电网供电配电箱与总闸

1. 高压上电操作流程

(1) 拆除维护开关锁具。

(2) 正确进行上电操作(安装上手动维修开关)。

(3) 钥匙开关闭合，观察车辆仪表界面，若其显示如图 5-25 所示，则说明上电成功。

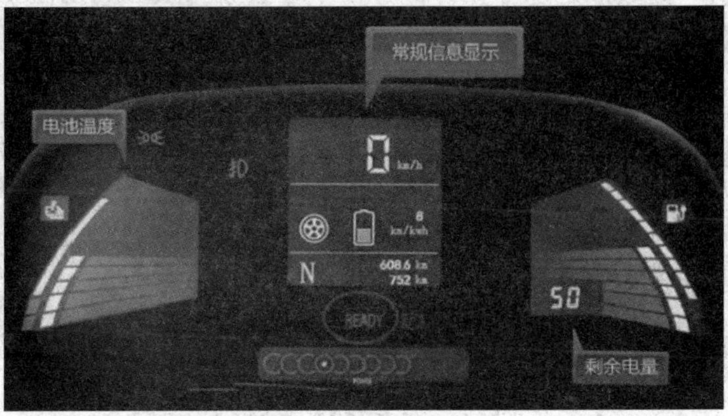

图 5-25　电动汽车车辆仪表界面正常显示

注意：正常的高压上电要求在 1 s 内完成，DC/DC 转换器及 IPU 应在上电完成后方可进入工作模式。

2. 高压上电原理

VCU 发送高压上电命令，BMS 来执行预充继电器指令，完成电量总正和总负的控制。VCU 通过 CAN 信息实时监控电池状态，当高压电状态为连接、电池单体电压差在允许范围内且电池允许放电三个条件同时满足后，车辆进入高压电准备完毕状态。当 DC/DC 转换器正常工作、气泵正常工作后，则进入车辆正常运行模式，完成整车高压上电。

四、电动汽车的高电压存在形式认知

电动汽车的高电压系统集中在车辆的驱动系统、空调与暖风系统、12 V 电源系统以及带有插电功能的充电系统。根据高电压存在的时间不同进行分类，电动汽车高电压系统的高电压主要有三种存在形式：持续存在、运行期间存在和充电期间存在，如图 5-26 所示。

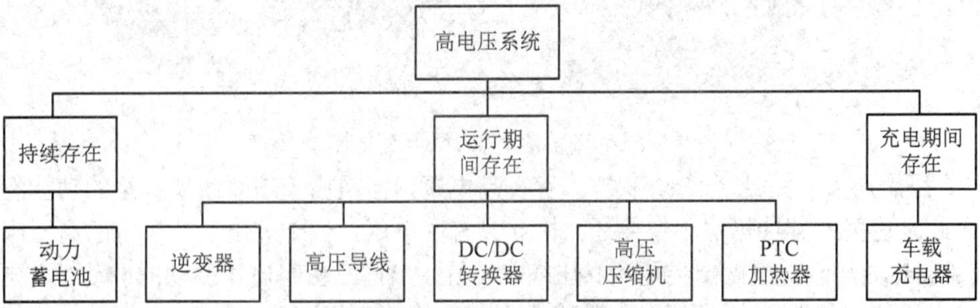

图 5-26　高电压系统存在形式

1. 持续存在形式

纯电动汽车的动力(蓄)电池如图 5-27 所示，该动力电池中持续存在高电压。即使当车辆停止运行期间，由于该动力电池始终存储有电能，因此当其满足动力电池的放电条件后将继续对外放电。

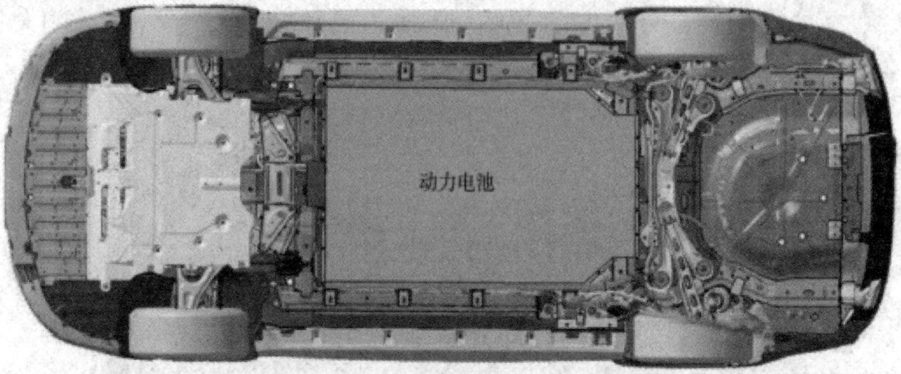

图 5-27　纯电动汽车动力电池

2. 运行期间存在形式

运行期间存在高电压的部件，是指当点火开关处于 ON、RUN 或其他运行状态下，部件存在高电压。

运行期间存在高电压的系统或部件有两种类型：

(1) 只要点火开关处于 ON 或 RUN 状态下就会存在高电压，这类部件包括逆变器(参见图 5-28)、DC/DC 转换器和连接的高压导线。

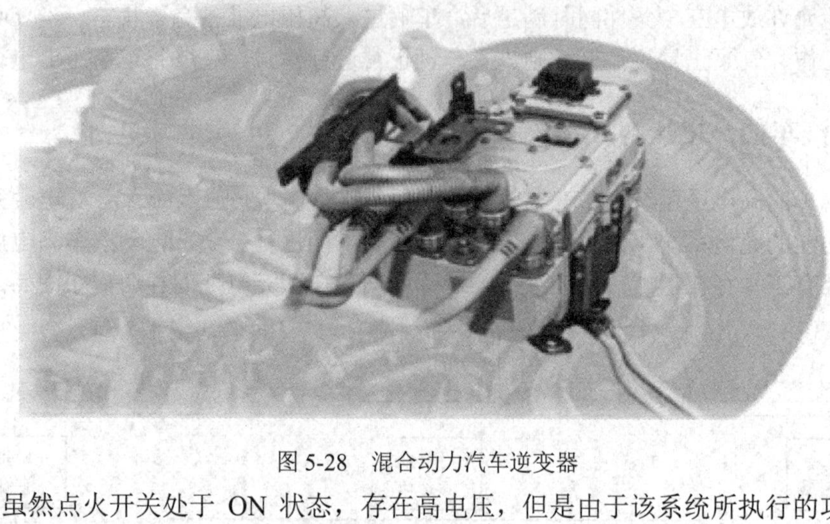

图 5-28　混合动力汽车逆变器

(2) 虽然点火开关处于 ON 状态，存在高电压，但是由于该系统所执行的功能没有被接通，此时相关的部件仍然不会接通，因此没有高电压。位于纯电动汽车中的高压压缩机和 PTC 加热器，该压缩机一半是涡卷压缩机，另一半是三相高电压驱动的电动机。典型的高压涡卷压缩机如图 5-29 所示。在驾驶员没有运行车辆的空调或暖风功能时，这些部件的上面是不会存在高电压的。

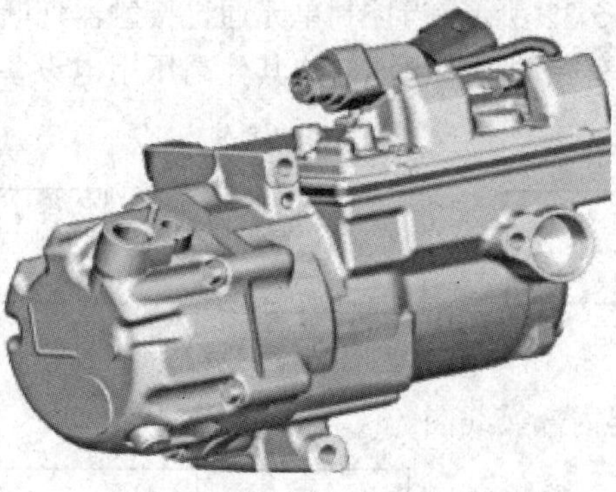

图 5-29　典型的高压涡卷压缩机

3. 充电期间存在形式

充电期间存在高电压主要指的是插电式混合动力和纯电动汽车，此类车辆的车载充电器(参见图 5-30)以及连接的导线只有在车辆连接外部 220 V 电网充电期间才会具有高电压。

图 5-30　车载充电器

需要注意的是，有些车辆的车载充电器和动力蓄电池均设计有独立的空调式冷却系统，在车辆充电期间，由于动力蓄电池可能产生很高的热量，因此车载空调会运行来降低动力蓄电池的温度，此时车辆的高压压缩机也会在充电期间运行，也存在有高电压。

4. 接触器内的存在形式

除上述三种高压电存在形式外，在接触器内也存在高压电。接触器即为一个大功率的继电器，它用于控制高压导线正极和负极导线之间的接通与断开。接触器通常被布置在动力蓄电池组总成内部或者被独立布置在一个 BDU(配电箱)中，在丰田公司普锐斯动力蓄电池总成端部布置有多个接触器，如图 5-31 所示。其内部接触器如果断开，整车仅动力蓄电池上会存在高电压，而位于接触器下游的高电压系统部件将没有高电压。

图 5-31　普锐斯内部接触器

接触器连接形式如图 5-32 所示，当控制单元通过接触器切断位于动力蓄电池与高压系统用电部件的连接后，整车除动力蓄电池外，其他高压用电设备上就不再有高电压，因此也是安全的。

图 5-32　接触器连接形式

图 5-33 所示为接触器内部接线图。

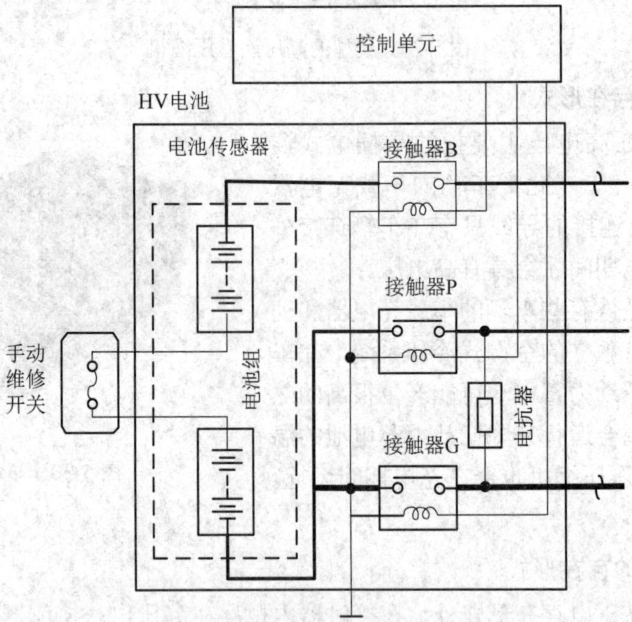

图 5-33　接触器内部电路图

接触器接通条件如下：

(1) 点火开关为 ON 挡。

(2) 高电压系统自检没有存在漏电等故障。

接触器断开条件如下：

(1) 点火开关为 OFF 挡。

(2) 高电压系统检测到存在安全事件的发生。

任务三　电动汽车驾驶与操作安全

任务目标

电动汽车驾驶与操作安全首先要对车辆的整体性能进行了解，掌握一些基本的安全驾驶技巧。只有了解电动汽车驾驶与操作安全，掌握正确操作要领才能保证车辆使用安全。

本任务要求学生掌握电动汽车驾驶与操作安全注意事项及操作要领。

知识链接

由于电动汽车与燃油汽车的动力系统不同，驾驶操作的方式有差异，因此针对电动汽车驾驶与操作安全就必须掌握车辆起步前操作、车辆行驶中、车辆停车等基本的安全驾驶技巧。

提出任务：当驾驶或者操作一辆电动汽车时，你知道应注意哪些安全事项吗？

一、驾驶与操作安全注意事项

1. 车辆起步前操作注意事项

(1) 在点火前需检查电池电压是否在合理范围内。

(2) 从 ON 挡至点火挡的时间间隔在 3 s 以上。

(3) 点火时挡位必须在 P 挡，脚踩住制动踏板，不准踩加速踏板(否则不能启动车辆)，如图 5-34 所示。

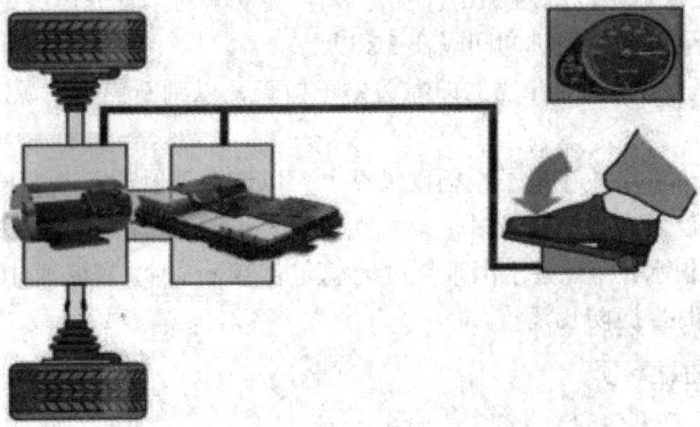

图 5-34　电动汽车启动

(4) 点火后检查仪表上是否有故障报警灯，若有则应及时处理，如图 5-35 所示。

图 5-35　电动汽车仪表

(5) 起步时尽量缓速起动，避免加速过大导致动力系统保护措施启动。

2. 车辆行驶中注意事项

(1) 行驶中需经常注意电池电压，电动汽车复合仪表如图 5-36 所示，当电量表电量指示小于 30%或静态电池电压小于 303 V 时，需返回对车辆充电或更换电池。

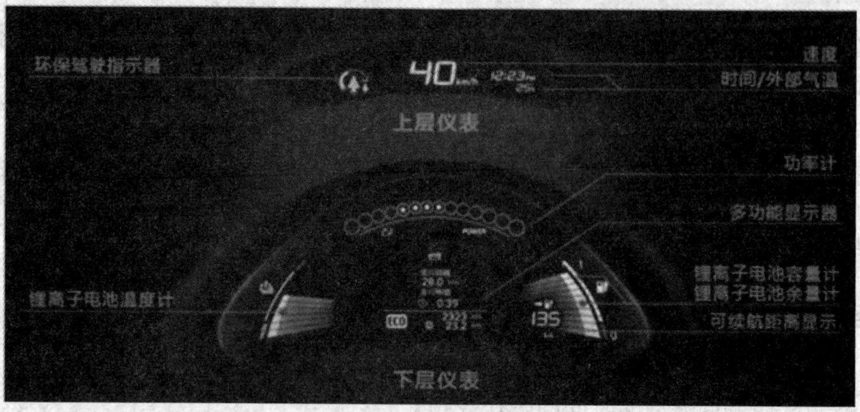

图 5-36　电动汽车复合仪表

(2) 正常行驶下，电压表动态电压小于 280 V 时故障灯亮起，或静置 10 min 后电压表电压小于 300 V(正常电压范围为 310 V～345 V)，需立即对车辆充电或更换电池。

(3) 从 ON 挡至点火挡的时间间隔在 3 s 以上。

(4) 在车辆行驶中闻到焦味需立即靠边停车检查，以判断焦味来源，确认非车内异味后可继续行驶。

(5) 行驶中不可将手放在电子换挡操纵杆上，以避免误触碰而改变挡位。

(6) 在行驶中仪表有报警声音时，及时观察仪表，若有故障，则靠边停车检查。

(7) 发现路上积水，需观察水深未超过地盘高度 14 cm 时，需低速(10 km/h 以内)通过。

(8) 坡上起步时，应防止溜坡。

3. 车辆停车注意事项

电动汽车停车如图 5-37 所示。

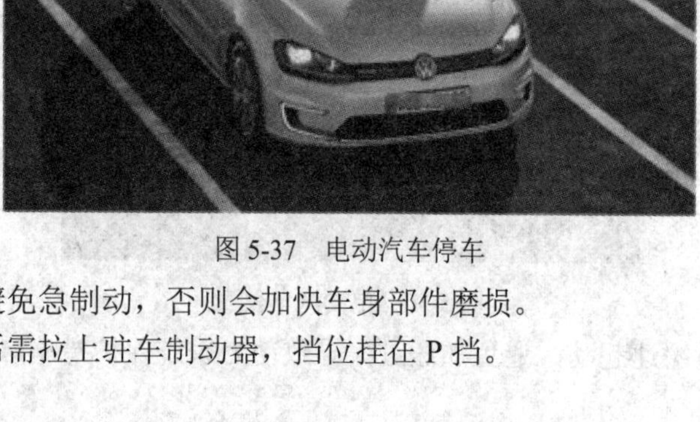

图 5-37　电动汽车停车

(1) 停车时应避免急制动，否则会加快车身部件磨损。

(2) 车辆停稳后需拉上驻车制动器，挡位挂在 P 挡。

(3) 人离开车内时必须将车辆钥匙取下。

4. 经济省电忠告

(1) 车辆应缓慢地加速或减速，避免突然加速或减速，尽量保持匀速行驶；避免不必要的连续高速行驶。

(2) 车辆频繁地停/走会使耗电量增加。

(3) 依规定实施车辆定期保养，以保持其原有的性能，进而节省用电量。

(4) 若无需要，应关闭车辆的空调系统。

二、电动汽车的驾驶与操作要领

车辆在行驶过程中，要保证平稳的加速和减速，需注意以下几点：

(1) 驾驶过程中，能量在车辆减速时可通过再生制动器(参见图5-38)得以回收，不过为了更有效地使用能量，不要对车辆进行不必要的加速和减速操作。

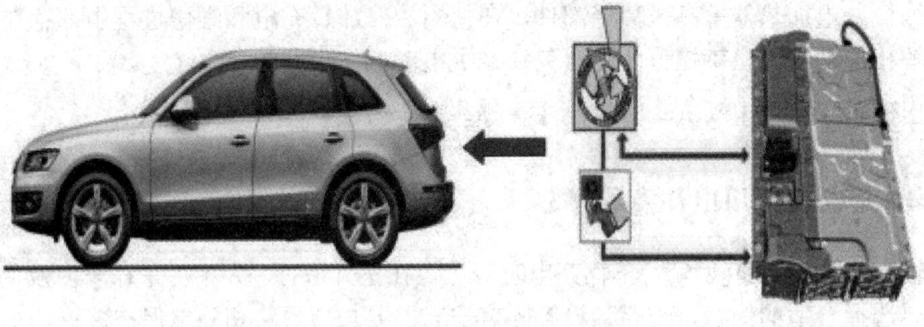

图5-38　电动汽车再生制动器

(2) 可以通过多媒体“行驶设置”选项设置“能量回馈强度”。

① 标准——车辆松油门时能量回馈适中，减速感中等；较大——车辆松加速踏板时能量回馈较大，减速感较大。

② 用户可以根据自己对松油门时的减速感需求，自由选择回馈强度，体验不同减速感，获得不同的驾驶乐趣。

③ 松油门回馈强度设定以后，则其具有记忆功能，即使车辆下电以后，下次再上电时，仍保持上次设定的回馈模式。

④ 动力电池的剩余电量可以在组合仪表上显示。若不是急加速、急减速或者低电量的情况下，将不必使用汽油发动机动力，此情况下能更有效地利用电机。

⑤ 行驶中，如果从ECO(经济模式)切换到SPORT(运动模式)，那么车辆将立即输出比原来强劲的动力来满足驾驶员需求，请注意驾驶安全。

⑥ 根据动力电池SOC和车速在HEV-ECO模式下，车辆可能出现发动机频繁起动和停止的状态，这是正常的经济运行模式，无需怀疑为车辆性能。

(3) 因为电动汽车的刹车是由电机控制的，相比燃油车会有稍软的感觉，所以，在行驶时应该提前预判刹车距离，尽量避免紧急刹车。同时，电动汽车配备有ABS防抱死功能，应尽量采取一脚制动，不要采取反复踩踏制动踏板，这样容易降低制动系统中剩余的伺服辅助力，造成刹车助力不足。

任务四　高压和高温部件的安全事项

任务目标

引起电动汽车发生事故的主要原因有电气线路短路、接触电阻过大、过负荷以及电池发热爆炸起火等，因此需要知道电动汽车高压和高温部件的安全事项。本任务要求学生掌握高压和高温部件在充电、停放、使用、检修时的安全知识及正确操作方法。

知识链接

电动汽车中的电机控制器、充电器、电池包、驱动电机、DC/DC 转换器、高压配电箱、电动压缩机、电加热器等高压高温部件，在使用、停放、充电和维修过程中都存在安全问题，了解相关知识和正确操作才能避免和减少电动汽车事故的发生。

提出任务：使用电动汽车时需要注意哪些安全事项？

一、车辆充电安全用电注意事项

车辆充电如图 5-39 所示。车辆充电时应尽量在室外进行，人不可呆在车内及周边。充电线路要选择合适的线径，线路敷设应固定安装，要加装短路和漏电保护装置。

图 5-39　车辆充电

(1) 车辆充电应按照说明书的规定进行操作。

(2) 先将所有线路连接好后再合闸供电。

(3) 尽量采用慢充方式。

(4) 雨季充电时选择优质正规的充电桩，避免漏水引发的触电、短路等状况。

(5) 插头过程中应保持插头和插座干燥，不干燥的期间要晾干后再行充电。

(6) 夏日充电应注意通风，避免在烈日下充电，可以选择地下车库进行充电。

(7) 剩余电量在 80%以上时不建议充电。

二、车辆停放安全注意事项

如果需要将电动汽车长时间停放，如图 5-40 所示，那么停放安全注意事项如下：

(1) 停放应将低压蓄电池的电源线拔下来。

(2) 不要长时间停放于潮湿、高温、阳光暴晒等环境下，尽量选取遮阳或者通风性良好的位置。

(3) 雨季避免停放至低洼处，防止积水淹没车辆底盘。

(4) 剩余电量在 20%以下时不建议连续停放超过 3 天。

(5) 如果需要长期停放，必须保证停放前整车的电量超过 50%；如果停放超过三个月，那么必须每三个月进行一次充电或者最好进行一次深放电及充电一次。

图 5-40　车辆停放

三、使用安全用电注意事项

车辆使用如图 5-41 所示。驾车出行之前，一定要先检查所有的线路是否连接的紧固、正确。另外，在确保电量充足、避免过放电的情况下才可安全出行。

图 5-41　车辆使用

(1) 上电之前检查所有的线路连接是否紧固、正确；确保电池电量充足，避免过放电。

(2) 开车时缓加速起步，尽量避免急加速和急制动等情况的出现。开车时尽量不要急加速的急刹车。

(3) 假如出现撞车等事故，首先要拔下钥匙，切断电源，并远离车辆，再寻求厂家或4S 店的帮助。

(4) 遇到积水处要冷静处理：

① 首先减慢车速，然后观察积水深度，若能正常通过，则以正常车速行驶通过，涉水深度不超过 50 cm。

② 通行水浅的路段应减慢速度，否则带动积水飞溅，容易造成车辆进水，损伤底盘上的电池电机部分。

③ 水中熄火勿再启动。对于雨天或浸泡在水中的车辆，如果车身出现严重损害，比如高压电池出现严重损害，需穿上适当的防护装备寻求救援，不要触摸高压零部件或线路；并在车旁树立“高压危险，不要触摸”警示牌。

④ 车辆浸泡在水中，不能采用直接从水中拖出的方式，应使用起吊方式将其从水中完全吊出。注意，在水中操作时不要触摸维修插头和高压零部件及线束。

四、检修安全用电注意事项

对电动汽车的检修也是至关重要的，自己不要随便进行检修，应到 4S 店让专业的技术人员进行检修，参见图 5-42。若必须马上进行检修，应首先切断电池包的高压输出(一般正规厂家生产的电动车电池包上都有一个检修开关)。

图 5-42　车辆检修

操作步骤：关掉钥匙开关，拔下检修开关，等待 10 min 后再对车辆的高压部件及线路进行检查。注意，等待 10 min 是为了让高压部件中的电容器件放电。

电动汽车作业“十不准”如下：

(1) 非持证电工不准装接电动汽车高压电气设备。

(2) 任何人不准玩弄电气设备和开关。

(3) 破损的电气设备应及时调换，不准使用绝缘损坏的电气设备。

(4) 不准利用车身电源对电动汽车以外的用电设备供电。

(5) 设备检修切断电源时，任何人不准启动挂有警示牌的电气设备或合上拔去的熔断器。

(6) 不准用水冲洗、擦拭电气设备。

(7) 熔断丝熔断时，不准调换容量不符的熔丝。

(8) 不经技术部门或主管部门审批，不准对车辆私自改动和加装。

(9) 发现有人触电，应立即切断电源进行抢救，未脱离电源前不准直接触碰触电者。

(10) 雷雨天气，禁止室外对车辆充电和维修维护。

任务五　解码器功能的认知

任务目标

电动汽车采用了车载局域网控制技术，装备电池、电动机、充电设备等高压和低压系统，与传统汽车相比，其技术含量高，在故障诊断、检修上较为复杂，因此服务站及市场服务人员在日常服务过程中遇到了较多的问题。可以使用电动汽车解码器(或称为故障诊断仪)的诊断方法，并结合相应车型的电路检修图，对车辆进行检测，找到故障点，提高车辆维修一次合格率。本任务要求学生掌握解码器功能，掌握常用的电动汽车解码器功用。

知识链接

电动汽车采用了车载局域网控制技术，装备电池、电动机、充电设备等高压和低压系统，可以使用汽车解码器，对车辆中出现的一系列故障产生的部位进行诊断。

提出任务：如何快速诊断车辆出现的故障？你知道电动汽车解码器的功用吗？

一、常用的电动汽车解码器

电动汽车解码器如图 5-43 所示。电动汽车解码器是一款专业针对汽车故障进行的检测和诊断的专业仪器，主要用来对汽车故障进行诊断和定位，能实时检测和诊断车辆故障。当电子控制系统中的某一电路出现超出规定的信号时，该电路及相关的传感器反映的故障信息将以故障代码的形式存储到 ECU 内部的存储器中；维修人员可利用该诊断仪来读取故障码，使其显示出来，从而对车辆故障的解决方法提供帮助。另外，电动汽车解码器也能做车辆的日常检测，实时掌握车辆的状况和性能，是“个人车友朋”必备的一种车辆检测仪器。

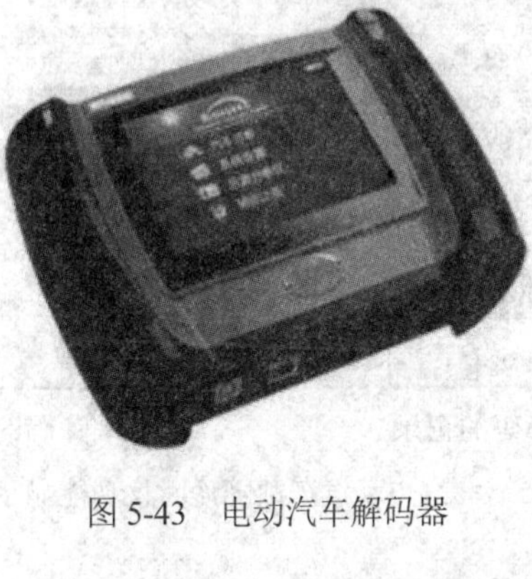

图 5-43　电动汽车解码器

二、电动汽车解码器的分类

电动汽车解码器可分为专业故障诊断仪和便携式故障诊断仪两大类。便携式故障诊断仪是一款专为车主们设计的汽车检测和诊断仪器。由于其体积小巧、操作简单，用手机操作即可完成诊断，因此常被用于车辆的日常检测和诊断，便于实时掌握车辆的性能和状况，并对检测出的故障提供专业的解决方法和建议。专业故障诊断仪一般操作较为复杂，其参数较多、体积较大，不便于携带，一般为专业人员或者汽车修理厂工作人员使用。

电动汽车便携式智能故障诊断仪(解码器)如图 5-44 所示。车辆故障自检终端是用于检测汽车故障的便携式智能故障自检仪，用户可以利用它迅速地读取汽车电控系统中的故障，并通过液晶显示屏显示故障信息，以便迅速查明发生故障的部位及原因。

图 5-44　电动汽车便携式智能故障诊断仪

三、解码器的功能及应用

电动汽车解码器具备读取故障码、清除故障码、完整显示车况、改善驾驶习惯，降低油耗、故障报警，超速报警，以及多功能保养提醒等功能。

电动汽车解码器是维修中非常重要的工具，一般具有如下几项或全部的功能：① 读取故障码；② 清除故障码；③ 读取发动机动态数据流；④ 示波功能；⑤ 元件动作测试；⑥ 匹配、设定和编码等功能；⑦ 英汉辞典、计算器及其他辅助功能。

电动汽车故障诊断仪(解码器)大部分随机带有使用手册，用户可按照说明操作。图 5-45 所示为混合动力汽车普锐斯车型故障诊断仪的功能显示界面。

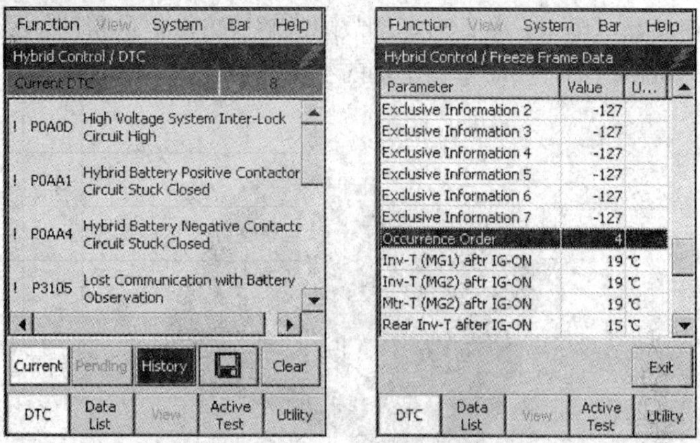

(a) 故障码的记录　　　　(b) 故障码的计数值

图 5-45　北汽电动汽车故障诊断仪功能显示界面

一般来说，电动汽车故障诊断有以下几步：① 在车上找到诊断座；② 选用相应的诊断接口；③ 根据车型进入相应诊断系统；④ 读取故障码；⑤ 查看数据流；⑥ 诊断及维修之后清除故障码。通常可以诊断工作原理与功能，诊断电子控制系统的传感器、执行器状态以及 ECU 的工作是否正常。通过判断 ECU 的输入、输出电压是否在规定的范围内变化，可以进而判断电子控制系统工作是否正常。

任务六　高压漏电检测目的与方法

任务目标

在进行电动汽车电气装置作业时，必须遵守相应的安全准则。掌握在操作电动汽车时遵循的“五项安全法则”做到断开电源后确保电源不会重新接入，并明确无电压状态、接地并短接、覆盖或隔离相邻且存在电压的部件后，再进行安全操作。本任务要求学生掌握电动汽车高压漏电检测的目的和方法。

知识链接

电动汽车的高压电气系统工作电压在数百伏，较高的工作电压对电源系统与车辆底盘之间的绝缘性能提出了更高要求。高压电缆的绝缘介质老化或受潮湿环境影响等因素都会导致其绝缘性能下降；电池组自身产生的漏液、受潮等均会导致绝缘性能下降。

提出任务：你们知道应该如何进行电动汽车高压漏电检测吗？需要注意哪些事项？

一、电动汽车高压漏电检测目的

电动汽车的高压电气系统有较高的工作电压，在数百伏工作电压下，对电动汽车的电源系统与车辆底盘之间的绝缘性能提出了更高要求。

电源正极与负极引线或电池通过受潮绝缘层和底盘构成漏电回路，使底盘电位上升，不仅将影响低压电气设备和车辆控制器的正常工作，产生电磁辐射，而且会危及乘客的人身安全。当高压电路和底盘发生多点绝缘性能严重下降时，还会导致漏电回路的热积累效应，可能造成车辆的电气火灾。因此，高压电气系统相对车辆底盘的电气绝缘性能的准确、实时检测是电动汽车电气安全技术的核心内容，对保证乘客安全、电气设备正常工作和车辆的安全运行具有重要意义。

我国制定的关于电动汽车的国家标准与国际标准是一致的。该标准中规定电动汽车的绝缘状况以绝缘电阻来衡量。动力蓄电池的绝缘电阻定义为：如果动力蓄电池与地(车底盘)之间的某一点短路，最大(最坏情况下的)泄漏电流所对应的电阻就是动力蓄电池的绝缘电阻值。绝缘电阻值是为了满足安全目的而确定的一个“足够的值”。

对电动汽车动力电池、高压线束、高压零部件以及连接插头等部位的漏电检测，就是防止高压电外泄造成的人员伤害或物品的损失，保证电气设备正常工作和车辆的安全运行。

二、高压漏电成因

电动汽车上包含各种高压电气设备，良好的绝缘不仅保证电气设备和电力线路组成运行，而且还能防止人员发生触电事故。高压电气系统的动力电池、高压线束、高压零部件、连接插头等部位可能会发生高压漏电情况。电动汽车绝缘等级如表 5-1 所示。

表 5-1　电动汽车绝缘等级

绝 缘 等 级	判断标准(绝缘电阻)
绝缘等级差	小于 100 Ω/V
绝缘等级良	100 Ω/V～500 Ω/V
绝缘等级优	大于 500 Ω/V

1. 高压漏电故障现象

一辆某品牌电动汽车，驾驶员在上电操作时，上电失败后报高压漏电故障，仪表板提示请检查动力系统。

2. 高压漏电检测原理

漏电传感器工作原理如图 5-46 所示。电动汽车高压系统设置有漏电传感器，其主要用于对电动汽车直流动力电源主线与其外壳及车身底盘之间的绝缘阻抗的检测。通过检测与动力电池输出相连接的负极导线及车身底盘之间的绝缘电阻大小，来判断高压部件的漏电程度。不同的车型，其漏电传感器安装位置有所不同。当动力电池包或高压部件有漏电时，传感器会发出一个信号给电池管理控制器。电池管理控制器接收到漏电信号后，会采取禁止充、放电等相关保护操作并报警，从而防止动力电池包及高压部件的高压电外泄。

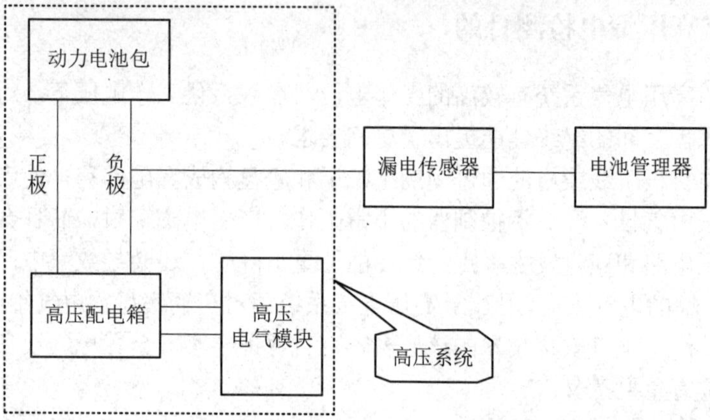

图 5-46　漏电传感器工作原理

漏电传感器漏电检测原理如图 5-47 所示。漏电传感器主要是检测与动力电池包负极相连接的导线及车身底盘之间的电流和电压值，通过绝缘电阻值来判断动力电池包及系统高压部件的漏电程度。动力蓄电池系统泄露电流量不超过 2 mA(如比亚迪 e6 车型)。当负极到车身之间的绝缘电阻值小于等于 100 kΩ 时，为一般漏电；小于等于 20 kΩ 时，为严重漏电。

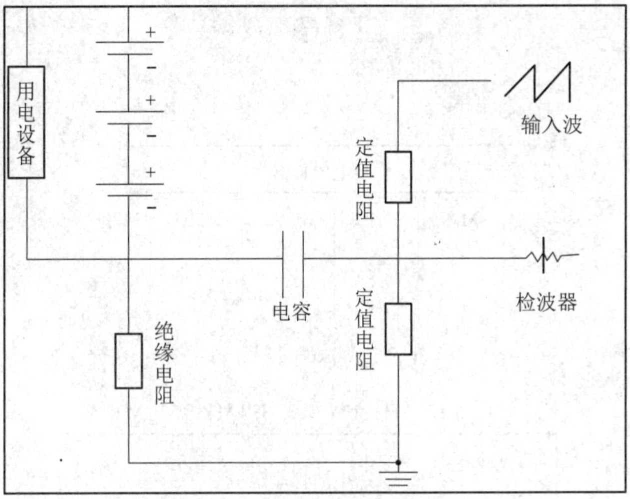

图 5-47　漏电传感器漏电检测原理

例如，比亚迪 e6 漏电传感器框图及安装位置分别如图 5-48、图 5-49 所示。

图 5-48　比亚迪 e6 漏电传感器框图

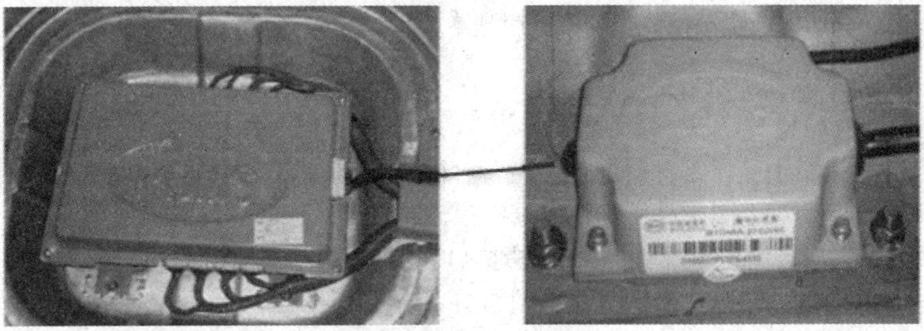

图 5-49　比亚迪 e6 漏电传感器安装位置

比亚迪 e6 漏电传感器各针脚含义参见表 5-2。

表 5-2　漏电传感器各针脚含义

插线	含义	颜色	功能	参数
12—车身地	漏电传感器电源	P	启动	约为 −15 V
13—车身地	一般漏电信号	G/Y	一般漏电	小于 1 V
31—车身地	漏电传感器电源	R	启动	约为+15 V
32—车身地	漏电传感器地	B	始终	小于 1 V
33—车身地	严重漏电信号	2/B	严重漏电	小于 1 V

比亚迪 e6 漏电传感器各针脚示意图如图 5-50 所示。

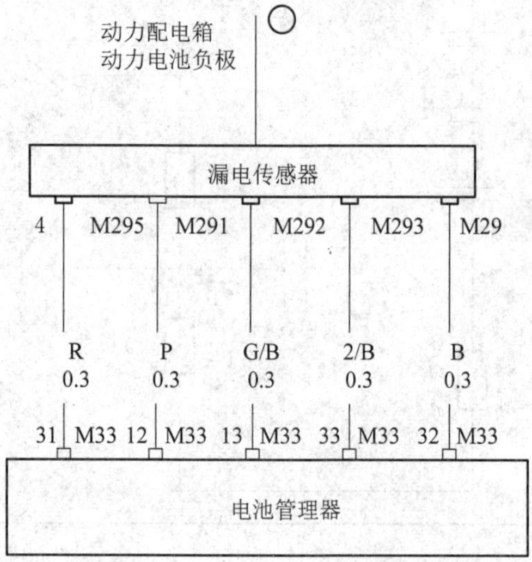

图 5-50　漏电传感器各针脚示意图

3. 高压漏电故障原因分析

当高压电池管理器(BMS)系统报漏电故障时，产生故障的原因可能是整车上所有的高压控制单元(动力电池包、维修开关、高压配电箱、电机控制器及 DC 总成、电动空调压缩机、PTC 加热器及车载充电器等)、橙色高压线束、漏电传感器及连接线束等。这些部件漏电均有可能产生高压漏电故障，并报漏电故障码，常见的有动力电池包漏电、电动压缩机本体漏电、PTC 加热器漏电、高压配电箱漏电、驱动电机控制器及 DC 总成漏电等。

三、等电势检测

等电势是指属于高压部件暴露的导电部件(如外壳保护盖、分隔墙)互相连在一起，并连到车辆地线上。对于属于高压部件的导电盖子或外壳，应达到足够低的等电势。可以采用导线(编织带)连接高压零部件的外壳与地，以达到等电势；零部件也可以使用支架与车身相连达到等电势。等电势检测方法如图 5-51 所示。

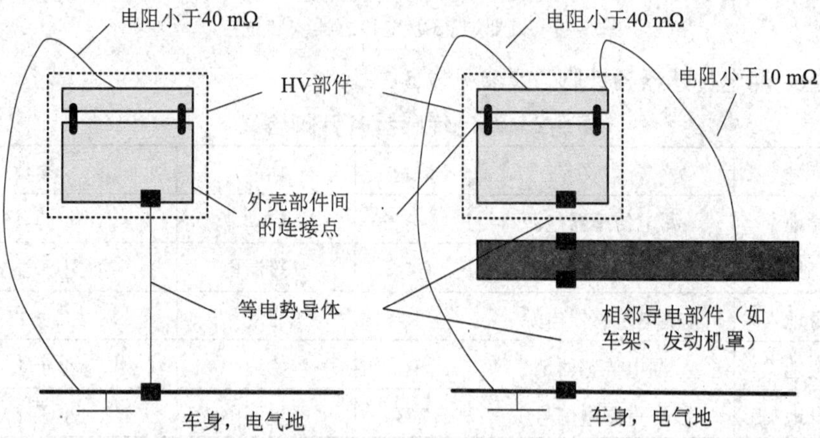

图 5-51　等电势的测试方法

如果高压部件的盖子或外壳由若干单独的部件组成，那么在盖子或外壳表面的任何位置均应满足等电势要求。2 m 内的两个裸露部件的测量，可通过这两部件的电压降和电流进行计算。

当两高压部件在 2 m 之内时，其高压部件之间的等电势电阻小于等于 100 mΩ；若不考虑距离，则高压部件至车身地任何一点之间的等电势电阻小于等于 100 mΩ；高压部件至其最近车身地之间的等电势电阻应小于等于 40 mΩ；非直连车身地的高压部件，与其相邻支架或其他接触部件之间的等电势电阻小于等于 10 mΩ。等电势检测也称为接地电阻测试。

四、动力电池组系统漏电检测的注意事项及方法

1. 动力电池组系统漏电检测的注意事项

1) 检测目的

通过检测动力电池组系统的绝缘电阻，判定动力电池组系统是否漏电。

2) 应用范围

以下情况需检测动力电池组系统绝缘电阻，以判定动力电池组系统是否漏电。

(1) 动力电池组系统总成出厂检测。

(2) 动力电池组系统总成装配于整车前检测。

(3) 连接动力电池组系统正/负极线束前检测。

(4) 车辆漏电传感器报警时检测。

3) 检测注意事项

动力电池组系统为高压电源，纯电动车型或 HEV 车型中均为高压电路，因此不正确的操作可能导致电击或漏电。在动力电池组系统漏电检测过程中，必须遵循以下步骤：

(1) 对动力电池组系统或高压回路进行操作时断开电源。

① 务必戴绝缘手套。

② 拔出紧急维修开关手柄，并将紧急维修开关手柄放置在指定位置并由专人看管，以防其他人员误操作。

③ 在车上测试时，先拆卸动力电池组系统负极连线和正极连线。

(2) 使用绝缘手套的注意事项。

① 使用前必须检测手套是否有破损(如破洞或裂纹等)。

② 切勿戴湿手套。

③ 在整个动力电池组系统或高压回路操作过程中，请始终戴好绝缘手套。

(3) 进行检测时的注意事项。

① 工作开始前，一定要断开电源。

② 动力电池组系统或高压回路操作中需要戴绝缘手套。关于绝缘手套的使用，请参考绝缘手套的注意事项。

③ 不要携带任何类似卡尺或测量卷尺等的金属器具，因为这些器具可能掉落，从而引起短路。

④ 拆卸任何高压配线后，立刻用绝缘胶带将其绝缘。

⑤ 操作完成后，应再次确认在工作平台周围没有遗留任何零部件或工具，以及确认高压端子有绝缘保护。

4) 检测条件

(1) 检测设备：用电压表和绝缘电阻测试小线。

① 检测用电压表精度不低于 0.5 级，要求具有直流电压测量挡位，量程范围不小于或等于 500 V。

② 绝缘电阻测试小线由电工鳄鱼夹、高压电阻 R_0(R_0 = 100 kΩ ± 10 kΩ)及高压导线组成。电工鳄鱼夹要求耐压为 3 kV；高压电阻耐压为 3 kV；高压导线耐压为 3 kV，过电流能力大于 5 A。

③ 检测用电压表和绝缘电阻测试小线，应在鉴定合格的有效期内。

(2) 检测环境。

① 温度：−15℃～40℃。

② 相对空气湿度为 25%～90%。

出于安全考虑，建议动力电池漏电检测在较干燥的环境下进行。

2. 绝缘电阻检测

电动汽车的每个电路和电底盘及其他电路之间应有一个绝缘电阻。

绝缘电阻测量仪器：绝缘测试仪、兆欧表。

绝缘电阻测量位置：动力系统与车辆电底盘之间、动力系统与辅助电路之间。

绝缘电阻测量要求：使用一个至少为动力系统额定电压 1.5 倍的试验电压或 500 V 直流电压，两者取较高值，施加电压时间应足够长，以便获得稳定的读数。动力蓄电池和辅助蓄电池应断开，辅助电路的两端应与车辆电底盘相连。动力绝缘电阻要求值参见表 5-3。

表 5-3　动力绝缘电阻要求值

设备类型	测量阶段最小瞬间绝缘电阻/(kΩ/V)	测量阶段计算的最小绝缘电阻/ (kΩ/V)
I 类	0.1	1
II 类	0.5	5

1) 动力电池(以及高压用电器)的绝缘检测

国家制定的电动汽车安全要求标准对人员触电防护提出了明确的要求，其中包括对绝缘电阻值的最低要求。根据 GB/T18384.3—2001 第 6.2.2 条规定，动力系统的测量阶段最小瞬间绝缘电阻为 0.5 kΩ/V。各整车厂开发的纯电动车辆，则根据各自设定的电压等级来确定动力系统的绝缘电阻报警阈值。在进行手动测量时也是一样，为确保检测的准确性，我们需要先检测动力电池的开路电压，根据该电压来计算出安全的绝缘电阻数值。

确定动力电池电压，电动汽车先断开高压电；然后将 12 V 电气系统的正极与负极从蓄电池上取下并连接到车身地；再断开被测动力电池两端与动力驱动电路的连接；最后，用内阻大于等于 10 MΩ 的万用表进行测量电压。检测位置与要求(绝缘测试仪、兆欧表)参见表 5-4。

表 5-4　检测位置与要求

检测位置		判断标准(绝缘电阻)	断电要求	安全要求
表笔A(正极)	表笔B(GND)			
动力电池(或其他高压用电器)正极	车辆电底盘	≥500 Ω/V	汽车启动钥匙关闭并拔下、电池维护开关断开、低压电池断开	绝缘电阻表在测量时会有所设定的量程的电压输出。注意：操作时请佩戴绝缘橡胶手套
动力电池(或其他高压用电器)负极	车辆电底盘	≥500 Ω/V		
动力电池(或其他高压用电器)正极	动力电池(或其他高压用电器)负极	≥500 Ω/V		

具体步骤如下：

(1) 测量动力电池组系统负极与托盘之间的开路电压 U_1，参见图 5-52。

(2) 测量动力电池组系统正极与托盘之间的开路电压 U_1'，参见图 5-53。

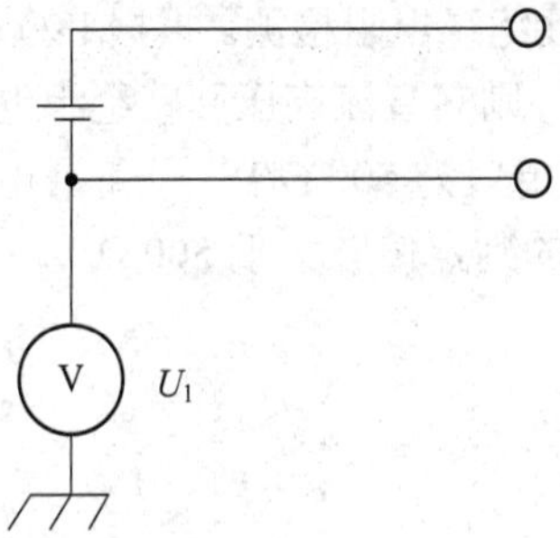

图 5-52　U_1 的测量方法

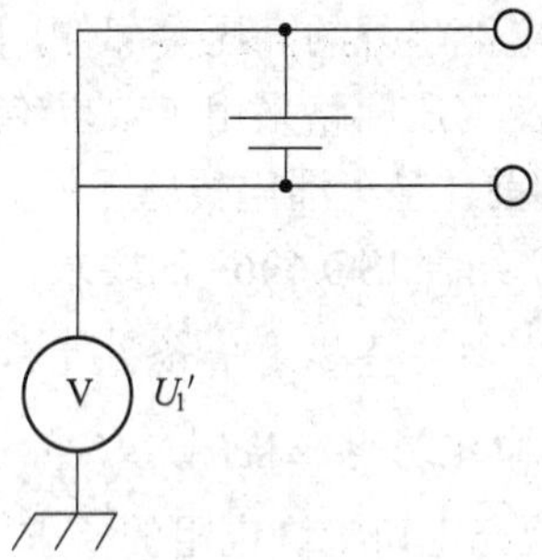

图 5-53　U_1' 的测量方法

(3) 比较 U_1 和 U_1'。

(4) 并联 R_0 电阻(注：$R_0 = 100\ \text{k}\Omega \pm 10\ \text{k}\Omega$)。

注： 操作需戴绝缘手套。

① 如果 $U_1 > U_1'$，则在动力电池组系统负极与托盘之间并联 R_0 电阻。同时，用电压表测量 R_0 电阻两端的电压 U_2，参见图 5-54。

② 如果 $U_1 < U_1'$，则在动力电池组系统正极与托盘之间并联 R_0 电阻。同时，用电压表测量 R_0 电阻两端的电压 U_2'，参见图 5-55。

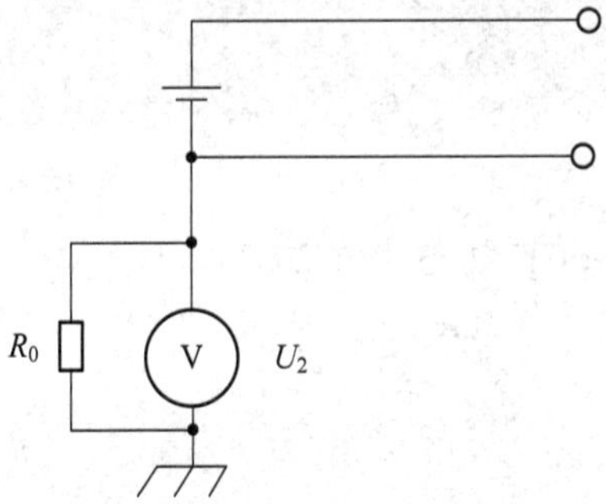

图 5-54　U_2 的测量方法

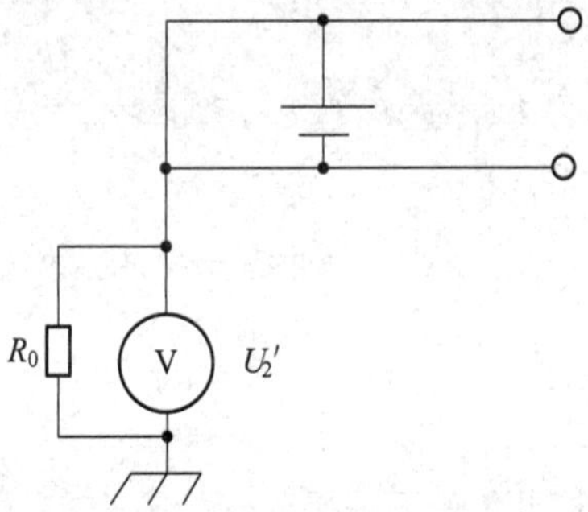

图 5-55　U_2' 的测量方法

(5) 计算动力电池组系统的绝缘电阻。

① 如果 $U_1 < U_1'$，绝缘电阻 R_i 的值由下式计算：

$$R_i = (U_1 - U_2)\frac{R_0}{U_2}$$

② 如果 $U_1 > U_1'$，绝缘电阻 R_i 的值由下式计算：

$$R_i = (U_1' - U_2')\frac{R_0}{U_2'}$$

(6) 要求。

按照标准计算方法得到的绝缘电阻值，除以动力电池组系统的标称电压 U(计算过程中，U_1、U_1'、U_2、U_2' 的单位为伏特，R 的单位为欧姆)，结果取最小绝缘电阻为 $\min(R_i)$，绝缘电阻值若小于 500 Ω/V，则判断为漏电，需返回制作厂商进行修理。

2) 动力回路绝缘电阻检测

除高压电池包外的高压零部件，同样也需要进行绝缘电阻检测。根据 ISO 6469 中的要求，如果交流高压回路采用了双重绝缘或加强绝缘，则其直流高压回路绝缘电阻可降低到 100 Ω/V。目前，整车漏电传感器的一般漏电报警判定值为 500 Ω/V，严重漏电报警判定值为 100 Ω/V。结合 ISO 6469 的要求，通常绝缘电阻的判定值应大于 500 Ω/V。

注： 断电与安全要求请参阅表 5-4。

3) 充电口绝缘电阻检测

(1) 交流充电口绝缘电阻的要求。

首先，车辆充电口应与外部电源地(电网地)有导通连接，并且应该有一个端子把车辆的车身地连接到电网地；其次，充电枪含有充电期间与电网连接的电路，在充电连接断开的情况下，其总绝缘电阻应大于 1 MΩ，具体内容请参阅 IEC 61851 要求。

(2) 直流充电口绝缘电阻的要求。

首先，车辆充电口应与外部电源地(电网地)有导通连接，若有等电势要求，则应该有一个端子把车辆与外部充电器的车身地连接到电网地；其次，充电插头含有充电期间与充电口连接的电路，在充电连接断开的情况下，其总的绝缘电阻应大于 500 Ω/V。

注： 安全要求请参阅表 5-4。

技 能 训 练

训练一　电动汽车正确下电与上电流程

一、实训目的

(1) 电动汽车下电操作。

(2) 电动汽车上电操作。

二、实训工作准备

(1) 防护装备：绝缘防护装备。

(2) 车辆、台架和总成：纯电动汽车以及混合动力汽车。

(3) 专用工具和设备：万用表、放电工具和绝缘胶带。

(4) 手工工具：绝缘拆装工具。

(5) 辅助材料：无。

三、实训实施步骤

本实训主要操作为正确执行电动汽车的高压系统下电与上电及检验，具体实训车辆可根据实训中心现有的车辆来操作。

1. 实操前准备

(1) 检查个人安全防护用品，确保绝缘手套等防护用品在有效检验期内并可用。

(2) 检查车辆，确保实训车辆没有高压隐患。

本实训具有一定的高电压安全危险，学生务必按照教师的指导操作！

在实训操作时，必须有两名经过对应车型培训且具有高压电工证的教师执行！

2. 实操步骤

(1) 根据对应车型维修手册或参考信息，找到维修开关，执行车辆高压断电。

(2) 根据对应车型维修手册或参考信息，执行车辆高压下电与上电及检验。

(3) 按照 EV 系列高压维修操作步骤实施。

3. 注意事项

(1) 在维修作业时，对高压部件母线端口处应使用绝缘胶带缠绕，防止高压触电或短路。

(2) 维修作业前必须佩戴高压绝缘手套。

(3) 禁止带电作业。

高压组成部分：所有高压电线为橙色。

警示标签：高压部件上侧会贴有警示标签(或标识)。

4. 防护措施

(1) 防高压手套：适用于电工作业的绝缘橡胶手套。

(2) 安全防护镜：用于阻挡电解液溢出。

(3) 高压绝缘鞋：主要适用于高压电力设备方面的电工作业，作为辅助安全用具。在1kV 以下可作为基本安全用具。

(4) 灭火器：高压动力电池使用二氧化碳类型灭火器，无法使用少量的水灭火，但可以使用大量并持续的水进行灭火。

(5) 吸水毛巾布：在溢出电解液中和后，使用吸水毛巾吸收多余的电解液。

(6) 胶布：使用绝缘胶布覆盖所有的高压电线或端子。如果在维修开关被拔出后，使用绝缘胶布包住维修开关座槽。

(7) 维修工作台：必须使用工作面带有绝缘橡胶的工作台。

在对电动汽车进行维修时禁止带电作业，下面介绍正规操作流程。

5. 操作样例

北汽新能源纯电动汽车拆/装 DC/DC 转换器前，高压下电及检验实施步骤如下：

(1) 将钥匙置于 OFF 挡，等待高压电容放电 10 min。

(2) 拔下钥匙，打开前机盖，支起前机盖；将翼子板铺好，避免损坏车辆，如图 5-56 所示。

图 5-56　打开机舱后的保护

注意： 正常情况下在钥匙开关关闭后，高压系统还存在高压电，这是因为电动机控制器中高压电容的存在造成的，需要经过一段时间的等待，高压电容中的电才能被完全释放。

(3) 断开低压蓄电池负极电缆，如图 5-57 所示。

图 5-57　断开低压电池负极

(4) 如果针对采用 PDU 的车型，如 2016 款 EV160、EV200 等车型，应断开 PDU 左后方低压插接件，如图 5-58 所示。

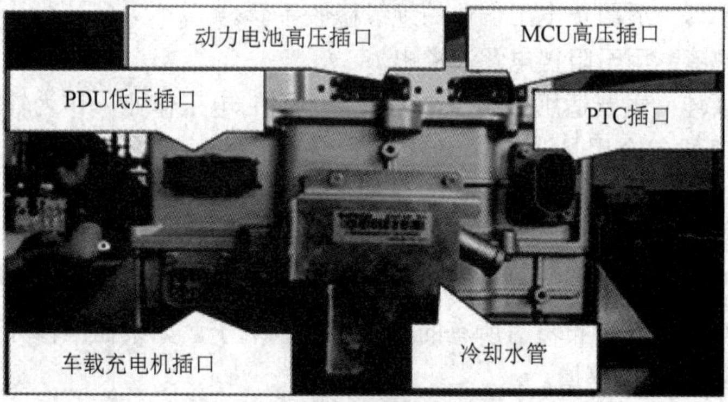

图 5-58　PDU 后方低压插接件

(5) 检查绝缘手套是否漏气。

注意： 应佩戴 0 级绝缘手套。

(6) 断开动力电池高压线束插口的维修开关，实施高压断电。

注意： 高压断电必须由具有电气维修资质的人员操作，并放置高压安全警示牌，如图 5-59 所示。

图 5-59　安全警示牌

(7) 使用专用的万用表对所维修部位进行电压测量，当所测量电压值大于 0 V 时，应使用专用的放电棒对该部位进行放电。当电压完全消失后方可进行下一步操作。使用放电工具放电参见图 5-60。

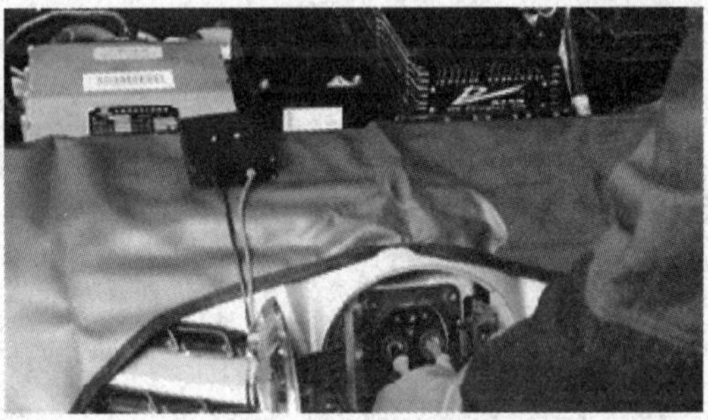

图 5-60　放电工具放电

(8) 使用专用的万用表测量电压，若该电压值为零则确认无电，如图 5-61 所示。

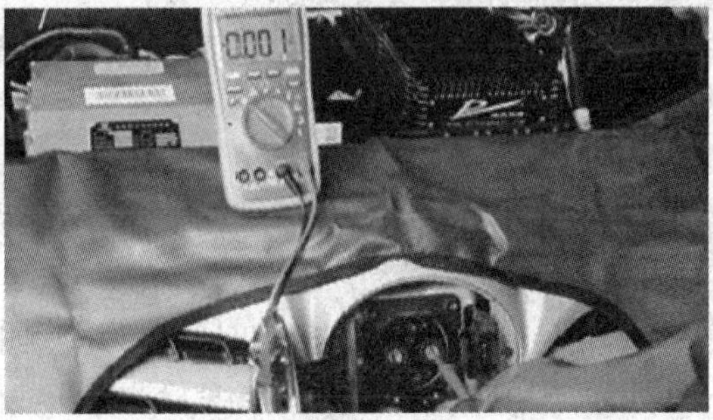

图 5-61　专用的万用表测量电压确认无电

注意：

① 一定要确认维修部位处于无电状态。可通过测量 12V 蓄电池电压的方式核实专用的万用表是否正常。

② 测试高压控制盒或 PDU 动力电池端(采用 PDU 的车型)的端子电压、端子的搭铁电压时，每个高压电池插口正/负极的电压以及正/负极对地的电压，数值不应大于 3 V。若测试结果大于 3 V，则电池组总成内部可能出现接触器卡滞或高压系统绝缘失效。

(9) 根据工作任务进行其他的拆/装步骤，如图 5-62 所示。

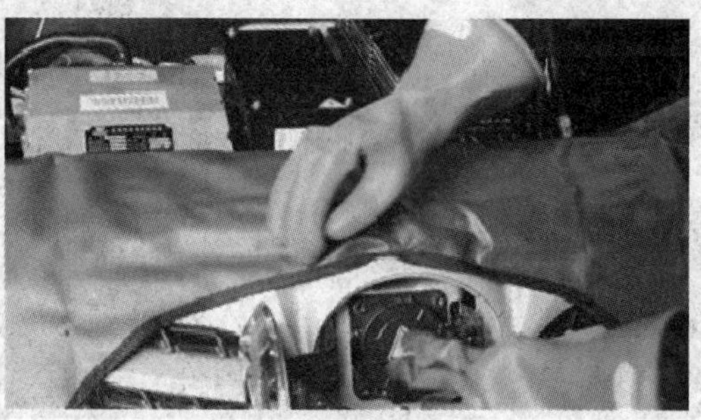

图 5-62　其他高压部件拆/装

(10) 根据下电工作任务的反向顺序进行操作的上电步骤，可按照本项目任务二中的要求进行。

训练二　电动汽车高压线漏电检测

一、实训目的

(1) 电动汽车高压线漏电故障检测操作。

(2) 电动汽车高压线漏电故障排除操作。

二、实训工作准备

(1) 防护装备：绝缘防护装备。

(2) 车辆、台架和总成：纯电动汽车以及混合动力汽车。

(3) 专用工具和设备：万用表、放电工具、绝缘胶带和兆欧表等。

(4) 手工工具：绝缘拆装工具。

(5) 辅助材料：无。

三、实训实施步骤

若上电失败报高压漏电故障，则采用逐一断高压插头的方法判断是高压插头漏电还是线路漏电。当确定漏电部位后，需用兆欧表 1000 V 量程检测高压线路插头两端线路与车身搭铁之间的绝缘电阻值，若检测结果大于 500 Ω/V 则为正常；否则存在高压线路或高压部件漏电，如图 5-63 所示。

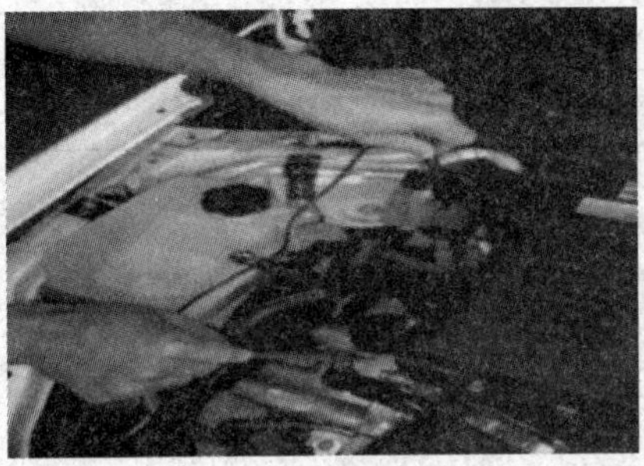
(a) 测量

(b) 读取测量值

图 5-63　高压线漏电检测

(1) 学习任务布置——结合教材内容，独立完成学习任务的表格作业，参见表 5-5。

表 5-5　表 格 作 业

序　号	学习内容	学习理解描述
1	动力电池漏电检测哪个部位	
2	动力电池漏电检测的目的是什么	
3	如何检测判断动力电池是否漏电	
4	画出比亚迪 e6 漏电传感器电路图，并标注各针脚含义	
5	如何检测电动汽车高压线是否漏电	

要求：

① 完成时间：20 min。

② 随机提问，回答结果记入个人平时成绩。

(2) 结合实车，查询和参阅教材与资料，小组合作完成任务及实操内容，按表 5-6 所示填写。

要求：

① 实操分组进行，一组实操，另一组做实操准备。

② 每轮完成时间：40 min。

③ 随机抽查学生实操完成质量。

④ 各组交叉检查表格填写完成质量。

表 5-6　实操表格填写

序　号	实操项目及流程	操作描述
1	使用的车辆信息	品牌_________，型号_________，VIN 码_________
2	使用车辆状态	
3	动力电池漏电检测需准备哪些工具和设备	
4	检测操作注意事项有哪些	
5	如何断开和闭合维修开关	1. 维修开关位置。 2. 断开维修开关流程。 3. 闭合维修开关流程

续表

序　号	实操项目及流程	操作描述
6	动力电池漏电检测过程及数据记录	1. 拆除外部附件(已拆除)。 2. 闭合维修开关：检查确认并进行闭合操作。 3. 测量动力电池总电压 U，U=________。 4. 测量正极与托盘电压 U_1，U_1=________。 5. 测量负极与托盘电压 U_2，U_2=________。 6. 测量定值电阻值 R，R=________。 7. 测量并联电阻后正极与托盘电压 U_1'，U_1' =______。 8. 测量并联电阻后负极与托盘电压 U_2'，U_2' =______。 9. 断开维修开关
7	测量数据分析	____________、____________. 标准 ____________；结论：漏电□　　不漏电□
8	5S 管理	车辆复位 □；工具、设备清洁并复位 □；场地清洁 □
9	小结： 实操中你遇到的最大问题是什么？又是如何解决的	

训练三　电动汽车高压安全测量实训

一、实训目的

(1) 动力电池绝缘电阻测试。

(2) 动力系统回路绝缘电阻测试。

(3) 等电势。

(4) 绝缘电阻监控。

二、实训准备工作

(1) 防护装备：绝缘防护装备。

(2) 车辆、台架和总成：纯电动汽车以及混合动力汽车。

(3) 专用工具和设备：万用表、放电工具和绝缘胶带。

(4) 手工工具：绝缘拆装工具。

(5) 辅助材料：无。

三、实训注意事项

整个电动汽车的核心为高压电池、高压回路，整个电动汽车的安全是必不可少的。

(1) 纯电动汽车工作模式下的最高电压可达 600 V 左右，对于如此高的电压，保障其安全驾驶、充电或其他操作。

(2) 必要时，组员可相互协助完成实训。

(3) 每个小组在规定的 45 min 内完成实训。

四、实训实施步骤

1. 动力电池绝缘电阻测试

直流电路中最小保护所需的绝缘电阻值，直流电路为 100 Ω/V，交流电路为 500 Ω/V。动力电池的两端到汽车电底盘之间的绝缘电阻(R_{i1}和 R_{i2})一般不同。动力电池绝缘电阻测量流程参见图 5-64，依次测得 U_1、U_1' 、U_2、U_2' 的值，经计算得到动力电池绝缘电阻。

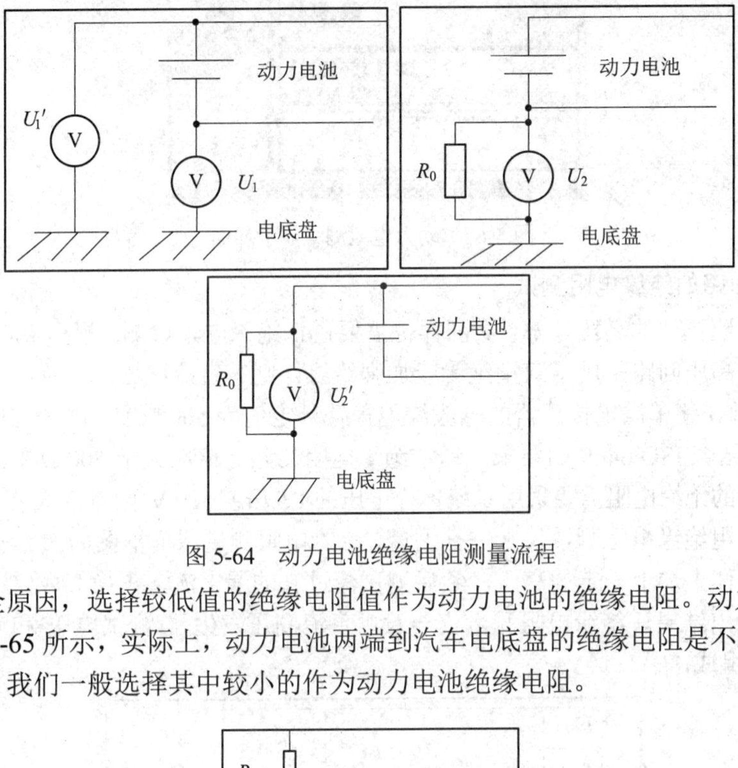

图 5-64 动力电池绝缘电阻测量流程

基于安全原因，选择较低值的绝缘电阻值作为动力电池的绝缘电阻。动力电池绝缘电阻简图如图 5-65 所示，实际上，动力电池两端到汽车电底盘的绝缘电阻是不相等的，为了保证安全性，我们一般选择其中较小的作为动力电池绝缘电阻。

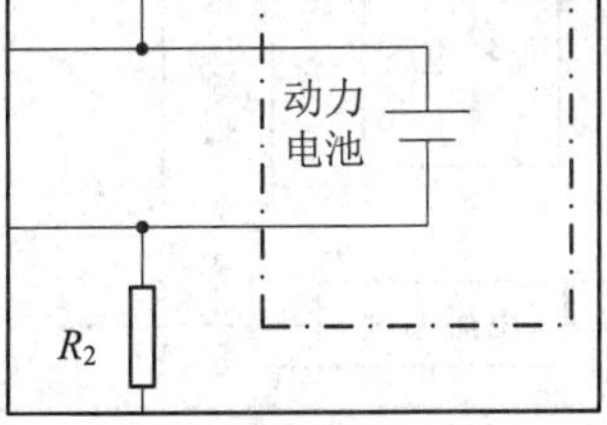

图 5-65 动力电池绝缘电阻简图

动力电池测量如图 5-66 所示。在动力电池绝缘电阻测试前，电动汽车断开高压电，并断开动力电池与驱动电路的连接；然后将 12 V 电气系统的正极与负极从蓄电池上取下并连接到车身地，再断开 RESS 两端与动力驱动电路的连接；最后用内阻大于等于 10 MΩ 的万用表进行测量。选择 SAE J1766 模式，完成自检后可根据仪器提示测量动力电池电压和动力电池正极对电气地、动力电池负极对电气地的电压。最终结果将通过仪器自动计算并显示于屏幕，参见图 5-67。

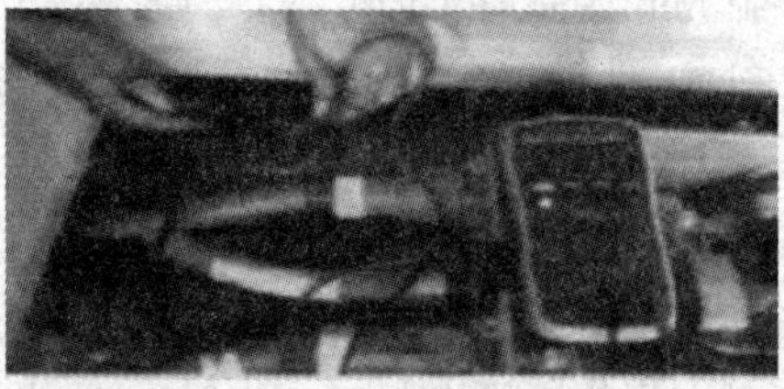

图 5-66　动力电池测量

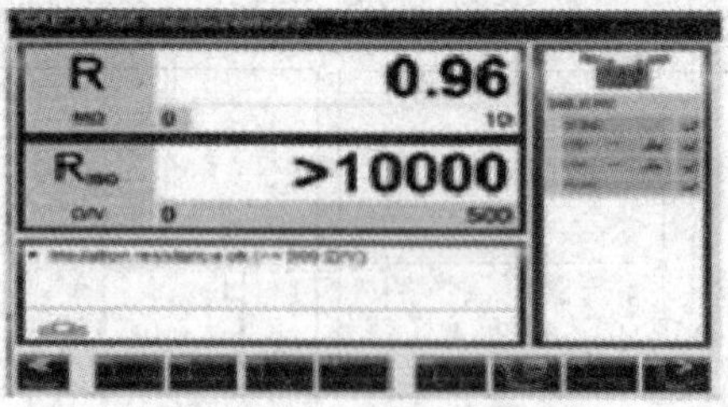

图 5-67　动力电池测量显示界面

2. 动力回路的绝缘电阻测试

除高压电池包外的高压零部件，同样也需要进行绝缘电阻检测。根据 ISO 6469 中的要求，如果交流高压回路采用了双重绝缘或加强绝缘，则其直流高压回路绝缘电阻可降低到 100 Ω/V。目前，整车漏电传感器的一般漏电报警判定值为 500 Ω/V，严重漏电报警判定值为 100 Ω/V。结合 ISO 6469 的要求，通常绝缘电阻的判定值应大于 500 Ω/V。

动力回路的绝缘电阻需要采用系统标称电压的 1.5 倍或 500 V(两者取大者)来完成测量，一般情况下选用绝缘电阻测量仪来进行测量，绝缘电阻测量原理框图如图 5-68 所示。其原理是在实测物体上加上一定的高压，然后测试流过它的漏电流，再换算成绝缘电阻值，由测量工具显示出结果。绝缘电阻测量仪一般由直流高压发生器(测试电压)和漏电流测试器(精密电流表)组成。

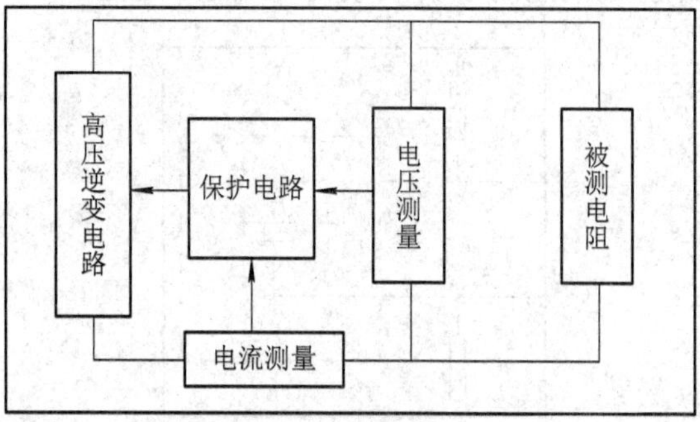

图 5-68　绝缘电阻测量仪原理框图

绝缘电阻测量点选择如图 5-69 所示。电动汽车先断开高压电，接着断开动力电池与驱动电路的连接；然后将 12 V 电气系统的正极和负极从蓄电池上取下并连接到车身地，在高压动力回路上选择合适的测量点，测量该测量点对车身底盘的绝缘电阻。

图 5-69　绝缘电阻测量点选择示意图

动力回路绝缘电阻测量仪如图 5-70 所示，选用 AVL HV Safety 2000 作为测量工具。选择绝缘电阻测量模式，输入标称电压值，测量选定的测量点与车身底盘之间的绝缘电阻值；再断开 RESS 两端与动力驱动电路的连接，将动力直流回路所有单元连接在一起，采用动力系统标称电压的 1.5 倍或 500 V DC 电压，两者取最大值。测量回路与车身地之间的绝缘电阻，测量结果显示如图 5-71 所示。

图 5-70　动力回路绝缘电阻测量仪

图 5-71　动力回路的绝缘电阻测量结果显示

3. 动力回路绝缘耐压测试

测试动力回路与车身地之间的绝缘耐压，具体步骤可参照动力回路绝缘电阻测试。其测试电压采用表 5-3 动力绝缘电阻要求值中Ⅱ类设备的等级。

4. 等电势测试

当汽车发生碰撞等意外时，可能导致高压回路上的组件漏电，在这种情况下，两个不同的组件表面可能存在不相同的电势。如果没有进行等电势连接(电动汽车等电势线如图5-72 所示)，所有能形成等电势电流器件的部分，都应能承受在最长失效时间内的最大电流。当人同时触碰到这两个组件时，会因为电势 U_{AB} 的存在而形成电流 I，对人体造成伤害。根据标准要求，任何电压等级 B 级的电路中，人可触碰到的裸露可导部件之间的等电势电阻值不得大于 0.1 Ω。

图 5-72　电动汽车等电势线

接地电阻测量仪如图 5-73 所示。测量方法为：测试电流最小为 1 A，交流电压小于 30 V 或直流电压小于 60 V，在两个可导部件之间至少持续 5 s 的时间，且测试部分要与其他未测量部分绝缘。测试部件必须包括电压等级 B 级的支架。

图 5-73　接地电阻测量仪

等电势测试中，采用不超过 30 V 的无负载电压的电流源，将 25 A 交流电(至少 1 A)加在等电势的接线上。在等电势电阻测量中，由于所测量的电阻值较小(不得大于 0.1 Ω)，为了得到较为精确的值，AVL HV Safety 2000 采用开尔文四线测量技术，如图 5-74 所示。

在实测电阻的每个测试点引出两条测试线，二者严格分开，各自构成独立回路；在电压回路上，要求要有极高输入阻抗的测试回路，使流过的电流极小，可近似为零。r 表示引线电阻和探针与测试点的接触电阻之和。由于流过测试回路的电流为零，在 r_3、r_4 上的压降也为零，而激励电流 I 在 r_1、r_2 上的压降不影响 I 在被测电阻上的压降，因此电压表可以准确测出 R_t 两端的电压值，从而可以测量出 R_t 的阻值。该测量结果与 r 无关，有效地减少了测量误差。

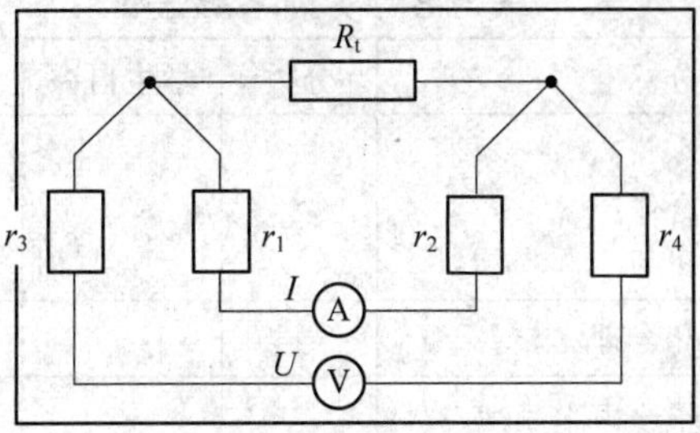

图 5-74　开尔文四线测量方法

五、实训总结

(1) 总结本次课学生学习表现及在小组合作中的表现。
(2) 各小组进行经验分享。
(3) 知识目标检验。要求按照任务完成效果进行考评，参见表 5-7。

表 5-7　知识目标检验表

项目名称		时　间		地　点		
班　级		小组及成员			得分	
序　号	项目	操作内容	规定分	评分标准	扣分记录	得分记录
1	动力电池绝缘电阻测试	先断开高压电； 低压电气系统的两负极从蓄电池上取下并连接到车身地； 断开 RESS 两端与动力驱动电路连接； 用内阻大于等于 10 MΩ 万用表进行测量	35 分	测量顺序操作错误，扣 5 分。 测量前准备工作错误，扣 1～5 分。 测量操作错误，扣 1～10 分		
2	动力系统回路绝缘电阻测试	先断开高压； 低压电气系统的两负极从蓄电池上取下并连接到车身地； 测量回路与车身地之间的绝缘电阻	35 分	测量顺序操作错误，扣 5 分。 测量前准备工作错误，扣 1～5 分。 测量操作错误，扣 1～10 分		
3	等电势	测试电流最小为 1 A； 交流电压小于 30 V(直流电压小于 60 V)，在两个可导部件之间至少持续 5 s 的时间； 测试部分要与其他未测量部分绝缘	30 分	测量顺序操作错误，扣 5 分。 测量前准备工作错误，扣 1～5 分。 测量操作错误，扣 1～10 分		
总分			100 分			

(4) 实训考核。要求按照实训完成情况进行考核，参见表 5-8。

表 5-8　实训考核表

考核项目	分标准	分数	学生自评	小组互评	教师评价	小计
团队合作	是否和谐； 是否分工合作； 是否积极参与					
任务方案	是否正确和合理					
操作过程	动力电池绝缘电阻测试； 动力系统回路绝缘电阻测试					
任务完成情况	是否完成					
工作态度	是否规范和标准					
总分						
教师签名		年　月　日			总分	

训练四　电动汽车高压系统漏电故障的检测与排查步骤

一、实训目的

(1) 高压系统漏电故障种类。

(2) 检查和诊断程序。

(3) 排查步骤。

(4) 确定故障及排除。

二、实训准备工作

(1) 防护装备：绝缘防护装备。

(2) 车辆、台架和总成：纯电动汽车以及混合动力汽车。

(3) 专用工具和设备：万用表、放电工具及绝缘胶带。

(4) 手工工具：绝缘拆装工具。

(5) 辅助材料：无。

三、实训注意事项

整个电动汽车的高压部件为高压电池、电机及控制系统、车载充电机、PTC 加热器、电动压缩机及高压回路。

(1) 出现故障时，如何安全排查和排除。

(2) 必要时，可协助其他组员完成实训。

(3) 每个小组在规定的 60 min 内完成实训。

1. 故障说明

当出现交流输入电压过高、两路直流高压检测偏差过大、内部母线电压过高、高压输出过压、高压输出过流、高压输出短路等高压故障时，需要排除及分析其成因。

2. 梳理高压系统

当出现上述任何一种高压故障时，首先要分析清楚电动汽车的高压系统关联电路，其电路框图如图 5-75 所示。

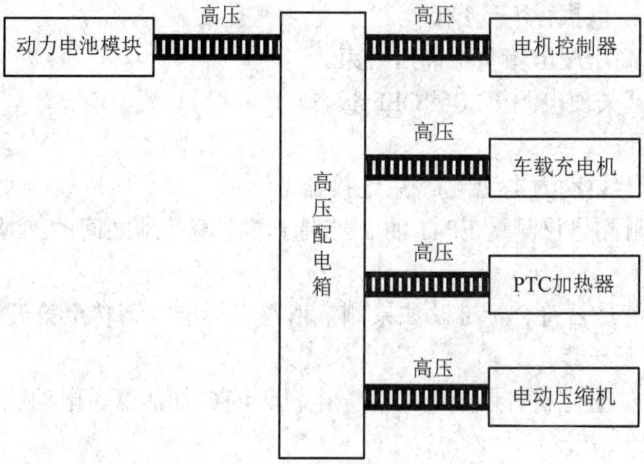

图 5-75　高压系统关联电路框图

3. 检测与排除、诊断程序

第一步　检查高压配电箱正极高压线束。

(1) 操作启动开关使电源模式至 OFF 状态。

(2) 拆卸维修开关。

(3) 断开直流母线(动力电池侧)线束连接器 EP41，参见图 5-76。

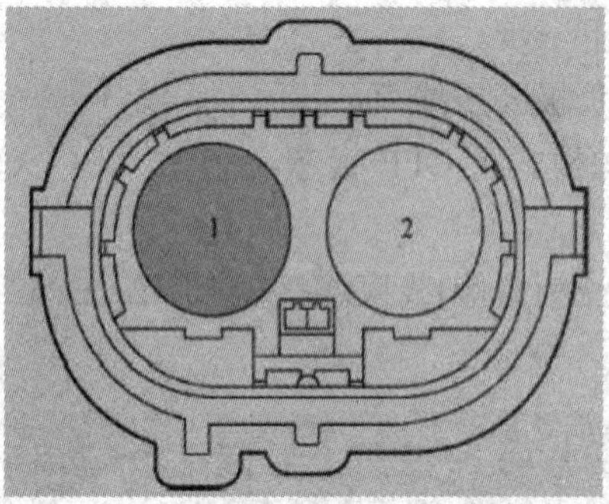

图 5-76　EP41 接动力电池线束连接器

(4) 用绝缘电阻测量仪测量 EP41 的 1 号端子与车身接地之间的绝缘电阻。标准电阻值大于等于 20 MΩ。

(5) 确认测量值是否符合标准。如果测量值符合标准，请转至第三步；如果测量值不符合标准，请执行下一步。

第二步　依次检查电机控制器、车载充电机、PTC 加热器、电动压缩机、充电接口正极对地电阻。

(1) 操作启动开关使电源模式至 OFF 状态。

(2) 拆卸维修开关。

(3) 用绝缘电阻测量仪依次检查电机控制器、车载充电机、PTC 加热器、电动压缩机、充电接口正极与车身接地之间的绝缘电阻。标准电阻值大于等于 20 MΩ。

注意：测量时其他零部件均断开高压接插件。

(4) 确认测量值是否符合标准。如果测量值不符合标准，请修理或更换故障部件；如果测量值符合标准，请执行下一步。

第三步　检查高压配电箱负极高压线束。

(1) 操作启动开关使电源模式至 OFF 状态。

(2) 拆卸维修开关。

(3) 断开直流母线(动力电池侧)线束连接器 EP41。

(4) 用绝缘电阻测量仪测量 EP41 的 2 号端子与车身接地之间的绝缘电阻。标准电阻值大于等于 20 MΩ。

(5) 确认测量值是否符合标准。如果测量值符合标准，请转至第五步；如果测量值不符合标准，请执行下一步。

第四步　依次检查电机控制器、车载充电机、PTC 加热器、电动压缩机、充电接口负极对地电阻。

(1) 操作启动开关使电源模式至 OFF 状态。

(2) 拆卸维修开关。

(3) 用绝缘电阻测试仪依次检查电机控制器、车载充电机、PTC 加热器、电动压缩机、充电接口负极与车身接地之间的绝缘电阻。标准电阻值大于等于 20 MΩ。

注意：测量时其他零部件均断开高压接插件。

(4) 确认测量值是否符合标准。如果测量值不符合标准，请修理或更换故障部件；如果测量值符合标准，请执行下一步。

第五步　检查动力电池负极高压线束。

(1) 操作启动开关使电源模式至 OFF 状态。

(2) 拆卸维修开关。

(3) 断开直流母线(高压控制盒侧)线束连接器 EP42，EP42 接高压控制盒线束连接器如图 5-77 所示。

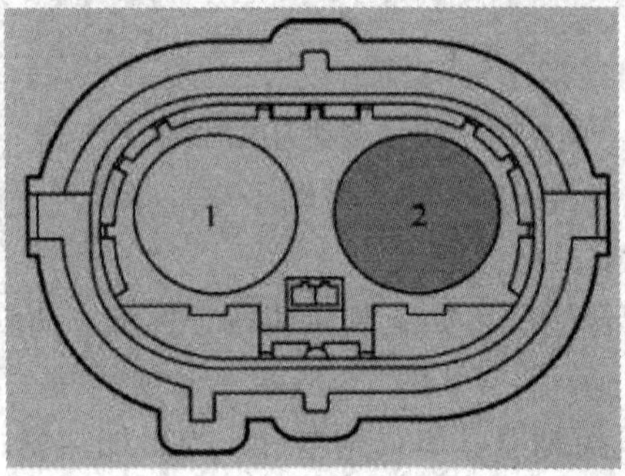

图 5-77　EP42 接高压控制盒线束连接器

(4) 用绝缘电阻测试仪测试 EP42 的 2 号端子与车身接地之间的绝缘电阻。标准电阻值大于等于 20 MΩ。

(5) 确认测量值是否符合标准：如果测量值符合标准，请转至第七步。如果测量值不符合标准，请执行下一步。

第六步　检查动力电池负极高压线束。

(1) 操作启动开关使电源模式至 OFF 状态。

(2) 拆卸维修开关。

(3) 断开直流母线(高压控制盒侧)线束连接器 EP42。

(4) 用绝缘电阻测试仪测试 EP42 的 1 号端子与车身接地之间的绝缘电阻。标准电阻值大于等于 20 MΩ。

(5) 确认测量值是否符合标准。如果测量值不符合标准，请修理或更换线束；如果测量值符合标准，请执行下一步。

第七步　更换动力电池。

(1) 操作启动开关使电源模式至 OFF 状态。

(2) 断开蓄电池负极电缆。

(3) 更换动力电池。

(4) 确认高压故障排除。

第八步　诊断结束。

各组编写实验报告，分析高压故障产生原因，描述安全操作要领及步骤，写出实验总结。

项目小结

(1) 了解维修开关的位置和作用。

(2) 了解维修开关使用时的注意事项。

(3) 了解高压安全上电与下电的目的和原理。

(4) 正确描述电动汽车高压漏电检测的目的和方法。

(5) 了解电动汽车驾驶与操作安全。

(6) 掌握高压和高温部件的安全事项。

(7) 了解解码器的功能。

思考与练习

一、填空题

1. 电动汽车的维修安全主要是防止__________、__________。

2. 通过手动操作断开高压电的方式有两种：一是操作_____________，使挡位切换至 OFF 挡；二是操作_____________。

3. 只有在__________、__________等特殊情况时才使用维修开关。

4. 高压断电目的是避免维修人员对车辆进行维修时____________。

5. 控制单元通过接触器切断位于动力蓄电池与__________用电部件的连接后，整车除动力蓄电池外，其他高压用电设备上就不再有高电压。

6. 电动汽车在点火前需检查__________是否在合理范围内。

7. 对电动汽车_______、_______、_______以及_______等部位的漏电检测，就是防止高压电外泄造成的人员或是物品的伤害和损失，保证电气设备正常工作和车辆的安全运行。

8. 通过检测动力电池组系统的____________，判定动力电池组系统状态是否漏电。

二、不定项选择题

1. (　　)情况下，高压系统将关闭高电压。

A. 起动车辆　　B. 发生严重碰撞

C. 关闭点火开关　　D. 发生漏电

2. 为防止维修人员触电，在车辆高压系统上会设置(　　)部件用于解除高压。

A. 维修开关　　B. 熔断丝　　C. 继电器　　D. 点火开关

3. 高压车辆的连接器上设计的互锁开关用于(　　)。

A. 防止维修人员触电　　B. 监测高压连接器是否被断开

C. 锁止开关，不让任何人打开　　D. 以上都不对

4. 对高电压车辆维修前，需要执行(　　)。

A. 高电压中止与检验　　B. 关闭点火开关

C. 断开蓄电池负极　　D. 检验被维修部件

5. 手动维修开关用于(　　)。

A. 切断动力电池中连接回路　　B. 维修车辆底盘用

C. 切断驱动电机电源　　D. 手动维修充电器用

6. 新能源汽车高电压存在的形式有(　　)。

A. 一直存在　　B. 点火开关打开时存在

C. 充电期间存在　　D. 一直不存在

7. 漏电检测结果，绝缘电阻值若小于(　　) Ω/V，则判断为漏电，需返回制作厂商进行修理。

A. 300　　B. 500　　C. 50　　D. 1000

三、判断题 (正确请打 √，错误请打×)

1. 手动开关被断开，动力电池内的电池及其连接电路仍然在串联的位置还具有高电压。(　　)

2. 拆下维修开关后，就可以继续对车辆进行高电压检验操作。(　　)

3. 电动汽车的动力蓄电池持续存在高电压。(　　)

4. 当点火开关 ON 挡时，高电压压缩机就会存在高电压。(　　)

5. 逆变器在运行期间就会存在高电压。(　　)

6. 电动汽车不要长时间放置于潮湿、高温、阳光暴晒等环境下，停车尽量选取遮阳，或者通风性良好的位置。(　　)

7. 电动汽车出现高压漏电故障不影响车辆的使用。(　　)

四、简答题

1. 维修开关的作用是什么?
2. 简述维修开关的操作要求。
3. 简述高压互锁的功能。
4. 简述电动汽车起步前操作注意事项。
5. 简述高压漏电检测原理。

五、实训展示作业

1. 训练二实操展示作业

展示 1：动力电池漏电检测操作注意事项有哪些?

展示 2：如何断开和闭合维修开关?

展示 3：提问动力电池检测数据，最终检测结果如何?

展示 4：操作中遇到的最大问题是什么？是如何解决的?

2. 电动汽车漏电检测方法

学习任务六布置——结合教材内容，独立完成学习任务六的作业。

要求：

(1) 完成时间：25 min。

(2) 随机提问表 5-9 中作业，回答结果记入个人平时成绩。

表 5-9　随机提问表格作业

序号	学 习 内 容	学习理解描述
1	动力电池漏电检测哪个部位	
2	动力电池漏电检测的目的是什么	
3	如何检测判断动力电池是否漏电	
4	画出题 T300 漏电传感器电路图并标注各针脚含义	
5	如何检测电动汽车高压线是否漏电	

3. 技能训练

针对以下情况，电动汽车安全驾驶和操作时的注意事项有哪些?

(1) 开车前检查。

(2) 行驶中维护检查。

(3) 收车后维护。

(4) 雨/雪天气行车。

(5) 高温天气及陡坡、转弯发生爆胎。

(6) 车辆制动系统失灵。

实训项目六　电动汽车充电安全

项目分析

电动汽车的使用已经越来越普遍，在大街小巷都能看到其快捷穿梭的身影。电动汽车在使用一段时间后就要充电，动力电池相当于它的心脏，要是在充电时不注意安全，就相当于不小心踩到了雷区，不仅会使动力电池寿命缩短，而且还会对人身安全构成威胁，因此，在对电动汽车充电时应按照安全注意事项进行。本项目主要介绍电动汽车充电的安全知识，以避免充电时发生不安全事故。

本项目需要完成的任务涉及以下内容：

(1) 动力电池充电安全注意事项。

(2) 充电时高压安全技术和充电管理。

(3) 纯电动汽车充电系统的标准及充电连接器的标准。

知识目标

(1) 掌握动力电池充电安全使用时的注意事项。

(2) 熟悉动力电池高压安全及充电安全的原理。

(3) 熟悉纯电动汽车充电系统的标准。

(4) 了解纯电动汽车充电口标准。

能力目标

(1) 能够对动力电池进行安全充电。

(2) 掌握交流与直流充电方式和方法。

任务一　纯电动汽车充电技术及安全模式

任务目标

电动汽车普及应用的关键前提是：必须有方便、快捷的充电设施和服务。电动汽车电池充电是一个相对比较复杂的过程，充电过程中，电能转化为化学能在电池的正、负两极形成材料堆积。通过本任务的学习使学生知道，在使用电动汽车之前，应熟悉充电桩(机)的组成及工作原理，了解纯电动汽车充电时的安全模式。

知识链接

电池的构造特性使得在充电的过程中，随着电池电量的不断提升，电池正、负极两端的电压也随之上升，充电电流的大小由充电机输出电压与电池电压的压差决定，而充电设施系统本身将具有其安全属性的应用解决方案，涉及充电方式、充电系统构成和充电安全模式等。

提出任务：电动汽车充电模式与技术有哪些？充电时需要注意哪些安全问题？

一、充电技术

电池组的整体电阻相对很小，如果固定充电电压，在电池充电初期，电池电压较低，充电压差较大，这时充电电流会非常大，会导致电池过热甚至电池损伤。在电池电量不断上升之后，电池电压逐渐升高，充电压差不断缩小，会导致充电电流很小，无法满足充电要求。因此，这就需要对充电过程要有一个合理的充电安排。电动汽车充电参见图 6-1。

图 6-1　电动汽车充电

1. 充电系统介绍

1) 充电系统功能介绍

电动汽车充电系统如图 6-2 所示。充电系统从功能上可分为快充、慢充、低压充电、制动能量回收四项。

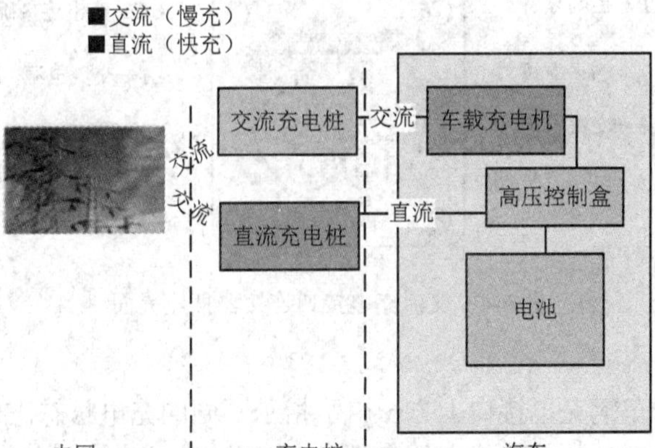

图 6-2　电动汽车充电系统示意图

(1) 快充功能组成：① 直流充电口；② 动力电池。

(2) 慢充功能组成：① 交流充电口；② 交流充电插座；③ 交流充电插头；④ 动力电池；⑤ 车载充电机。

(3) 低压充电功能组成：① 12 V 铅酸蓄电池；② 电机控制器；③ 分线盒；④ 动力电池。

(4) 制动能量回收功能组成：① 制动开关；② 动力电池；③ 驱动电机；④ 整车控制器；⑤ 高压线束。

2) 充电接口

电动汽车上都设计有交流充电口(慢充充电口)和直流充电口(快充充电口)，如图 6-3 所示。有的电动汽车交流充电口、直流充电口都安装在车身左后侧；有的电动汽车交流充电口安装在车身左后侧，而直流充电口安装在车前。充电时，根据选择的充电类型，连接交流充电插头或者直流充电插头到相应的充电插座，在确认连接正确后可开始充电。充电口连接后形成检测回路，当出现连接故障时，系统可以检测该故障。交流充电接口连接器插座界面参见图 6-4。

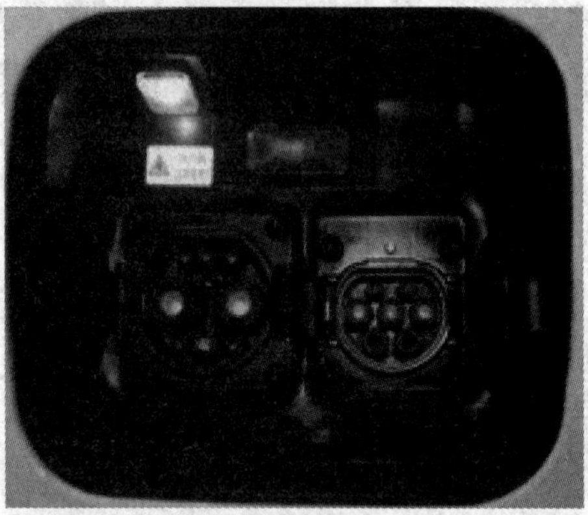

图 6-3　快充和慢充充电口

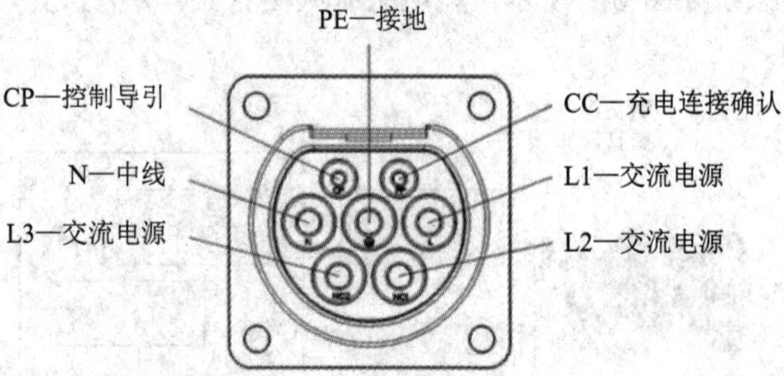

图 6-4　交流充电接口连接器插座界面

3)　充电指示灯

充电指示灯位于车辆充电接口上方，用于指示不同的充电状态。任意的电源挡位，当辅助控制模块收到 BMS 的充电状态信息时，可驱动充电指示灯工作，显示充电状态，参见表 6-1。

表6-1　充电指示灯

指示灯颜色	动　作	定　义
	熄灭	未充电
绿色	常亮15 min	充电完成
绿色	闪烁(1 Hz)	正在充电
红色	常亮15 min	充电故障

“正在充电”状态显示为即时显示；“充电完成”和“充电故障”显示为延时关闭，即收到相应的状态信号时显示相应的状态15 min后自动熄灭，期间若充电状态变化(如由“充电故障”变为“正在充电”状态)则立即切换为相应的状态。充电指示灯由BMS信号提供给辅助控制模块(ACM)，ACM控制指示灯状态，参见图6-5。

图6-5　ACM控制充电指示灯

4) 充电口照明灯控制方式

充电照明灯为白色，直接由辅助控制模块(ACM)控制。

当高压电池处于未充电的状态时，充电口盖打开，ACM立即驱动充电口照明灯工作3 min，工作期间检测到充电枪插入3 s后停止驱动或充电口盖关闭，则立即停止驱动充电口照明灯。

充电口照明灯控制方式如图6-6所示。当充电口盖为打开状态，车门状态由关闭变为打开状态，辅助控制模块立即驱动充电口照明灯工作 3 min；工作期间当高压电池转变为充电状态3 s后停止驱动或充电口盖关闭，则立即停止驱动充电口照明灯。

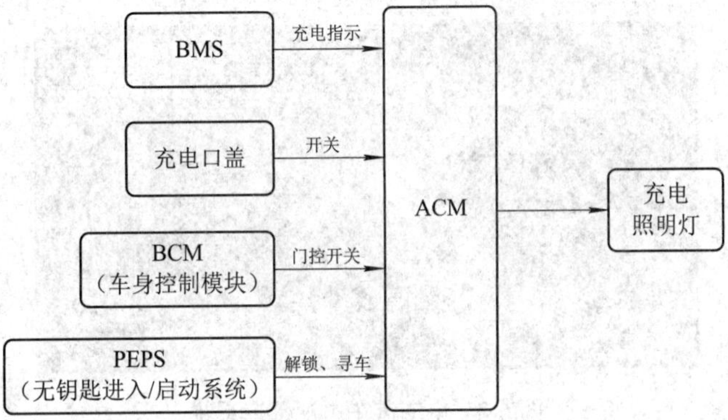

图6-6　充电口照明灯控制方式

2. 充电整体系统

充电整体系统由四部分组成：电动汽车充电桩(栓)、充电机控制器与集中器、电池管理系统(BMS)、充电服务管理平台。

1) 电动汽车充电桩(栓)

如图 6-7 所示。电动汽车充电桩其控制电路主要由嵌入式 ARM 处理器完成，用户可自助刷卡进行用户鉴权、余额查询、计费查询等；它也可提供语音输出接口，实现语音交互。用户可根据液晶显示屏指示选择四种充电模式：按时计费充电、按电量充电、自动充满、按里程充电等。

图 6-7　电动汽车充电桩

2) 电动汽车充电机控制器与集中器

电动汽车充电机控制器与集中器是利用 CAN 总线进行数据交互的，集中器与服务器平台利用有线互联网或无线 GPRS(通用无线分组业务)网络进行数据交互。为了安全起见，电量计费和金额数据实现安全加密。

3) 电动汽车电池管理系统

电动汽车电池管理系统的主要功能是监控电池的工作状态(电池的电压、电流和温度)、预测动力电池的电池容量(SOC)和相应的剩余行驶里程，进行电池管理以避免出现过放电、过充、过温和单体电池之间电压严重不平衡现象，最大限度地利用电池存储能力和循环寿命。电动汽车电池管理系统参见图 6-8。

图 6-8　电动汽车电池管理系统

4) 电动汽车充电服务管理平台

电动汽车充电服务管理平台功能如图 6-9 所示。该充电服务平台主要有三个功能：充电管理、充电运营和综合查询。充电管理对系统涉及的基础数据进行集中式管理，如电动汽车信息、电池信息、用户卡信息、充电桩(栓)信息；充电运营主要对用户充电进行计费管理；综合查询是指对管理及运营数据进行综合分析和查询。

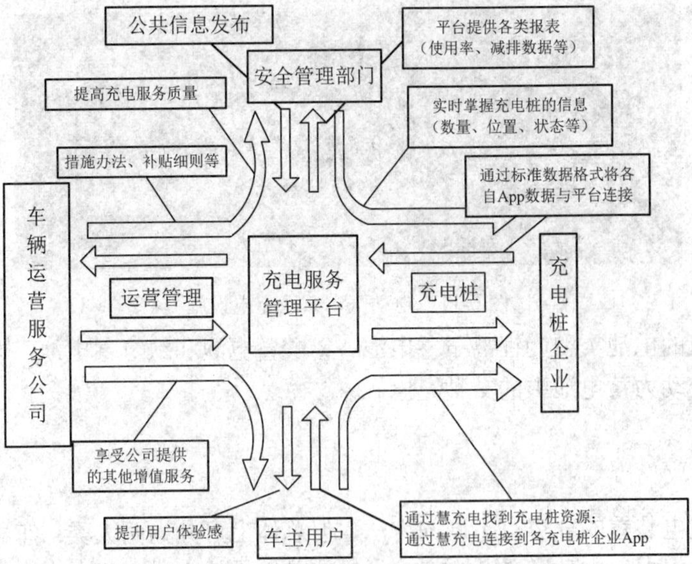

图 6-9　电动汽车充电服务管理平台功能

3. 电动汽车充电机的分类

电动汽车充电机一般分为直流充电机和交流充电机。

1) 直流充电机

电动汽车直流充电设施如图 6-10 所示。直流充电机是指采用直流充电模式为电动汽车动力蓄电池总成进行充电的充电机。直流充电模式是以充电机输出的可控直流电源直接对动力蓄电池总成进行充电。

图 6-10　电动汽车直流充电设施

2) 交流充电机

电动汽车车载充电设施如图 6-11 所示。交流充电机是指采用交流充电模式为电动汽车动力蓄电池总成进行充电的充电机。交流充电模式是以三相或单相交流电源向电动汽车提供充电电源。交流充电模式的特征是：充电机为车载系统。

图 6-11　电动汽车车载充电设施

充电机适应的电池类型为锂离子蓄电池、铅酸蓄电池和镍氢蓄电池，即充电机至少能为以上三种类型动力蓄电池中的一种充电。

二、充电方式

电动汽车充电装置的分类有不同的方法，但总体上可分为两大类：车载充电装置和非车载充电装置。根据对电动汽车蓄电池充电时能量转换的方式不同，电动汽车充电装置又可以分为接触式和感应式。根据电动汽车充电方式的不同，可将其分为常规充电、快速充电、更换电池充电、无线充电、移动式充电等五种方式。

1. 常规充电

图 6-12 所示的常规充电(俗称慢充)，是采用恒压、恒流的传统充电方式对电动汽车进行充电的，又称为车载充电，即采用随车配备的便携式充电设备进行充电，可使用家用电源或专用的充电桩电源。现在电动汽车基本采用这种充电方式，如使用车载充电机和家用壁挂式充电桩进行充电。这种充电方式的充电时间比较久，充电电流大约为 16 A～32 A。充电电流可以是直流或者两相交流电和三相交流电，因此视电池组容量大小其相应的充电时间为 5 h～8 h。小型充电站是一种重要的对电动汽车充电的方式，这类充电站中的充电机设置在街边、超市、办公楼停车场等处。

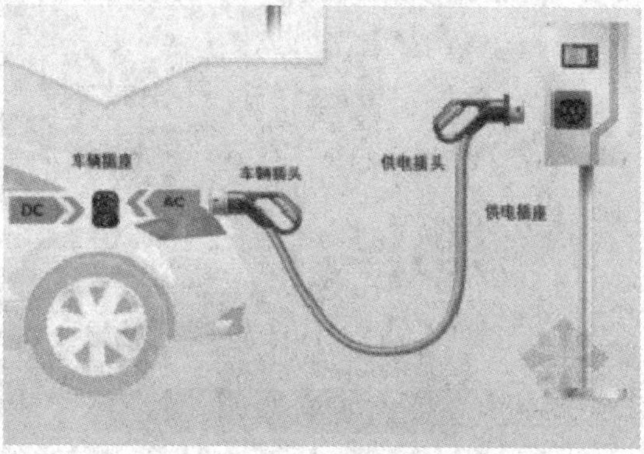

图 6-12　常规充电

常规充电方式的缺点非常明显，就是充电时间较长；但优点是其对充电的要求并不高，充电设施和安装成本较低，可充分利用电力低谷时段进行充电，降低充电成本。常规充电方式更为重要的优点是可对电池深度充电，提升电池充/放电效率，延长电池寿命。由于常规充电方式的充电时间较长，因此可大大满足白天运作、晚上休息的车辆充电需求。

2. 快速充电

电动汽车快速充电(简称快充)如图 6-13 所示。这种充电方式是以 150 A～400 A 的高充电电流在短时间内为蓄电池完成充电。相对于常规充电方式而言，快速充电方式的成本要高。快速充电又被称为迅速充电或者应急充电，其目的就是保证电动汽车在短时间快速充满电。

图 6-13　电动汽车快速充电

快速充电顾名思义为能快速充满电的充电方式，通过非车载充电机采用大电流给电池直接充电，使电池在短时间内可充至 80%左右的电量。快速充电方式的电流和电压一般分别在 150 A～400 A 与 200 V～750 V，充电功率大于 50 kW。快速充电方式多为直流供电方式，地面的充电机功率大，输出电流和电压变化范围宽。

快速充电一般多用在大型充电站，其充电方法是采用脉冲快速充电。快速充电的最大优点为充电时间大为缩短，且可增加适当的电池容量，提高启动性能。其缺点是脉冲充电电流较大，充电设备安装要求和成本非常高。另外，快速充电的电流电压较高，短时间内对电池的冲击较大，容易使电池的活性物质脱落和造成电池发热，因此对电池保护与散热方面有更高的要求，并不是每款车型都可快速充电的。无论电池设计多么完美，长期快速充电终究会影响电池的使用寿命。从总体使用层面来说，并不建议常使用快速充电方式进行充电，而且快速充电方式仅有部分车型支持。

3. 更换电池充电

将电池组从电动汽车上更换下来的方式有三种：纯手动形式、半自动形式和机械人更换，分别如图 6-14～图 6-16 所示。更换电池充电技术主要是在蓄电池电量耗尽时，用充满电的电池更换已经耗尽电量的电池，更换下的蓄电池回归服务站，电动汽车只需要在行驶时租借电池即可。

图 6-14　纯手动形式更换电池

图 6-15　半自动形式更换电池

图 6-16　机械人更换电池

更换电池充电又称为机械充电，除了常规的直接给车辆充电外，还可以采用更换动力电池的方式给电池充电。即在动力电池电量耗尽时，用充满电的电池组更换电量过低的电池组。

更换电池集成了常规充电方式和快速充电方式的优点。使用更换电池充电方式面临的最大限制是各大厂商需要统一的电池规格、大小等标准，并且无法保证每块电池组的性能一致，从而制约其发展。

4. 无线充电

无线充电如图 6-17 所示。无线充电方式即无需通过电缆来传递能量，采用电磁感应、电场耦合、磁共振和无线电波等方式进行能量的传递。这种充电方式的原理就像在车里使用移动电话，将电能转化成一种特殊的激光或者是微波束，在车顶安装一个专用的天线接收即可。

图 6-17　无线充电

采用无线充电方式，首先需要在车上安装车载感应充电机。车辆的受电部分与供电部分没有机械连接，但需要受电体与供电体对接较为准确。无线充电方式示意图参见图 6-18。

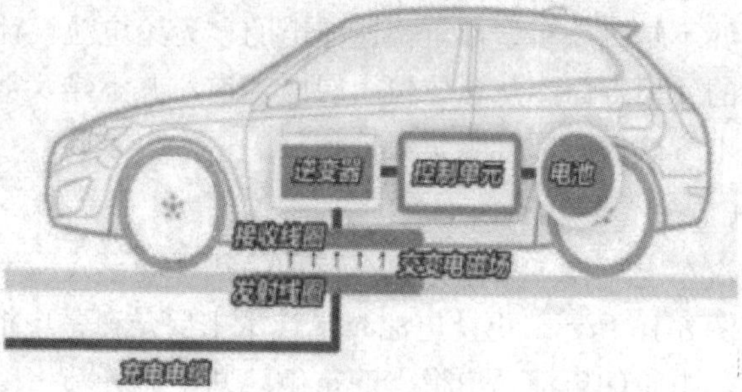

图 6-18　无线充电方式示意图

受制于技术成熟度和基础设备的限制，无线充电技术暂时还无法大批量应用。业内主流的无线充电技术主要采用电磁感应和磁共振方式传递电能，但磁共振方式充电效率更加高，而且电磁辐射强度更低，比手机通话时强度要小。更重要的一点是，送电线圈与受电线圈无需非常“对齐”，这一点是电磁感应方式所不及的。

5. 移动式充电

对电动汽车蓄电池而言，最理想的情况是汽车在路上巡航时充电，即所谓的移动式充电(MAC)，如图 6-19 所示。移动式充电方式是最理想的充电方式，由于该充电方式是在汽车巡航时就能给汽车充电，因此车主就没必要去寻找充电桩、停放车辆并花费时间去充电。

图 6-19　移动式充电

使用移动式充电方式充电时需要 MAC 系统。MAC 系统埋设在一段路面之下，即移动式充电区(MAC 区)，参见图 6-20，不需要额外的空间。接触式和感应式的 MAC 系统都是可行的。对于接触式的 MAC 系统而言，需要在车体的底部装一个接触拱，通过与嵌在路面上的充电元件相接触，接触拱便可获得瞬时高电流。当电动汽车巡航通过 MAC 区时，其充电过程为脉冲充电。对于感应式的 MAC 系统，车载式接触拱由感应线圈所取代，嵌在路面上的充电元件由可产生强磁场的高电流绕组所取代。很明显，由于受到机械损耗和接触拱的安装位置等因素的影响，接触式的 MAC 对人们的吸引力不大。而且这种充电方式的成本巨大，目前仍处在理论研究阶段，但是其应用前景十分广阔。

图 6-20　移动式充电区

三、电动汽车充电过程

电池的充电过程通常可分为预充电、快速充电、补足充电和涓流充电。

1. 预充电

对长期不用的电池或新电池充电时，一开始就采用大电流的快速充电会影响电池的寿命。因此，针对这种电池应先用小电流充电，使其满足一定的充电条件，这个阶段称为预充电。

2. 快速充电

快速充电就是用大电流充电，使电池电能迅速恢复。快速充电速率一般在 1 C 以上，其充电时间由电池容量和充电速率决定。快速充电分为恒流充电和脉冲充电两种。恒流充电就是以恒定电流对电池充电。脉冲充电则是首先用脉冲电流对电池充电，然后让电池放电，如此循环。

3. 补足充电

采用某些快速充电放法对电池充电时，快速充电终止后，电池并未充足电。为了保证电池充入 100 %的电量，还应加入补足充电过程。补足充电速率一般不超过 0.3 C。

4. 涓流充电

在补足充电过程中，电池温度会继续上升，当该温度超过规定的极限时，充电器转入涓流充电状态。为保证电池充电不过充，可以采用定时控制、电压控制和温度控制的综合控制法。

任务二　充电时的高压安全技术及安全管理

任务目标

受益于新能源汽车应用的快速增长，我国电动汽车充电设施行业将会有巨大的发展空间，同时也带动产业链上各个环节飞速发展，如整车、电机、蓄电池及充电桩等领域。其中，充电环节对电动汽车的广泛使用起着至关重要的作用。随着电动汽车逐渐得到普及，在这一过程中许多的问题也会凸显，其中，电动汽车充电时的安全问题便是其中之一。本任务要求学生了解电动汽车充电时的高压安全技术及安全管理。

知识链接

充电系统为电动汽车运行提供能量补给，是电动汽车的重要基础支撑系统，因此充电环节对电动汽车的广泛使用起着至关重要的作用。但每一种充电方式都有明显短板，无论何种充电方式，最终的目的是让车辆可以更高效地行驶更远的路程。充电时的高压安全技术及安全管理非常重要，掌握电动汽车交流直流充电方式，了解电动汽车高压充电安全技术，认知电动汽车充电安全运行监控和电动汽车安全充电操作注意事项等是非常必要的。

提出任务：知道电动汽车充电时应该如何进行安全操作吗？充电时需要做到哪些注意事项呢？怎样做才能保障电动汽车车主在充电过程中的安全呢？

一、电动汽车充电安全操作

1. 充电前准备

充电插座检查如图 6-21 所示。充电前的准备工作一般需要完成以下步骤：

(1) 安全防护用具的准备与检查。

(2) 充电插座的检查，包括外观及绝缘部分的检查。

(3) 确保电源关闭。

(4) 确认功率电压/电流等参数正确。

(5) 保证车辆停放位置正确且固定。

(6) 在操作过程中有监护。

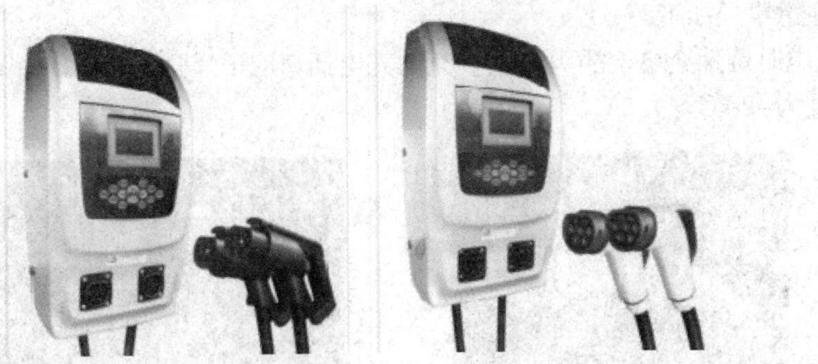

(a) 外观检测　　(b) 绝缘检测

图 6-21　充电插座检查

2. 充电机的检查

充电口与充电显示检查如图 6-22 所示。充电机的检查一般需要完成以下步骤：

(1) 接触器、液晶显示屏检查。

(2) 充电桩、车辆的连接插头检查。

(3) 确认功率是相匹配的。

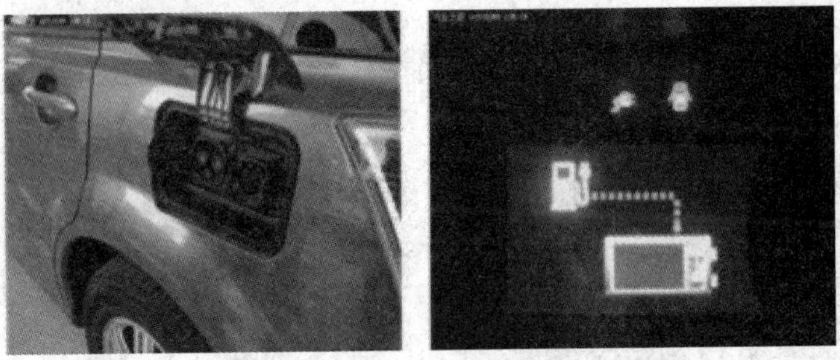

(a) 充电口　　(b) 充电显示

图 6-22　充电口与充电显示检查

3. 高压充电操作

在进行高压电池包充电时，应确保启动按钮处于关闭状态。当车辆处于运行和启动按钮打开时，车辆是无法完成充电的。如图 6-23(a)所示，禁止同时使用快充和慢充两种充电方式进行充电。EV160 的快充口与慢充口参见图 6-23(b)、(c)。

(a) 禁止同时使用　　(b) EV160 的快充口　　(c) EV160 的慢充口

图 6-23　禁止同时使用快充和慢充

充电注意事项如下：

(1) 充电时确保充电枪插头、快/慢充的充电插口应干燥且无杂质，如图 6-24 所示。推荐充电温度为−20℃～+55℃。

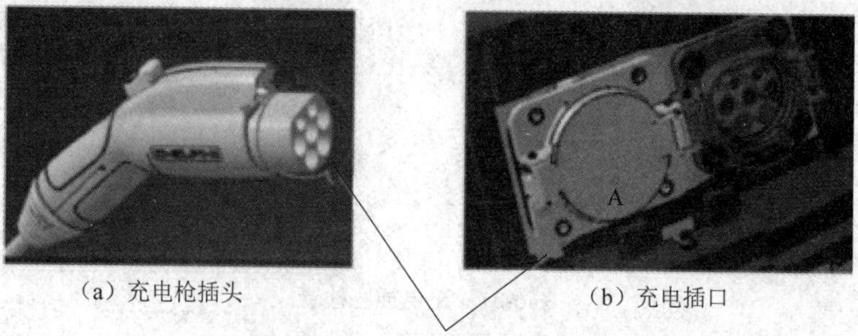

（a）充电枪插头　（b）充电插口

确保干燥!

图 6-24　充电时确保充电插口和充电枪插头干燥

(2) 电动汽车采用交流电路和电源插座(16 A 插座)进行充电时，不允许使用外接转换接头和插线板等，且应确保 16 A 电源插座接地良好。专用交流电路是为了避免线路破坏或者由于给动力电池充电时的大功率导致线路跳闸保护，如果没有使用专用线路，可能影响线路上其他设备的正常工作。

(3) 使用充电柜快速充电时，应避免乘员在车内停留，如图 6-25 所示，且不要打开行李舱取放物品。

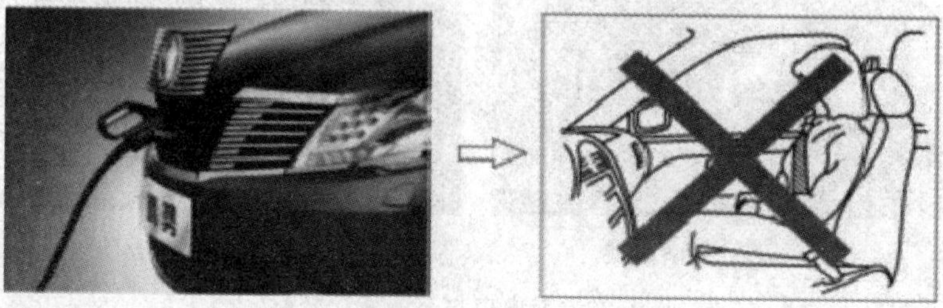

图 6-25　快充时避免乘员在车内停留

(4) 充电时容易对植入了心脏起搏器和心血管除颤器人群造成伤害，应注意避免此类人群接近。

(5) 车辆在进行充电时，车辆将无法驾驶，如图 6-26 所示，严禁强行驾驶车辆。

(a) 充电状态 1　(b) 充电状态 2

图 6-26　车辆充电时严禁驾驶车辆

(6) 充电机插头联锁装置或保护装置的操作连接正常，以保证插销处于带电不可插或拔状态。

(7) 充电电压、充电电流和电池温度处于正常范围。

二、电动汽车高压充电安全技术

通过以上介绍可知，快充通常指的是直流充电，慢充通常指的是交流常规充电。电动汽车充电的快慢与充电机功率、电池充电特性和温度等紧密相关。电动汽车逐渐得到普及，在这一过程中也凸显了许多的问题，其中电动汽车充电时的安全问题便是其中之一。近几年来，电动汽车充电时发生的安全事故层出不穷，遍及世界各地。因此掌握高压安全充电技术及安全充电管理是非常必要的。

充电的定义　把电网中交流电的标准电压和频率转变成可调的电压/电流水平，然后以受控的方式(如通过充电桩)将能量传到电动汽车的动力电池组及车载的电气设备中，这一过程被称为充电。

针对电动汽车充电技术，有哪些高压安全技术和安全管理呢？

1. 直流充电桩

直流充电桩如图 6-27 所示。直流充电桩是指固定安装在电动汽车外的充电机且与交流电网连接，为电动汽车提供直流电源的供电装置。它的直流充电电压一般都是大于电池额定电压的。

图 6-27　直流充电桩

下面举例说明。比亚迪秦的电池电压为 400 多伏，那么直流充电电压就必须达到 500 V 以上，直流充电速率一般采用 1 C 充电，比亚迪秦动力电池的容量为 13 kW · h，故直流充电电流应为 32.5 A，可得到快充功率约为

$$P = UI = 500 \times 32.5 = 16.25\ \text{kW}$$

直流充电桩由桩体、电气模块、计量模块等组成。桩体包括外壳和人机交互界面，在直流充电桩的内部安装有电气模块和计量模块等部件，直流充电桩内部结构示意图如图 6-28 所示。

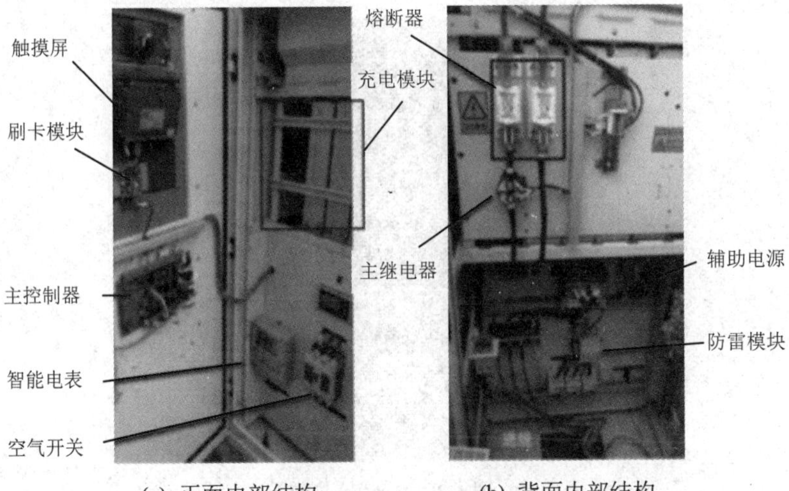

(a) 正面内部结构　(b) 背面内部结构

图 6-28　直流充电桩内部结构示意图

直流充电桩工作原理如图 6-29 所示。直流充电桩通过 DC/AC 逆变模块和 AC/DC 整流模块将外界交流电转化成直流电后为动力电池充电。

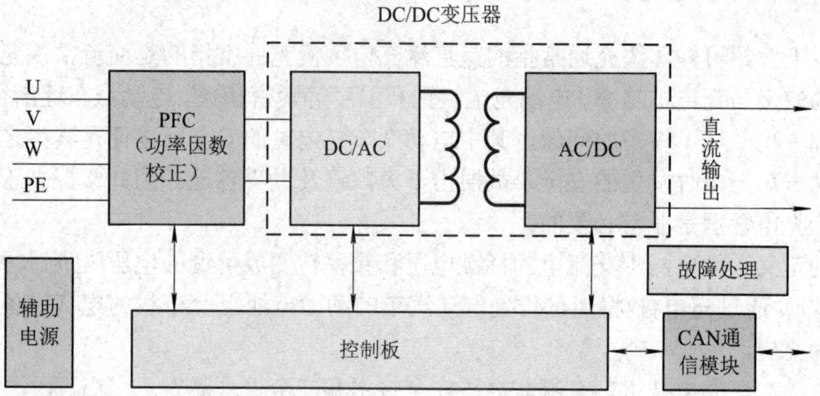

图 6-29　直流充电桩工作原理

对电动汽车高压电安全充电保护的执行要点是在接通充电前，首先通过 CAN 总线进行充电状况通信对接，确保高压电源等的运行安全以及高压电的接通必须具备既定的先决条件，符合要求后才进行安全充电。另外还有基于外部故障诊断的自动断开和被动断开安全保护。

2. 交流充电桩

交流充电桩如图 6-30 所示。交流充电桩为电动汽车的慢充提供电网的电能。慢充一般指的是可以插在家庭的 220 V 交流电插座上进行充电。由于电池是不能接受交流充电的，因此由车载充电机先将 220 V 的交流电转换为直流电，再升压到电池的充电电压，如 500 V 直流电，再用该 500 V 的直流电向电池充电。由于一般的家庭 220 V 交流电的插座额定电流为 10 A 或 16 A，为了安全起见，慢充的充电电流一般会小于 16 A，若按照 15 A 的标准计算，则慢充的最大充电功率约为

$$P = UI = 220 \times 15 = 3.3\ \text{kW}$$

图 6-30　交流充电桩

由于快充功率(16.25 kW)远大于慢充功率(3.3 kW)，因此快充比慢充省时。

交流充电桩由桩体、电气模块、计量模块等组成。其中，桩体包括外壳和人机交互界面(HMI)，电气模块包括接触器、控制引导电路、充电插座、电缆转接端子排、安全防护装置等。交流充电桩内部结构示意图如图 6-31 所示。

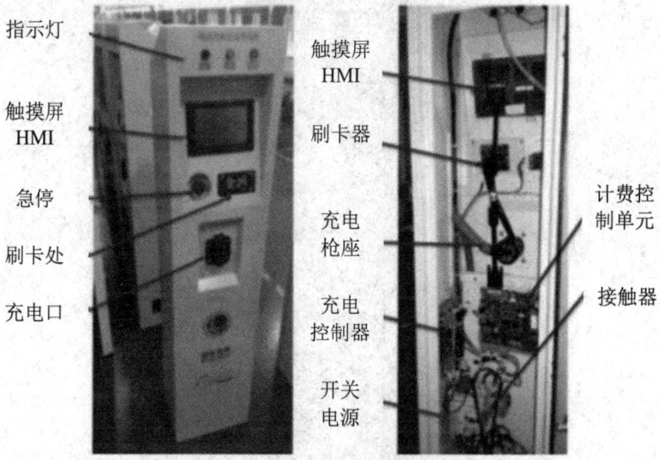

(a) 正面内部结构　(b) 背面内部结构

图 6-31　交流充电桩内部结构示意图

可见，在家庭 220 V 交流电插座上充电时，电插座必须插接在额定电流为 16 A 的空调插座上。

3. 交流便携式充电盒

交流便携式充电盒外观结构如图 6-32 所示。该充电盒方便电动汽车在家庭 220 V 交流电、额定电流为 16 A 插座进行充电，一般可随车携带。

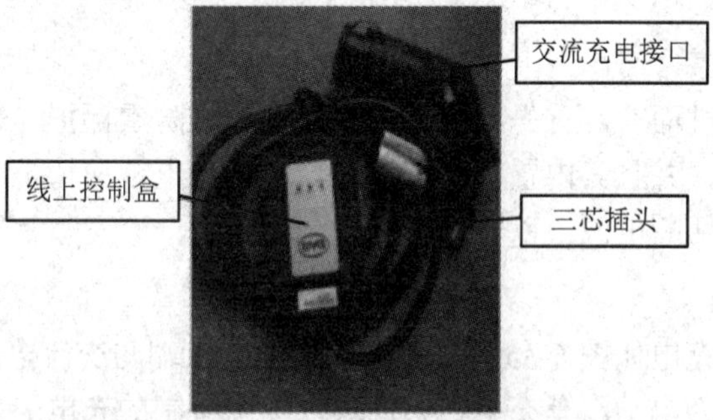

图 6-32　交流便携式充电盒外观结构

交流便携式充电盒外观结构，一端为三芯插头，另一端为带有七孔的插头，中间为控制盒。充电时连接供电端三芯插头，RERDY 灯、CHARGE 灯闪烁表示可充电，FAULT 灯闪烁表示没接地。交流便携式充电盒显示如图 6-33 所示。

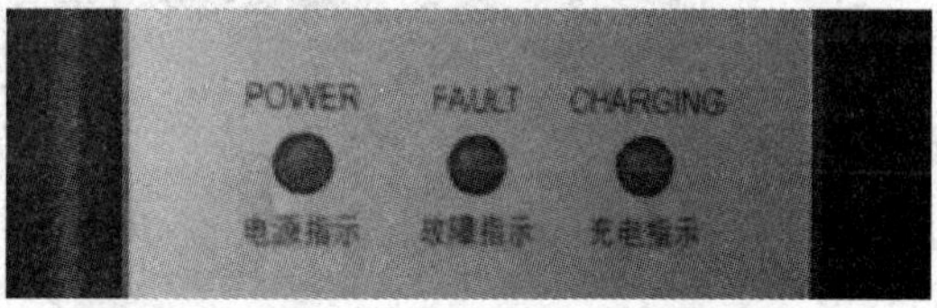

图 6-33　交流便携式充电盒显示

图 6-34 所示为交流便携式充电盒内部结构。

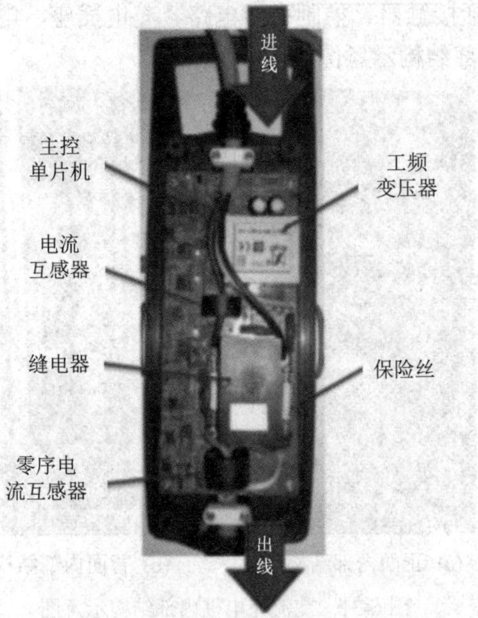

图 6-34　交流便携式充电盒内部结构

(1) 工频变压器：将高压电转化成 12 V 低压电，为低压模块供电。

(2) 主控单片机：具有充电逻辑控制和电气保护功能。

(3) 电流互感器：具有检测电流和过流保护功能。

(4) 继电器：具有电路保护功能。

(5) 零序电流互感器：具有漏电保护功能。

4. 充电桩安全功能

对电动汽车充电桩而言，首先应具备过欠压保护、防雷保护、输出短路保护、漏电保护及过流保护等装置；并且其内置有漏电保护器，当充电桩在待机或充电过程中出现漏电情况时会及时跳闸，切断电源，以保护人身安全。

5. 充电安全问题

车辆在充电桩上充电如图 6-35 所示。充电桩的输入端与交流电网直接连接；输出端都装有充电插头，用于为电动汽车充电。人们可以使用特制的充电卡，在充电桩提供的人机交互界面上刷卡，以进行相应的充电方式、充电时间、费用数据打印等操作；充电桩显示屏能显示充电量、费用、充电时间等数据。

图 6-35　车辆在充电桩上充电

近几年随着电动汽车的普及，充电安全事故频频发生，其实电动汽车本身的充电是没有问题的，那么重点就是电动汽车的充电应该注意什么呢？ 下面介绍几例常见的充电事故及充电安全防护措施。

1) 常见的充电事故分析

案例 1 停在某居民家的电动汽车在充电时突然发生失火燃烧意外，参见图 6-36。

主要原因：该居民在进行电动汽车充电时，直接使用了家用插座进行充电，没有使用充电桩。使用家用插座充电，一方面充电效率低；另一方面存在导线截面小，导致线路过热的安全隐患。因此家用插座不具备充电桩的保护装置以及监控系统。

图 6-36 居民家车辆在充电时发生燃烧

案例 2 电动大巴在充电站充电后发生火灾，参见图 6-37。

主要原因：该车辆动力电池充满电后，动力电池过充电 72 min，过充电量 58 kW·h，造成了多个电池箱先后发生动力电池热失控、电解液泄后的燃烧。

图 6-37 车辆在充电站充电时发生燃烧

案例 3 某电动汽车在充电站插上电源充电的过程中，突然燃烧起来，整部车几乎被烧毁，参见图 6-38。

主要原因：该车内配电箱发生短路引起燃烧。

图 6-38 车辆在充电站充电时发生燃烧

案例 4 上海一位电动汽车车主驾车前往充电站进行充电时，因充电桩故障导致充电事故。

主要原因：高压接线盒出现故障，在将其更换后充电桩恢复正常，车辆可正常充电。

2) 充电的安全防护

(1) 常见的过充现象。

① 电池电量充满时，电池管理系统主控模块失效，没有主动传递停止充电信息，而是始终上传失效前的数据，使系统没有完成中断充电功能。

② 充电机接收到 BMS 上报信息，知晓电池单体电压限值和总电压限值，仍然持续充电，直至总电压超过了充电机自身的保护限值后才停止充电，此时电池已经严重过充。

③ 充电系统运营单位、数据监控平台、整车企业对监控数据未给予重视，在充电过程中监控数据出现异常时，没有及时采取措施。如果能够实时分析监控数据，及时采取必要措施，电池过充是有可能避免的。

(2) 电动汽车对充电装置的要求。

① 安全性。电动汽车充电时，要确保人员的人生安全和蓄电池组的安全。

② 使用方便。充电装置应具有较高的智能性，充电过程中不需要充电人员有较多的干预。

③ 成本经济。价格低廉的充电设备有助于整个电动汽车产业的推广和经济效益的提高。

④ 效率高。高效率是对现代充电装置的重要要求之一，效率的高低对整个电动汽车的能量效率具有重大影响。

⑤ 对供电设备的电污染要小。电力电子技术的充电设备是一种高度非线性的设备，会对供电网及其他用电设备产生有害的谐波污染。而且充电设备功率因数低，在充电系数负载增加时，它对供电网影响也不容忽视。

6. 电动汽车安全充电操作注意事项

(1) 充电中产生故障应立即停止使用。

(2) 严禁用异物涂刮充电外壳和显示屏。

(3) 禁止在使用过程中突然断电。

(4) 不建议在打雷天充电。

(5) 严禁非专业人员自行维修。

(6) 周围应配备灭火设备。

(7) 不允许带电插/拔线缆。

(8) 遇到危险情况，按紧急按钮断电。

(9) 明确充电线和通信线在插/拔时的顺序。

(10) 温度不允许超过规定值。

三、电动汽车安全运行监控

电动汽车在行驶过程中，由于震动、冲击以及动力电池腐蚀性液体、气体等影响，使高压电路与电底盘等低压电路之间的当量绝缘电阻成为一个动态变化的物理参量，其大小与高压电路回路中高压用电器的多少及用电的状态有关。为此对高压电绝缘状态的在线动态检测是安全监测、诊断的关键。

1. 电动汽车电池安全共性问题

目前电动汽车的电池一半以上为三元电池，少数为磷酸铁锂电池，并且以圆柱形电池为主，此类型电池由钢壳包裹，一旦发生热失控，就会引发爆炸，并引燃其他电池。一般情况下，热失控大都发生在满电状态下，这是因为充电时，电池与充电系统连接在一起，热失控最易发生，再加上高压电器的短路问题等，就会引起安全事故。可见电动汽车发生起火事故的主因是电池热失控。电池热失控的机理是电池达到一定温度时，引发连锁放热负反应，导致温度快速上升，每秒钟最高温升接近 1000℃。

引起电池过热的原因很多，例如电池包本身温度不均匀、局部区域温度高、过充/放、内/外短路以及密封性差或机械碰撞等。因此，电动汽车的运行与充电安全问题不可忽视。2016 年 9 月，国家发布了 GB/T32960《电动汽车远程服务与管理系统技术规范》，要求建立国家、政府、企业三级新能源汽车监控平台，实现新能源汽车数据的实时采集与传输的运行安全监控，保障车辆实时运行安全。

2. 电动汽车安全运行监控作用

由中国汽车工业协会(简称中汽协)、中国汽车动力电池产业创新联盟、中国电动汽车充电基础设施促进联盟联合组织行业编制的《电动汽车安全指南》于 2019 年初在京发布，该指南的推出将对提高我国新能源汽车安全性、促进我国新能源汽车健康发展起到重要作用。《电动汽车安全指南》要求建设的新能源汽车监控平台既能满足国家的监管要求，同时也能保障公众生命安全、提升技能应用效果。

电动汽车监控平台通过车载终端实时获取电动汽车 CAN 总线上的车辆状况数据和故障状态，结合全球定位系统(GPS)传感器获取的定位信息，最后通过 GPRS/3G/4G 网络传输到该平台。新能源汽车安全运行监控平台解决方案总体架构如图 6-39 所示，可以实现对车辆的安全监控，同时可以为新能源汽车用户提供充电、车况查询、远程诊断等服务。

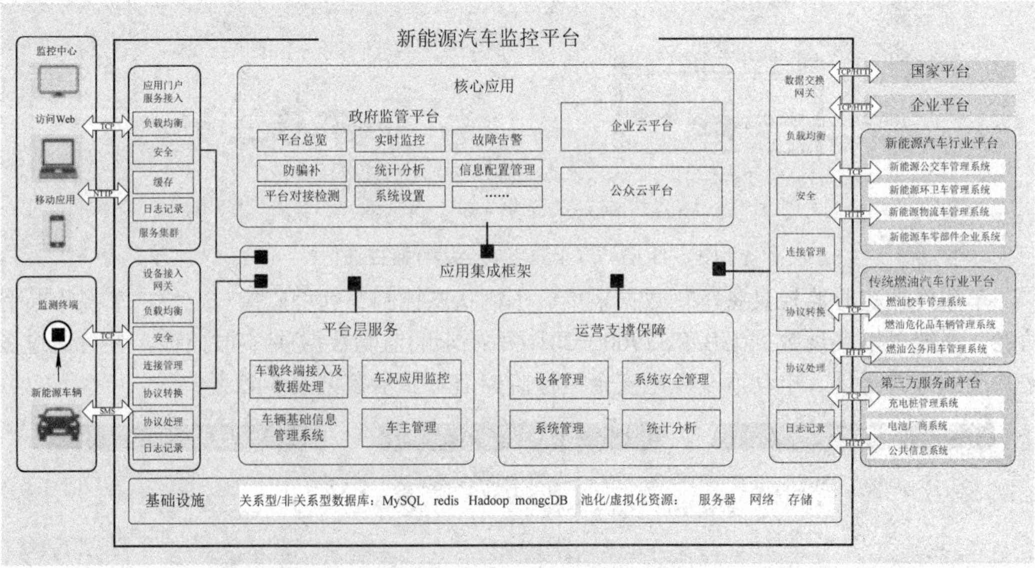

图 6-39　新能源汽车安全运行监控平台解决方案总体架构

3. 方案架构安全运行监控功能

电动汽车充电安全运行监控包括的功能介绍如下。

1) 充电安全监控

电动汽车充电安全运行监控构架如图 6-40 所示，其中包括大数据防护、CMS(内容管理系统)主动防护、BMS(电池管理系统)和电池。监控系统综合了蓄电池主供电回路、高压电回路、电机驱动系统等与汽车车身之间的绝缘状况。在出现绝缘故障时，首先启动故障诊断程序来对其进行分级，通过判断故障的变化趋势来确定故障是渐进变化而来的，还是突发产生的。若该故障是突发产生的，则迅速启动 CAN 事件帧通知上级控制器；否则仍然按既定的时序通报给上级控制器，上级控制器应当反馈相应的处理结果。

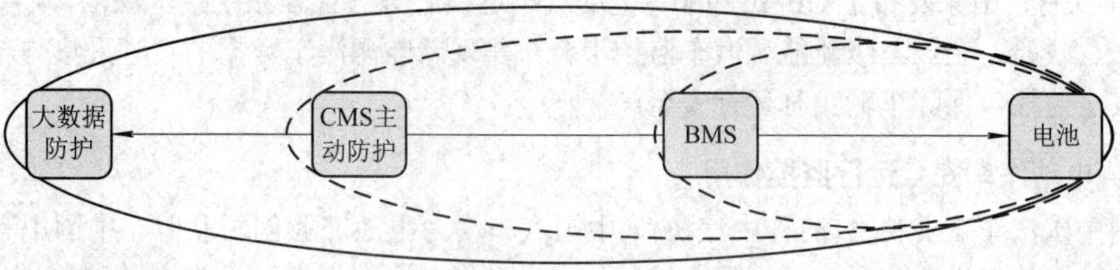

图 6-40　电动汽车充电安全运行监控构架

2) 平台功能

电动汽车充电安全运行监控通信如图 6-41 所示，其中采用的 CMS(内容管理系统)是一套基于充电安全和电池寿命管理的智能充电系统技术，可通过多区段调节、多维度补偿、历史充电趋势追溯，以优化的柔性电流输出对电池进行充电，延长电池寿命周期。

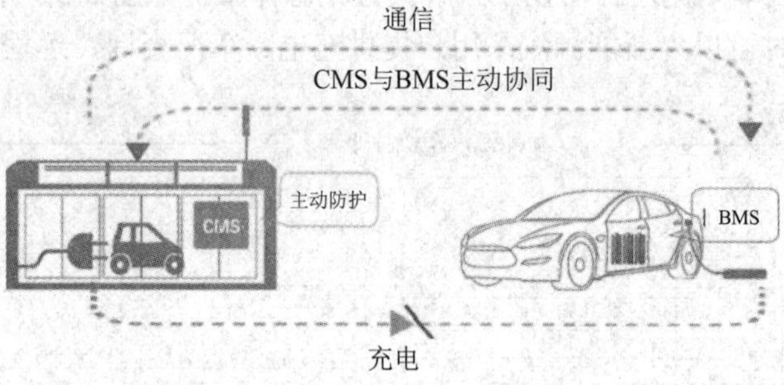

图 6-41 电动汽车充电安全运行监控通信

车载终端实时监控具备车辆数据采集、车辆状态控制、远程监控与定位、车况诊断等功能，系统可以实现数据(GB/T 32960—2016 所要求的监测数据项)实时监控，并可通过图文并茂的方式呈现。电动汽车充电安全运行监控信息显示参见图 6-42。

(a) 总体信息界面　　(b) 地图位置监控界面　　(c) 地图轨迹回放界面

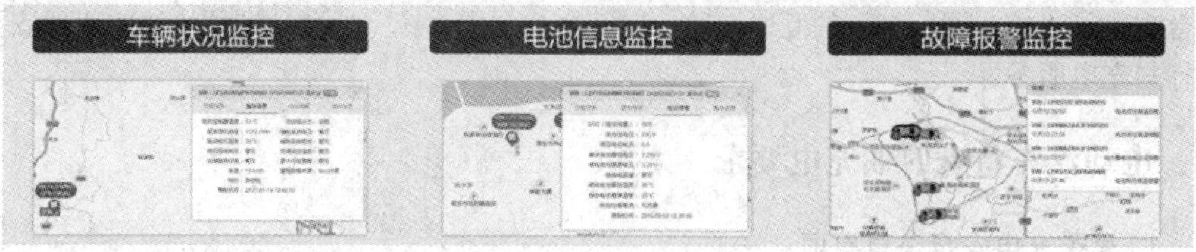

(d) 车辆状况监控界面　　(e) 电池信息监控界面　　(f) 故障报警监控界面

图 6-42 电动汽车充电安全运行监控信息显示

3) 监控平台故障告警

电动汽车充电、安全运行监控告警显示如图 6-43 所示。该平台由电动汽车实时监控中心进行实时动态检测，及时发现运行安全隐患，在安全故障发生时进行及时告警提示，并提供实时告警及其分布状况与历史告警查询等功能。

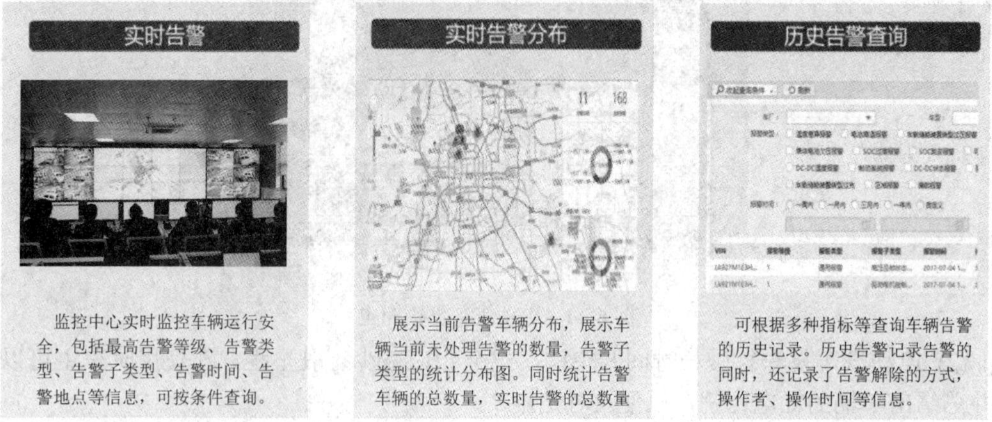

(a) 监控中心实时监控车辆安全运行界面　　(b) 实时告警分布界面　　(c) 历史告警查询界面

图 6-43　电动汽车充电安全运行监控告警显示

(1) 将车载终端接入电动汽车监控中心，该中心负责接收和发送车辆运行数据。

(2) 车辆监控系统实现对行车、电池、车辆位置等状态的实时监控，同时支持实时获取车辆故障码，实现对车辆故障的诊断与上报。

(3) 信息管理系统实现对车辆、车主、设备等业务相关。

4) 基础信息的统一管理

(1) 统计分析系统为运营提供决策数据。

(2) 数据交换系统提供数据对接及交换服务。

(3) 增值服务：为车主个人用户提供充电、车况、告警等服务，为政企单位用户提供数据分析、业务优化等服务

电动汽车运行安全监控与服务平台从顶层设计上加大对电动汽车充电设施和信息数据的互联互通建设。公共平台综合运用了大数据、云计算、互联网等最新前沿技术，并按照相关的国家标准和行业标准，构建了一个高度开放、共享的应用框架；通过充电桩与电动汽车、电网、交流、城市基础设施等多层次全方位的互联互通，进一步实现资源整合，拓展电动汽车 + 能源互联网、电动汽车 + 智慧交通、电动汽车 + 大数据等多元增值应用。该

平台实现了“桩、网、车”的互联互通，向社会公众提供统一标准、方便快捷的优质安全运行与充电服务。

四、电动汽车特殊时期充电要求

1. 夏季充电安全注意事项

(1) 夏季是多雨潮湿的季节，切勿完全参照车辆续航里程参数，这些参数仅供参考。这是因为电动汽车动力来源于电池，车辆行驶里程是按照电池容量和技术相关参数估测的，一般是在相对理想、恒定的环境下测试的，跟日常使用环境中的数据不太相同。当车辆可续航里程剩余 40 km～50 km 时，电池消耗速度会明显加快，建议一定要及时充电(参见图 6-44)，不然的话既不利于车辆电池的保养，也可能使车辆“趴”在路上。

图 6-44　电动汽车夏季充电

(2) 电动汽车夏季行驶长时间开空调，也会相应减少行驶里程，在使用时车主可以留意并总结出车辆的耗电比例，以便及时充电。

(3) 注意观察电池组的温度和冷却系统。夏季开车需要特别注意电池的风冷或水冷系统，如冷却系统故障灯亮起，应尽快到维修点检测和修理。

(4) 电动汽车充电时应避开高温，如图 6-45 所示。充电时电池的最高允许温度为 55℃，若出现高温极端环境，则要避免充电，待其冷却后再进行充电。行驶中若温度超过 55℃，也应及时停车，询问车辆供应商后再进行处理。

图 6-45　充电避开高温

(5) 尽量减少急加速和急刹车，保持匀速平稳驾驶。高温天气下，电动汽车要避免短时间内频繁变速行驶。部分电动汽车有电能回馈功能，行驶过程中急加速或急减速都是一次对电池的“猛充电”或“猛放电”过程，会对电池造成一次冲击。为了提高电池寿命，建议平稳驾驶。

(6) 避免车辆在低电量下长时间停放。在夏季，电动汽车应尽量选择遮阳或通风良好的位置停放，不要在烈日下长期暴晒。剩余电量在 20%以下时，不建议连续停放超过 3 天。

2. 夏季充电安全注意事项

(1) 高温天气不可在阳光暴晒下充电，不能在行驶后立即充电。

(2) 充电时尽量选择阴凉通风的环境，太过闷热的环境不利于充电状态，还会破坏电池和减少充电器的寿命。

(3) 在使用过程中，根据实际情况把握充电时间和充电次数。过度充电、过度放电和充电不足会缩短电瓶寿命。

(4) 建议每天充电，使电池处于浅循环状态，这样电池的寿命会延长。

(5) 在为电池充电时，假若充电器插头在不断地发热，而且发热的时间比较长，应该把充电器拔出来，立即检查插头是否短路或者接触不良，检查插头上面是否存在氧化物如铁锈之类的，然后立即清除掉。

3. 夏季雨天充电安全注意事项

(1) 尽量选择不在露天的充电站为爱车进行充电。首先，作为合格的充电桩产品是有严格的国家标准，具备防雷保护、过载保护、短路保护和漏电保护等。但是，大家切不可大意。

(2) 如遇雷雨天气，应避免在地理位置较高且空旷的地方进行充电。

(3) 在下雨天气充电时，若充电枪内进入雨水，在这种情况下千万不要拿起来就给车辆进行充电，应将雨水清除干净后，确保充电枪干燥再充电。

4. 电动汽车严禁亏电存放

电动汽车在亏电状态下存放，电池很容易出现硫酸盐化，而产生的硫酸铅结晶物附着在极板上，会堵塞电离子通道，造成充电不足，电池容量下降。由于亏电状态闲置时间越长，电池损坏越重，因此电池闲置不用时，应每月补充电一次，每三个月进行一次深充/深放，这样能较好地保持电池健康状态。

任务三　电动汽车充电系统标准及充电连接器标准

任务目标

电动汽车充电桩作为电动汽车运行的能量补给站，是发展电动汽车商业化所必备的重要配套基础设施。不管是何种充电方式，充电桩与电动车电池之间的通信与信息交换都是至关重要的。通过本任务的学习使学生明白，要想安全充电，就要首先了解电动汽车充电的技术条件和充电系统及连接器标准。

知识链接

充电桩是电动汽车的“加电站”，其功能类似于加油站里面的加油机。每个充电桩都装有充电插头，充电桩可以根据不同的电压等级，为各类电动车辆进行对接充电。需要掌握电动汽车充电系统的标准、电动汽车充电桩技术条件和连接器的标准、汽车充电站建设的安全要求和应用方案等。

提出任务：如何才能保障电动汽车车主在充电过程中能使车辆顺利对接呢？你们知道应如何进行充电设施的维护吗？

一、电动汽车充电系统的标准

为了保证充电设施建设的标准化，促进产业的规模化，最大限度降低产业发展的社会成本，减小电动汽车的大规模发展带来的随机充电负荷和谐波污染对电网运行安全与电能质量的影响，实现全社会的节能减排，达到低碳发展的目标，在电动汽车充电设施建设方面，应该遵循统一的标准和规范。

电动汽车充电接口及通信协议的五项国家标准如下：

(1) GB/T 18487.1—2015 电动汽车传导充电系统，第 1 部分：通用要求。

(2) GB/T 20234.1—2015 电动汽车传导充电用连接装置，第 1 部分：通用要求。

(3) GB/T 20234.2—2015 电动汽车传导充电连接装置，第 2 部分：交流充电接口。

(4) GB/T 20234.3—2015 电动汽车传导充电用连接装置，第 3 部分：直流充电接口。

(5) GB/T 27930—2015 电动汽车非车载传导式充电机与电池管理系统之间的通信协议。

目前，电动汽车充电设施建设的规模小、数量少，所以电动汽车充电设施相关技术大部分还处在实际应用的初级阶段。国际上电动汽车充电系统的标准主要是国际电工委员会(IEC)发布的 IEC61851-2001，该标准包括三个部分：一般要求(part1)、电动汽车与交流/直流电源的连接要求(part2-1)、电动汽车与交流/直流充电站的要求(part2-2)。

我国根据国内电动汽车的发展状况所制定的国家标准分别等同(或等效)IEC61851-2001 的三个部分。

二、电动汽车充电桩技术条件和连接器的标准

1. 电动汽车充电桩的技术条件

(1) 在充电桩没有与动力蓄电池建立连接时，充电桩经过自检后自动初始化为常规控制充电方式(可选择手动、IC 卡或充电桩等)。充电桩采用手动操作时，应具有明确的操作指导信息，如图 6-46 所示。

图 6-46　充电桩操作指导信息

(2) 充电桩与动力蓄电池建立连接后，通过通信获得动力蓄电池的充电信息，自动初始化为动力蓄电池自动控制充电方式。

(3) 电动汽车充电桩对供电电压的要求如下：

① 直流充电桩的输入额定线电压为 380 V ± 38 V(50 Hz ± 1 Hz)的三相交流电。

② 对于容量小于等于 5 kW 的交流充电桩，输入额定电压为 220 V ± 22 V(50 Hz ± 1 Hz)的单相交流电。

③ 对于容量大于 5 kW 的交流充电桩，输入额定线电压为 380 V ± 38 V(50 Hz ± 1 Hz)的三相交流电。

④ 交流输入隔离型 AC/DC 充电桩的输出电压为额定电压的 50%～100%，并且当输出电流为额定电流时，功率因数应大于 0.85，效率应大于等于 90%。

2. 连接器的标准

电动汽车充电桩接口和通信要求如下：

(1) 充电桩接口。充电桩与电动汽车之间的连接应包括高压充电线路、充电控制导引线、充电控制电源线、充电监控通信连接线、接地保护线。同时，充电桩应预留与充电站监控系统连接的通信接口。

(2) 国际充电标准接口。

① 国际充电标准接口(交流慢充)如图 6-47 所示，其中 Type1 为美国、日本的充电标准接口，Type2 为欧洲的充电标准接口。交流充电接口 Type1 和 Type2 可以通过转换器进行适配，如图 6-48 所示。

(a) Type1

(b) Type2

图 6-47 国际交流充电接口

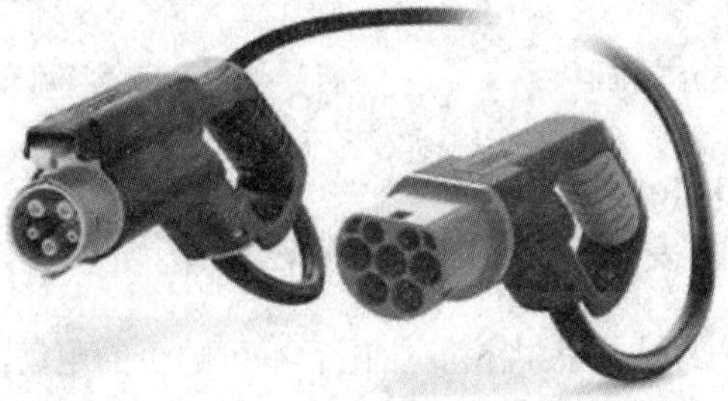

图 6-48 国际交流充电接口转换头

(Type1 和 Type2 之间的转换插头)

② 国际充电标准接口(直流快充)如图 6-49 所示。

图 6-49　国际直流充电标准接口
(日本版 CHAdeMO)

③ 国际充电标准接口(交/直流两用)的两种形式分别如图 6-50 和图 6-51 所示，采用国际直流充电接口 CCS 标准(Type1/2+DC)。

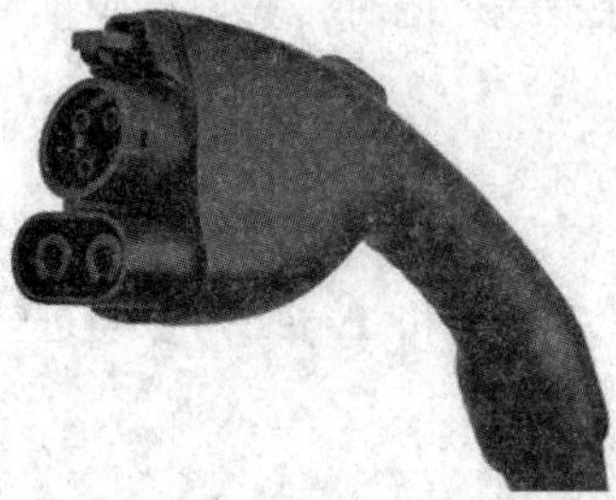

图 6-50　国际交/直流两用充电标准接口
(美国版 Combo1)

图 6-51　国际交/直流两用充电标准接口
(欧洲版 Combo2)

④ 国标交/直流充电标准接口如图 6-52 所示。

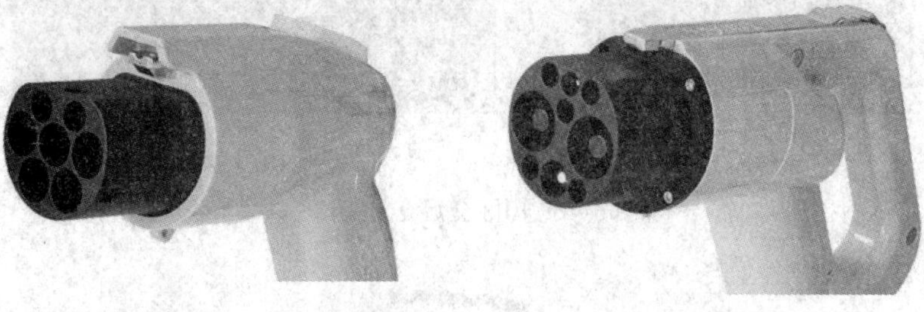

(a) 国际交流充电插头　(b) 国际直流充电插头

图 6-52　国标交/直流充电标准接口

三、汽车充电站建设的安全要求和应用方案

电动汽车充电站是电动汽车大规模商业化后不可缺少的电动汽车能源服务基础设施，面向电动汽车用户提供优质充电服务的互联网化平台，构建包括充电站、充电桩、智能手机等终端信息集成的软件系统，为充电设施运营、有序充电控制及用户快捷充电等服务提供解决方案。

1. 充电站系统的构成

充电站系统构成如图 6-53 所示，其特点如下：

(1) 基于地理图形信息，实现可视化充电站、充电桩等设施的运营管理。

(2) 基于功率限制和充电价格，为规模化充电服务提供有序充电控制方法。

(3) 多层次、全方位进行充电数据分析，为充电设施的规划和建设提供依据。

(4) 通过用户 App，快捷地查询到充电桩位置状态，并引导到最近的充电点。

(5) 通过用户 App，及时查询充电信息、便利支付、远程操作充电桩启/停等。

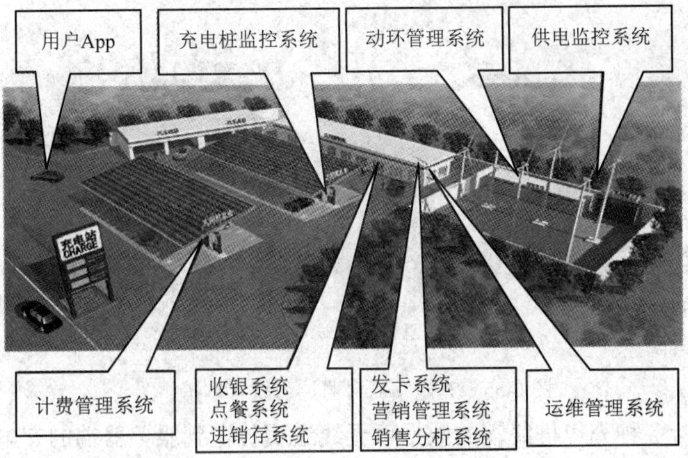

图 6-53　充电站系统的构成示意图

2. 充电站充电安全监控系统

充电站后台监控系统及其总体拓扑图分别如图 6-54 和图 6-55 所示。

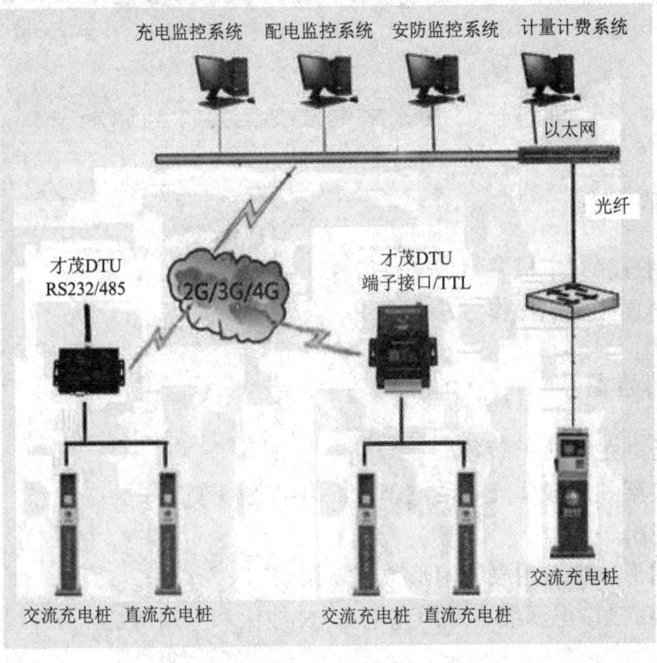

图 6-54　充电站后台监控系统

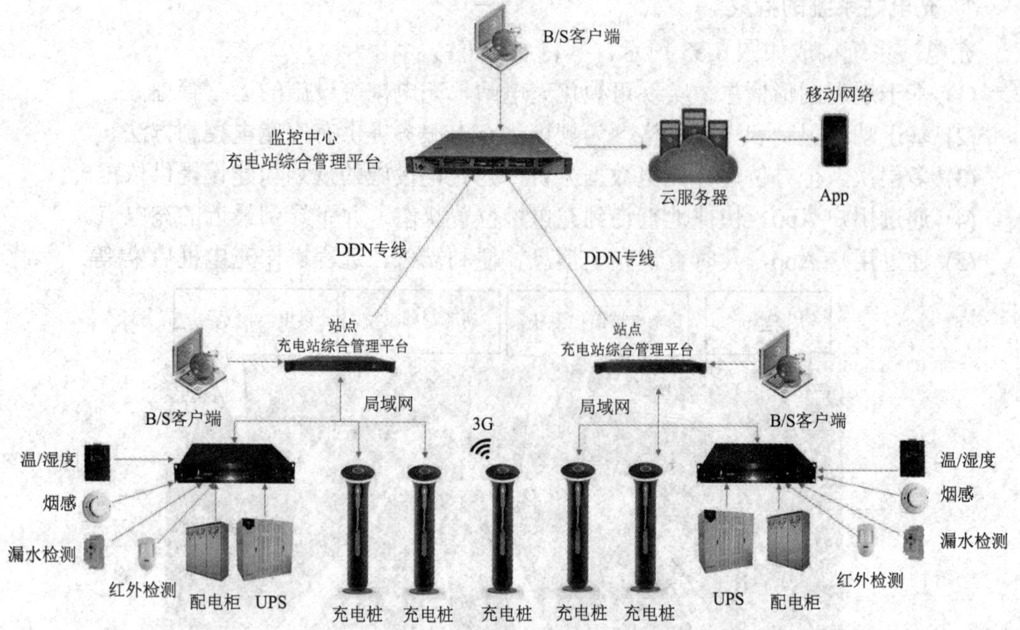

图 6-55　充电站后台监控系统总体拓扑图

在充电站中，各种充电桩终端的数据可无线透明传输到服务器端的充电系统管理平台，该平台软件包括计量计费系统、充电监控系统、配电监控系统、安防监控系统等。

技能训练

训练一　直流充电及安全操作的认知

一、实训目的

(1) 能够识别直流充电桩各组成部件。
(2) 正确使用直流充电操作方法。

二、实训工作准备

(1) 防护装备：绝缘防护装备。
(2) 车辆、台架和总成：纯电动汽车及混合动力汽车。
(3) 直流充电机。
(4) 工具：钳形数字万用表和笔形数字万用表。
(5) 辅助材料：AC 电源线、专用充电 CAN 线束和专用母线。

三、实训实施步骤

本实训主要操作为正确执行电动汽车直流充电，具体实训车辆可根据实训中心现有的车辆来操作。

1. 实操前准备

(1) 检查个人安全防护用品，确保绝缘手套等防护用品在有效检验期内并可用。
(2) 检查车辆，确保实训车辆没有高压隐患。
(3) 接线前确认供电电网或支路电网存在接地线。
(4) 连接线束前，确认漏电保护器保持关闭状态。

2. 实操步骤

(1) 选择充电模式(计费式、计时式、设定功率式等)。
(2) 接入 AC 电源线路。
(3) 整车直流充电操作。
(4) 用笔形数字万用表测量充电前充电设施带电状况。
(5) 用钳形数字万用表测量充电中的电压和电流状况。

3. 直流充电桩的内部结构认知

直流充电桩的内部结构如图 6-56 所示。直流充电桩的主要部件有触摸屏、刷卡模块、主控制器、智能电表、空气开关、熔断器、充电模块、主继电器、辅助电源、防雷模块等。

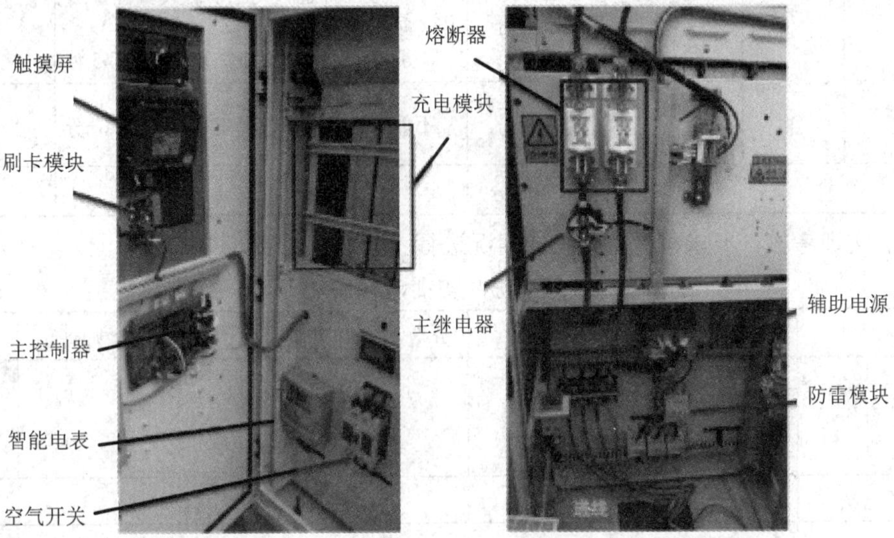

(a) 正面内部结构　　(b) 背面内部结构

图 6-56　直流充电桩的内部结构认知

四、实训总结

(1) 总结本次课学生学习表现及在小组合作中的表现。
(2) 各小组进行经验分享。

(3) 知识目标检验。要求按照任务完成效果进行考评，参见表 6-2。

表 6-2　知识目标检验表

<table>
<tr><td>项目名称</td><td></td><td>时　间</td><td colspan="2"></td><td>地　点</td><td colspan="2"></td></tr>
<tr><td>班　级</td><td></td><td>小组及成员</td><td colspan="3"></td><td colspan="2">得分</td></tr>
<tr><td>序号</td><td>项目</td><td>操作内容</td><td>规定分</td><td colspan="2">评分标准</td><td>扣分记录</td><td>得分记录</td></tr>
<tr><td>1</td><td rowspan="6">认识直流充电设备部件的安装位置及充电电压、电流测量</td><td>直流充电桩</td><td>10 分</td><td colspan="2">不能够认识直流充电桩，扣 2 分。
不能够说出直流充电桩充电方法，每缺一项扣 2 分</td><td></td><td></td></tr>
<tr><td>2</td><td>直流充电口</td><td>10 分</td><td colspan="2">不能够认识充点连接口，扣 3 分。
不能够说出充电枪的接口结构，每缺一项扣 1 分</td><td></td><td></td></tr>
<tr><td>3</td><td>直流充电桩的机构组成认识</td><td>25 分</td><td colspan="2">不能够说出直流充电桩的结构及组成部件，每缺一项扣 3 分</td><td></td><td></td></tr>
<tr><td>4</td><td>专用工具测量充电电压、电流</td><td>20 分</td><td colspan="2">不能够正确使用笔形数字万用表，扣 3～5 分。
不能够正确使用钳形数字万用表，扣 3～5 分</td><td></td><td></td></tr>
<tr><td>5</td><td>正确的充电前准备检查工作</td><td>20 分</td><td colspan="2">不能够正确进行充电前各设备检查工作，每缺一项扣 3 分
不能够准确说出充电注意事项，扣 5 分</td><td></td><td></td></tr>
<tr><td>6</td><td>正确的直流充电操作</td><td>15 分</td><td colspan="2">不能够正确操作直流充电，扣 5～10 分</td><td></td><td></td></tr>
<tr><td colspan="3">总分</td><td>100 分</td><td colspan="2"></td><td></td><td></td></tr>
</table>

(4) 实训考核。要求按照实训完成情况进行考核，参见表 6-3。

表 6-3　实训考核表

<table>
<tr><td>考核项目</td><td>评分标准</td><td>分数</td><td>学生自评</td><td>小组互评</td><td>教师评价</td><td>小计</td></tr>
<tr><td>团队合作</td><td>是否和谐；
是否分工合作；
是否积极参与</td><td></td><td></td><td></td><td></td><td></td></tr>
<tr><td>任务方案</td><td>是否正确和合理</td><td></td><td></td><td></td><td></td><td></td></tr>
<tr><td>操作过程</td><td>能够识别直流充电机各组成部件；
正确使用直流充电操作方法</td><td></td><td></td><td></td><td></td><td></td></tr>
<tr><td>任务完成情况</td><td>是否完成</td><td></td><td></td><td></td><td></td><td></td></tr>
<tr><td>工作态度</td><td>是否规范和标准</td><td></td><td></td><td></td><td></td><td></td></tr>
<tr><td colspan="2">总分</td><td></td><td></td><td></td><td></td><td></td></tr>
<tr><td>教师签名</td><td></td><td colspan="3">年　月　日</td><td>总分</td><td></td></tr>
</table>

训练二　电动汽车交流充电操作

一、实训目的

(1) 能识别交流充电桩各组成部件。
(2) 正确使用交流充电操作方法。

二、实训工作准备

(1) 防护装备：绝缘防护装备。
(2) 车辆、台架和总成：纯电动汽车及混合动力汽车。
(3) 交流充电接口实训台。
(4) 电池系统实训台。
(5) 辅助材料：AC电源线、专用充电CAN线束和专用母线。

三、实训实施步骤

本实训主要操作为正确执行电动汽车交流充电，具体实训车辆可根据实训中心现有的车辆来操作。

1. 实操前准备

(1) 检查个人安全防护用品，确保绝缘手套等防护用品在有效检验期内并可用。
(2) 检查车辆，确保实训车辆没有高压隐患。
(3) 接线前确认供电电网或支路电网存在接地线。
(4) 连接线束前，确认漏电保护器保持关闭状态。

2.实操步骤

(1) 接入AC电源线路。
(2) 连接故障设置系统并设置故障。
(3) 整车交流充电操作。
(4) 认识交流充电桩的内部结构如图6-57所示。交流充电桩的主要部件有指示灯、触摸屏HMI、刷卡器、充电控制器、开关电源、接触器、计费控制单元等。

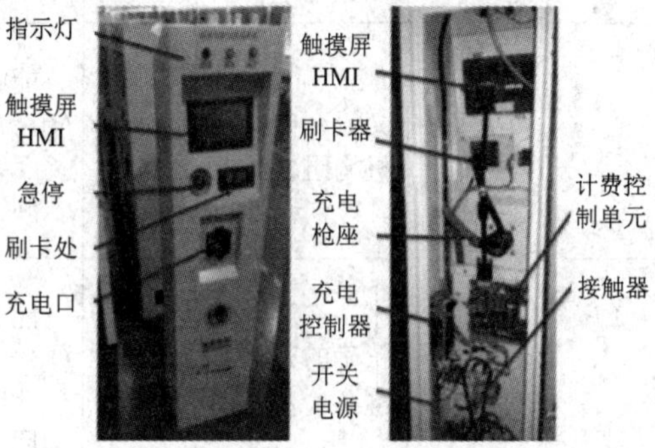

(a) 正面内部结构　(b) 背面内部结构

图6-57　交流充电桩的内部结构认知

四、实训总结

(1) 总结本次课学生学习表现及在小组合作中的表现。
(2) 各小组进行经验分享。
(3) 知识目标检验。要求按照任务完成效果进行考评，参见表6-4。

表 6-4　知识目标检验表

项目名称		时　间			地　点		
班　级		小组及成员				得分	
序号	项目	操作内容	规定分	评分标准		扣分记录	得分记录
1	认识交流充电机部件的认识及充电操作	交流充电桩	10 分	能够正确认识交流充电桩的基本作用(5 分)。 能够说出交流充电桩的使用方法(5 分)。 回答错误，酌情扣分			
2		交流充电口	10 分	能够正确认识充点连接口的结构(5 分)。 能够正确说出充电枪的接口结构(5 分)。 回答错误，酌情扣分			
3		AC 电源线	10 分	能够正确的按照步骤和使用注意事项连接 AC 电源线(10 分)。 回答错误，酌情扣分			
4		专用充电 CAN 线束	10 分	能够正确使用专用充电 CAN 线束(10 分)。 回答错误，酌情扣分			
5		专用母线	10 分	能够正确找到并认识交流充电口(5 分)。 能够准确说出交流充电口的主要参数(5 分)。 回答错误，酌情扣分			
6		交流充电桩的机构组成认识	20 分	能够准确说出交流充电桩的结构组成(10 分)。 能够熟悉交流充电桩的工作原理(10 分)。 回答错误，酌情扣分			
7		正确的充电前准备检查工作	20 分	能够正确进行充电前各设备检查工作(10 分)。 能够准确说出充电注意事项(10 分)。 回答错误，酌情扣分			
8		正确的交流充电操作	10 分	能够正确进行交流充电(10 分)。 回答错误，酌情扣分			
总分			100 分				

(4) 实训考核。要求按照实训完成情况进行考核，参见表 6-5。

表 6-5　实训考核表

考核项目	评分标准	分数	学生自评	小组互评	教师评价	小计
团队合作	是否和谐； 是否分工合作； 是否积极参与					
任务方案	是否正确和合理					
操作过程	能够识别交流充电机各组成部件； 正确使用交流充电操作方法					
任务完成情况	是否完成					
工作态度	是否规范和标准					
总分						
教师签名		年　月　日			总分	

训练三　车载充电系统故障诊断实操

一、实训目的

(1) 学员能够排除慢充电故障。

(2) 掌握车载充电系统故障诊断及排除方法。

二、实训工作准备

(1) 防护装备：绝缘防护装备。

(2) 车辆、台架和总成：纯电动汽车及混合动力汽车。

(3) 交流充电接口实训台。

(4) 电池系统实训台。

(5) 辅助材料：AC 电源线、专用充电 CAN 线束和专用母线。

(6) 材料与工具：数字万用表和 VCI 电动车专用诊断仪。

三、实训注意事项

(1) 操作时间：90 min。

(2) 请务必按照老师的指导，合理使用安全绝缘用具，并严格按老师示范动作操作，做到安全与正确，并防止造成实操总成及车辆的损坏。

四、实训实施步骤

(1) 实操前需安置两侧遮拦并增添 1～2 名培训学员作为安全监护人。

(2) 检查充电枪和充电口的各连接端子无烧蚀与损坏现象。

(3) 连接好充电线后，查看车载充电机指示灯状态(电源、工作、故障)。

(4) 检测慢充桩提供工作电压是否正常(正常工作电压范围在 187 V～253 V)。

注： 以下步骤可根据故障情况进行排序。

(5) 图 6-58 所示为测量充电线桩端充电枪的 N 脚和车辆端的 N 脚导通，电阻值应小于 0.5 Ω，若不符合则更换充电线总成。

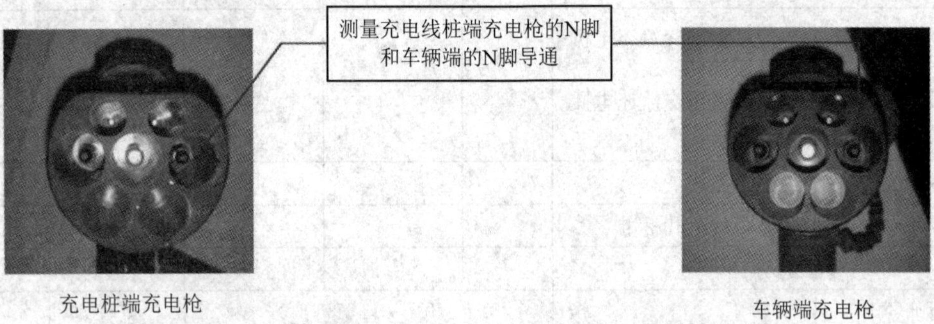

图 6-58　测量充电线桩端充电枪的 N 脚和车辆端的 N 脚导通

(6) 图 6-59 所示为测量充电线桩端充电枪的 L 脚和车辆端的 L 脚导通，电阻值应小于 0.5 Ω，若不符合则更换充电线总成。

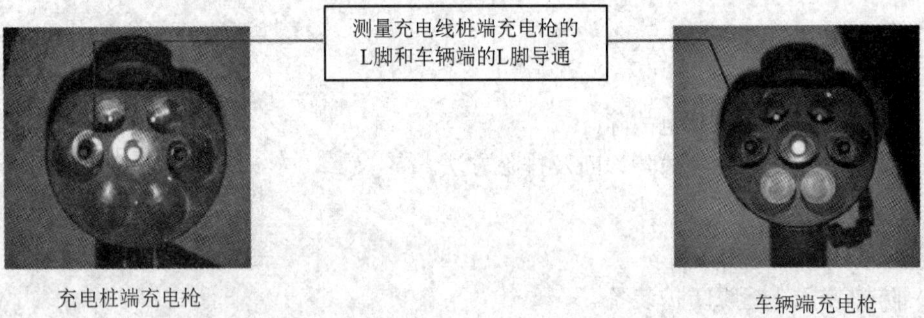

图 6-59　测量充电线桩端充电枪的 L 脚和车辆端的 L 脚导通

(7) 图 6-60 所示为测量充电线桩端充电枪的 PE 脚和车辆端的 PE 脚导通，电阻值应小于 0.5 Ω，若不符合则更换充电线总成。

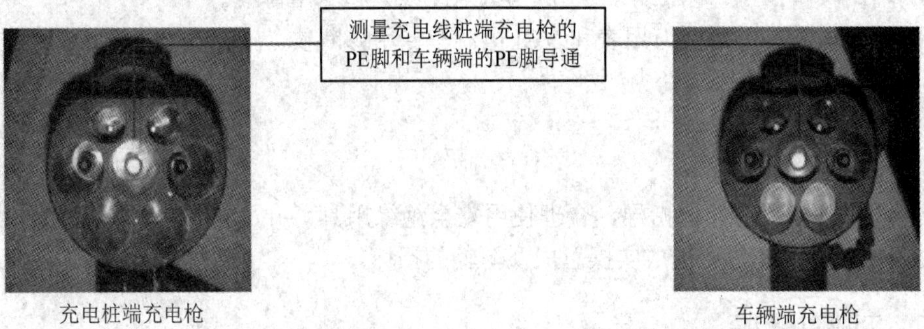

图 6-60　测量充电线桩端充电枪的 PE 脚和车辆端的 PE 脚导通

(8) 图 6-61 所示为测量充电线桩端充电枪的 CP 脚和车辆端的 CP 脚导通，电阻值应小于 0.5 Ω，若不符合则更换充电线总成。

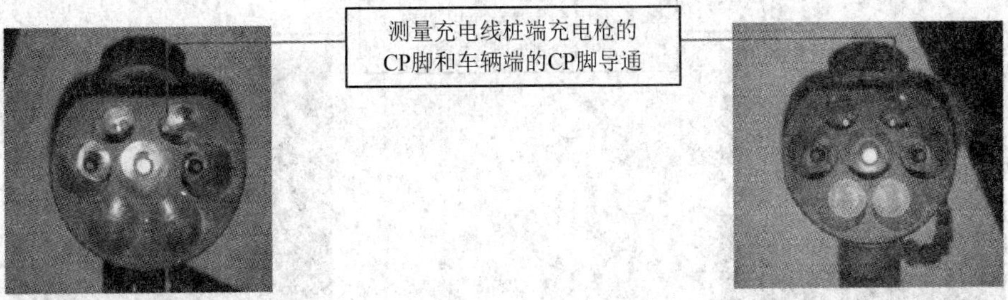

图 6-61　测量充电线桩端充电枪的 CP 脚和车辆端的 CP 脚导通

(9) 图 6-62 所示为测量充电线桩端充电枪的 CC 脚和 PE 脚导通，电阻值应小于 0.5 Ω，若不符合则更换充电线总成。

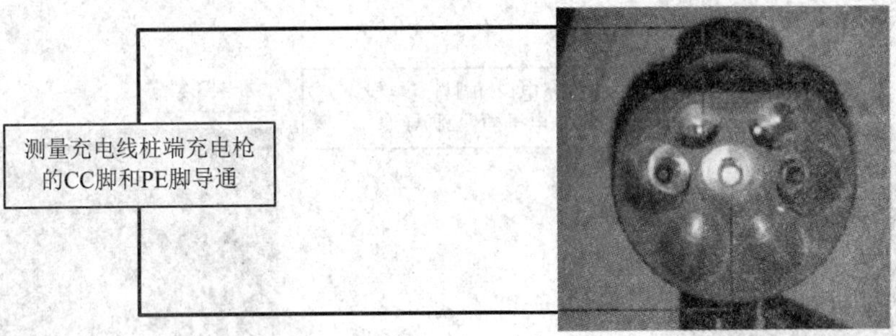

图 6-62　测量充电线桩端充电枪的 CC 脚和 PE 脚导通

(10) 图 6-63 所示为测量充电线车辆端充电枪的 CC 脚和 PE 脚的电阻值，16 A 充电线电阻值应为 680(1 ± 3%) Ω，32 A 充电线电阻值应为 220(1 ± 3%) Ω，若不符合则更换充电线总成。

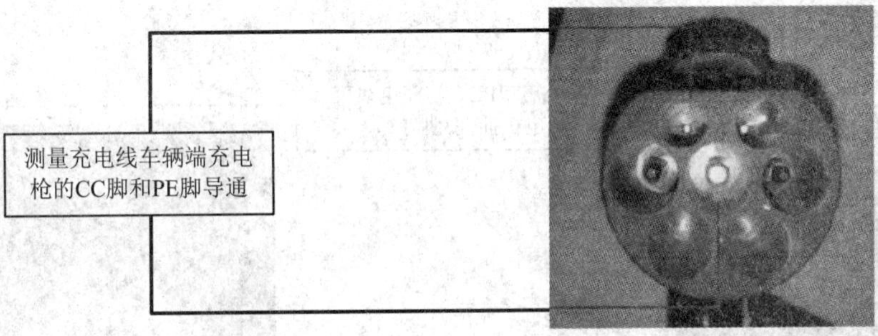

图 6-63　测量充电线车辆端充电枪的 CC 脚和 PE 脚导通

注：测量时充电枪的解除锁止按键需保持在弹起状态。

(11) 图 6-64 所示为测量充电口 L 脚与充电线束充电机插件 1 脚导通电阻值。充电线状态正常，启动充电后，充电机指示灯仍旧都不亮的，首先检查插件端子无烧蚀、虚接故障；继续对充电线束进行检测，测量充电口 L 脚与充电线束充电机插件 1 脚应导通，电阻值应小于 0.5 Ω，若不符合标准则更换充电线束。

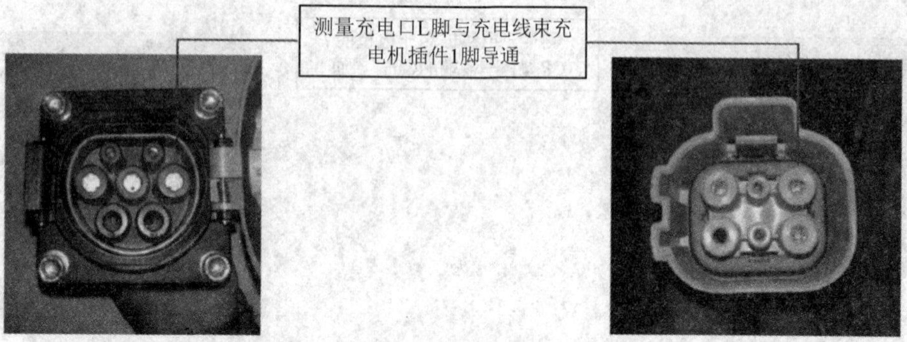

图 6-64　测量充电口 L 脚与充电线束充电机插件 1 脚导通

(12) 图 6-65 所示为测量充电口 N 脚与充电线束充电机插件 2 脚导通，电阻值应小于 0.5 Ω，若不符合标准则更换充电线束。

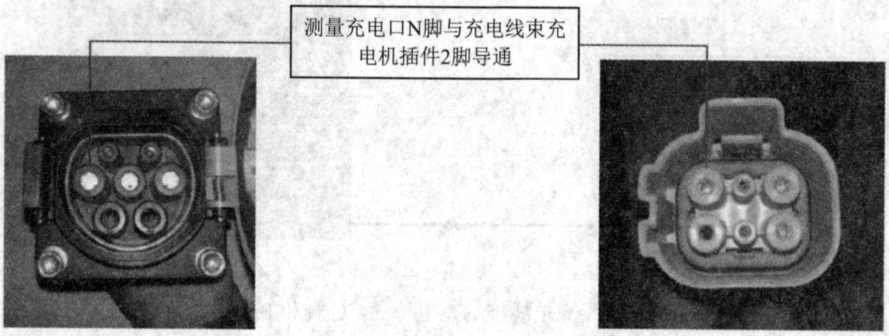

图 6-65　测量充电口 N 脚与充电线束充电机插件 2 脚导通

(13) 图 6-66 所示为测量充电口 PE 脚与充电线束充电机插件 3 脚导通，电阻值应小于 0.5 Ω，若不符合标准则更换充电线束。

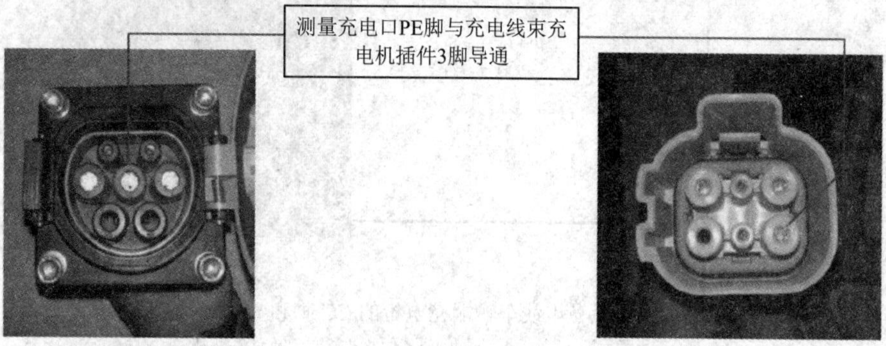

图 6-66　测量充电口 PE 脚与充电线束充电机插件 3 脚导通

(14) 图 6-67 所示为测量充电口 CC 脚与充电线束充电机插件 5 脚导通，电阻值应小于 0.5 Ω，若不符合标准则更换充电线束。

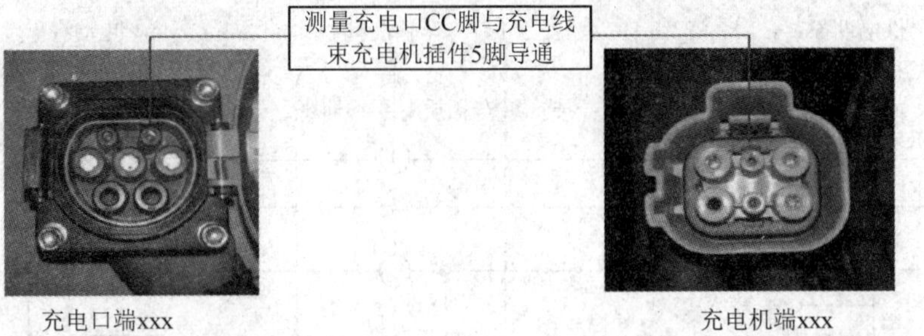

图 6-67　测量充电口 CC 脚与充电线束充电机插件 5 脚导通

(15) 图 6-68 所示为测量充电口 CP 脚与充电线束充电机插件 6 脚导通，电阻值应小于 0.5 Ω，若不符合标准则更换充电线束。

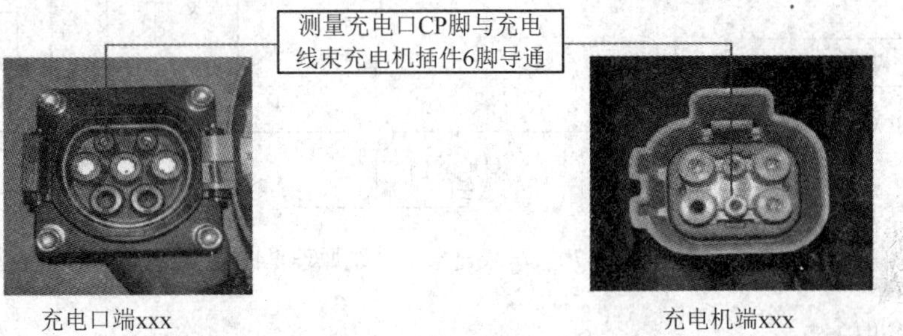

图 6-68　测量充电口 CP 脚与充电线束充电机插件 6 脚导通

(16) 充电线束检查完毕，恢复好就可进行充电测试，如果充电机的指示灯还都不亮，则更换车载充电机。

(17) 需检查动力电池的状态，高压线束插件连接牢固，充电状态下可连接诊断仪。

(18) 车载充电机系统原理图分别如图 6-69 和图 6-70 所示，结合此电路图判断实际测量的充电枪是否符合此电路原理，如果不符合，请说明原因。

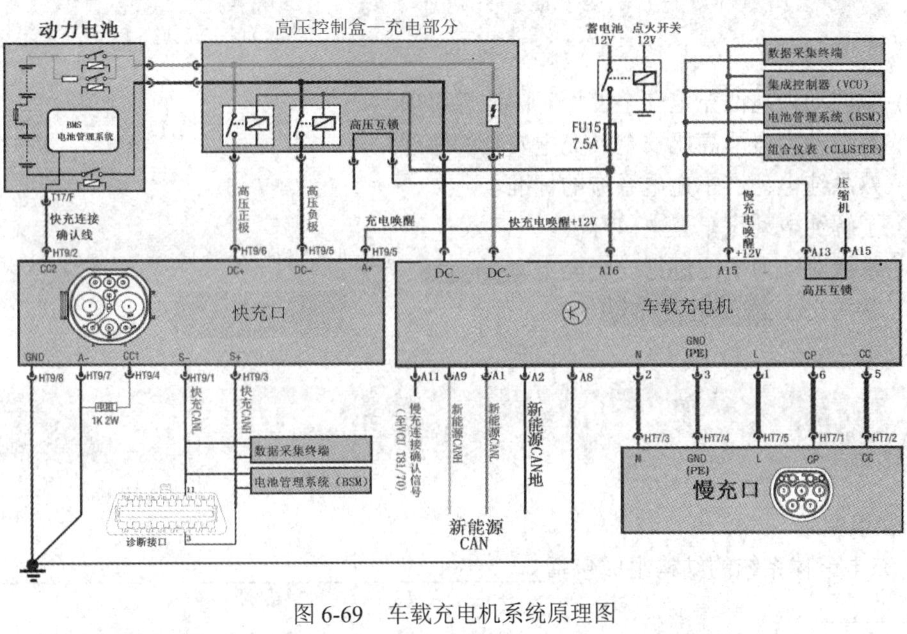

图 6-69　车载充电机系统原理图

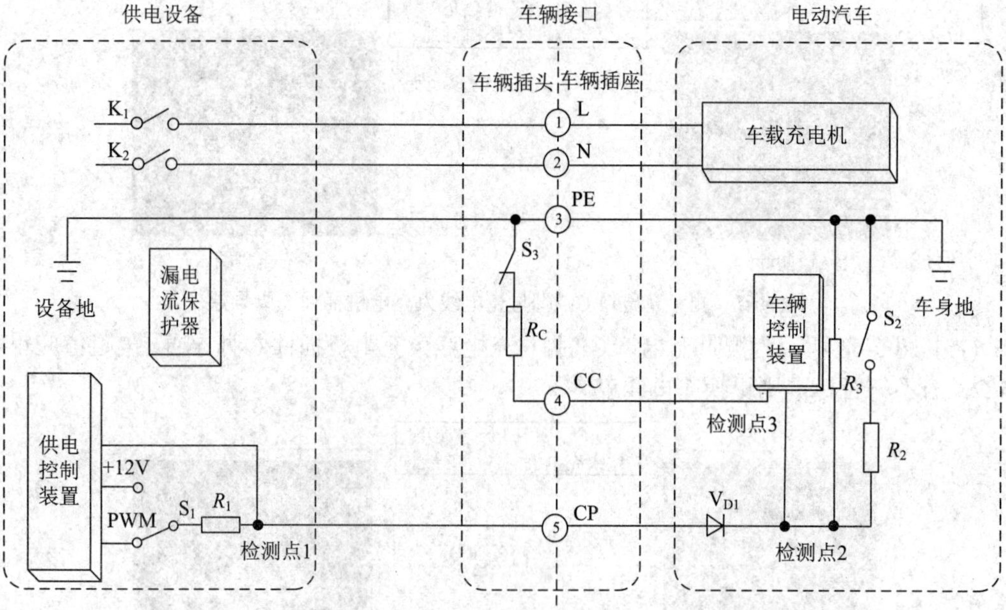

图 6-70　车载充电机系统原理框图

五、实训总结

(1) 总结本次课学生学习表现及在小组合作中的表现。
(2) 各小组进行经验分享。
(3) 知识目标检验(要求：写出实验报告)。

项 目 小 结

(1) 掌握动力电池充电安全使用时的注意事项。
(2) 熟悉动力电池高压安全及充电安全的原理。
(3) 熟悉纯电动汽车充电系统的标准。
(4) 了解纯电动汽车充电口标准。
(5) 掌握对动力电池进行安全充电。
(6) 掌握交/直流充电方式与方法。

思 考 与 练 习

一、填空题

1. 充电整体系统的结构组成包括______________、______________、______________、______________。

2. 电动汽车根据充电方式不同可分为________、________、________、________、________。

3. 电池的充电过程通常可分为________、________、________、________、________。

4. 当电动汽车正处于充电状态时，其充电指示灯应该是________的状态。

5. 对电动汽车充电桩而言，首先应该具备________、________、________、________及________等保护装置。

二、判断题 (正确请打√，错误请打×)

1. 电动汽车可以边充电边放电。（　）
2. 在充电过程中，为了冷却车载充电器可能会自动接通电动冷却液泵和电风扇。（　）
3. 电动汽车上都设有交流充电口和直流充电口。（　）
4. 交流充电模式即为快速充电模式。（　）
5. 电动汽车快速充电对电池寿命影响比慢充大。（　）

三、简答题

1. 简述电动汽车快充方式的特点。
2. 电动汽车充电前的准备工作有哪些？
3. 简述电动汽车充电安全操作注意事项。
4. 电动汽车对充电装置有哪些要求？
5. 什么是交流充电桩？简述交流充电桩结构组成。

四、技能训练

1. 电动汽车安全充电操作。

(1) 电动汽车充电前检查事项。

(2) 电动汽车交流充电操作。

(3) 电动汽车直流充电操作。

2. 电动汽车充电基础操作。

(1) 电动汽车充电接口插接器插座的认知。

(2) 电动汽车交流充电机的认知及操作。

(3) 电动汽车车载充电装置认知。

(4) 电动汽车充电时的运行安全检查。

实训项目七　电动汽车高压安全与应急处理

项目分析

现代电动汽车为了高功率动力输出的需求，需要采用上百伏特直流高压电源输出电能，这就导致有高压电源、线缆以及高压零部件布置车辆之中，意味着对车辆进行组装、检修时，工程技术人员处于危险的高电压工作环境中，有被电伤害的威胁。最明显的电伤害就是电击和电伤，轻者对人体造成电灼伤、烙印、机械损伤，重则造成器官受损、心跳停止甚至触电死亡等。

电动汽车高压系统的另一个风险点是突然断电，使汽车失去动力。造成汽车突然断电的原因有很多，其中之一就是高压回路自动松脱。高压互锁可以监测到这种迹象，并在高压断电之前给整车控制器提供报警信息，预留整车系统采取应对措施的时间。另一个原因是人为误操作，在整车系统工作过程中，人为手动断开高压连接点。如果没有高压互锁设计存在，在高压连接点断开的瞬间，整个回路电压加在断点的两端，对于高压连接器这类本身不具备分断能力的器件来说是非常危险的；同时电压击穿空气在两个器件之间产生拉弧，其时间虽短，但能量很高，会对断点周围的人员和设备造成伤害。

本项目需要完成的任务涉及以下内容：

(1) 安全电压的概念和防止电击的措施。

(2) 分析触电的原因和事故发生的规律。

(3) 触电事故紧急救助方法。

(4) 新能源汽车救火用具的要求和使用方法。

知识目标

(1) 掌握防止直接电击和间接电击伤害的措施。

(2) 掌握保护接地、保护接零和加强绝缘等防电击措施。

(3) 掌握双层绝缘、安全电压和漏电保护等概念和采取的相应措施。

(4) 能够描述高压触电事故紧急救助的方法。

(5) 了解电动汽车防火措施与方法。

能力目标

(1) 清楚触电的原因及防触电的方法。

(2) 掌握高压触电事故紧急救助。

(3) 能够正确处理静电现象。

(4) 掌握新能源汽车防火灾与救助方法。

任务一　事故的分类及触电的形式

任务目标

使用电动汽车让我们时时刻刻都在近距离使用电，因为电动汽车就是一个“电器”。通过本任务的学习使学生知道，在掌握电动汽车动力电池种类、容量、安装位置以及系统最高电压、高电压线走向等知识，了解人体电阻与耐受电压之间的关系，交/直流电对人体的影响及其区别，各种电弧效应对人体的危害之后，更应该了解触电事故的分类与区别、触电事故产生的原因、触电的形式及避免方法。

知识链接

伴随着电动汽车的发展，道路上行驶的电动汽车越来越多，需要充分了解电动汽车触电事故的分类及触电的形式，掌握减少发生触电事故的方法。

提出任务：我们知道了电动汽车高压危害性，那么知道触电的形式有哪些吗？如何减少触电事故的发生呢？操作人员触碰了高压导电元器件后，如果发生触电那么其身体会受到哪些伤害？

一、触电危险等级的定义

由实训项目二中任务二的介绍已知高压电的定义及危害。人体实质上是导体，当人体与带电部件接触并构成回路时，就会有电流通过人体，电流对人体的伤害作用就是用电事故，最明显的现象就是触电。在 50 Hz 交流电及 400 V 直流电中，人体能承受的电流强度是很小的。发生触电伤害的主要形式可分为电击和电伤两大类。安全用电的意义就在于尽量避免或减少触电事故的发生。

混合动力汽车及纯电动汽车的电压等级主要有低压系统和高压系统两类。

1. 低压系统

在交流电压 30 V/直流电压 60 V 以下的系统中，电流对于人体来说是没有危险的。也就是说，系统电压低于此值的电气设备、仪器和汽车是无需考虑导电部件的触碰防护。对成人而言，触碰带电部件产生的人体电流即使在长时间作用下也不会构成生命威胁。

2. 高压系统

混合动力汽车及纯电动汽车搭载的电力驱动、电力供应系统，若其工作电压高于极值(即 30 V 交流电/60 V 直流电)，则这类系统一般被称为高压系统。

在电动汽车维修和维护作业时，要尽量避免以下情况出现。

(1) 带电部件与大地(零电势)间或不同带电部件间的电压高于 30 V 的交流电或电压高于 60 V 的直流电。

(2) 作业部位的短路电流高于 3 mA(交流电)或高于 12 mA(直流电)。

(3) 整体的电能高于 350 mJ。

二、触电事故的分类

1. 电击

电击是指电流通过人体内部器官，会破坏人的心、肺及神经系统，使人出现痉挛、呼吸窒息、心室纤维性颤动、心搏骤停等。人员受到电击伤害如图 7-1 所示。

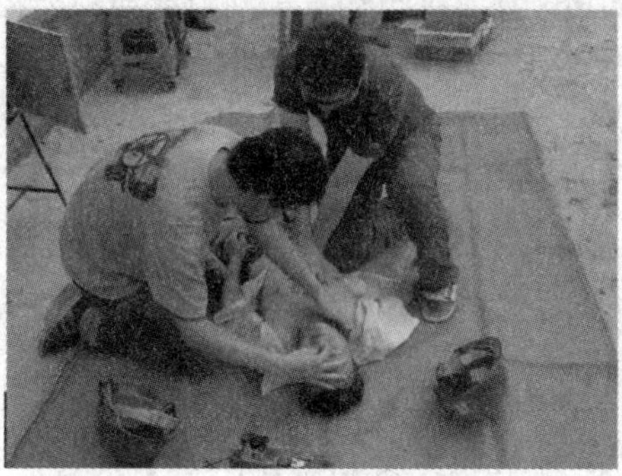

图 7-1　人员受到电击伤害

电击是电流对人体内部组织的伤害，也是最危险的一种伤害，绝大多数(大约 85 %以上)的触电死亡事故都是由电击造成的。

电击的主要特征有：① 伤害人体内部组织和器官，可造成心脏不断颤动，进而导致心跳停止；② 外表没有显著的痕迹；③ 致命电流较小。

2. 电伤

电伤是指电流通过人体体表时，电流转换为其他形式的能量作用于人体的伤害。电伤会对人体外部造成局部伤害，即电流的热效应、化学效应、机械效应对人体外部组织或器官造成伤害，如电灼伤、电烙印和金属溅伤等。图 7-2 所示为维修人员手部及背部受到电伤。

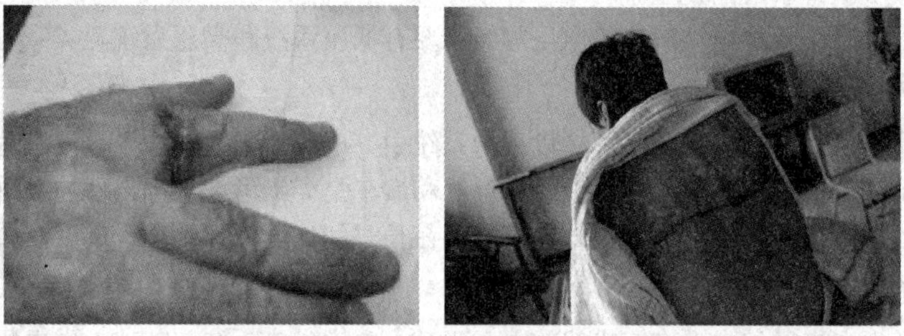

(a) 手部电伤　　(b) 背部电伤

图 7-2　维修人员手部及背部受到电伤

(1) 电灼伤。电灼伤是指电流的热效应造成的伤害，可分为电流灼伤和电弧烧伤两种情况。电流灼伤是人体与带电体接触，电流通过人体由电能转换成热能造成的伤害。电弧烧伤是指由弧光放电造成的烧伤，可分为直接电弧烧伤和间接电弧烧伤两种情况。

(2) 电烙印。电烙印是人体与带电体接触的部位留下的永久性斑痕，斑痕处皮肤失去弹性，表皮坏死。

(3) 皮肤金属化。皮肤金属化是指由于电流的作用，使熔化和蒸发了的金属颗粒渗入人体的皮肤，使皮肤坚硬和粗糙而呈现特殊的颜色。皮肤金属化多是在弧光放电时发生和形成的，在一般情况下，此种伤害是局部性的。

(4) 机械性损伤。机械性损伤是指当电流作用于人体时，由于中枢神经反射和肌肉强烈收缩等作用而导致的人体机体组织断裂、骨折等伤害。

(5) 电光眼。电光眼是指当发生弧光放电时，由红外线、可见光、紫外线对眼睛的伤害。电光眼表现为角膜炎或结膜炎。

三、触电的形式

触电的形式主要有单相(电压)触电、两相(电压)触电和跨步电压触电三种形式，分别如图 7-3(a)～(c)所示。

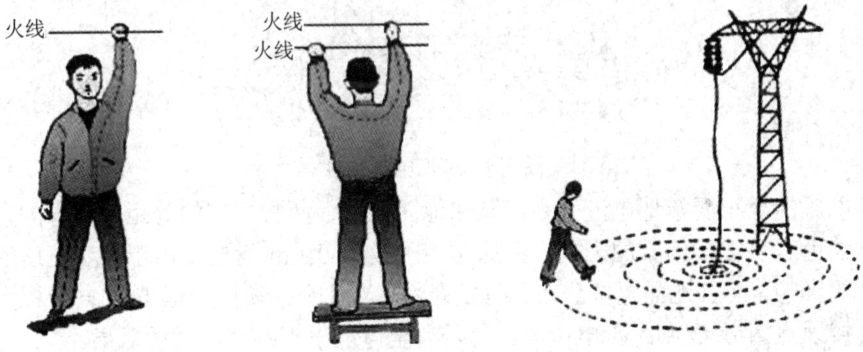

(a) 单相触电　　(b) 两相触电　　(c) 跨步电压触电

图 7-3　触电的三种形式

1. 单相触电

当人体直接碰触带电设备其中的一相时，电流通过人体流入大地，这种触电现象称为单相触电。单相触电如图 7-4 所示。对于高压带电体，人体虽未直接接触，但由于超过了安全距离，高电压对人体放电，造成单相接地而引起的触电，也属于单相触电。

2. 两相触电

人体同时接触带电设备或线路中的两相导体，电流从一相导体通过人体流入另一相导体，构成一个闭合电路，这种触电方式称为两相触电。两相触电如图 7-5 所示。发生两相触电时，作用于人体上的电压等于线电压，这种触电是最危险的。

图 7-4　单相触电

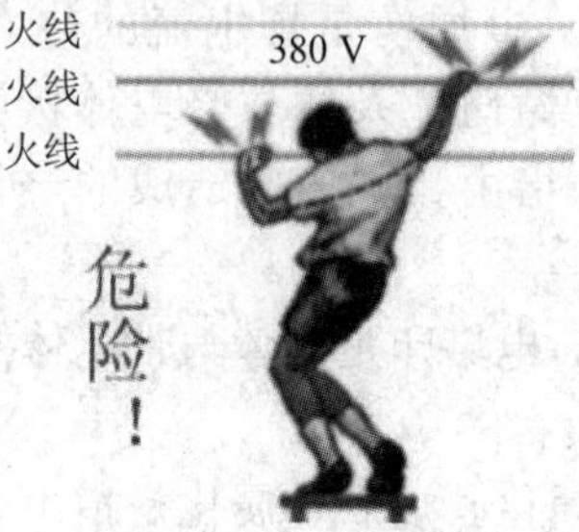

图 7-5　两相触电

3. 跨步电压触电

当电气设备发生接地故障，接地电流通过接地体向大地流散，在地面上形成电位分布时，若人在接地短路点周围行走，其两脚之间的电位差就是跨步电压。由跨步电压引起的人体触电称为跨步电压触电，如图 7-6 所示。

图 7-6　跨步电压触电

跨步电压的大小受接地电流大小、鞋和地面特征、两脚之间的跨距、两脚的方位以及离接地点的远近等很多因素的影响。人的跨距一般按 0.8 m 考虑。由于跨步电压的大小受很多因素的影响，而且地面电位分布具有复杂性，当几个人在同一地带(如同一棵大树下或同一故障接地点附近)遭到跨步电压电击时，完全可能出现截然不同的后果。

4. 触碰高压导电元件造成的身体伤害

如果电动汽车维修机械师或者操作人员的手触碰了高压导电元件，髋部又接触在车身上，那么电流就会通过人体及车身传导，这属于电流对人体的直接伤害。此时高压电源一个电极与车身的绝缘防护已经发生故障，导致人体触电。

电流的流经途径如下：高压电源某一电极→用电器端子→人体→车身→高压电源另一个电极。

通过计算可得电流为

$$I = \frac{U}{R} = \frac{400(\text{V})}{600(\Omega)} = 0.67\text{A}$$

注：对照实训项目二中任务二介绍的人体电阻表格可知，手到脚的电阻大概为 1500 Ω，手至髋骨的电阻大致为 600 Ω。

这时，电动汽车维修机械师或者操作人员就会受到电流强度为 $I = 0.67$ A 的电流冲击，流经人体的 0.67 A 电流足以瞬间令人心脏骤停，呼吸停止，这是十分危险的。此时电流的作用已不再与作用时长或电压形式有关。

任务二　防范触电事故的措施

任务目标

电动汽车进入使用环节后，还要通过定期维护和保养来排除安全隐患，保障用车安全。车辆维护和维修需要规范操作，通过本任务的学习，使学生掌握电动汽车维修和维护中针对特种作业人员的技术要求和职责，有效把控电动汽车安全操作，避免触电事故的发生。

知识链接

电动汽车的安装与维护属于特种技术行业，特种行业需要满足一定的技术要求和职业操作规范。同时对于本行业的就业人员来说，还要具备足够的用电安全常识、各种电气部件安装和仪器的防护知识，掌握防触电的安全防范、安全用电原则、防范触电事故的措施和方法。

提出任务：电动汽车的维修人员是否属于特种作业人员？如何防止在调试、安装电动汽车时产生电击伤害，有哪些预防措施？在接触电动汽车时，发生高压触电事故应采取的紧急救助方法有哪些？

一、特种行业技术要求和职责

因为电动汽车中有高压系统，所以电动汽车的维护和维修作业属于特种作业行业。

1. 特种作业人员应当符合的条件

(1) 年满 18 周岁，且不超过国家法定退休年龄。

(2) 经社区或者县级以上医疗机构体检健康合格，并无妨碍从事相应特种作业的器质性心脏病、癫痫病、美尼尔氏症、眩晕症、癔症、震颤麻痹症、精神病、痴呆症以及其他疾病和生理缺陷。

(3) 具有初中以上文化程度，具备必要的安全技术知识与技能。

(4) 相应特种作业规定的其他条件。

(5) 特种作业人员必须经专门的安全技术培训并考核合格，取得《中华人民共和国特种作业操作证》后，方可上岗作业。

2. 发证需要经过的培训

(1) 特种作业人员应当接受与其所从事的特种作业相应的安全技术理论培训和实际操作培训。

(2) 已经取得职业高中、技工学校及中专以上学历的毕业生从事与其所学专业相应的特种作业，持学历证明经考核发证机关同意，可以免予相关专业的培训。

3. 电工作业人员的安全职责

(1) 严格执行各项安全标准、法规、制度和规程。

(2) 遵守劳动纪律，忠于职责，做好本职工作，认真执行电工岗位安全责任制。

(3) 正确使用各种工具和劳动保护用品，安全地完成各项生产任务。

(4) 努力学习安全规程、电气专业技术和电气安全技术。

(5) 专业电工应树立良好的职业道德。

(6) 培训和考核是提高专业电工安全技术水平，使之获得独立操作能力的基本途径。

4. 电动汽车作业人员的安全技术措施

“安全用电，性命攸关”，电动汽车作业人员必须采取技术措施确保用电安全。按照实训项目五中任务四和任务六的安全要求执行。具体的安全制度有：① 工作票制度；② 工作许可制度；③ 工作监护制度；④ 工作间断、转移和终结制度。

二、电动汽车安全用电原则及操作注意事项

根据电动汽车生产和维护与维修作业场所的特点，采用相应等级的安全措施，是防止发生触电伤害事故的根本性措施。

1. 安全用电原则

(1) 不接触低压带电体，不靠近高压带电体。

(2) 防止电气部件绝缘破损。

(3) 禁止使用湿手或湿抹布触碰高压器件。

(4) 使用金属外壳的电气部件一定要接地，特别是移动电动工具等。

2. 安全用电标识

明确统一的安全用电标识(或标志)是保证用电安全的一项重要措施，具体可参阅项目一。安全用电标识分为颜色标识和图形标识。颜色标识常用来区分各种不同性质、不同用途的导线，或用来表示某处安全程度。安全用电警示标识如图 7-7 所示。

图 7-7　安全用电警示标识

安全颜色标识一般采用红色、黄色、绿色、蓝色及黑色。

红色——用来标志禁止、停止和消防。例如，信号灯、信号旗、机器上的紧急停止按钮等都是用红色来表示“禁止”的。

黄色——用来标志注意危险。例如，“当心触电”“注意安全”等。

绿色——用来标志安全无事。例如，“在此工作”“已接地”等。

蓝色——用来标志强制执行。例如“必须戴安全帽”等。

黑色——用来标志图像、文字符合和警告标识的几何图形。

3. 操作注意事项

由于电动汽车存在高压系统，即使已经断开高压电源的设备也可能存在危险电压，因此一套电气设备在明确无电压状态之前应当被视为加有电压！

在所有的车辆维护和维修中，为安全起见，技术人员必须佩戴厚度和绝缘程度已经检验合格的电气防护手套进行操作。图 7-8 所示为技术人员佩戴高压防护手套进行操作。

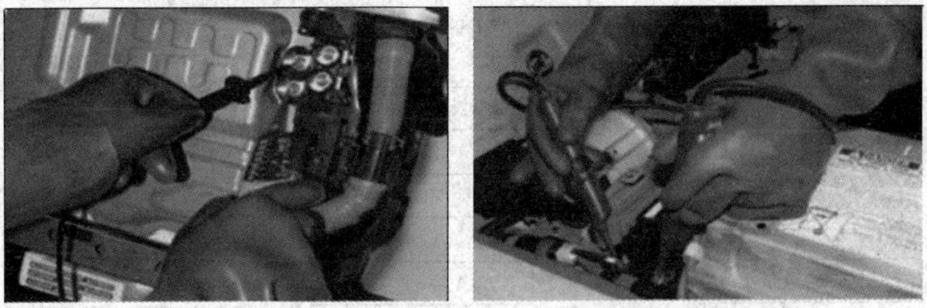

图 7-8　技术人员佩戴高压防护手套进行操作

在使用绝缘用具前，技术人员务必检查绝缘防护用具的安全状态，尤其是绝缘用具。另外，还要定期对绝缘用具进行绝缘性能抽检，确保其绝缘性能有效。

任务三　高压触电事故紧急救助的认知及方法

任务目标

电动汽车的安装与维护具有一定的危险，对于本行业的就业人员来说，要具备足够的用电安全常识、防触电的知识以及触电事故紧急救助的方法与措施等。本任务要求学生掌握触电事故的应急处置方法，清楚高压触电事故紧急救助步骤，同时了解施救者的自我保护及危险区域的救助方法。

知识链接

电动汽车的安装与维护、使用中发生触电事故时，原则上每个人在紧急事故中都有责任执行急救措施。掌握触电急救措施流程、触电事故的应急处置方法、心肺复苏抢救方法、电池电解液伤害救助方法等。

提出任务：当你们发现有人员触电了，应该怎么做才是正确的？知道救助时最重要的步骤是什么吗？触电事故应急处置的原则是什么？

一、触电急救措施流程

在紧急情况中，有效救助的基础是正确实行必要紧急措施以及向救援单位快速通报事故。触电急救措施流程如图 7-9 所示。

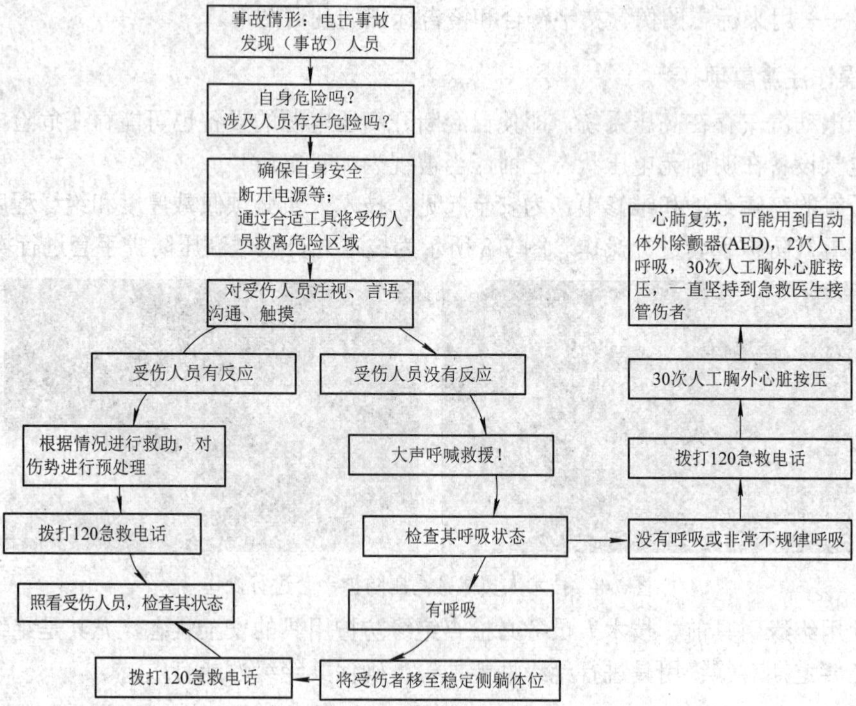

图 7-9　触电急救措施流程

这种“救援义务”在刑法第 323 段中明确规定：“若在事故、普通危险情况或紧急情况中没有履行救援义务，不论此义务必不可少或环境对其而言过于苛刻，特别当不存在过高自身危险并且不损害其他重要义务时，将会被处以最长一年监禁或罚款。”

遗憾的是，在一些紧急情况下，所涉及的人员由于不了解所需急救措施或“害怕过失行为”而根本没有履行救援义务。然而，原则上任何救助都强于根本没有救助！急救措施演示参见图 7-10 所示。

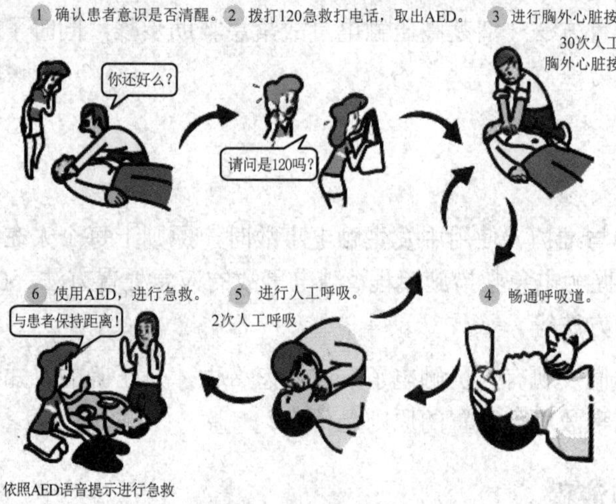

图 7-10　急救措施演示图

二、触电事故的应急处置方法

触电事故应急处置的六字原则是“迅速、就地、持续”。

1. 迅速

迅速，即立即处置电源。一旦发生触电事故，监护人员应立即拉下电源开关或拔掉电源插头，使触电者迅速脱离电源。若无法及时找到或断开电源，可用干燥的竹竿、木棒等绝缘物挑开电线。图 7-11 所示为急救处置方法。

(a) 错误做法　　(b) 正确做法

图 7-11　急救处置正确与错误方法

将触电者迅速脱离电源的急救处置方法如下：

(1) 挑。救护人员用绝缘棒或干燥的木棒等工具，挑开触电者身上或身下的电源线，如图 7-12 所示。

(2) 拖。救护人员戴上绝缘手套或手上包缠干燥衣服等绝缘物品，拖着触电者脱离电源。如果触电者的衣裤是干燥的，又没有紧缠在身上，救护人员可用一只手抓住触电者不贴身的衣裤，将触电者拉脱电源。注意，拖时切勿触及触电者的体肤，如图 7-13 所示。

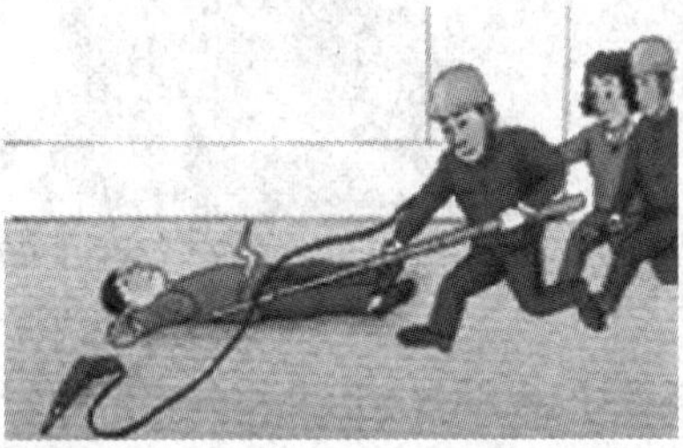

图 7-12　急救处置方法——挑

图 7-13　急救处置方法——拖

(3) 站。救护人员站在干燥的木板、木桌、木椅或橡胶垫等绝缘物品上，用一只手把触电者拉脱电源，如图 7-14 所示。

(4) 垫。如果触电者由于痉挛使手指紧握导线或导线缠绕在身上，救护人员可先用干燥木板塞进触电者身下，使其与地绝缘来隔断电源，然后采取其他办法把电源切断，如图 7-15 所示。

图 7-14　急救处置方法——站

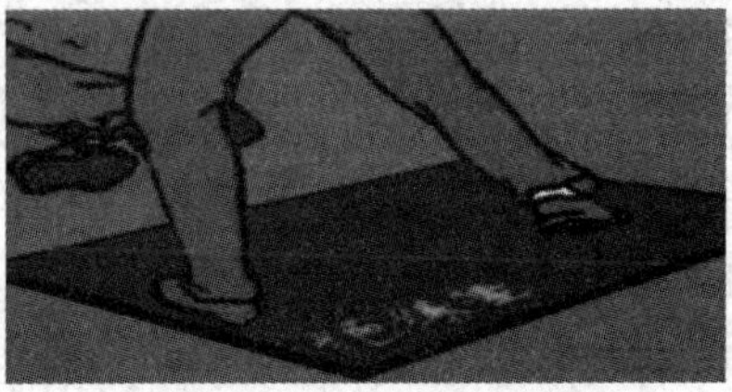

图 7-15　急救处置方法——垫

2. 就地

就地，即就近救护伤员。伤员脱离电源后，如果意识丧失，应在 10 s 内用“看、听、试”的方法判定伤员呼吸与心跳情况：看一看伤员的胸部、腹部有无起伏动作；听一听伤员口鼻处有无呼气声音；试一试伤员口鼻处有无呼气的气流和颈动脉有无搏动。若伤员没有呼吸或心跳停止，则应立即就地抢救，并拨打 120 急救电话。

对于神志清醒的伤员，松解其上衣和裤带(参见图 7-16)，并迅速将其移至通风干燥处仰卧，安静休息。对于轻度昏迷、心跳呼吸均正常的伤员也应注意看护，并拨打 120 急救电话。

图 7-16　松解上衣和裤带

3. 持续

持续，即持续施救。对于无心跳或无呼吸的伤员，应立即就地抢救，同时拨打 120 急救电话，如图 7-17 所示。因为此种情况的伤员被电击较重，心、肺功能复苏往往较慢，所以要耐心、持续地进行抢救，一般现场抢救时间为 0.5 h～6 h，直到伤员恢复知觉。

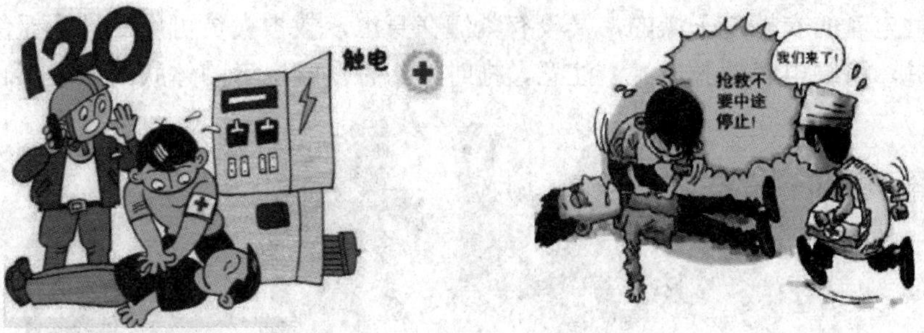

图 7-17　就地抢救并拨打 120 急救电话

4. 注意事项

(1) 切勿用潮湿的工具或金属物质拨开电线；切勿徒手触及带电者；切勿用潮湿的物件搬动电击者。

(2) 救护者一定要判明情况，做好自身保护。在切断电源前不得与触电者裸露接触(跨步电压触电除外)。

(3) 在触电者脱离电源的同时，要防止二次摔伤事故(电击二次伤害)，即使是在平地上也要注意触电者倒下去的方向，避免摔伤头部。如果夜间抢救，要及时解决临时用电照明问题，以免延误抢救时间。

(4) 保持触电者呼吸道畅通。不要使触电者直接躺在潮湿或冰冷的地面上进行急救。人工呼吸急救应连续进行，换人时，操作节奏要一致。如果触电者有微弱自主呼吸，那么人工呼吸还要继续进行，但应和触电者的自主呼吸节奏一致，直到呼吸正常为止。对触电者的抢救要坚持进行，若发现瞳孔放大，身体僵硬、出现尸斑，应经医生诊断确认死亡方可停止抢救。

(5) 如果触电者触及断落在地上的带电高压导线，且尚未确定线路无电之前，那么救护人员不可进入断线落地点 8 m～10 m 的范围内，以防跨步电压触电。必须进入该范围内的救护人员应穿上绝缘鞋或临时单脚着地跳跃着到触电者身旁，紧靠触电者头部或脚部，把触电者拖拉到等电位线地面上(即身体躺成与触电半径垂直位置)即可就地抢救。另外，在触电者脱离带电导线后，应迅速将其带至距断线落地点 8 m～10 m 以外的地方，立即开始触电抢救。只有在确保线路已经无电情况下，才可在触电者离开导线后就地急救。

(6) 对于高压触电应立即拉闸断电救人，当无法实现拉闸断电时，可以采用抛掷金属导体的方法，使线路短路迫使保护装置动作而断开电源。高空抛掷金属导体要注意防火，抛掷点应尽量远离触电者。切断事故回路，使触电者脱离电源后，应立即就地进行抢救，在现场施行正确救护的同时，通知医务人员到现场。

5. 总结

当你发现有人员触电了，应该做到以下几点：

(1) 保持冷静。

(2) 先思考，后行动。

(3) 做好自我保护，切勿将自己陷入电击的危险中。

(4) 按触电事故应急处置的六字原则“迅速、就地、持续”实施救护。

三、心肺复苏抢救方法

实施现场紧急救助前，必须确认伤者能否进行正常对话，救援人员按照以下情况实施相应的救援措施。

(1) 伤者无法对话时，确认伤者的生命机能，如脉搏和呼吸；立即呼叫或者让人联系急救医生；在医生到来之前进行必要的紧急救助，若伤者已无呼吸或脉搏，要进行人工呼吸及心肺复苏；如伤者呼吸中断，要使用自动体外除颤器(AED)(前提是接受过相关培训)。

(2) 伤者可以对话时，要使伤者保持冷静，解除恐惧，不要让其走动，以免加重心脏负担，并及时请医生检查诊治；可能的情况下冷却灼伤伤口，并使用已消毒、不掉毛的毛巾覆盖；即使伤者本人拒绝，伤者也必须交由医生救治。

心肺复苏抢救有口对口人工呼吸和人工胸外心脏按压两种方法。前者适用于抢救呼吸停止，但还有心跳的伤员；后者适用于抢救心跳停止，但还有呼吸的伤员。如果伤员的呼吸和心跳都停止了，则应采用上述两种方法交替进行。

1. 口对口人工呼吸抢救方法

口对口人工呼吸抢救方法如图 7-18 所示。

1) 操作提示

救护人员用手捏紧伤员鼻子，口要紧对口吹气，不能漏气；深吸气用力吹直到胸部隆起；每次呼吸要保持吹气 2 s、停 3 s，频率为(12～16)次/min。

第一步，将被救伤员移入空气清新之处，解开其衣领，清除口、鼻内污物，颈下垫物，使头后仰，张开口。

第二步，救护人深吸气，对准被救伤员的口，用手捏住其鼻孔，吹气。

第三步，吹气停止后，松开捏鼻的手，嘴也离开；再深吸气，重复第二步动作。

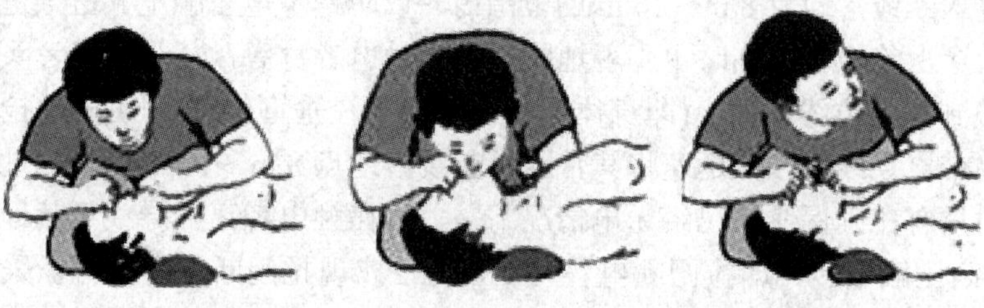

(a) 清除口腔杂物　(b) 深吸气吹气　(c) 放松嘴和鼻换气

图 7-18　口对口人工呼吸抢救方法

2) 操作口诀

操作口诀是：口对口人工呼吸，清口捏鼻手抬缓，深吸缓吹口对紧，五秒一次不放松，张口困难吹鼻孔。

2. 人工胸外心脏按压抢救方法

人工胸外心脏按压抢救方法如图 7-19 所示。

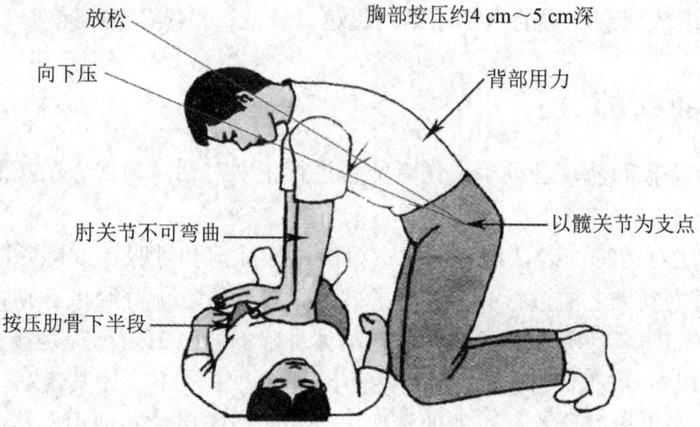

图 7-19　人工胸外心脏按压抢救方法

1) 操作提示

第一步，松开伤员衣襟、腰带，两腿跪在伤员腰间。

第二步，救护人的右手掌根部放在伤员的心窝上方，左手掌叠放在右手掌上，用力向下做压胸动作。

第三步，救护人突然放松两手，释放胸廓；再压胸，重复第二步动作。

2) 操作口诀

操作口诀是：掌根下压不冲击，手腕略弯压一寸，突然放松手不离，一秒一次较适宜。

四、电池电解液伤害救助方法

(1) 当电池电解液与皮肤接触时，应使用大量清水冲洗，将皮肤上的电解液彻底清洗干净，防止皮肤的大面积灼伤或腐蚀。

(2) 当吸入电解液气体时，则需要呼吸大量的新鲜空气，保证肺功能循环，以排除有害的电解液气体。

(3) 当电解液与眼睛接触时，应立即使用大量清水冲洗(最少 10 min 以上)。

(4) 当发生误吞咽电池电解液时，需要大量喝水，并且立即拨打紧急电话，寻找医生救助。

在触电事故发生后，受伤人员必须接受医生处理或观察，这是因为在事故现场的工人、急救人员或受伤者通常不能对身体损伤或内组织损伤做出正确估计。受伤者甚至在事故发生数小时后也可能会出现身体机能紊乱，因此必须及时接受医生的处理。

任务四　电气防火与防爆、防静电和防雷的方式与措施

任务目标

电动汽车进入使用环节后，面对电动汽车因碰撞起火或是自燃，人们往往不知道该如何应对。电动汽车起火救援难在哪里，应该如何面对呢？本任务要求学生掌握电气设备发生火灾产生的原因，了解并掌握电气防火和防爆的预防措施，以及防雷和防静电的方式与措施。

知识链接

在遇到电动汽车起火时，应该首先断电、防电和防毒。若电池一旦起火，则需要专业的救助，火势扑灭且不冒烟后再观察一小时，防止再次起火。其实在发展电动车的同时，国家相关的标准以及灭火的基本常识有必要走在前面。在电动汽车的拆装和维护过程中，专业人员尤其要掌握车辆的防火、防爆、防静电以及防雷的方法与措施。

提出任务：电动汽车发生自燃的原因有哪些？发现电气火灾后应如何进行有效的紧急扑救？电动汽车常用灭火器的种类和性能有哪些？

一、电气火灾产生的原因及防范措施

1. 电气火灾产生的原因

图 7-20 所示为电动汽车使用不当引发的严重自燃火灾事故。

图 7-20　电动汽车严重自燃火灾事故

电动汽车电气火灾产生的原因大致如下：

(1) 短路、过载、漏电、接触不良等电气事故。

(2) 设备自身缺陷、施工安装不当、电气接触不良、雷击静电引起的高温、电弧和电火花等。

(3) 环境因素，如电动汽车周围存放易燃易爆物。图 7-21 所示为电动汽车使用不当同时其周围易燃易爆物较多引发的严重火灾事故。

图 7-21 设备和环境多因素引发的严重火灾事故

2. 电气防火和防爆的预防措施

(1) 线路、电气部件不得超负荷使用。

(2) 设置自动断电保护。正确设置接地、接零保护，安装避雷器及接地装置。

(3) 与易燃物保持安全距离。

(4) 潮湿、高温或有腐蚀性物质及多尘场所套管布线，其线路和绝缘子要经常打扫。

(5) 线路连接点牢固、可靠，绝缘正常。

(6) 根据环境和条件正确设计选择电气设备。

(7) 严禁乱接乱拉导线，安装线路时要根据用电设备负荷情况合理选用相应截面的导线。

(8) 高功率电气部件使用时切勿走远或遗忘。

(9) 安装电气火灾监控系统。

(10) 正确使用电气设备。

3. 电气火灾的紧急处理方法

(1) 拨打 119 火警电话报警。

(2) 防止触电，先切断电源后方可进行灭火。

(3) 灭火人员穿戴防护装备。

(4) 正确选择和使用灭火器。

(5) 不同的电气设备火灾采用不同的扑救方法。

二、防静电的方法与措施

1. 静电的产生

两种不同性质的物体相互摩擦或接触时，在物体间发生电子转移，电荷无法泄漏而停留在物体内部或表面呈相对静止状态，这种不流动的电荷称为静电。

常见的静电产生方式有摩擦带电、流动带电、喷出带电、冲撞带电、破裂带电、飞沫带电等。

2. 静电现象的应用

图 7-22 所示为静电现象产生的吸引和毛发漂浮现象。常见的静电现象如下：

(1) 塑胶袋与手之间的吸引。

(2) 晚上脱衣服睡觉时，黑暗中常听到“噼啪”的声响，且伴有蓝光。

(3) 见面握手时，手指刚一接触到对方，会突然感到指尖针刺般刺痛。

(4) 早上起来梳头时，头发会经常“飘”起来，越理越乱。

(5) 拉门把手、开水龙头时都会“触电”，时常发出“啪啪”的声响。

(6) 影印机的运作原理。

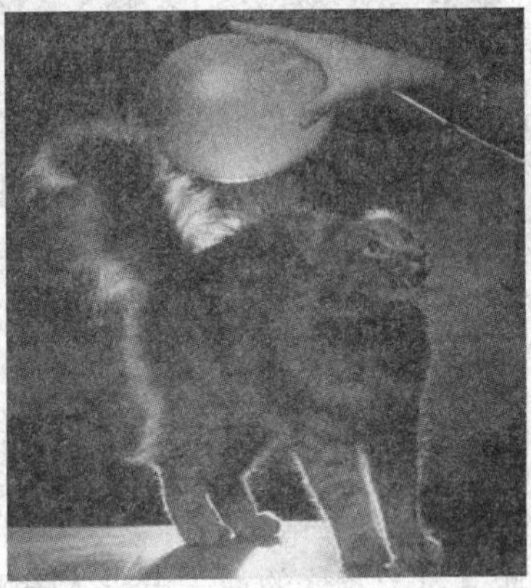

图 7-22　静电现象产生吸引和毛发漂浮现象

3. 静电的大小

(1) 静电可达几千伏甚至上万伏。

(2) 空气中的相对湿度越高，静电越小。

(3) 在相同环境的条件下，人体带电情况由于所穿衣服、鞋的材料不同，其静电电压也不同。

4. 静电的危害

(1) 静电所造成的危害有时是随机性的，不经意间发生，一旦遭到损失是极其惨重的。

(2) 造成电气装置以及易燃、易爆气体意外燃烧或爆炸。

(3) 使电子设备受到干扰，酿成事故。

(4) 对计算机等电子信息系统产生危害。

(5) 人体受到静电电击后，有时会造成精神紧张、心脏颤动及身体其他部位不适。

(6) 加重心血管系统、呼吸系统疾病，导致皮肤瘙痒，引发红斑。

5. 静电的预防

(1) 接地与屏蔽。

(2) 使用产生静电小的设施。

(3) 使用产生静电少的地板。

(4) 控制好室内湿度。

(5) 养成除静电的行为习惯。

(6) 使用静电消除剂和静电消除(或释放)器。

在加油站加油操作前，应使用静电释放器来消除静电，如图 7-23 所示。

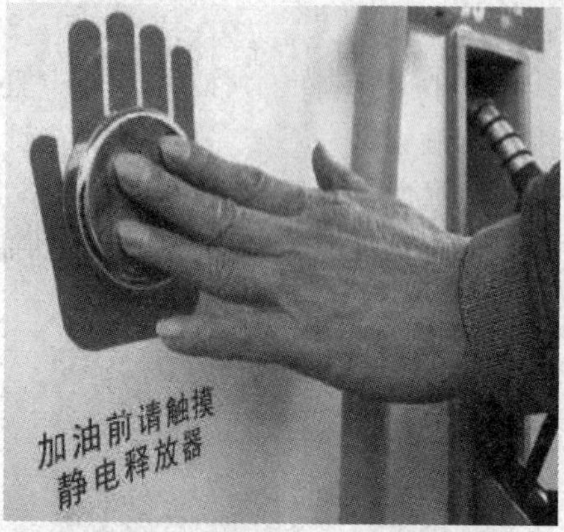

图 7-23　加油站静电释放器演示

三、防雷的方法与措施

1. 雷电的危害

图 7-24 所示为城市上空的雷电现象。常见的雷电危害如下：

(1) 电性质破坏。数万伏甚至数十万伏的冲击电压，毁坏发电机、变压器、断路器、绝缘子等电气设备的绝缘；烧断电线或劈裂电杆，造成大规模停电。特别是绝缘损坏可引起短路，导致火灾或爆炸事故。

(2) 热力性质破坏。强大电流通过导体时，在极短的时间内将转换成大量热能，可导致金属熔化或飞溅，从而引起火灾或爆炸。

(3) 机械性质破坏。雷电可产生爆炸式的冲击波。

图 7-24　城市上空的雷电现象

2. 雷电的电气参数

(1) 放电时间为 50 μs～100 μs。

(2) 电流可达 200 kA～300 kA。

(3) 温度可达 20 000℃。

(4) 伴随强烈的闪光和轰鸣声。

3. 防雷装置

防雷装置有内部和外部装置，其种类如下：

- 防雷装置
  - 外部防雷装置
    - 接闪器
    - 引下线
    - 接地装置
  - 内部防雷装置
    - 电涌保护器
    - 电磁屏蔽
    - 等电位连接

1) 接闪器

常见的避雷针、避雷线、避雷网和避雷带等都是接闪器。图 7-25 所示为建筑上空使用的避雷针、避雷带。接闪器利用其高出被保护物的突出地位，把雷电引向自身，然后通过引下线和接地装置，把雷电流泄入大地，使被保护物免受雷击。避雷带一般沿屋顶周围装设，高出屋面 100 mm～150 mm，支持卡间距离为 1 m～1.5 m。

(a) 避雷针　　(b) 避雷带

图 7-25　接闪器

2) 引下线

引下线一般采用圆钢或扁钢，通常优先采用圆钢，其中，圆钢直径不应小于 8 mm，扁钢截面面积不应小于 48 mm^2。引下线应沿建筑物外墙敷设，并经最短途径接地。若对建筑艺术要求较高，则可采用暗敷设。另外，建筑物的消防梯、钢柱等金属构件宜作为引下线。建筑物避雷带上的引下线如图 7-26 所示。

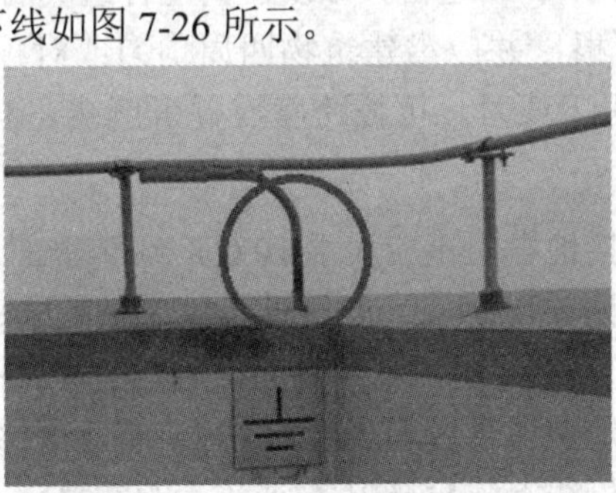

图 7-26　建筑物避雷带上的引下线

3) 接地装置

接地装置向大地泄放电流，使防雷装置对地电压不致过高。图 7-27 所示为建筑物地面下方的接地装置。

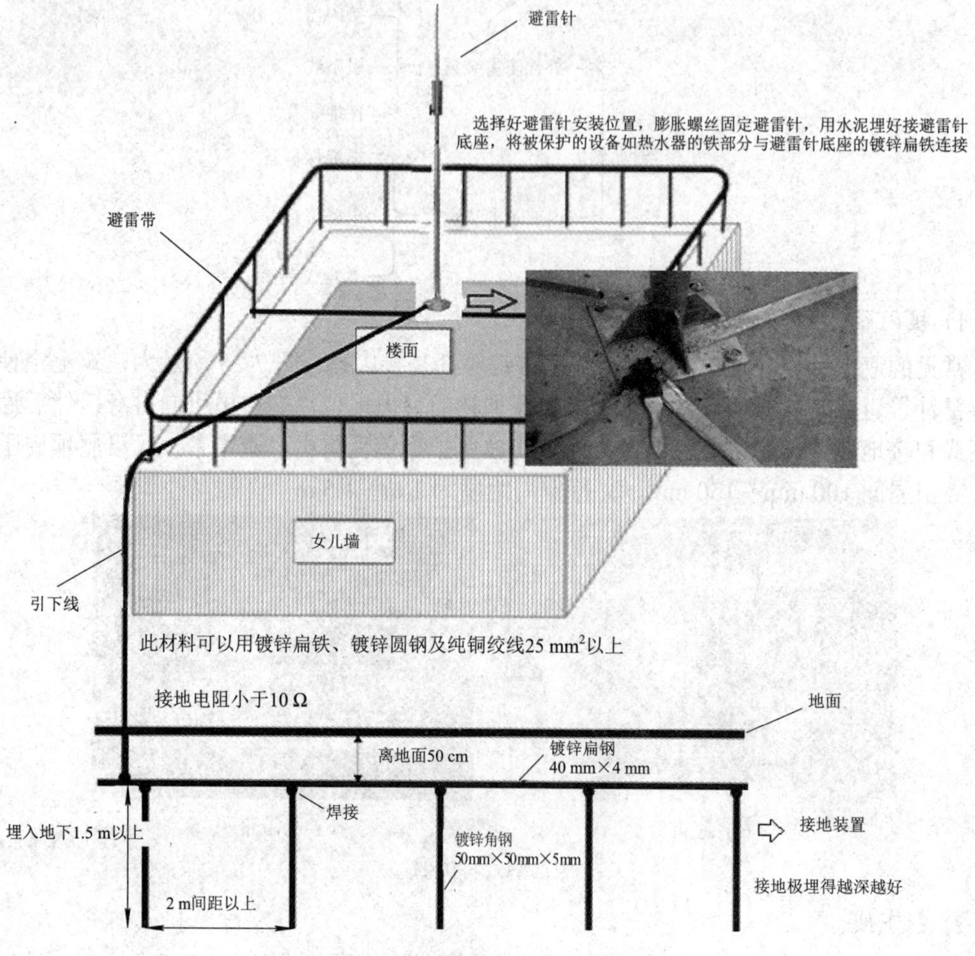

图 7-27　建筑物地面下方的接地装置

4. 建筑物防雷保护措施

(1) 按照标准装设避雷网(带)或避雷针以及由其混合组成的接闪器。

(2) 引下线不应少于两根，并应沿建筑物四周均匀或对称布置。当仅利用建筑物四周的钢柱或柱子钢筋作为引下线时，可按跨度设置引下线，但引下线的平均间距不应大于 18 m。

(3) 每根引下线的冲击接地电阻不应大于 10 Ω。

(4) 防直击雷接地宜和防雷电感应、电气设备、信息系统等接地共用同一接地装置，并宜与埋地金属管道相连；若不共用，则两者间在地中的距离不应小于 2 m。

(5) 共用接地装置与埋地金属管道相连时，接地装置宜围绕建筑物敷设成环形接地体。

(6) 变配电所中的每段母线上装设接闪器(或称为避雷器)，并应尽量靠近变压器。

(7) 对非金属屋面应敷设避雷网。

(8) 低压线路采用全电缆直接埋地敷设；架空线路采用电缆入户，电缆金属外皮与电气设备接地相连；对低压架空进/出线，在进/出处装设避雷器。在进/出建筑物处，架空金属管道、埋地或地沟内的金属管道应与防雷接地装置相连。

5. 避雷器的选择与安装

1) 技术要求

(1) 合理选用防雷装置。防雷装置应有足够的机械强度和载流能力，能够承受雷电流通过时的机械破坏作用和热破坏作用，而不至于损毁。

(2) 引下线沿建筑物应以最短路径接至接地体，在易受机械损伤的地方，引下线在地面以上 1.4 m 段需用钢管等加以防护。

(3) 防雷装置的各部铁件均应做镀锌防腐处理。当接地装置埋设在腐蚀性较大的土壤中时，应加大接地装置的截面。

(4) 独立避雷针与线宜设独立的接地装置。若有困难，也可与主接地网连接，但连接点至主接地网的地下连接点沿接地体的长度不得小于 15 m。

(5) 防雷装置各部接点应牢固、可靠。钢筋与钢筋的连接或扁钢与扁钢的连接均应焊接。

2) 操作步骤

(1) 根据被保护对象选用不同型号的避雷器。

(2) 选择避雷器安装位置。

(3) 正确安装避雷器。

(4) 按照标准连接线路。

(5) 检查避雷器的安装情况。

(6) 避雷器测试与验收。

6. 接地装置的选择与安装

1) 技术要求

(1) 接地装置的规格：角钢的厚度应不小于 4 mm；钢管管壁厚度不小于 3.5 mm；圆钢直径不小于 8 mm；扁钢厚度不小于 4 mm，其截面积不小于 48 mm^2。

(2) 避雷针和避雷线单独使用时的接地电阻小于 10 Ω；配电变压器低压侧中性点接地电阻应在 0.5 Ω～10 Ω 之间；保护接地的接地电阻应不大于 4 Ω。多个设备共用一副接地装置，接地电阻应以要求最高的为准。

(3) 接地体垂直安装时，接地体用角钢或钢管制成，长度一般为 2 m～3 m，但不能小于 2 m，下端要加工成尖形。将接地体垂直埋入地下，不可歪斜，有效深度应不小于 2 m。

(4) 接地体水平安装时，适用于土层浅的地方，安装采用挖沟填埋法，接地体埋入地面 0.6 m 以下的土壤中。

(5) 10 kV 避雷器的接地支线宜采用多股铜芯或铝芯的绝缘电线或裸线；接地线可用铜芯或铝芯的绝缘电线或裸线，也可选用扁钢、圆钢或镀锌铁丝绞线，截面积应不小于 16 mm^2。

(6) 接地体四周土壤是否夯实，接地线支持是否牢固，应穿管保护的部分有无遗漏。

2) 操作步骤

(1) 选择合适的接地装置。

(2) 施工区域定位标记。

(3) 挖沟开槽。

(4) 安装接地体。

(5) 接地线的安装包括焊接、防腐、回填等。

(6) 接地装置质量检验、测试与验收。

四、灭火器的种类与使用

1. 灭火器的种类

常规使用的灭火器种类参见表 7-1。

表 7-1　灭火器的种类

种类	二氧化碳	干粉	水基灭火器
药剂	液态二氧化碳	钾盐、钠盐	碳氢、氟碳表面活性剂，阻燃剂和助剂
导电性	无	无	无
灭火范围	电气、精密仪器、油类、图书、档案、贵重设备	石油、油漆、天然气、电气设备	固体材料(轮船、工厂、商店)，液体材料(油田、油库)，电器火灾
不能扑救物质	钾、钠、镁、铝等	旋转电机火灾	可燃金属起火
使用	拔出保险销，压合压把，喷嘴对准火焰根部喷射	拔出保险销，提起圈环，压合压把，喷嘴对准火焰根部喷射	拔出保险销，站在上风处，压合压把，喷嘴对准火源左右喷射
保养检查	置于方便处，注意防冻、防晒和使用期	置于干燥通风处、防潮、防晒	置于干燥通风处、防潮、防晒
	每月测量一次，低于原重量 1/10 时应充气	每年检查一次干粉，是否结块	每月检查压力，低于绿区或开启后重新充注

2. 灭火器的选择方法

着火或自燃是电动汽车在行驶中可能遇到的危险，针对它的措施重点是预防(如避免机舱内有油、接插件松动或线束老化等)，因为一旦发生着火，其危害性不可估量，并且往往都是无法弥补的。火灾发生以后不要怕，要及时采取正确的方法来灭火，将火灾消灭在萌芽状态。首先要切断电源，所有人员立刻离开车辆并站在远离车辆的上风口处。经常检查车上的灭火器是否在固定的位置，是不是还在有效期内。要充分了解本灭火器的性质和正确使用方法，在采取救火措施的同时立刻报警(拨打电话 119 或 110)。

灭火器的种类很多，每种灭火器都有一定的使用范围，在使用时一定要注意此种灭火器能够应用的范围，尤其是在电动汽车的火灾扑救处理过程中，必须要使用干粉灭火器，以防止火灾及触电事故的发生。干粉灭火器的外观参见图 7-28。

当电动汽车的电气设备或电气线路着火时，要尽快切断电源，防止大火蔓延以及灭火时发生触电事故。不可用水或泡沫灭火器灭火，尤其是油类着火，应采用二氧化碳或干粉灭火器灭火。

电动汽车常用的车载灭火器都是干粉的，参见图 7-29。干粉灭火器以高压为动力，由喷射筒内的干粉进行灭火。灭火时手提干粉灭火器快速奔赴火点，在距燃烧处 1 m 左右，操作者应先将开启把上的保险销拔下，然后将喷嘴部迅速对准火焰的根部压合压把扫射灭火；当干粉喷出后，手应始终压紧压把，不能放开，否则会中断喷射。注意，操作者应站在上风方向喷射。

图 7-28　干粉灭火器的外观

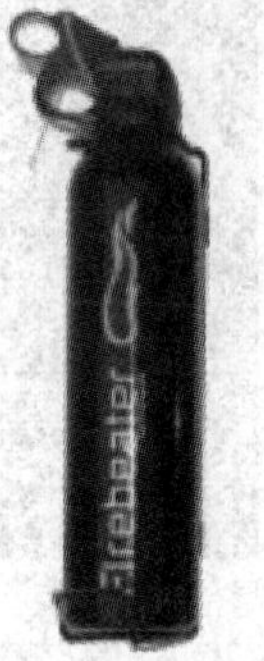

图 7-29　车载干粉灭火器

如果充电桩起火，请立即按下急停开关，然后用 ABC 通用型灭火器或者二氧化碳灭火器灭火，严禁使用泡沫灭火器和水灭火。

救助者或伤者如果吸入高压电起火造成的浓烟，会导致呼吸困难，那么应赶紧移动到有新鲜空气的位置，并立即去医院就医。

3. 干粉灭火器的使用要求

1) 技术要求

(1) 干粉储存容器应符合国家现行标准《压力容器安全技术监察规程》的规定；驱动气体储瓶及其充装系数应符合国家现行标准《气瓶安全监察规程》的规定。

(2) 每月检查一次灭火器，发现压力指针低于绿区应充装。

(3) 灭火器一经开启，已不再密封，须经专业维修部门重新充装。

2) 操作步骤

(1) 选择灭火器类型为干粉灭火器。

(2) 将灭火器提到距火源适当位置后，先上下颠倒几次，使筒内的干粉松动。

(3) 拔去保险销。

(4) 握住喷枪中部，将喷嘴对准火焰根部。

(5) 压合压把，灭火剂便会喷出灭火。

(6) 左右移动喷射。

(7) 保持监控火情，确保熄灭。

(8) 现场 5S 管理。

五、电动汽车起火救援

我国电动汽车保有量已超过 200 万辆，电动汽车起火自燃事故也时有发生，参见图 7-30。如 2018 年 8 月底，某品牌电动汽车未售先“火”；第二天，某省市一辆电动公交车在行驶过程中突然发生起火燃烧事故；6 天后，某省市一辆电动汽车因为被雨水浸泡超过 2 h，导致电池微渗漏，从而燃起大火。据有关市场监管总局掌握的舆情消息显示，2018 年已发生新能源汽车起火事件 40 余起。电动汽车安全问题已经成为新能源汽车产业发展瓶颈。

图 7-30　电动汽车自燃火灾

1. 电动汽车火灾救助办法

(1) 遇到小火灾，若火焰没有蔓延到高压电池部分，可以用二氧化碳或是干粉灭火器灭火。

(2) 检查火情时，不能与任何高压部件接触，自始至终要使用绝缘工具检查。

(3) 因为储存气体的充气瓶以及气体支柱和其他组件可以达到液体膨胀蒸汽爆炸的温度，所以检查事故时遇到“热区”，要适当精细防护地拆解，避免温度达到一定程度可能引发的爆炸。

(4) 如果高压电池在事故火灾中弯曲、损坏、扭曲，或是怀疑电池出现问题，那么灭火时消防用水要有足够的量。

(5) 电池着火可能需要 24 h 才能完全被扑灭，而使用热成像摄像头可以监控高压电池直至其完全冷却。如果没有热成像摄像头，那么就要随机监控电池，防止其复燃，电池冒烟代表很热，要监控电池一小时之后不再冒烟为止。

警告 1：火灾发生考虑到前车通电，不要碰触车辆的任何部分。救火要穿上防护装备，包括自给式空气呼吸器。

警告 2：总是要假定所有高压元件都处于通电状态，切割、压碎或是接触这些高压元件会导致严重伤害或死亡。

2. 电动车起火正确处理方法

万一电动汽车着火了，那么会不会整个汽车都通了电，而且那些专业的工具大概也没有谁会备上吧，大概很多人都会感觉惊恐，那么电动汽车起火到底应该如何处理才正确呢？

(1) 闻到异味。如果车内出现了烧焦味或刺鼻味道，那么证明有东西的温度太高了，导致塑料部件着火也是分分钟的事情，这时要立即停车、然后熄火、人员离开车辆，并拨打4S店救援电话，让专业的人员尽快过来处理。

(2) 车辆冒出烟雾。电动汽车的电池着火之前，往往会冒出白烟，然后过几分钟才开始燃烧。所以当车内出现来源不明的烟雾时，要立即停车、熄火、下车，下车后要与车辆保持一定的距离后拨打救援电话。切记，在没有查明烟雾来源之前，千万不要启动车辆也不要进入车内。再者为了避免附近车辆遭殃，在车后要放置警示标志。

(3) 电解液漏出。车辆的动力电池如果已经有电解液漏出，那么说明电芯已经受损，电芯之间可能发生了短路，随时都有可能起火，这时要立即停车、熄火、下车，并拨打4S店救援电话，让专业的人员尽快过来处理。

(4) 掉入水中。电动汽车掉入水中，车上人员要保持冷静，车门如果可以打开，立即开门逃生。如果车辆完全沉没，无法打开车门，可以砸破玻璃，等到内外压力差变小之后，迅速逃生。电动汽车落水与220 V电线掉水里不一样，只要不接触高压部件形成回路，那么就是安全的。

(5) 车辆已经着火。如果电动汽车的电池已经着火，必须要立即停车，下车并远离车辆。动力电池已经着火，这时候熄火已经不重要了，如果火势不大可以用灭火器灭火；如果火势较大，且没有发生爆炸，那么要远离电动汽车，拨打火警电话，且不要擅自靠近电动汽车。

总结：电动汽车盛行，很多人都将电动汽车列入购车计划，购车前建议大家要知道所购的电动汽车动力电池种类、容量、安装位置、最高电压及高电压线走向等相关说明。遇到电动车起火首先断电、防电及防毒，电池一旦起火要使用相应规范的灭火设施，火势扑灭后要等不冒烟观察1 h以上，防止再次起火。在使用电动汽车的同时，认知国家相关的标准以及灭火的基本常识是非常必要的。

技能训练

训练一　触电事故应急处理

一、实训目的

(1) 能够识别触电现象，可使用正确方法对触电事故进行应急处置。
(2) 清楚高压触电事故的紧急救助步骤及心肺复苏的操作方法。

二、实训工作准备

(1) 防护装备：绝缘防护手套、绝缘板、板凳、木棍和绝缘垫。
(2) 车辆、台架和总成：无。
(3) 专用工具和设备：绝缘工具、急救箱和电话。
(4) 手工工具：无。
(5) 辅助材料：竹席及枕头。

三、实训实施步骤

(1) 根据实训场地的实际情况，模拟布置触电事故现场。

(2) 对实训学生进行分组练习，每一组成员分别扮演触电者、切断电源者、报警者、心肺按压者和人工呼吸者等。

(3) 练习个人在遇到突发触电事故时的紧急救护措施，并学会正确进行心肺复苏的操作方法。

1. 安全防护设备(装备)选择

个人安全防护设备包括：① 绝缘鞋；② 绝缘手套；③ 护目镜(或防护镜)；④ 绝缘服。

场地安全防护设备包括：① 绝缘台和绝缘垫；② 桌、椅和木棍；③ 安全遮栏。

2. 事故现场紧急处理

(1) 根据实训室模拟的事故现场情况，小组成员紧急对事故现场进行查看，分析发生触电的原因。

(2) 施救人员紧急查找设备电源，在查找无果的情况下快速穿戴防护用品，利用现场可以使用的桌、椅和木棍使触电者快速脱离带电场所。

3. 触电者意识状态检查

检查触电者的意识状态，观察其能否进行活动，能否进行对话，有无心跳、脉搏等，根据实际情况采取报警急救、紧急包扎、现场平躺或其他救护措施。

4. 对触电者现场进行紧急救护

(1) 对意识清晰能对话且无受伤触电者，可进行现场静躺和安抚。

(2) 对意识清晰能对话但有烧伤、电伤的触电者，紧急进行伤口清理和包扎，视情况决定是否拨打 120 急救电话。

(3) 对有心跳及呼吸但无意识或不能对话的触电者，紧急拨打 120 急救电话，同时对触电者采取降温、吹风、平卧等措施，等待医护人员到来。

(4) 对无心跳及脉搏或者无呼吸的触电者，紧急采取心肺复苏操作，操作可采用多人交替进行，中间不要停顿直至医护人员到来。

四、实训注意事项

(1) 必要时，可协助其他组员完成本组的实训。

(2) 每个小组在规定的 30 min 内完成实训。

五、实训总结

(1) 总结本次课学生学习表现及在小组合作中的表现。

(2) 由表现最好的小组进行经验分享。

(3) 知识目标检验。要求按照任务完成效果进行考评，参见表 7-2。

表 7-2　知识目标检验表

项目名称		时　间			地　点	
班　级		小组及成员			得分	
序　号	项目	操作内容	规定分	评分标准	扣分记录	得分记录
1	准备资料：个人防护用品	绝缘手套； 防护镜； 绝缘鞋	15 分	选用防护用品不当，扣 3 分。 物品选择不到位，酌情扣 1～5 分。 操作不规范。酌情扣 1～5 分		
2	准备资料：场地防护用品和使用方法	绝缘台、桌、椅、木棍、绝缘垫及安全遮栏	15 分	选用防护用品不当，扣 3 分。 物品选择不到位。酌情扣 1～5 分。 操作不规范，酌情扣 1～10 分		
3	触电者脱离电源操作步骤演练	查看状况； 自我保护； 脱离电源	25 分	选用护具不当，扣 3 分 操作步骤不正确，酌情扣 1～5 分。 操作不规范，酌情扣 1～10 分		
4	触电者状况查看及处理方式	查看意识，依据心跳、脉搏决定是否呼叫急救车	20 分	分析判断不当，扣 3 分。 操作步骤不正确，酌情扣 1～5 分。 操作不规范，酌情扣 1～10 分		
5	等待医疗救护前的个人紧急心肺复苏操作	心脏按压操作方法； 人工呼吸操作方法	25 分	未实施有效操作，扣 10 分。 操作步骤不正确，酌情扣 1～5 分。 操作不规范，酌情扣 1～10 分		
总分			100 分			

(4) 实训考核。要求按照实训完成情况进行考核，参见表 7-3。

表 7-3　实训考核表

考核项目	评分标准	分数	学生自评	小组互评	教师评价	小计
团队合作	是否和谐； 是否分工合作； 是否积极参与					
任务方案	是否正确和合理					
操作过程	紧急救护的具体步骤是否正确； 心脏按压的操作要领是否正确； 人工呼吸的注意事项是否正确					
任务完成情况	是否完成					
工作态度	是否规范和标准					
总分						
教师签名			年　月　日		总分	

训练二 防火救助

一、实训目的

(1) 能够应对突发电气火灾事故并掌握足够的紧急扑救措施。

(2) 清楚常用灭火器的种类并掌握灭火器的使用方法。

二、实训工作准备

(1) 防护装备：专业消防防护服装。

(2) 车辆和台架、总成：无。

(3) 专用工具和设备：干粉灭火器。

(4) 手工工具：无。

(5) 辅助材料：着火材料。

三、实训实施步骤

(1) 根据实训场地的实际情况，模拟布置火灾事故现场。

(2) 对实训学生进行分组练习，每一组成员分别扮演被困者、报警者、扑救者等。

(3) 练习个人在遇到突发火灾事故时的紧急救护措施，并学会正确选择和使用灭火器的方法。

1. 安全防护设备(装备)选择

个人防护设备包括：① 防火服；② 防护镜；③ 绝缘鞋。

场地准备资料包括：① 灭火器；② 着火材料；③ 毛巾、被单和水桶。

2. 火灾现场紧急逃生

(1) 根据实训室模拟的事故现场情况，小组成员首先对火灾现场进行查看，找出可行的逃生路径。

(2) 逃生人员选取现场可使用的材料，对面部、耳朵、鼻孔、眼睛和身体裸露部位做好防护，快速、正确和安全地逃离火灾现场。

(3) 灭火器种类识别和扑救操作

对火灾现场进行初步判断，分析着火点或着火设备是属于哪种设施类型，快速且正确选取水基、干粉或二氧化碳灭火器实施扑救。掌握正确的灭火器操作方法和技术要领，快速、准确对准火源进行扑救，对个人无法快速扑救或有蔓延趋势的火源，应第一时间拨打119 火警电话求助。

四、实训注意事项

(1) 必要时，可协助其他组员完成本组的实训。

(2) 每个小组在规定的 30 min 内完成实训。

五、实训总结

(1) 总结本次课学生学习表现及在小组合作中的表现。

(2) 各小组进行经验分享。

(3) 知识目标检验。要求按照任务完成效果进行考评，参见表7-4。

表7-4　知识目标检验表

项目名称		时　间			地　点	
班　级		小组及成员			得分	
序　号	项目	操作内容	规定分	评分标准	扣分记录	得分记录
1	个人资料准备：个人防护用品	防火服； 防护镜； 绝缘鞋	15分	个人用品准备不到位，扣1～5分。 操作不规范，酌情扣1～10分		
2	场地资料准备：场地用品和使用方法	灭火器； 着火材料； 毛巾、被单和水桶	15分	场地用品准备不到位，扣1～5分。 操作不规范，酌情扣1～10分		
3	火场逃生演练	火场判断； 逃生技巧； 相互救助	25分	火场判断不当，扣3分。 相互救助不到位，扣1～5分。 操作不规范，酌情扣1～10分		
4	灭火器种类及气压识别	灭火器种类识别； 灭火器使用场合； 陈述灭火器欠压过压识别	20分	灭火器材种类选择不当，扣3分。 使用场合陈述不到位，扣1～5分。 操作不规范，酌情扣1～10分		
5	灭火器操作演练	灭火器操作步骤陈述； 使用注意要点陈述； 扑救演练	25分	操作步骤陈述不当，扣5分。 注意要点陈述不当，扣5分。 操作不规范，酌情扣1～10分		
总分			100分			

(4) 实训考核。要求按照实训完成情况进行考核，参见表7-5。

表7-5　实训考核表

考核项目	评分标准	分数	学生自评	小组互评	教师评价	小计
团队合作	是否和谐； 是否分工合作； 是否积极参与					
任务方案	是否正确和合理					
操作过程	火场逃生演练； 灭火器种类及气压识别； 灭火器操作演练					
任务完成情况	是否完成					
工作态度	是否规范和标准					
总分						
教师签名			年　月　日		总分	

项 目 小 结

(1) 了解人体耐受电压及交/直流电对人体的影响与区别。

(2) 了解触电事故的分类、原因及避免方法。

(3) 了解触电事故的规律和用电原则。

(4) 清楚防范触电事故的措施和方法。

(5) 清楚触电事故的应急处置方法和救助步骤。

(6) 清楚防火、防爆、防雷和防静电的措施。

(7) 掌握电动汽车火灾救助方法和要领。

思考与练习

一、填空题

1. 人体触电的方式主要分为__________和__________，另外高压电场、高频磁场、静电感应、雷击等也能对人体造成伤害。

2. 间接接触触电包括__________、__________。

3. 决定触电伤害程度的因素有__________、__________、__________、__________、__________、__________。

4. ________Hz 的交流电对人体危害最大。

5. 触电事故一般具有________、________、________、________等特点。

6. 对于有心跳而呼吸停止的触电者，我们应采用____________________。

7. 触电急救的要点是__________和__________。

二、单项选择题

1. 在以接地电流入地点为圆心，(　　) m 为半径范围内行走的人两脚之间承受跨步电压。

A. 1000　　B. 100　　C. 50　　D. 20

2. 技术人员 A 说 HV(高压)手套的额定电压应为 1000 V 或“O”级。技术人员 B 说皮革高压手套应该戴在橡胶手套上。谁说的对？(　　)

A. 技术人员 A　　B. 技术人员 B

C. A 和 B　　D. 既不是 A 也不是 B

3. 被视为“安全”电压水平是什么？(　　)

A. 没有电压等级是安全的　　B. 电压不超过 5 V

C. 10 V 以下　　D. 15 V 以下

4. 流过人体的电流超过(　　)mA，人体就会感到发麻，也称为触电。

A. 1　　B. 10　　C. 50　　D. 5

5. 绝缘的击穿使绝缘材料的绝缘性能遭到破坏，固态绝缘的击穿有(　　)等形式。

A. 热击穿、电化学击穿、电介质击穿
B. 电击穿、热击穿
C. 电化学击穿、电介质击穿
D. 热击穿、电介质击穿

6. 在下列电流路径中，最危险的是(　　)。

A. 左手—前胸　　B. 左手—双脚
C. 右手—双脚　　D. 左手—右手

7. 人体电阻一般情况下取(　　)。

A. 1 Ω～10 Ω　　B. 10 Ω～100 Ω
C. 1 kΩ～2 kΩ　　D. 10 kΩ～20 kΩ

8. 下列导体色标，表示接地线的颜色是(　　)。

A. 黄色　　B. 绿色　　C. 淡蓝　　D. 绿/黄双色

三、判断题 (正确请打√，错误请打×)

1. 触电事故的发生具有季节性。(　　)
2. 跨步电压触电属于直接接触触电。(　　)
3. 两相触电比单相触电更危险。(　　)
4. 交流电比同等强度的直流电更危险。(　　)
5. 因为零线比火线安全，所以开关大都安装在零线上。(　　)
6. 如果救护过程经历了 5 h，触电者仍然未醒，应该继续进行。(　　)
7. 当触电者牙关紧闭时，可用口对鼻人工呼吸法。(　　)

四、简答题

1. 什么叫安全电压？安全电压分为哪些等级？
2. 什么是跨步电压?
3. 重复接地有哪些作用？
4. 特种作业人员有哪些安全职责和管理规定？
5. 如何应急处置触电事故？
6. 人工心肺复苏的具体操作步骤是什么？
7. 常用灭火器的种类和选取标准是什么？

五、实训展示作业

1. 举例说明人体触电事故的具体伤害。
2. 分析触电事故的规律和用电规范。
3. 思考可以减少触电事故发生的措施。
4. 列举电动汽车作业时的操作注意事项。
5. 演示发生火灾事故后的紧急逃生方法。

实训项目八　电动汽车高压安全检测与维修综合训练

项目分析

电动汽车电气系统主要包括低压电气系统、高压电气系统及 CAN 通信网络系统。低压电气系统采用 12 V 供电系统，除了为灯光照明系统、娱乐系统及雨刷器等常规低压电气设备供电外，还为整车控制器、电池管理系统、电机控制器、DC/DC 转换器及电动空调等高压附件设备控制回路供电；高压电气系统主要包括动力电池组、电驱动系统、DC/DC(电压)转换器、电动空调、电暖风、车载充电系统、非车载充电系统及高压电安全管理系统等；CAN 通信网络系统用来实现整车控制器和电机控制器以及电池管理系统、高压电安全管理系统、电动空调、车载充电机和非车载充电设备等控制单元之间的相互通信。本项目针对高压部件和高压线束进行综合实训，旨在使学生掌握电动汽车高压系统的结构和原理，同时列举若干纯电动汽车和混合动力汽车的故障诊断与维修实例，强化学生对于电动汽车维修技能的提高。

知识目标

(1) 强化掌握电动汽车高压安全与操作规范。
(2) 强化掌握整车高压线束。
(3) 强化掌握整车高压部件。
(4) 强化掌握电动汽车充电过程。
(5) 掌握纯电动汽车典型故障的诊断与维修方法。
(6) 掌握混合动力汽车典型故障的诊断与维修方法。

能力目标

(1) 掌握整车高压断电操作、高压操作保护措施和高压事故应急措施。
(2) 掌握高压线束插/拔和检测以及高压系统绝缘故障排查的方法。
(3) 掌握电动汽车解码仪的使用方法。
(4) 掌握动力电池组拆卸和安装。
(5) 掌握电机控制器拆卸和安装。
(6) 掌握高压控制盒(高压配电箱)拆卸和安装。
(7) 掌握电动汽车充电流程。
(8) 掌握电动汽车故障诊断和检修的一般方法。

训练一　电动汽车高压安全与保护措施

任务目标

电动汽车的高压安全至关重要，本任务要求新能源汽车专业的学生务必掌握高压用电安全与操作规范，掌握高压操作必要的保护措施以及高压事故应急措施，在电动汽车上学会高压断电的操作方法。

知识链接

电动汽车高压安全与保护措施，涉及高压用电安全与操作规范、高压操作保护措施、高压事故应急措施以及高压断电安全操作。

提出任务：在电动汽车使用和维修过程中，如何注意高压用电安全与操作规范？如何进行高压事故应急处理？如何进行安全的高压断电操作？

依据前面已介绍的知识，你们能够完成下面电动汽车高压安全与保护措施的各项专项实操任务吗？

一、高压断电操作

高压断电是电动汽车检测与维修的安全保障条件。高压断电的步骤如下：

(1) 设立安全监护人，持证上岗。

设立安全监护人(参见图 8-1)，实操人员持有国家安监局颁发的特种作业操作证。若实操人员暂无证书，则实训教师必须在场指导，确保人身安全。

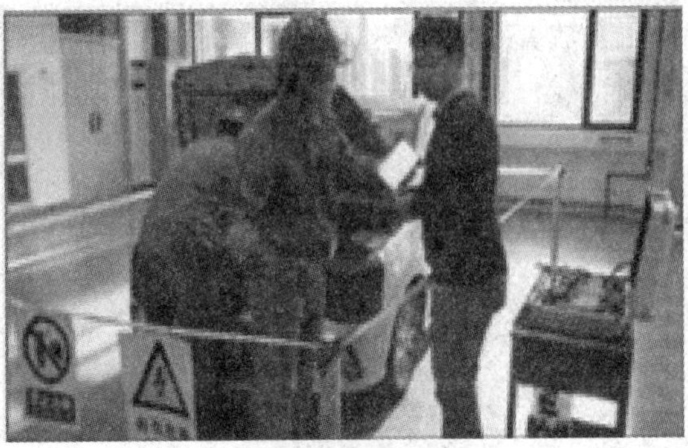

图 8-1　安全监护人

(2) 作业前现场环境检查。

① 设立隔离柱，布置警戒线，隔离柱间距保持在 1 m～1.5 m，参见图 8-2。

图 8-2　设立隔离柱

② 张贴标注“高压危险”“有电危险”“禁止合闸”等警示牌，防止他人误碰。

③ 检查维修工位绝缘地垫是否破损或脏污，若破损、脏污严重，则停止维修作业，及时清理或更换绝缘地垫。

(3) 作业前防护用具检查。

① 检查绝缘手套外观是否有龟裂老化，气密性是否良好。

② 检查护目镜镜面是否有划痕裂纹，镜带是否松弛失效。

③ 检查安全帽(参见图 8-3)外观有无破损，佩戴时必须紧固锁扣。

④ 检查绝缘鞋外观是否良好，是否有开胶断底等现象，如果有则更换。

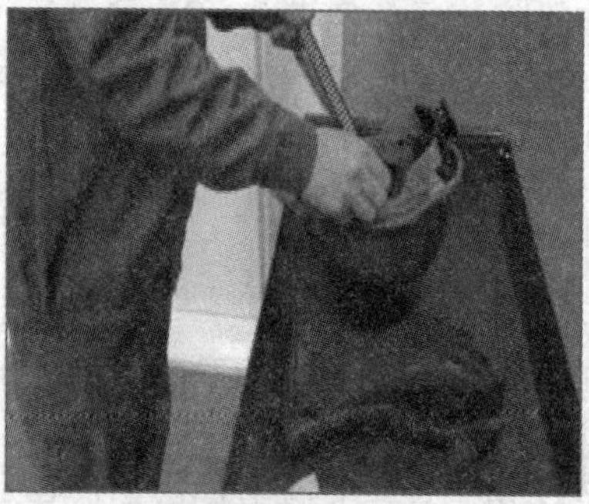

图 8-3　检查防具

(4) 作业前仪表工具检查。

① 将维修工具车及工具放置在车辆左前方位置，检查三件套等防护套是否齐全。

② 检查绝缘万用表测试线束及表笔是否破损或折断，其功能按钮是否正常显示，参见图 8-4。

图 8-4　绝缘表笔

③ 检查绝缘工具绝缘层是否破损严重，工具数量是否有缺失。

④ 检查放电工装测试线束及表笔是否破损或折断，其功能是否正常。

(5) 关闭点火开关，钥匙安全存放。

关闭车辆点火开关，将钥匙锁入维修柜或交给实操人员保管，保证他人无法接触；按照对角线方向，分别在前、后车轮上位置安装车轮挡块，参见图 8-5。

(6) 充电口封闭，断开蓄电池负极。

快/慢充的充电口需用醒目的黄黑胶带封闭，低压蓄电池负极断开后需做绝缘处理，并等待 10 min 以上，参见图 8-6。

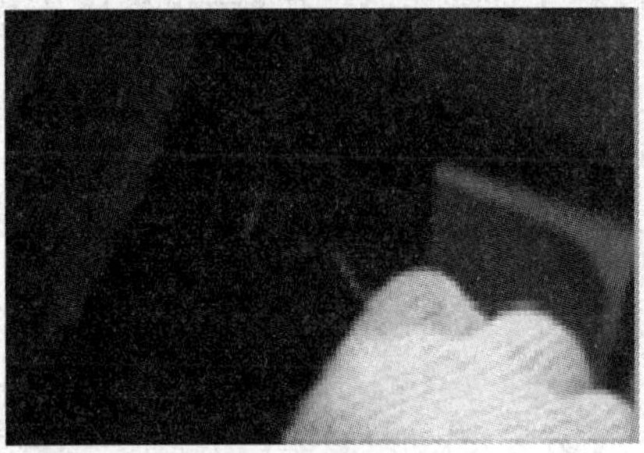

图 8-5　关闭点火开关

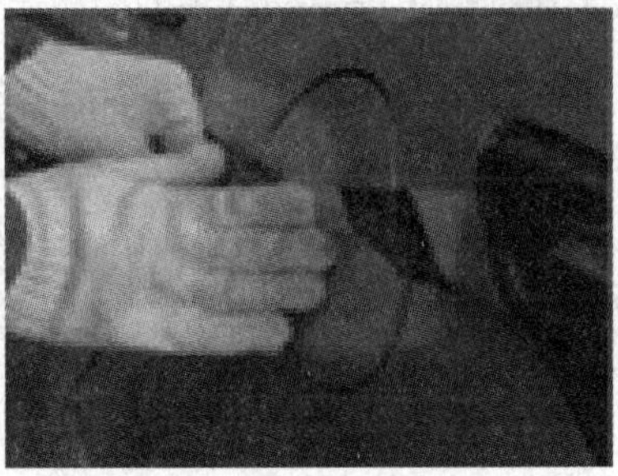

图 8-6　充电口封闭

(7) 拆卸维修开关并安全存放。

拆除维修开关后，将其锁入维修柜安全存放，并在拆除后的相应位置放置标有“有电危险”的警示牌。

(8) 举升车辆，测试绝缘地垫绝缘电阻。

检查龙门式举升机，确认举升装置无误后平稳举升车辆。测试绝缘地垫五个方位的绝缘电阻值是否大于等于 2.0 GΩ，若绝缘电阻值不合格，则禁止维修作业。验电操作参见图 8-7。

图 8-7　验电操作

(9) 断开动力电池高/低压接插件，并验电和放电。

拆卸动力电池连接器遮板时，首先断开动力电池低压线束插件，再断开锁止机构，禁止越级徒手或强行蛮力断开动力电池高压输出电缆插件。高压电缆端设置三级锁拆卸。电源侧及负载侧完成验电、放电操作后，需对高压端进行绝缘处理。

二、高压模拟测量

电动汽车的高压安全至关重要，因此在检修的过程中一定要教会学生做好高压安全防护，按要求完成高压防护操作和高压安全模拟测量。

在实训平台上模拟真实仪表的检查功能，在不存在任何高压输出风险，也不会因在设备上错误连接而导致短路造成被测元件损坏的情况下，锻炼学生在高压环境下测量电气元件参数的技能。

1. 实训设备

实训设备有 PT-BMS-2 电池组模拟实训平台、数字万用表、绝缘表和绝缘套装工具等。

2. 安全防护

在实验平台上模拟纯电动汽车的高压系统，在实训操作前做好必要的高压安全防护措施。

(1) 绝缘手套。

(2) 绝缘工具。

(3) 高压断电开关。

3. 高压检测、绝缘检测、漏电故障检测与排查

(1) 高压母线的电压和电流检测。

(2) 动力电池绝缘检测。

(3) 电动汽车动力电池漏电检测操作。

4. 普通电阻检测

电动汽车加速踏板位置传感器的检修。

三、任务实施指导

1. 任务实施要求

(1) 结合实车和实训平台手册等，查询、参考教材和资料，小组合作完成任务及实操内容。

(2) 实操分两组进行，一组实操，另一组做实操准备。

(3) 每组完成时间为 40 min。

(4) 随机抽查学生任务完成质量。

(5) 各组交叉检查表格填写完成质量。

2. 任务答辩

展示 1：动力电池漏电检测操作注意事项有哪些？

展示 2：如何断开和闭合维修开关？

展示 3：电动汽车高压线路漏电检测需准备哪些工具和设备？

展示 4：检测操作注意事项有哪些？

展示 5：检测数据展示及检测结果如何？

展示 6：实操中你遇到的最大问题是什么？又是如何解决的？

3. 任务总结

(1) 总结本次课学生学习表现及在小组合作中的表现。

(2) 任选两个小组进行经验分享，交流学习。

(3) 知识目标检验。要求按照任务完成效果进行考评，参见表 8-1。

表 8-1　知识目标检验表

项目名称		时　间			地　点	
班　级		小组及成员			得分	
序　号	任务	操作内容	规定分	评分标准	扣分记录	得分记录
1	高压模拟测量	安全防护	15 分	正确使用安全防护用品(5 分)。 正确使用高压安全防护工具(5 分)。 正确进行高压维修开关的断电操作(5 分)。 回答错误，酌情扣分		
2		高压检测	30 分	正确操作实训平台(5 分)。 正确使用检测工具(5 分)。 正确进行动力电池的输出电压和电流的检测(15 分)。 能够对检测数据进行判断(5 分)。 回答错误，酌情扣分		
3		绝缘电阻检测	30 分	正确使用检测工具(5 分)。 正确进行绝缘电阻检测(15 分)。 能够对检测数据进行分析，判断动力电池绝缘情况(10 分)。 回答错误，酌情扣分		
4		普通电阻检测	25 分	能够找到电动汽车加速踏板位置传感器(5 分)。 能够正确使用检测工具对传感器进行参数测量(20 分)。 回答错误，酌情扣分		
总分			100 分			

(4) 实训考核。要求按照实训完成情况进行考核，参见表 8-2。

表 8-2　实训考核表

考核项目	评分标准	分数	学生自评	小组互评	教师评价	小计
团队合作	是否和谐； 是否分工合作； 是否积极参与					
任务方案	是否正确和合理					
操作过程	认识高压检测； 绝缘电阻检测； 普通电阻检测					
任务完成情况	是否完成					
工作态度	是否规范和标准					
总分						
教师签名		年　月　日			总分	

训练二　电动汽车高压线束安全检测

任务目标

电动汽车的高压安全至关重要，本任务要求学生了解整车高压线束位置，掌握高压线束及电缆的插/拔方式和高压线束安全检查方法。

知识链接

电动汽车高压安全与保护措施涉及高压线束及电缆部件的安装位置、插/拔正确方法，高压线束及电缆的检测与高压系统绝缘故障的排除。

提出任务：电动汽车的高压线束的作用与连接部件有哪些？如何正确插/拔高压线束？

依据前面已介绍的知识，你们能够完成下面电动汽车高压线束的正确插/拔、检测以及系统绝缘故障排查等各项专项实操任务吗？

一、整车高压线束

在实训项目三、四中已学习了电动汽车整车的高压线束，下面我们以北汽 EV200 为例，回顾一下整车高压线束/电缆，以及整车高压线束/电缆的插/拔方法。

EV200 高压线束/电缆布局如图 8-8 所示。

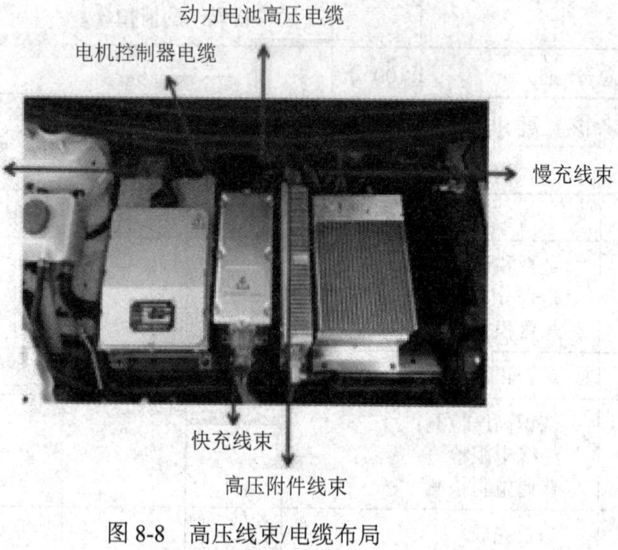

图 8-8　高压线束/电缆布局

1. 快充线束

快充线束就是连接快充口和高压控制盒之间的线束。快充线束包含了一根高压线和两根低压线，参见图 8-9。

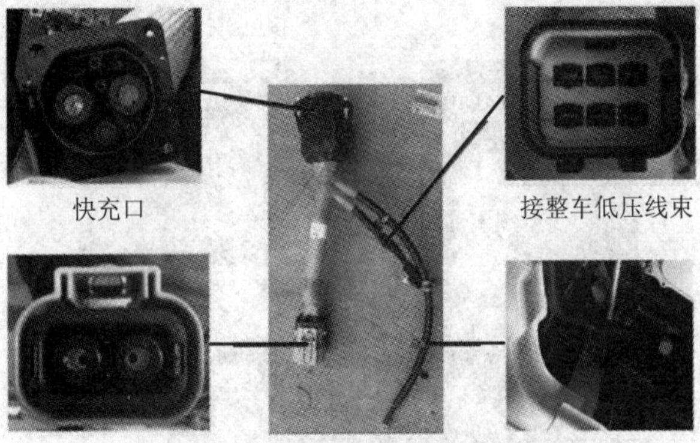

图 8-9　快充线束

2. 动力电池高压电缆

动力电池高压电缆就是连接动力电池到高压控制盒之间的线缆，如图 8-10 所示。

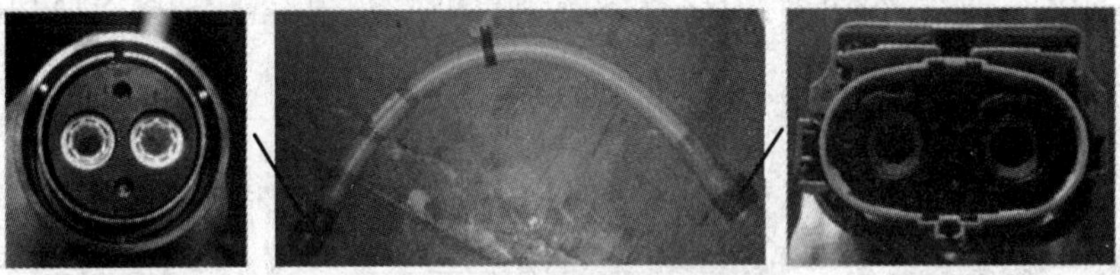

图 8-10　动力电池高压电缆

3. 高压附件线束

高压附件线束就是连接高压控制盒到 DC/DC 转换器、车载充电机、空调压缩机、空调 PTC 之间的线束，如图 8-11 所示。

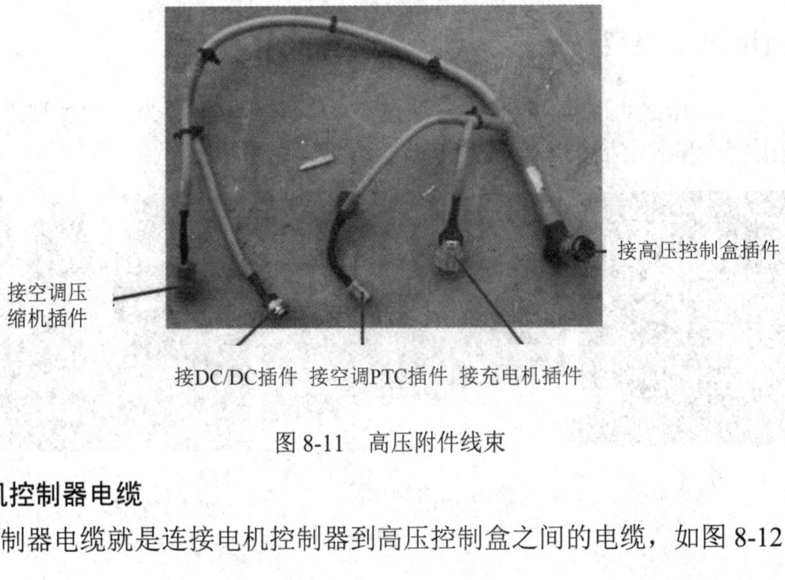

图 8-11　高压附件线束

4. 电机控制器电缆

电机控制器电缆就是连接电机控制器到高压控制盒之间的电缆，如图 8-12 所示。

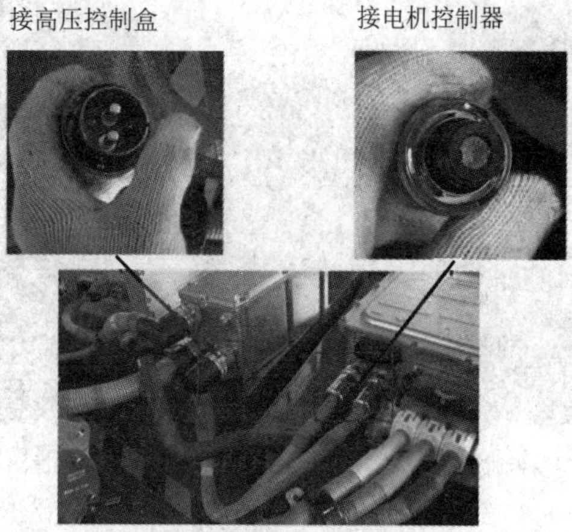

图 8-12　电机控制器电缆

5. 电机三相交流动力线

电机三相交流动力线就是连接电机控制器到电机之间的电缆，如图 8-13 所示。

图 8-13　电机三相交流动力线

二、整车高压线束/电缆的插/拔方法

EV200 整车高压线束/电缆的插/拔方法按照锁止机构设置分为三种类型：三级锁止机构、二级锁止机构和航空插头。三种锁止机构如图 8-14 所示。

(a) 三级锁止机构　　(b) 二级锁止机构　　(c) 航空插头

图 8-14　三种锁止机构

1. 三级锁止机构插/拔方法——拔出

三级锁止机构拔出如图 8-15 所示。

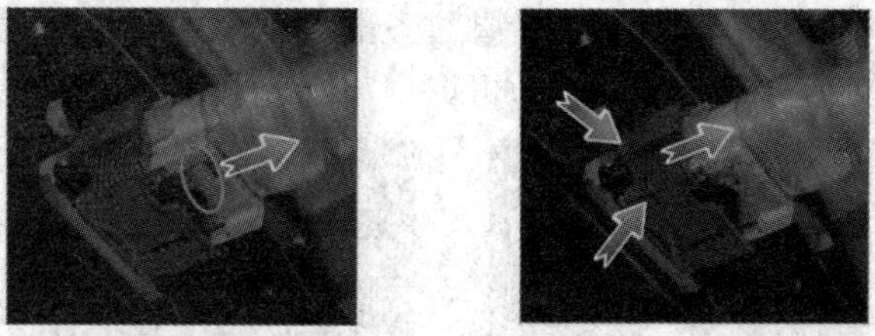

(a) 三级锁止机构拔出第一步　(b) 三级锁止机构拔出第二、三步

图 8-15　三级锁止机构拔出

第一步，将蓝色锁销轻轻向后拉出，待锁销与底部橘黄色外壳接触即为解除第一道锁。

第二步，侧向按压刻有“PRESS”标识的锁扣，同时两侧均匀用力向外推出接插件灰色壳体，待蓝色锁销与灰色壳体外侧凹槽完全贴合即为解除第二道锁。

第三步，向上轻轻顶起接插件底部锁和解除第三道锁，两侧轻微晃动向外拔出接插件即可。

2. 三级锁止机构插/拔方法——插入

三级锁止机构插入为其拔出方法以倒序进行。三级锁止机构依次插入步骤演示参见图 8-16。注意，强行插入和拔出三级锁止机构将导致接插件锁止机构失效。

(a) 三级锁止机构插入第一步　(b) 三级锁止机构插入第二步

图 8-16　三级锁止机构插入

3. 二级锁止机构插/拔方法——拔出

二级锁止机构拔出，参见图 8-17。

(a) 二级锁止机构拔出第一步　(b) 二级锁止机构拔出第二步　(c) 二级锁止机构拔出第三步

图 8-17　二级锁止机构拔出

第一步，将绿色锁舌轻轻向后拉出。

第二步，同时向下按压航空插头顶部锁扣。

第三步，均匀用力向后拉出即可。

4. 二级锁止机构插/拔方法——插入

二级锁止机构插入，参见图 8-18。

第一步，将航空插头针孔与接插件针脚对齐推入。

第二步，将绿色锁舌轻轻推入底部即可。

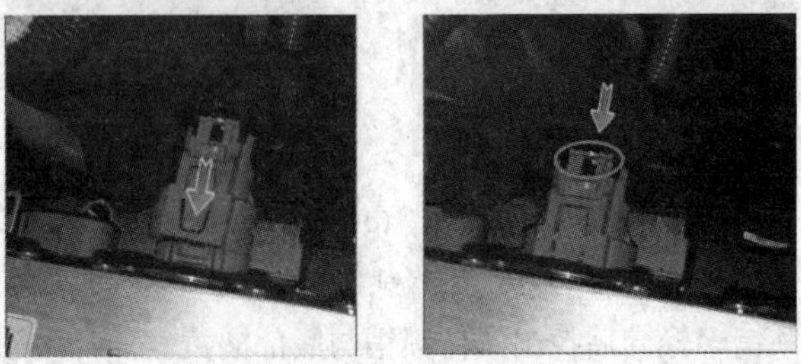

(a) 二级锁止机构插入第一步　(b) 二级锁止机构插入第二步

图 8-18　二级锁止机构插入

5. 航空插头插/拔方法——拔出

航空插头拔出，参见图 8-19。

第一步，逆时针轻轻旋转航空插头端部螺帽。

第二步，待旋松后均匀用力向后拉出即可。

(a) 航空插头拔出第一步　(b) 航空插头拔出第二步

图 8-19　航空插头拔出

6. 航空插头插/拔方法——插入

航空插头插入，参见图 8-20。

第一步，绝缘体针孔与接插件针脚对齐。

第二步，将其轻轻推入使航空插头内止口与接插件定位键咬合。

第三步，顺时针旋转航空插头端部螺帽直至拧紧。

(a) 航空插头插入第一步　(b) 航空插头插入第二步　(c) 航空插头插入第三步

图 8-20　航空插头插入

三、整车高压线束/电缆检测

高压线束/电缆检测项目如下：

(1) 车辆用高压线束需要具备耐老化、阻燃性、耐磨损等性能，不得出现裂痕、导体暴露等故障。

(2) 在各高压线束外观状态良好的前提下，还需要保证其内部线路的导通和绝缘性能的良好。

(3) 对于慢充充电线来说，还要测试其电阻值是否正常，参见图 8-21。

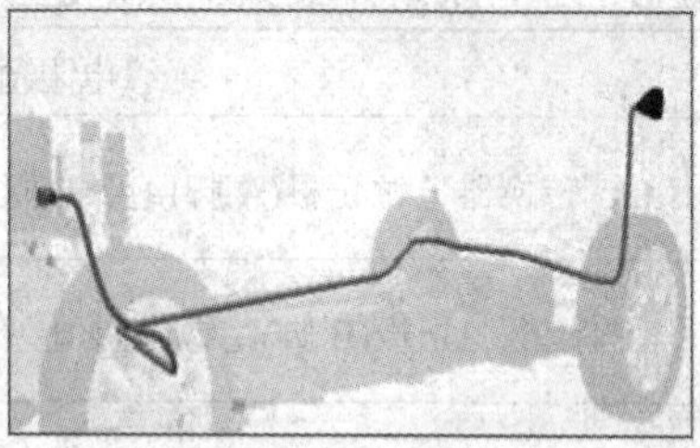

图 8-21　慢充线束

(4) 各高压线束的绝缘电阻值要满足国际电动汽车标准，参见表 8-3 至表 8-8，分别介绍了动力电池高压电缆、电机控制器电缆、快充线束、慢充线束、高压附件线束和慢充充电线绝缘电阻值。

表 8-3　动力电池高压电缆绝缘电阻值

动力电池高压电缆	绝缘电阻值	
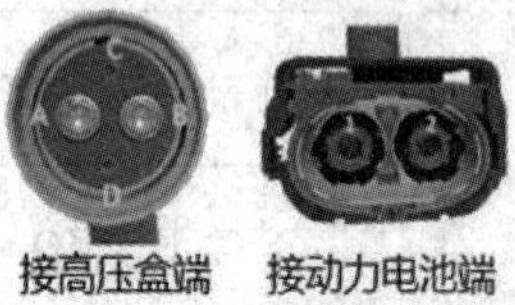	电源正极(B 脚)绝缘电阻值	大于等于 1.4 MΩ
	电源负极(A 脚)绝缘电阻值	大于等于 1.0 MΩ

表 8-4　电机控制器电缆绝缘电阻值

电机控制器电缆	绝缘电阻值	
	电源正极(B 脚)绝缘电阻值	大于等于 100 MΩ
	电源负极(A 脚)绝缘电阻值	大于等于 100 MΩ

表 8-5　快充线束绝缘电阻值

快充线束	绝缘电阻值	
	电源正极(B 脚)绝缘电阻值	无穷大
接高压盒端	电源负极(A 脚)绝缘电阻值	无穷大

表 8-6 慢充线束绝缘电阻值

慢充线束	绝缘电阻值	
 慢充口	电源正极(L 脚)绝缘电阻值	大于等于 20 MΩ
	电源负极(N 脚)绝缘电阻值	大于等于 20 MΩ

表 8-7 高压附件线束绝缘电阻值

高压附件线束	绝缘电阻值	
 接高压控制盒插件  接充电机插件  接DC/DC转换器插件  接空调压缩机插件  接空调PTC插件	DC/DC 转换器电源正极(A 脚)绝缘电阻值	大于等于 20 MΩ
	PTC 电源正极(B 脚)绝缘电阻值	大于等于 500 MΩ
	压缩机电源正极(C 脚)绝缘电阻值	大于等于 5 MΩ
	PTC-A 组负极(D 脚)绝缘电阻值	大于等于 500 MΩ
	充电机电源正极(E 脚)绝缘电阻值	大于等于 20 MΩ
	充电机电源负极(F 脚)绝缘电阻值	大于等于 20 MΩ
	DC/DC 转换器电源负极(G 脚)绝缘电阻值	大于等于 20 MΩ
	压缩机电源负极(H 脚)绝缘电阻值	大于等于 5 MΩ
	PTC-B 组负极(J 脚)绝缘电阻值	大于等于 500 MΩ

表 8-8 慢充充电线绝缘电阻值

慢充充电线	绝缘电阻值	
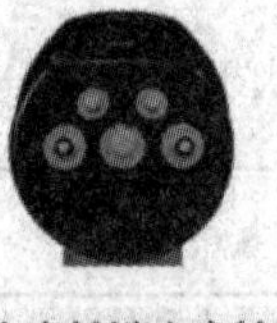 充电桩端充电枪  车辆端充电枪	交流电源正极(L 脚)绝缘电阻值	大于等于 20 MΩ
	交流电源负极(N 脚)绝缘电阻值	大于等于 20 MΩ
	车辆端充电枪电阻值(CC 脚与 PE 脚)	680(1 ± 3%)Ω(16 A) 220(1 ± 3%)Ω(32 A)
	桩端充电枪电阻值(CC 脚与 PE 脚)	小于 0.5 Ω

四、高压系统绝缘故障排查

1. 高压系统对地绝缘性能要求

电动汽车上包含各种高压电气设备，下面以 EV200 为例进行说明。良好的绝缘不仅保证电气设备和电力路线正常运行，而且还能防止人员发生触电事故。表 8-9 所示为电动汽车的绝缘等级，仅供参考。

表 8-9　电动汽车绝缘等级

绝缘等级	判断标准(绝缘电阻)
绝缘等级差	小于 100 Ω/V
绝缘等级良	100 Ω/V～500 Ω/V
绝缘等级优	大于 500 Ω/V

2. 高压部件绝缘性能要求

高压部件绝缘性能要求参见表 8-10。

表 8-10　高压部件绝缘性能要求

高压零部件	标准值
动力电池	动力电池正极绝缘电阻值大于等于 1.4 MΩ；负极绝缘电阻值大于等于 1.0 MΩ
车载充电机	环境温度为 23℃ ± 2℃和相对湿度为 45%～75%时，车载充电机正极与负极输出与车身(外壳)之间的绝缘电阻值大于等于 1000 MΩ。 环境温度为 23℃ ± 2℃和相对湿度为 90%～95%时，车载充电机正极与负极输出与车身(外壳)之间的绝缘电阻值大于等于 20 MΩ
DC/DC 转换器	环境温度为 23℃ ± 2℃和相对湿度为 80%～90%时，高压输入与车身(外壳)绝缘电阻值大于等于 1000 MΩ。 环境温度为−20℃～65℃和工作湿度为 5%～85%时，高压输入与车身(外壳)绝缘电阻值大于等于 20 MΩ
空调压缩机	向空调压缩机内充入 50 cm^3 ± 1 cm^3 的冷冻机油和 63 g ± 1 g 的 HFC−134 制冷剂后，空调压缩机正极与负极对车身(外壳)的绝缘电阻值大于等于 5 MΩ。 清空空调压缩机内部的冷冻机油后，空调压缩机正极与负极对车身(外壳)的绝缘电阻值大于等于 50 MΩ
PTC	PTC 正极与负极与车身(外壳)绝缘电阻值大于等于 500 MΩ
电机控制器、驱动电机	电机控制器正极与负极输入端子与车身(外壳)绝缘电阻值大于等于 100 MΩ
熔断器盒	高压盒端(动力电池输入、驱动电机控制器输出)与车身(外壳)绝缘电阻值为无穷大

3. 绝缘故障诊断排查

1) 绝缘故障报警

电池管理系统(BMS)承担绝缘故障检测功能，当检测到高压系统的绝缘电阻值不满足安全要求时，BMS 将对应的绝缘故障代码上报给上位机，整车上则由组合仪表来进行代码显示和故障灯报警。当组合仪表上显示了故障代码或报警灯时，表示此时车辆出现了绝缘故障，必须马上进行故障排查，以免出现人身安全事故。仪表报警参见图 8-22。

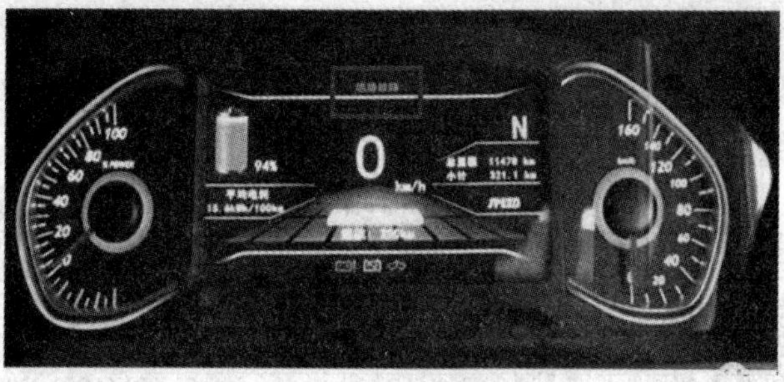

图 8-22　仪表报警

2) 绝缘排查步骤

由于绝缘监测系统无法对绝缘故障点进行定位，故需要进行逐步的人工排查。

在进行高压回路的排查前，为了确保安全，一定要按照相应的高压安全操作规程进行作业，操作人员按规定穿戴好防护用品，检查工具的绝缘性。操作时，应戴绝缘手套、穿绝缘靴，并且站在绝缘台上，参见图 8-23。

(1) 举升车辆，以便于车辆底部的操作，参见图 8-24。

图 8-23　穿戴好防护用品

图 8-24　举升车辆

(2) 拆卸电池护板、拔掉动力电池动力插件，高压回路此时被分成了两个部分，前部为安装于车辆前机舱的高压用电设备，后部为安装于车辆底部的动力电池，参见图 8-25。

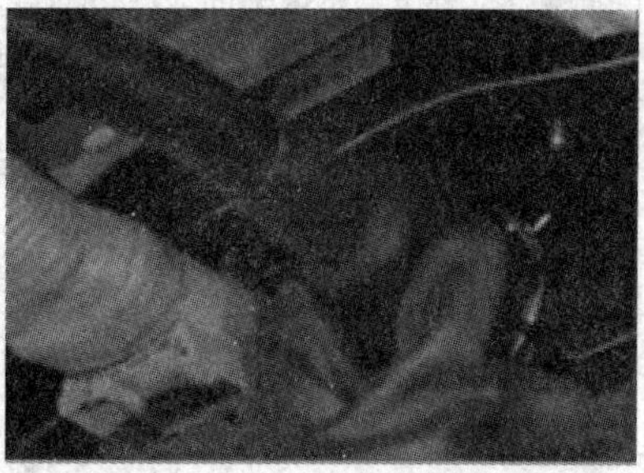

图 8-25　拔掉动力电池动力插件

(3) 用绝缘万用表测量动力电池端和负载端的绝缘电阻值，动力电池正极与负极绝缘电阻值取最小值，称为绝缘 a；负载端正极与负极绝缘电阻值取最小值，称为绝缘 b。

若绝缘 a 低于报警电阻阈值，而绝缘 b 阻值正常，说明绝缘故障发生在动力电池端；反之则在前部的负载端。若绝缘 a、b 均过低，则前部与后部均存在故障，参见图 8-26。

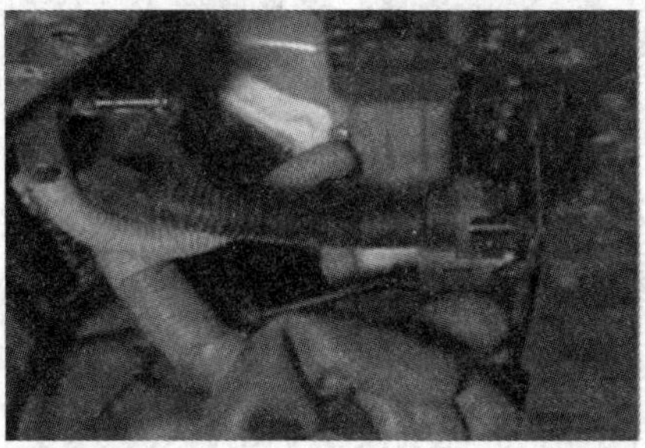

图 8-26　用万用表测量动力电池端

3) 高压零部件的绝缘监测方法

高压零部件的绝缘监测方法参见表 8-11。

表 8-11　北汽 EV200 高压零部件的绝缘监测方法

高压零部件	检 测 方 法
动力电池	1. 拔掉高压控制盒端动力电池输入线。 2. 将钥匙打到 ON 挡。 3. 将兆欧表黑表笔接于车身，红表笔逐个测量动力电池正极与负极端子
车载充电机	1. 将低压蓄电池负极断开。 2. 拔掉高压控制盒八芯插头。 3. 将兆欧表黑表笔接于车身，红表笔逐个测量高压控制盒八芯插头的 B(正极)与 H(负极)
DC/DC 转换器	1. 将低压蓄电池负极断开。 2. 拔掉高压控制盒八芯插头。 3. 将兆欧表黑表笔接于车身，红表笔逐个测量 A(正极)与 G(负极)
空调压缩机	1. 将低压蓄电池负极断开。 2. 拔掉高压控制盒八芯插头。 3. 将兆欧表黑表笔接于车身，红表笔逐个测量 C(正极)与 F(负极)
PTC	1. 将低压蓄电池负极断开。 2. 拔掉高压控制盒八芯插头。 3. 将兆欧表黑表笔接于车身，红表笔逐个测量 D(正极)与 E(负极)
电机控制器、驱动电机	1. 将低压蓄电池负极断开。 2. 拔掉高压控制盒电机控制器输入插头。 3. 将兆欧表黑表笔接于车身，红表笔逐个测量正极与负极端子
高压控制盒	1. 将低压蓄电池负极断开。 2. 拔掉高压控制盒八芯插头，动力电池输入插头，驱动电机控制器输出插头。 3. 将兆欧表黑表笔接于车身，红表笔逐个测量高压控制盒端(动力电池输入、驱动电机控制器输出)

五、高压连线操作

高压线束/电缆的认知和检测是学习电动汽车高压安全知识中必须掌握的重要知识点，

掌握典型电动汽车高压线束的布置与插接方式非常重要。通过实训操作使学生掌握整车高压线束的布置方式、特性要求，掌握整车高压线束/电缆的连接方式以及插接器的特点，掌握整车高压线束/电缆的故障诊断和排查方法。

本任务包含的知识有高压防护知识、电动汽车高压部件、电动汽车高压线束/电缆、插接器等，需要学生完成以下高压部件之间高压线的插/拔操作：① 高压配电箱—DC/DC；② 高压配电箱—PTC；③ 高压配线箱—压缩机；④ 高压配电箱—车载充电器；⑤ 高压配电箱—电机控制器；⑥ 动力电池—高压配电箱。

1. 实训设备

实训设备有各品牌电动汽车、高压安全防护用品、数字万用表、绝缘表和绝缘套装工具等。

2. 安全防护

模拟纯电动汽车的高压系统，在实训操作前做好必要的高压安全防护措施。

(1) 绝缘手套。

(2) 绝缘工具。

(3) 高压断电开关。

(4) 安全标识。

3. 高压线束/电缆的识别和拔下

(1) 识别高压部件和高压线束。

(2) 拔下高压线束，并识别高压线束插接器。

4. 高压线束/电缆接通与断开检测

使用万用表进行高压线束/电缆接通与断开的检测。

5. 高压线束/电缆插入

(1) 正确连接高压线束/电缆。

(2) 起动汽车，检测高压线缆连接情况。

六、任务实施指导

1. 任务实施要求

(1) 结合实车，查询、参考教材和资料，小组合作完成任务及实操内容。

(2) 实操分两组进行，一组实操，另一组做实操准备。

(3) 每组完成时间为 40 min。

(4) 随机抽查学生任务完成质量。

(5) 各组交叉检查表格填写完成质量。

2. 任务答辩

展示 1：电动汽车高压线束有哪些？

展示 2：高压线束插接器的插/拔操作。

展示 3：高压线束通断检测过程。

展示 4：检测操作注意事项有哪些？

展示 5：实操中你遇到的最大问题是什么？又是如何解决的？

3. 任务总结

(1) 总结本次课学生学习表现及在小组合作中的表现。

(2) 任选两个小组进行经验分享，交流学习。

(3) 知识目标检验。要求按照任务完成效果进行考评，参见表 8-12。

表 8-12　知识目标检验表

项目名称		时　间		地　点		
班　级		小组及成员			得分	
序　号	任务	操作内容	规定分	评分标准	扣分记录	得分记录
1	高压连线操作	安全防护	15 分	正确使用安全防护用品(5 分)。 正确使用高压安全防护工具(5 分)。 正确进行高压维修开关的断电操作(5 分)。 回答错误，酌情扣分		
2		高压部件认知	10 分	正确识别各高压部件(5 分)。 回答错误，酌情扣分		
3		高压线束插/拔	45 分	使用正确的方法拔下高压线束插接器(15 分)。 正确使用工具进行高压线束接通与断开检测(15 分)。 识别高压线束插接器(15 分)。 回答错误，酌情扣分		
4		高压线束连接检测	30 分	能够正确插接高压线束(10 分)。 启动车辆，高压连线正确(20 分)。 回答错误，酌情扣分		
总分			100 分			

(4) 实训考核。要求按照实训完成情况进行考核，参见表 8-13。

表 8-13　实训考核表

考核项目	评分标准	分数	学生自评	小组互评	教师评价	小计
团队合作	是否和谐； 是否分工合作； 是否积极参与					
任务方案	是否正确和合理					
操作过程	高压部件认知； 高压线束插/拔； 高压线束连接检测					
任务完成情况	是否完成					
工作态度	是否规范和标准					
	总分					
教师签名		年　月　日			总分	

训练三　电动汽车电池安全与防护

任务目标

电动汽车动力源为高压动力电池，本任务要求学生掌握动力电池检测、电池包的拆卸与装配。

知识链接

动力电池组拆卸，回路、漏电和绝缘检测，动力电池组分解，动力电池故障诊断与维修及动力电池的安装。

提出任务：电动汽车的高压动力电池连接部件有哪些？如何正确拆装？

依据前面已介绍的知识，你们能够完成下面电动汽车高压动力电池安全拆装与防护的各项专项实操任务吗？

一、动力电池组拆卸

动力电池组支承如图 8-27 所示。

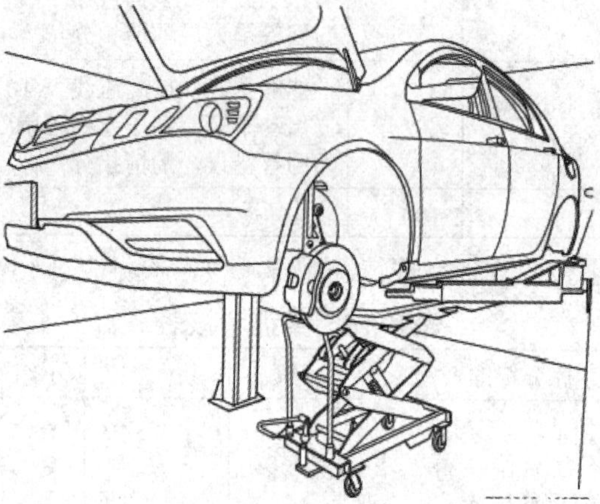

图 8-27　动力电池组支承

动力电池组拆卸步骤如下：

第一步，打开前机舱盖。

第二步，断开蓄电池负极电缆。

第三步，拆卸维修开关。

第四步，卸下电池组总成。

第五步，拆卸动力电池总成。

(1) 断开动力电池进/出水管与动力电池的连接。拆卸动力电池进/出水管参见图 8-28。

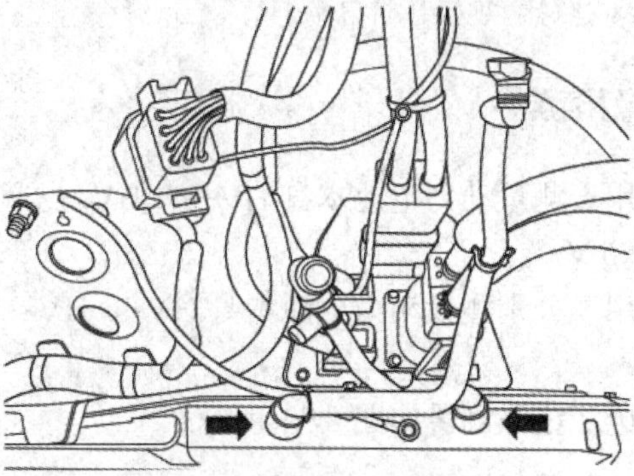

图 8-28　拆卸动力电池进/出水管

(2) 断开动力电池出水管与热交换器的连接。

(3) 断开动力电池进水管与水泵(水冷)的连接。

(4) 断开动力电池进水管与电池膨胀壶加水软管的连接。

(5) 取下动力电池进/出水管。

(6) 断开动力电池的 2 个高压线束连接器③，参见图 8-29(a)。

(7) 断开动力电池与前机舱线束的 2 个线束连接器②。

(8) 拆卸动力电池搭铁线固定螺母，断开动力电池搭铁线①。

(9) 拆卸动力电池总成后部 3 个固定螺栓，参见图 8-29(b)。

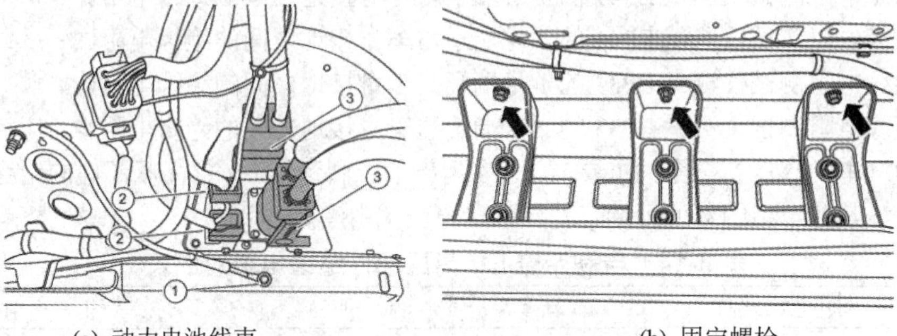

(a) 动力电池线束　　(b) 固定螺栓

图 8-29　动力电池线束与固定螺栓的拆卸

(10) 拆卸动力电池总成前部 2 个固定螺栓①，参见图 8-30。

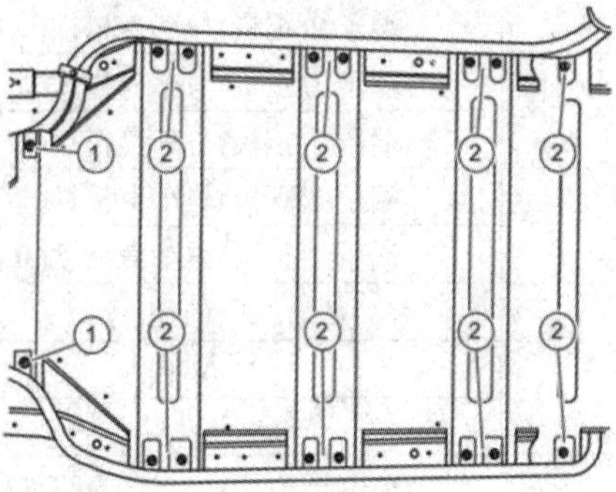

图 8-30　动力电池总成固定螺栓

(11) 拆卸动力电池总成左右各 7 个固定螺栓②。

(12) 缓慢下降平台车，取出动力电池总成。

二、回路、漏电和绝缘检测

(1) 回路测量：用万用表测量动力电池本身 HV+ 与 HV− 之间的电压。

标准电压：小于等于 5 V。

(2) 漏电测量：用万用表分别测量动力电池本身 HV+、HV− 与搭铁之间的电压。

标准电压：小于 50 V。

(3) 绝缘测量。动力电池绝缘测量如图 8-31 所示。

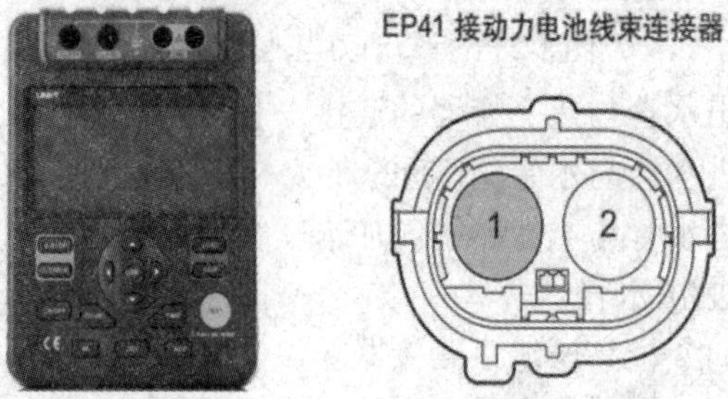

(a) 测量设备　　(b) 测量连接插件

图 8-31　动力电池绝缘测量

用绝缘电阻测试仪测试 EP41 的 1 号端子与车身接地之间的绝缘电阻。

用绝缘电阻测试仪测试 EP41 的 2 号端子与车身接地之间的绝缘电阻。

用绝缘电阻测试仪测试 EP33 的 1 号端子与车身接地之间的绝缘电阻。

用绝缘电阻测试仪测试 EP33 的 2 号端子与车身接地之间的绝缘电阻。

电动汽车的高压安全至关重要，表 8-14 列出了吉利帝豪 EV 各高压部件的绝缘电阻值，以供参考，其他车型的数值可能有差异，建议教学中注意。

表 8-14　吉利帝豪 EV 高压部件绝缘电阻对应表

高压部件名称	测　试　端	正常电阻值/ MΩ
动力电池直流母线	端子 1(正极)与车身搭铁(负极)	≥20
	端子 2(正极)与车身搭铁(负极)	≥20
PTC 加热器	端子 1(正极)与车身搭铁(负极)	≥20
	端子 2(正极)与车身搭铁(负极)	≥20
AC 空调压缩机	端子 1(正极)与车身搭铁(负极)	≥10
	端子 2(正极)与车身搭铁(负极)	≥10
OBC 慢充充电机	端子 1(正极)与车身搭铁(负极)	≥10
	端子 2(正极)与车身搭铁(负极)	≥10
电机三相线束	U 相	≥20
	V 相	≥20
	W 相	≥20
PTC 加热器高压线束	线束端子 1(正极)与车身搭铁(负极)	≥2
AC 空调压缩机高压线束	线束端子 2(正极)与车身搭铁(负极)	≥2
PEU 电机控制器高压线束(输入)	T+、T−线束	≥2

三、动力电池组分解

不同的车型，其动力电池的内部结构有所不同，但是总的结构与原理是相似的。下面以吉利帝豪 EV 的动力电池包拆解作为教学案例，以供参考。其动力电池内部结构参见图 8-32。

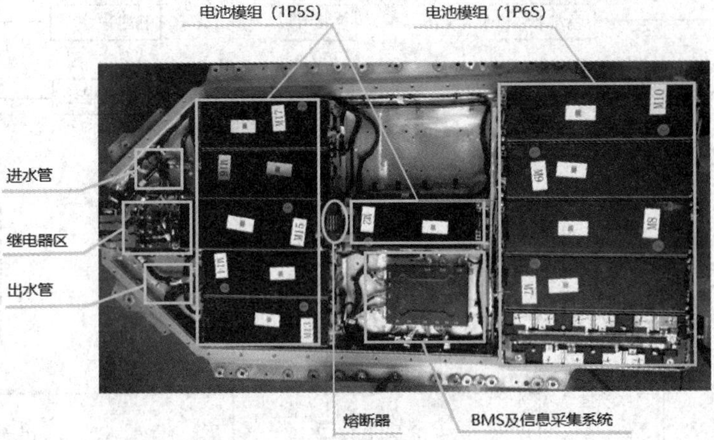

图 8-32　动力电池内部结构

图 8-33 所示为吉利帝豪 EV 动力电池内部水路图，它采用水冷方式对动力电池包冷却。

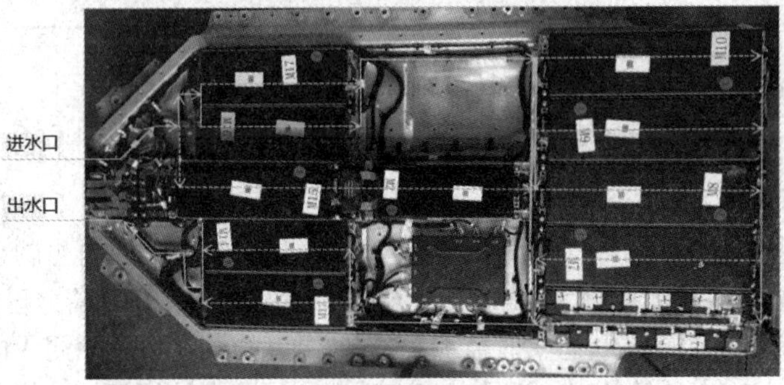

图 8-33　动力电池内部水路图

吉利帝豪 EV 电池包共有 16 个电池模组，图 8-34 所示为其中一个电池模组的拆解图。

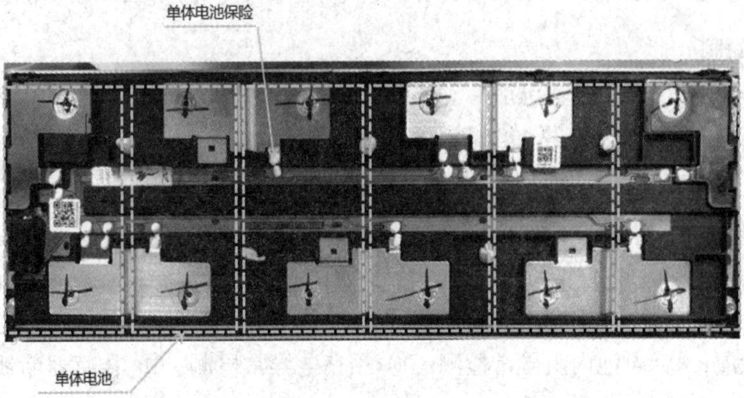

图 8-34　1P6S 电池模组内部结构

电池模组由电池单体并联而成；电池模组又串联组成整个电池包给电动汽车供电。电池模组组成了主正和主负两个输出口，不管是慢充还是快充，电池模组都统一受控于 BMS。电池模组内部的电池单体时刻被若干传感器监控，以保证每一块单体都能良好工作。IP6S 电池模组内部结构框图参见图 8-35。

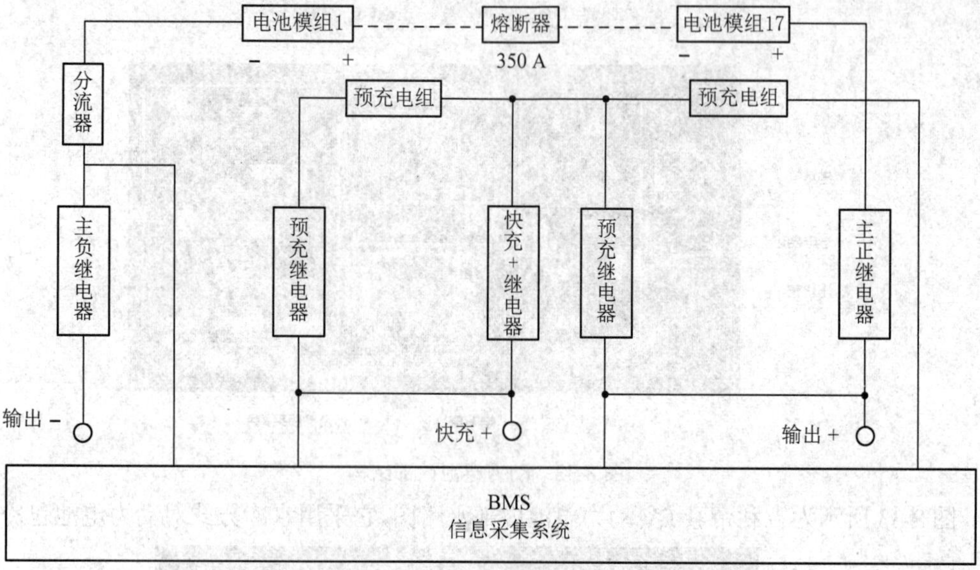

图 8-35 1P6S 电池模组内部结构框图

电池管理系统(BMS)的重要性不言而喻，在实训项目三中已经详细论述，在此再做总结。

1. 功能描述

电池管理系统的功能包括：① 为整车提供电能；② 存储电机再生制动回收的电能；③ 能够满足快/慢充电功能；④ 具有高压电安全管理功能；⑤ 熔断器分压；⑥ 提供 CAN 通信功能；⑦ 提供电池系统状态实时监测功能(如温度检测、电压检测、电流检测、SOC 估算、SOH 估算、SOP 估算等)；⑧ 具有故障诊断、故障存储管理等功能，另外具有故障诊断功能需满足 UDS 诊断协议；⑨ 智能补电功能；⑩ 具备接触器诊断功能，可以诊断主正、主负、快充接触器粘连、无法闭合等；⑪ 具备 CAN 唤醒 VCU 的功能。

2. 软件控制

电池管理系统的软件控制包括：① SOC 算法；② 极化电压估算；③ PowerLimit 算法；④ Pin 估算；⑤ Pout 估算；⑥ 冷启动 PowerLimit 处理；⑦ 故障态 PowerLimit 处理；⑧ AvailablePower 算法；⑨ 电池内阻计算；⑩ SOH 算法。

3. 安全管理

电池管理系统的安全管理包括：① 过流检测；② 过压与欠压检测；③ 电压差异过大检测；④ 过温检测；⑤ 高压互锁检测；⑥ 碰撞安全检测；⑦ SOC 过高与过低检测；⑧ 充电功率过大检测；⑨ 电池内阻异常检测；⑩ 预充电异常检测；⑪ 传感器断线检测；⑫ 继电器粘连检测。

吉利帝豪 EV 动力电池包参数如表 8-15 所示。

表 8-15　帝豪 EV 动力电池包参数

项目	参数	
标称容量/ A·h	150	126
标称电压/ V	346	346
工作电压范围/ V	266～408.5	266～408.5
总能量 /kW·h	51.9	43.5
成组方式	95S1P	95S1P
重量/ kg	384	354
尺寸($L\times W\times H$)/ mm	1985 × 1080 × 287	1985 × 1080 × 287
充电功率/ kW	90	90
放电功率/ kW	150	150
IP 防护等级	IP67	IP67

动力电池总车的高压配电图如图 8-36 所示。

(1) 预充接触器 1 和预充电阻 1 为主回路预充接触器和主回路预充电阻。

(2) 预充接触器 2 和预充电阻 2 为快充预充接触器和快充预充电阻。

(3) 在模组中间有 FUSE，起保护动力电池短路作用。

(4) 电流传感器在主负继电器前，检测整个回路电流。

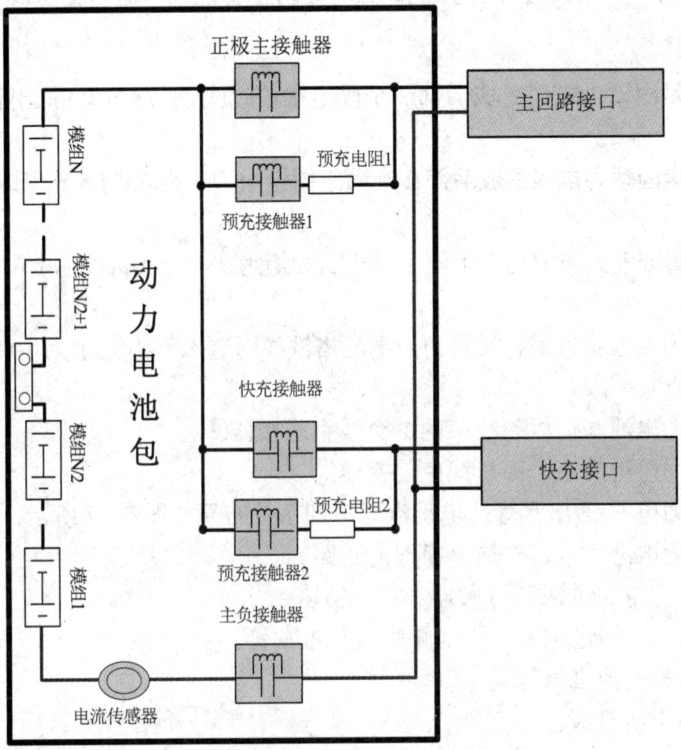

图 8-36　动力电池总车的高压配电图

四、动力电池故障诊断与维修

1. 动力电池故障诊断步骤

(1) 连接整车 OBD 通信接口。

(2) 连接诊断仪及相关电脑。

(3) 检测整车低压电。

(4) 运行诊断仪程序软件，诊断整车故障情况。

(5) 分析故障信息，给出相关故障部件故障状态。

2. 动力电池故障维修步骤

(1) 打开前机舱盖。

(2) 断开蓄电池负极电缆。

(3) 断开动力电池和 OBC 连接线束。

(4) 可进行维护整车相关零部件。

五、动力电池组安装

安装动力电池总成如下(具体可参考图 8-29 和图 8-30)：

(1) 缓慢举升平台车，调整平台车位置，使动力电池总成上的安装孔与车身对齐。

注意：动力电池上升过程中，将举升平台缓慢向后移动，可以避免动力电池与车身的干涉。

(2) 安装并紧固动力电池总成后部 3 个固定螺栓(力矩为 78 N · m(国际单位制)/57.5lb-ft(英制))。

(3) 安装并紧固动力电池总成后部 2 个固定螺栓 1(力矩为 78 N · m(国际单位制)/57.5lb-ft(英制))。

(4) 安装并紧固动力电池总 7 个固定螺栓 2(力矩为 78 N · m (国际单位制)/57.5 lb-ft (英制))。

(5) 安装动力电池搭铁线，紧固动力电池搭铁线固定螺母 1(力矩为 10 N · m (国际单位制)/7.4 b-ft (英制))。

(6) 连接动力电池与前机舱线束的 2 个线束连接器②。

(7) 连接动力电池的 2 个高压线束连接器③。

(8) 连接动力电池进/出水管。电动汽车冷却水管布局如图 8-37 所示。

(9) 连接动力电池出水管与热交换器的管路。

(10) 连接动力电池进水管与水泵(水冷)的连接。

(11) 连接动力电池进水管与电池膨胀壶加水软管。

(12) 安装动力电池维修开关。

(13) 连接蓄电池负极。

(14) 关闭机舱盖。

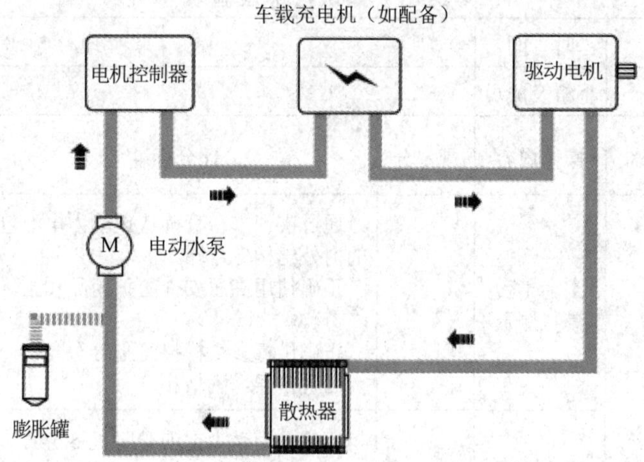

图 8-37　电动汽车冷却水管布局

六、任务实施指导

1. 任务实施要求

(1) 结合实训平台与实车，查询、参考教材和资料，小组合作完成任务及实操内容。

(2) 在动力电池实训平台上，完成动力电池包结构分析，模拟参数测量。

(3) 实车动力电池包的拆卸与分解。

(4) 电池包内部结构分析，电池管理系统功能认知。

(5) 动力电池包绝缘性检测，电压与电流检测。

(6) 动力电池安装。

(7) 电池包的常规维护。

(8) 实操分两组进行，一组实操，另一组做实操准备。

(9) 每组完成时间为 40 min。

(10) 随机抽查学生任务完成质量。

(11) 各组交叉检查表格填写完成质量。

2. 任务答辩

展示 1：动力电池的包的拆卸方法。

展示 2：动力电池包的内部结构认识。

展示 3：动力电池管理系统的功能讲解。

展示 4：动力电池的参数检测方法。

展示 5：动力电池包的安装。

3. 任务总结

(1) 总结本次课学生学习表现及在小组合作中的表现。

(2) 任选两个小组进行经验分享，交流学习。

(3) 知识目标检验。要求按照任务完成效果进行考评，参见表 8-16。

表 8-16　知识目标检验表

<table>
<tr><td>项目名称</td><td></td><td>时　间</td><td colspan="2"></td><td>地　点</td><td colspan="2"></td></tr>
<tr><td>班　级</td><td></td><td>小组及成员</td><td colspan="3"></td><td colspan="2">得分</td></tr>
<tr><td>序　号</td><td>任　务</td><td>操作内容</td><td>规定分</td><td colspan="2">评分标准</td><td>扣分记录</td><td>得分记录</td></tr>
<tr><td>1</td><td rowspan="4">电动汽车电池安全与防护</td><td>实训平台模拟测量</td><td>25 分</td><td colspan="2">通过实训平台真确认识动力电池包的内外结构(10 分)。
正确使用高压安全防护用品和工具(7 分)。
正确进行参数模拟测量(8 分)。
回答错误，酌情扣分</td><td></td><td></td></tr>
<tr><td>2</td><td>动力电池包的拆卸</td><td>15 分</td><td colspan="2">正确使用动力电池升降机(5 分)。
按照正确步骤，安全地拆卸动力电池包(10 分)。
回答错误，酌情扣分</td><td></td><td></td></tr>
<tr><td>3</td><td>动力电池包内部结构认识</td><td>35 分</td><td colspan="2">正确认识电池包内部结构，能够讲解内部各结构的作用(20 分)。
正确使用工具进行绝缘电阻、电压、电流的检测(15 分)。
回答错误，酌情扣分</td><td></td><td></td></tr>
<tr><td>4</td><td>动力电池包的安装</td><td>25 分</td><td colspan="2">正确使用动力电池升降机(5 分)。按照正确步骤，安全地安装动力电池包(10 分)。
启动汽车，检验安装质量(10 分)。
回答错误，酌情扣分</td><td></td><td></td></tr>
<tr><td colspan="3">总分</td><td>100 分</td><td colspan="2"></td><td></td><td></td></tr>
</table>

(4) 实训考核。要求按照实训完成情况进行考核，参见表 8-17。

表 8-17　实训考核表

<table>
<tr><td>考核项目</td><td>评分标准</td><td>分数</td><td>学生自评</td><td>小组互评</td><td>教师评价</td><td>小计</td></tr>
<tr><td>团队合作</td><td>是否和谐；
是否分工合作；
是否积极参与</td><td></td><td></td><td></td><td></td><td></td></tr>
<tr><td>任务方案</td><td>是否正确和合理</td><td></td><td></td><td></td><td></td><td></td></tr>
<tr><td>操作过程</td><td>动力电池包的拆卸；
动力电池包的安装</td><td></td><td></td><td></td><td></td><td></td></tr>
<tr><td>任务完成情况</td><td>是否完成</td><td></td><td></td><td></td><td></td><td></td></tr>
<tr><td>工作态度</td><td>是否规范和标准</td><td></td><td></td><td></td><td></td><td></td></tr>
<tr><td colspan="2">总分</td><td></td><td></td><td></td><td></td><td></td></tr>
<tr><td>教师签名</td><td></td><td colspan="3">年　月　日</td><td>总分</td><td></td></tr>
</table>

训练四　电机控制器拆卸与安装

任务目标

本任务要求学生掌握设置安全标识的方法，掌握解码仪的使用方法，掌握电机控制器的拆卸与安装方法。

知识链接

了解高压系统断电操作；掌握电机控制器拆卸步骤，清楚电机控制器安装前的检查及电机安装步骤，安装完毕性能测试等。

提出任务：在电动汽车的电机控制器的拆卸与安装过程中，你们知道有哪些步骤与注意事项吗？如何正确操作电机控制器拆卸、安装与测试？

依据前面已介绍的知识，你们能够完成下面电动汽车电机控制器拆卸与安装的各项专项实操任务吗？

一、任务准备

(1) 接受任务，分析工作内容并制定方案。

(2) 检查工位设备及安全防护用品。

(3) 安装车轮挡块。

(4) 安装车内外防护用品。

(5) 记录车辆基本信息，如车辆识别码、品牌及型号。

(6) 严格按照高压作业安全规定规范进行作业，监护人员和操作人员必须具备国家认可的“特种作业操作证(电工)”与初级及初级以上的电工证进行工作。

(7) 填写工单。工单样表参见表8-18，为吉利帝豪EV工单样表，供实践操作参考。

表8-18　工单样表

序　号	实操内容	防护用品	检查情况	
1	检查安全防护用品	绝缘手套	□　正常	□　异常
2		防酸碱手套	□　正常	□　异常
3		绝缘鞋	□　正常	□　异常
4		安全帽	□　正常	□　异常
5		防护眼镜	□　正常	□　异常
6	安装车辆防护用品	安装翼子板布	□　正常	□　异常
7		安装座椅套	□　正常	□　异常
8		安装脚垫	□　正常	□　异常
9		安装方向盘套	□　正常	□　异常
10		安装挡杆套	□　正常	□　异常
11		车轮挡块	□　正常	□　异常

续表

序　号	实操内容	防护用品	检查情况
12	记录车辆信息	车辆识别码	L6T78Y4W1HN044223
13		品牌	吉利帝豪 EV300

二、高压系统断电

高压系统断电的步骤如下：

(1) 打开点火开关。

(2) 落下驾驶员侧车窗玻璃。

(3) 查看仪表信息。

(4) 安装故障诊断仪。

(5) 读取“电机控制系统”DTC 故障码并记录。

(6) 关闭点火开关。

(7) 断开蓄电池负极电缆，并做好隔离防护。

(8) 填写工单。故障码读取工单参见表 8-19。

表 8-19　故障码读取工单

序　号	信　息	指示灯名称	状态显示	
1	仪表信息(启动)	READY 指示灯	□　点亮	□　不亮
2		系统故障指示灯	□　点亮	□　不亮
3	故障信息(电机控制系统)	故障代码查询	□　无 DTC	□　有 DTC
4		故障代码信息	代码：P102E02 说明：电机转速信号错误	
			代码：P104404 说明：车速 CAN 信号错误	

三、电机控制器拆卸步骤

电机控制器拆卸步骤如下：

(1) 放置高压作业维修标志。

(2) 断开高压控制盒高压直流母线插头，并做好防护。

(3) 断开高压母线 10 min 后，使用万用表测量整车高压回路。使用万用表测量高压时，应遵守“单手操作”原则。测量整车高压回路参见图 8-38。

(4) 万用表黑色表笔安装鳄鱼夹，将其夹到车身外壳，红表笔接入测量对象。

(5) 待冷却液温度低时，打开膨胀

图 8-38　测量整车高压回路

罐盖，释放冷却系统压力。

(6) 逆时针转动散热器放水螺栓，将冷却液回收，参见图 8-39。

图 8-39　回收冷却液

(7) 断开电机控制器低压线束连接器。

(8) 拆卸电机控制器的 4 个固定螺栓。

(9) 取下防尘盖，拆卸电机控制器的 2 根搭铁线束固定螺母，脱开搭铁线束。

(10) 脱开电机控制器冷却水管。

(11) 取下电机控制器总成。

(12) 记录电机控制器铭牌信息。

(13) 填写工单。电机控制器信息工单参见表 8-20。

表 8-20　电机控制器信息工单

序　号	实操内容	测量对象	测量情况	
1	测量 高压回路	电机控制器 HV+ 与车身之间	实测值：0.6 V	标准值：小于 50 V
2		电机控制器 HV– 与车身之间	实测值：0.4 V	标准值：小于 50 V

四、安装前检查

(1) 检查新电机控制器铭牌信息是否与更换的电机控制器铭牌信息相同。

(2) 检测电机控制器高压线束绝缘电阻，其标准值大于等于 100 MΩ。

(3) 检查电机控制器外观，有无破损、腐蚀等现象，要保持外观完好无损。

(4) 填写工单。检查工单参见表 8-21。

表 8-21　检查工单表

序号	实操内容	信息填写	检查结果	
1	记录铭牌信息 (电源管理系统)	额定功率：42 kW	□　相同	□　不同
		额定电压：137 V	□　相同	□　不同
2	检测绝缘电阻	电机控制器高压线束绝缘电阻	实测值：80 MΩ	标准值：大于等于 100 MΩ
3	外观检查	电机控制器高压线束连接器	□　正常	□　异常

五、电机控制器安装步骤

(1) 安装电机控制器总成。

(2) 连接电机控制器冷却水管。

(3) 连接 2 根搭铁线，紧固螺母，盖上防尘盖，参见图 8-40。

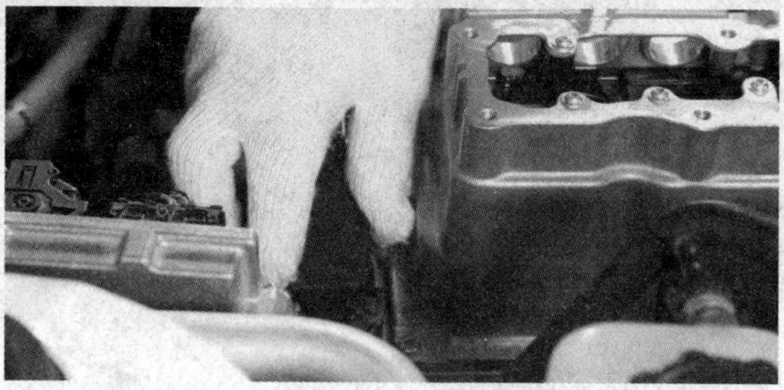

图 8-40　盖上电机控制器防尘盖

(4) 连接电机控制器低压线束连接器。

(5) 紧固电机控制器的 4 个固定螺栓。

(6) 连接三相线束，紧固驱动电机三相线束连接器(电机控制器侧)的 3 个固定螺栓。

(7) 紧固驱动电机三相线束端子(电机控制器侧)的 3 个固定螺栓。

(8) 连接线束，紧固分线盒电机控制器高压线线束连接器(电机控制器侧)的 2 个固定螺栓。

(9) 紧固高压控制盒电机控制器高压线端子(电机控制器侧)的 2 个固定螺栓。

(10) 安装电机控制器顶盖，紧固电机控制器顶盖的 8 个螺栓，参见图 8-41。

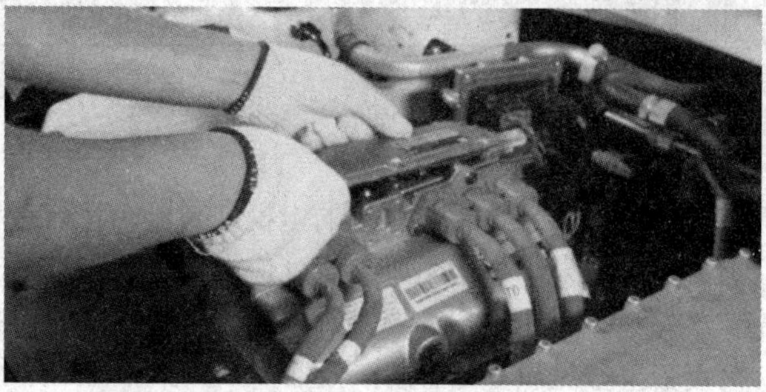

图 8-41　安装电机控制器顶盖

(11) 拧开膨胀罐盖，加入吉利指定的冷却液型号。

(12) 持续加注冷却液，直至膨胀罐内冷却液容量达到 80%左右且液位不再下降，膨胀罐保持开口状态。

(13) 拔出电机控制器出水管，待电机控制器出水口有成股水流出，再装上电机控制器出水管。

(14) 除气完成，补充冷却液，参见图 8-42。

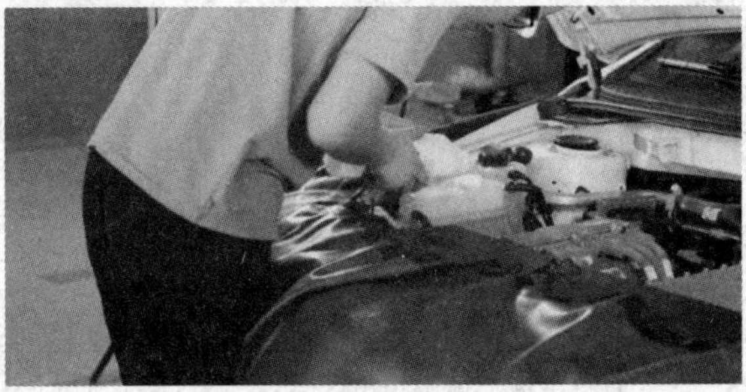

图 8-42　补充冷却液

(15) 检查插接件有无破损，相应的卡口是否到位。

(16) 连接高压直流母线插头。

(17) 连接蓄电池负极电缆。

(18) 填写工单。安装完毕工单参见表 8-22。

表 8-22　安装完毕工单

序 号	安 装 部 件	安装力矩/(N·m)
1	电机控制器 4 个固定螺栓	25
2	2 根搭铁线	23
3	驱动电机三相线束连接器 2 个固定螺栓	9
4	驱动电机三相线束端子 3 个固定螺栓	25
5	电机控制器高压线线束连接器 2 个固定螺栓	9
6	电机控制器高压线端子 2 个固定螺栓	25
7	高压直流母线插头	□ 已锁止　□ 未锁止

六、性能检查

(1) 取出智能钥匙。

(2) 打开点火开关，查看仪表信息是否正常。

(3) 连接诊断仪，读取“电机控制器”是否有故障存储。

(4) 关闭点火开关，取出车内防护用品。

(5) 收起翼子板护布，参见图 8-43，关闭机舱盖。

图 8-43　收起翼子板护布

(6) 收起高压作业维修标志。

(7) 填写工单。完毕验收工单参见表 8-23。

(8) 整理现场，移交车辆。

表 8-23　完毕验收工单

序号	信息	指示灯名称	状态显示	
1	仪表信息	READY 指示灯	□ 点亮	□ 不亮
2		系统故障指示灯	□ 点亮	□ 不亮
3	故障信息 (电机控制系统)	故障代码查询	□ 无 DTC	□ 有 DTC
4		故障代码信息	代码： 说明：	

七、任务实施指导

1. 任务实施要求

(1) 结合实车，查询、参考教材和资料，小组合作完成任务及实操内容。

(2) 实车电机控制器的拆卸与分解。

(3) 电机控制器内部结构分析与功能认知。

(4) 电机控制器绝缘性检测，电压与电流检测。

(5) 电机控制器安装。

(6) 电机控制器的常规维护。

(7) 实操分两组进行，一组实操，另一组做实操准备。

(8) 每组完成时间为 40 min。

(9) 随机抽查学生任务完成质量。

(10) 各组交叉检查表格填写完成质量。

2. 任务答辩

展示 1：电机控制器的包的拆卸方法。

展示 2：电机控制器的内部结构认识。

展示 3：电机控制器的参数检测方法。

展示 4：电机控制器的安装。

3. 任务总结

(1) 总结本次课学生学习表现及在小组合作中的表现。

(2) 任选两个小组进行经验分享，交流学习。

(3) 知识目标检验。要求按照任务完成效果进行考评，参见表 8-24。

表 8-24　知识目标检验表

项目名称		时　间		地　点		
班　级		小组及成员			得分	
序　号	任务	操作内容	规定分	评 分 标 准	扣分记录	得分记录
1	电机控制器拆卸与安装	高压系统下电操作	25 分	电动汽车高压防护用品、工具、标识的使用(10 分)。 高压系统安全断电(15 分)。 回答错误，酌情扣分		
2		电机控制系统的拆卸	15 分	按照正确步骤，安全地拆卸电机控制系统(15 分)。 回答错误，酌情扣分		
3		电机控制系统内部结构认识	35 分	正确认识电机控制系统内部结构，能够讲解内部各结构的作用(20 分)。 正确使用工具进行绝缘、电压、电流的检测(15 分)。 回答错误，酌情扣分		
4		电机控制系统的安装	25 分	安全的安装电机控制系统(10 分)。 启动汽车，检验安装质量(10 分)。 回答错误，酌情扣分		
总分			100 分			

(4) 实训考核。要求按照实训完成情况进行考核，参见表 8-25。

表 8-25　实训考核表

考核项目	评分标准	分数	学生自评	小组互评	教师评价	小计
团队合作	是否和谐； 是否分工合作； 是否积极参与					
任务方案	是否正确和合理					
操作过程	高压系统下电操作； 电机控制系统的拆卸； 电机控制系统的安装					
任务完成情况	是否完成					
工作态度	是否规范和标准					
总分						
教师签名		年　月　日			总分	

训练五　高压控制盒拆卸与安装

任务目标

本任务要求学生正确进行高压安全防护，完成高压下电操作，完成高压控制盒的拆卸与安装。

知识链接

了解高压系统下电操作，掌握高压控制盒拆卸步骤，清楚高压控制盒安装前的检查及安装步骤，安装完毕性能测试等。

提出任务：在电动汽车的高压控制盒更换的步骤应注意事项有哪些？如何正确操作拆装与测试？

依据前面所了解的认知，你们能够完成下面电动汽车高压控制盒更换的各项专项实操任务吗？

一、任务准备

检查工位设备及各种安全防护用品：

(1) 维修人员必须佩戴必要的安全防护用品，如绝缘手套、防酸碱手套、绝缘鞋、绝缘垫、防护眼镜等，其耐压等级必须大于 1000 V。

(2) 使用前必须检查绝缘手套没有破损、破洞或裂纹等，以确保安全。

(3) 使用前必须检查绝缘手套、绝缘鞋等防护用品，不能带水进行操作，确保其内、外表面洁净、干燥，确保安全。安全防护用品检查参见图 8-44。

图 8-44　安全防护用品检查

(4) 绝缘手套、绝缘鞋、绝缘垫定期送当地省、市、县计量机构计量绝缘性能，计量间隔为自产品生产日期开始，每 3 个月一次。

(5) 绝缘工具定期送当地省、市、县计量机构计量绝缘性能，计量间隔为自产品生产日期开始，每 12 个月一次。

(6) 安装车轮挡块(为防止车辆在诊断操作过程中的异常移动，如图 8-45 所示)，安装车内、车外防护用品，落下驾驶员侧玻璃。

图 8-45　安装车轮挡块

(7) 填写工单。任务工单参见表 8-26。

表 8-26　任务工单

序号	实操内容	防护用品	检查情况
1	检查防护用品	绝缘手套	√正常　□ 异常
2		防酸碱手套	√正常　□ 异常
3		绝缘鞋	√正常　□ 异常
4		安全帽	√正常　□ 异常
5		防护镜(护目镜)	√正常　□ 异常
6	安装车辆防护用品	安装翼子板步	√正常　□ 异常
7		安装座椅套	√正常　□ 异常
8		安装脚垫	√正常　□ 异常
9		安装方向盘套	√正常　□ 异常
10		安装挡杆套	√正常　□ 异常
11		车轮挡块	√正常　□ 异常
12	记录车辆信息	车辆识别码	L6T78Y4W1HN004223
13		品牌	吉利帝豪 EV300

二、高压系统断电

(1) 打开点火开关，落下驾驶员侧车窗玻璃，查看仪表信息(方便车内操作人员与车外人员交流沟通记录仪表信息，要能清晰看出仪表的信息以及是否有故障指示灯，参见图 8-46)。

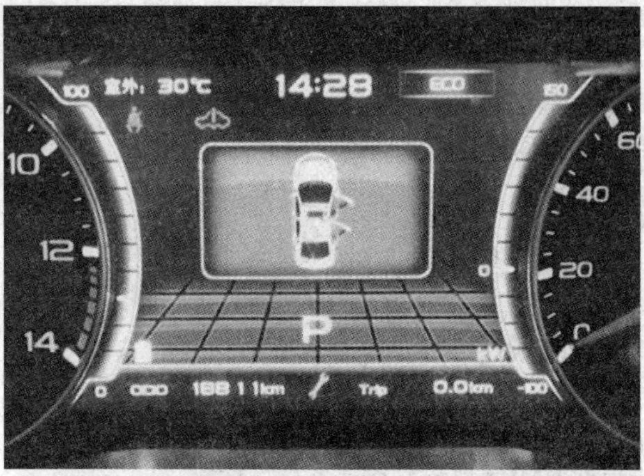

图 8-46　仪表信息

(2) 安装故障诊断仪，读取“充电控制器”DTC 故障码并记录，如图 8-47 所示。

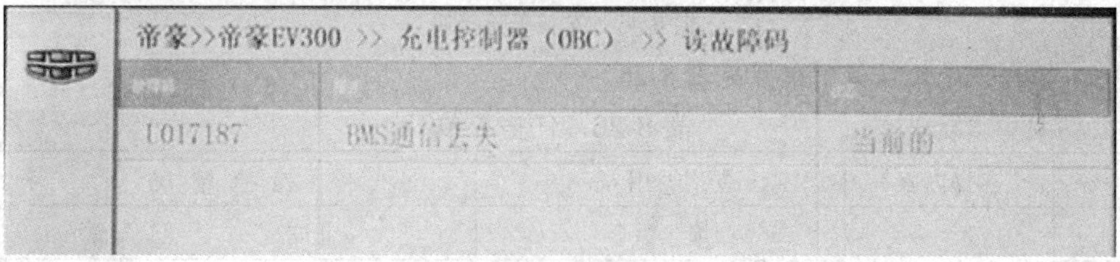

图 8-47　故障码读取界面

(3) 关闭点火开关，断开蓄电池负极电缆，并做好防护(戴好防护镜，在线束上安装防护罩，防止自然接通)。

(4) 填写工单。任务工单参见表 8-27。

表 8-27　任务工单

序号	信息	指示灯名称	状态显示
1	仪表信息 (启动)	READY 指示灯	□点亮　　√ 不亮
2		系统故障指示灯	√点亮　　□ 不亮
3	故障信息 (高压配电系统)	故障代码查询	□无 DTC　　√ 有 DTC
4		故障代码信息	代码： 说明：电池管理系统进不去

三、高压控制盒拆卸

(1) 放置高压作业维修标志，如图 8-48 所示。

(2) 断开高压控制盒高压直流母线插头，并做好防护(戴好维修手套及护目镜，在线束上安装防护罩，如图 8-49 所示)。

图 8-48　放置维修标志

图 8-49　断开高压直流母线

(3) 断开高压母线 10 min 后，使用万用表测量整车高压回路。使用万用表测量高压时，应遵守“单手操作”原则，万用表黑色表笔安装鳄鱼夹，将其夹到车身外壳；红表笔接入测量对象。整车高压回路测量如图 8-50 所示。

(4) 拆卸电机控制器上盖 8 个螺栓，取下电机控制器顶盖，如图 8-51 所示。

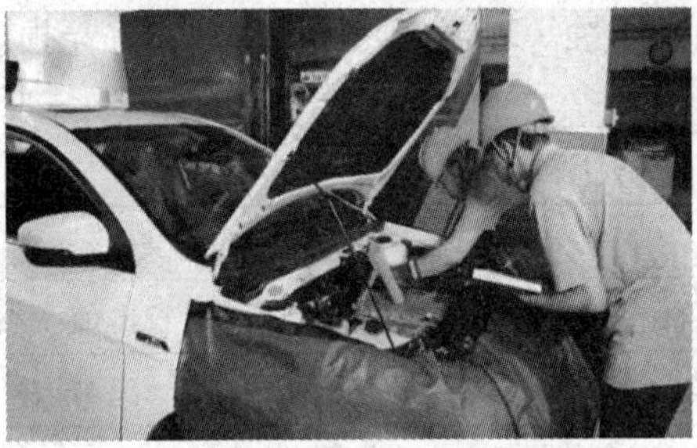

图 8-50　整车高压回路测量

图 8-51　控制器顶盖拆卸

(5) 断开高压控制盒低压线束连接器，拆卸高压控制盒电机控制器高压线束连接器 2 个固定螺栓(电机控制器侧)，拆卸高压控制盒电机控制器高压线束端子 2 个固定螺栓(电机控制器侧)，脱开线束。拆卸高压线束连接器如图 8-52 所示。

(6) 断开 PTC 高压线，断开高压控制盒充电机高压线，断开空调高压线束，拆卸 4 个分线盒固定螺栓，脱开线束固定卡扣，取出高压控制盒总成，如图 8-53 所示。

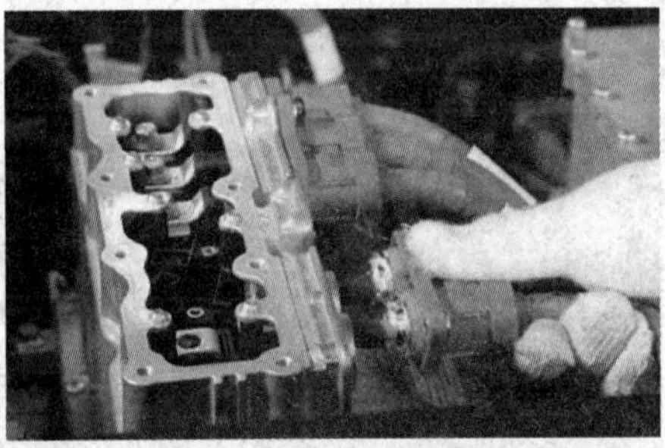

图 8-52　拆卸高压线束连接器

图 8-53　取出高压控制盒总成

(7) 记录高压控制盒铭牌信息。

四、高压控制盒总成安装

1. 安装前检查

安装前检查如图 8-54 所示。

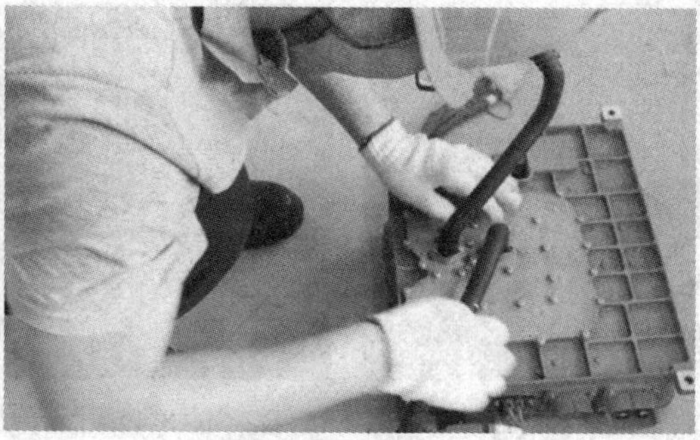

图 8-54　安装前检查

(1) 检查新高压控制盒铭牌信息是否与更换的高压控制盒铭牌信息相同。

(2) 拆卸高压控制盒顶盖，用万用表测量高压控制盒熔断器两端的电阻(标准电阻小于 1 Ω)。

(3) 检查新的高压控制盒外观，有无破损、腐蚀等现象，要保持外观完好无损。

(4) 填写工单。任务工单参见表 8-28。

表 8-28　任务工单

序号	实操内容	信息填写	检查结果	
1	检查绝缘电阻	高压控制盒熔断器两端的电阻	实测值：0.67 Ω	标准值：小于 1 Ω
2	外观检查	车载充电机高压线束连接器	√ 正常	□ 异常
		车载充电机低压线束连接器	√ 正常	□ 异常

2. 高压控制盒总成安装步骤

(1) 放置高压控制盒，紧固 4 个高压控制盒固定螺栓(力矩为 9 N · m(国际单位制)/6.6 lb-ft(英制))，如图 8-55 所示。

(2) 连接线束固定卡扣，紧固高压控制盒电机控制器高压线束端子 2 个固定螺栓(电机控制器侧)(力矩为 23 N · m(国际单位制)/17 lb-ft(英制))；紧固高压控制盒电机控制器高压线束连接器 2 个固定螺栓(电机控制器侧)(力矩为 9 N · m (国际单位制)/6.7lb-ft(英制))，如图 8-56 所示。

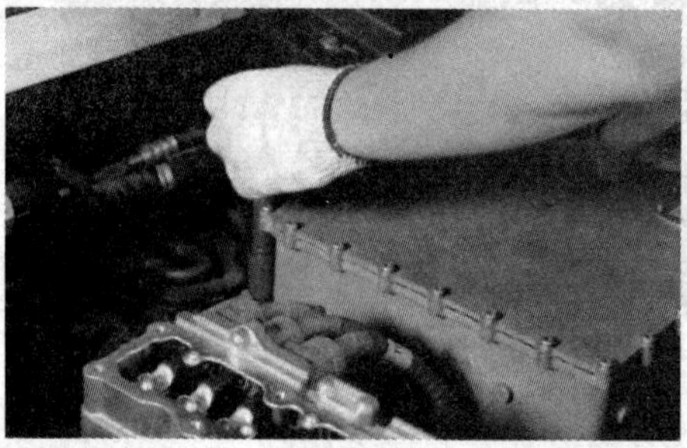

图 8-55　紧固高压控制盒螺栓

图 8-56　紧固高压线端子

(3) 连接 PTC 高压线，连接高压控制盒充电机高压线，连接空调高压线束，安装电机控制器顶盖，参见图 8-57。

(4) 连接高压控制盒侧直流母线束连接器(戴好防护镜和绝缘手套)，连接高压控制盒低压线束连接器。注意，插接时遵循“一插、二响、三确认”。连接直流母线束参见图 8-58。

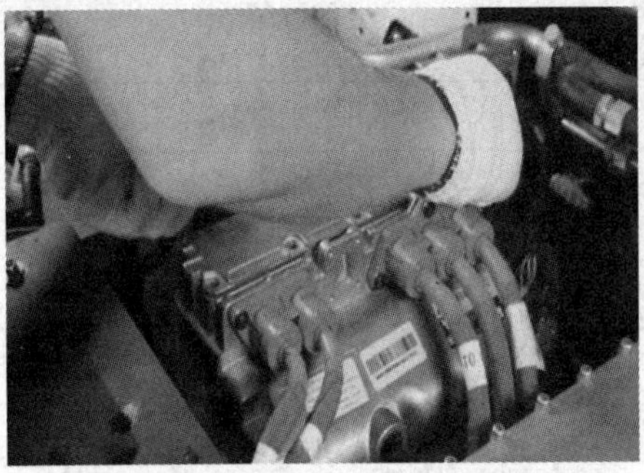

图 8-57　连接 PTC 高压线

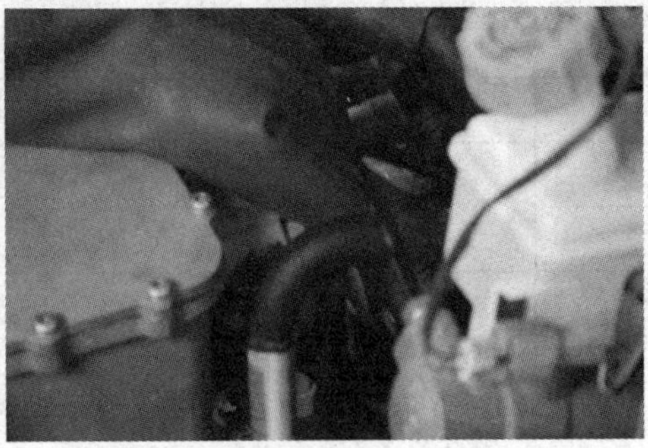

图 8-58　连接直流母线束

(5) 检查插接件有无破损，相应的卡扣是否到位，参见图 8-59。

(6) 连接高压控制盒高压直流母线插头(戴防护镜和绝缘手套)，连接蓄电池负极电缆(戴防护眼镜，安装防护罩，使用 10 号扳手)，参见图 8-60。

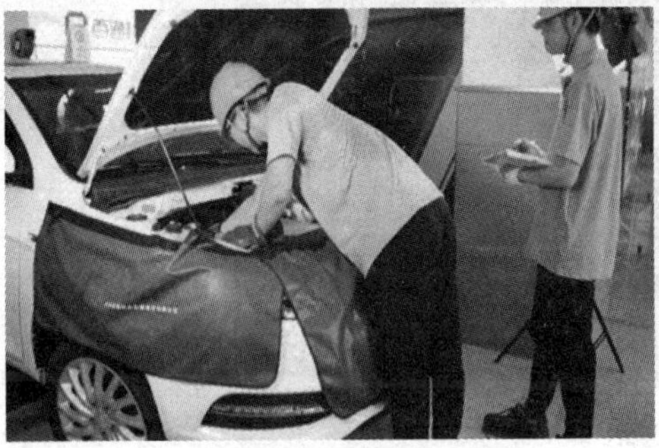

图 8-59　检查卡扣

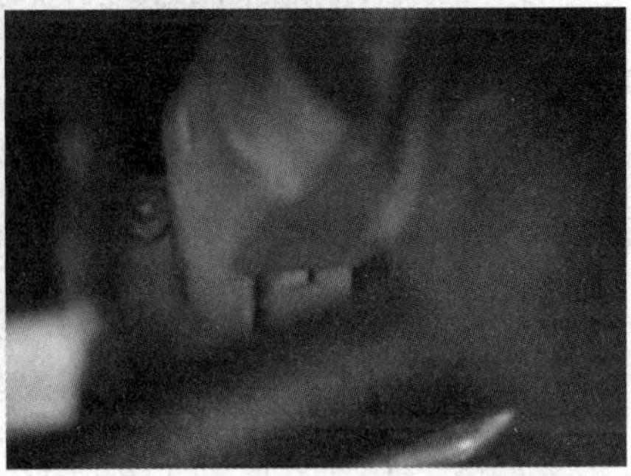

图 8-60　连接母线插头

(7) 收起高压作业维修标志，填写工单。任务工单参见表 8-29。

表 8-29　任务工单

序　号	安装部件	安装情况
1	4 个高压控制盒固定螺栓	力矩值：9 N·m
2	电机控制器高压线束端子 2 个固定螺栓	力矩值：23 N·m
3	电机控制器高压线束连接器 2 个固定螺栓	力矩值：9 N·m
4	高压控制盒侧直流母线连接器	√已锁止　□未锁止
5	高压控制盒低压线束连接器	√已锁止　□未锁止
6	高压控制盒充电机高压线	√已锁止　□未锁止
7	车载充电机搭铁线	√已锁止　□未锁止

五、性能检查

(1) 取出智能钥匙，打开点火开关，查看仪表信息是否正常。

(2) 连接诊断仪，读取“充电控制器”是否有故障存储。

(3) 关闭点火开关，取出车内防护用品，收起翼子板护布，关闭机舱盖。

(4) 填写工单。任务工单如表 8-30 所示。

表 8-30　任务工单

序　号	信息	指示灯名称	状态显示
1	仪表信息	READY 指示灯	√点亮　　☐ 不亮
2		系统故障指示灯	☐点亮　　√ 不亮
3	故障信息 (高压配电系统)	故障代码查询	√无 DTC　　☐ 有 DTC
4		故障代码信息	代码： 说明：

(5) 整理现场，移交车辆，如图 8-61 所示。

图 8-61　整理现场

六、任务实施指导

1. 任务实施要求

(1) 结合实车，查询、参考教材和资料，小组合作完成任务及实操内容。
(2) 实车高压控制盒的拆卸与分解。
(3) 高压控制盒内部结构分析与功能认知。
(4) 高压控制盒绝缘性检测，电压与电流检测。
(5) 高压控制盒安装。
(6) 实操分两组进行，一组实操，另一组做实操准备。
(7) 每组完成时间为 40 min。
(8) 随机抽查学生任务完成质量。
(9) 各组交叉检查表格填写完成质量。

2. 任务答辩

展示 1：高压控制盒的包的拆卸方法。
展示 2：高压控制盒的内部结构认识。
展示 3：高压控制盒的参数检测方法。

展示 4：高压控制盒的安装。

3. 任务总结

(1) 总结本次课学生学习中的表现及在小组合作表现。

(2) 任选两个小组进行经验分享，交流学习。

(3) 知识目标检验。要求按照任务完成效果进行考评，参见表 8-31。

表 8-31　知识目标检验表

项目名称		时　间			地　点	
班　级		小组及成员			得分	
序　号	任务	操作内容	规定分	评分标准	扣分记录	得分记录
1	高压分线盒拆卸与安装	高压控制盒的拆卸	40 分	电动汽车高压防护用品、工具、标识的使用，高压系统安全断电(10 分)。 高压控制盒拆卸(30 分)。 回答错误，酌情扣分		
2		高压控制盒结构认知	15 分	高压控制盒结构认知(15 分)。 回答错误，酌情扣分		
3		高压控制盒的参数检测方法	20 分	正确使用工具进行绝缘、电压、电流的检测(20 分)。 回答错误，酌情扣分		
4		高压控制盒的安装	25 分	安全的安装高压控制盒(10 分)。 启动汽车，检验安装质量(15 分)。 回答错误，酌情扣分		
总分			100 分			

(4) 实训考核。要求按照实训完成情况进行考核，参见表 8-32。

表 8-32　实训考核表

考核项目	评分标准	分数	学生自评	小组互评	教师评价	小计
团队合作	是否和谐； 是否分工合作； 是否积极参与					
任务方案	是否正确和合理					
操作过程	高压控制盒拆卸； 高压控制盒的安装					
任务完成情况	是否完成					
工作态度	是否规范和标准					
总分						
教师签名		年　月　日			总分	

训练六　电动汽车充电安全操作

任务目标

本任务要求学生掌握交流充电插座各个孔的作用，能够正确地进行交流充电操作。

知识链接

充电环节对新能源电动汽车的广泛使用起着至关重要的作用，充电可被简单视为电动汽车的一个“零部件”。电动车充电现状是，充电设施被动依赖 BMS 和电池。那么如何才能保障充电过程安全呢？就是必须掌握电动汽车充电的步骤及注意事项。

提出任务：在电动汽车的使用必须进行充电，那么你们知道充电的步骤与注意事项有哪些吗？应该如何正确进行充电操作呢？

依据前面已介绍的知识，你们能够完成下面电动汽车充电的各项专项实操任务吗？

一、电动汽车充电步骤

1. 交流充电

交流充电桩充电如图 8-62 所示。电动汽车通过三相交流充电桩的充电连接插头，将车辆与交流充电桩相连，实现三相交流充电。

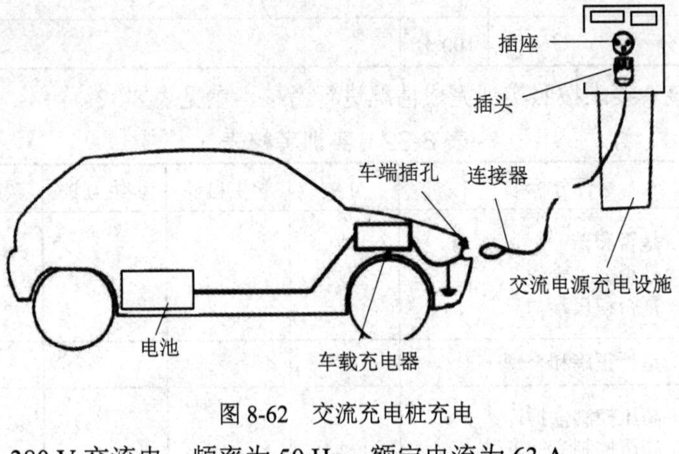

图 8-62　交流充电桩充电

设备参数：380 V 交流电，频率为 50 Hz，额定电流为 63 A。

(1) 电源挡位处于 OFF 挡。

(2) 整车解锁，打开交流充电插座的舱盖与保护盖。

(3) 将充电桩自带的车辆插头与车辆插座连接。

(4) 按充电设备指导步骤操作，启动充电。

(5) 组合仪表点亮充电连接指示灯。

(6) 充电过程中，组合仪表显示相关充电参数，同时显示充电画面。

(7) 通过整车解锁，充电设备设置或电量充满结束充电。

(8) 按下锁止按钮，拔出车辆插头，重新插到充电盒上。

(9) 关闭交流充电插座的舱盖与保护盖。

(10) 充电盒交流充电结束。

2. 直流充电

直流充电桩主要安装在大型充电站内，以三相四线制的方式连接电网，能够提供充足的电力，输出的电压和电流调整范围大，俗称“快充”。电动大巴车主要通过直流充电桩充电，参见图8-63。

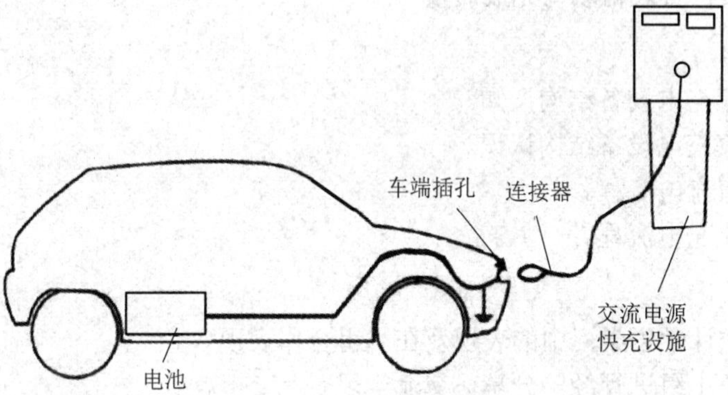

图8-63　直流充电桩充电

交流充电与直流充电的区别：简单来说，交流充电桩需要借助车载充电机来充电，直流快充充电桩不需要这个设备。二者在充电速度上差别较大，一辆纯电动汽车(普通电池容量)完全放电后通过交流充电桩充满需要8 h，而通过直流快充充电桩仅需要(0.5～1) h。交流充电桩给电动汽车的充电机提供电力输入，由于车载充电机的功率并不大，因此不能实现快速充电。直流快充充电桩是固定安装在电动汽车外的大功率充电设备，并且与交流电网连接，可以为非车载电动汽车的动力电池提供直流电源的供电装置，直流充电桩可以提供足够的功率，输出的电压和电流调整范围大，可以实现快充的要求。

二、电动汽车充电注意事项

(1) 电池每次使用放电深度越小(距离越短)，电池的使用寿命就越长，因此平时应养成随用随充的良好习惯，使电池经常保持足电状态。

(2) 充电时间应根据行驶里程长短而有所不同，里程越长，充电时间就长，反之则短。充电时间控制在4 h～12 h，不得长时间充电。

(3) 电池需长时间放置时必须先充足电量，一般每三个月补充一次。

(4) 大电流放电对电池有一定的损害，所以在起步、上坡、负重、顶风等工况时，应该避免大力踩踏加速踏板。

(5) 充电时要用配套的充电器，放置在阴凉通风处、避免高温和潮湿，切勿让水进入充电器，防止触电事故。

三、任务实施指导

1. 任务实施要求

(1) 结合实车，查询、参考教材和资料，小组合作完成任务及实操内容。

(2) 完成电动汽车交流充电操作。

(3) 完成电动汽车直流充电操作。

(4) 实操分两组进行，一组实操，另一组做实操准备。

(5) 每组完成时间为 40 min。

(6) 随机抽查学生任务完成质量。

(7) 各组交叉检查表格填写完成质量。

2. 任务答辩

展示 1：交流充电设备结构认知。

展示 2：直流充电设备结构认识。

展示 3：交流充电流程。

展示 4：直流充电流程。

3. 任务总结

(1) 总结本次课学生学习中的表现及在小组合作表现。

(2) 任选两个小组进行经验分享，交流学习。

(3) 知识目标检验。要求按照任务完成效果进行考评，参见表 8-33。

表 8-33　知识目标检验表

项目名称		时　间		地　点		
班　级		小组及成员			得分	
序　号	任务	操作内容	规定分	评 分 标 准	扣分记录	得分记录
1	电动汽车充电安全操作	查询、参考教材和资料	35 分	电动汽车电池参数获取(20 分)。 充电设施参数获取(15 分)。 回答错误，酌情扣分		
2		充电注意事项认知	15 分	直流充电须知认知(5 分)。 交流充电须知认知(10 分)。 回答错误，酌情扣分		
3		直流充电安全操作	25 分	正确使用充电流程(10 分)。 能够选择各种充电方式(10 分)。 安全充电操作正确(5 分)。 回答错误，酌情扣分		
4		交流充电安全操作	25 分	正确使用充电流程(10 分)。 能够选择各种充电方式(10 分)。 安全充电操作正确(5 分)。 回答错误，酌情扣分		
总分			100 分			

(4) 实训考核。要求按照实训完成情况进行考核，参见表 8-34。

表 8-34　实训考核表

考核项目	评 分 标 准	分数	学生自评	小组互评	教师评价	小计
团队合作	是否和谐； 是否分工合作； 是否积极参与					
任务方案	是否正确和合理					
操作过程	直流充电安全操作； 交流充电安全操作					
任务完成情况	是否完成					
工作态度	是否规范和标准					
	总分					
教师签名		年　月　日			总分	

训练七　纯电动汽车典型故障诊断与分析

任务目标

(1) 能够描述纯电动汽车检测与故障诊断作业的安全注意事项。

(2) 知道纯电动汽车组成与整车故障诊断基本方法。

(3) 能够叙述动力电池与管理系统的常见故障原因与诊断思路。

(4) 能够叙述驱动电机与控制系统的常见故障原因与诊断思路。

(5) 能够叙述整车控制系统和充电系统的常见故障原因与诊断思路。

(6) 学会纯电动汽车故障分析和检测能力。

(7) 学会纯电动汽车典型故障诊断与排除方法。

知识链接

纯电动汽车的一般故障包括高压系统故障和低压系统故障，通过案例介绍纯电动汽车某一方面的故障诊断与维修的一般方法，要求学生能够以此类推，掌握纯电动汽车故障诊断和维修的流程与策略。

提出任务：在电动汽车的使用过程中如果发生故障，那么你们知道有哪些故障诊断的步骤与注意事项吗？应该如何正确进行操作呢？

依据前面已介绍的知识，你们能够完成下面电动汽车的典型故障诊断与各项专项分析的技能训练实操任务吗？

一、纯电动汽车故障诊断

1. 诊断纯电动汽车故障的基本方法

诊断纯电动汽车故障的基本方法参见图 8-64。

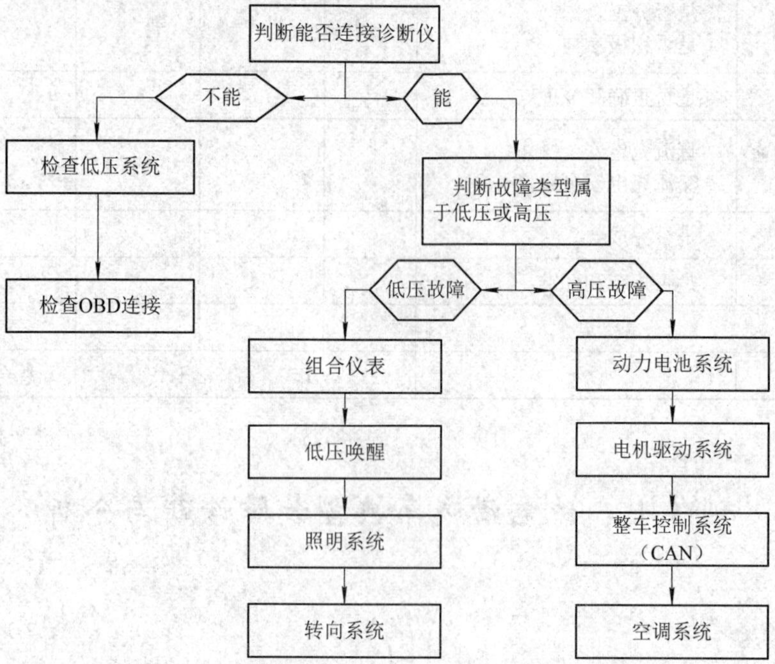

图 8-64　故障诊断策略

2. 纯电动汽车常见故障现象与原因

(1) 动力电池和电池管理系统——动力电池系统故障、动力电池管理系统故障、动力电池电路故障和充电系统故障、动力电池组冷却系统泄漏故障、电子水泵故障等。

(2) 电机与电机管理系统——驱动电动机故障、驱动电机控制系统故障、驱动电机冷却系统故障。

(3) 整车管理系统——CAN 通信故障、整车控制器故障、整车控制线路故障。

(4) 低压电源系统——低压唤醒故障、DC/DC 转换器故障、低压电路故障等。

(5) 空调系统——空调控制策略逻辑错误、PTC 故障、电动压缩机及其他器件故障等。

(6) 制动系统——EPS 系统故障、电动真空泵故障。

(7) 电路故障——熔断丝、继电器或线路短路等导致的故障。

二、纯电动汽车典型故障诊断与分析

故障 1——北汽 EV200 空调系统不制冷故障

1. 故障现象

当一辆北汽 EV200 车开空调后，能听到鼓风机运转声音，但没有凉风输出。

2. 故障原因分析

(1) 风量正常，压缩机不运转造成不制冷，空调控制器电路 1 如图 8-65 所示。其故障原因如下：

① 制冷系统部件(温控开关、高/低压开关等)或线路故障。

② 电动压缩机控制线路故障。

③ 电动压缩机故障。

④ 制冷剂过少。

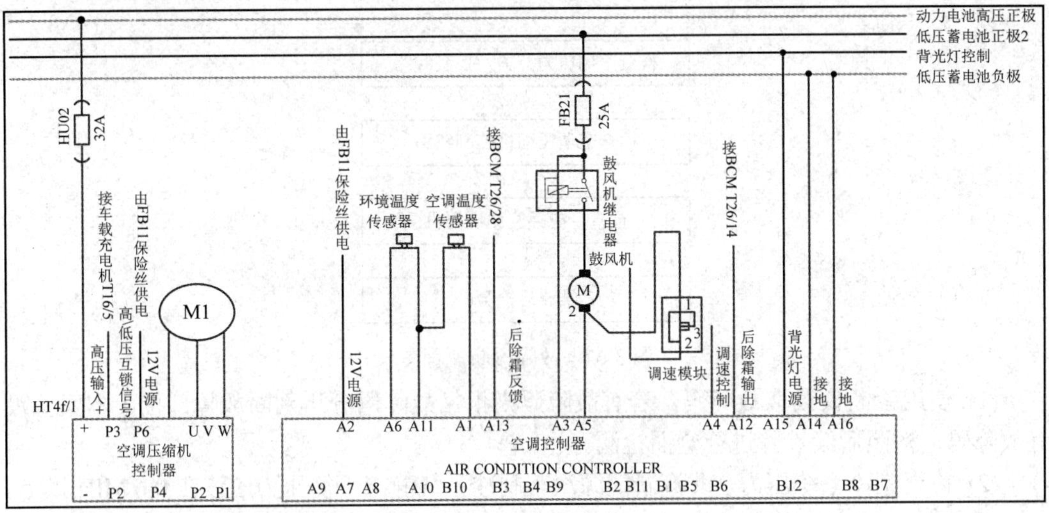

图 8-65　空调控制器电路 1

(2) 风量正常，压缩机运转但不制冷，空调控制器电路 2 如图 8-66 所示。其故障原因如下：

① 膨胀阀故障(冰堵或脏堵)。

② 蒸发器故障(泄漏)。

③ 制冷系统漏气。

④ 储液器故障(脏堵等)。

⑤ 电动压缩机机械故障(进/排气阀门损坏)。

⑥ 制冷剂过少。

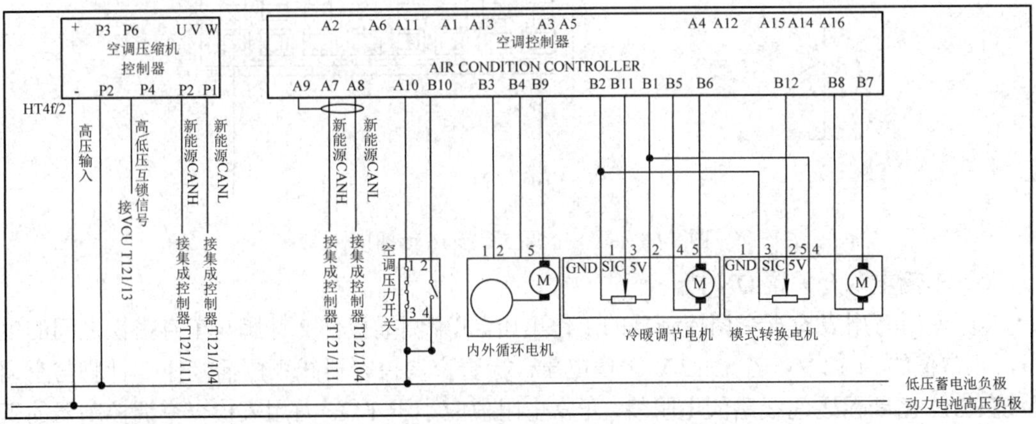

图 8-66　空调控制器电路 2

3. 故障诊断流程

故障诊断流程参见图 8-67。

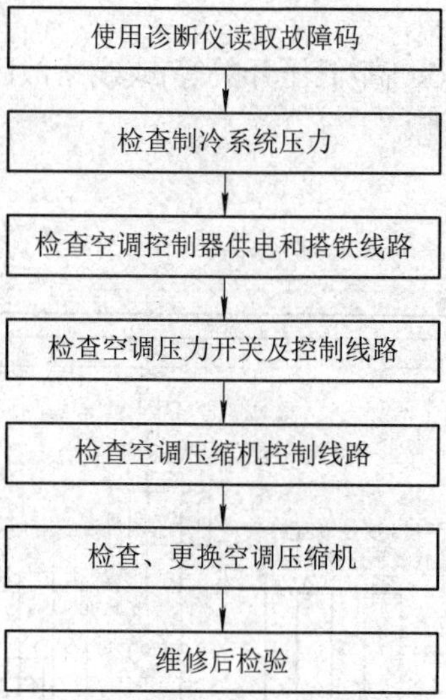

图 8-67 故障诊断流程图

(1) 使用诊断仪读取故障码。若有故障码则根据故障码分析判断故障部位。本案例没有故障码，按照后续步骤进行全面检测。

(2) 检查制冷系统压力。北汽新能源汽车制冷系统静态平衡压力应该在 0.6 MPa 以上。

(3) 检查空调控制器供电和搭铁线路。

① 拆下空调控制器 16 针插接件，参见图 8-68。

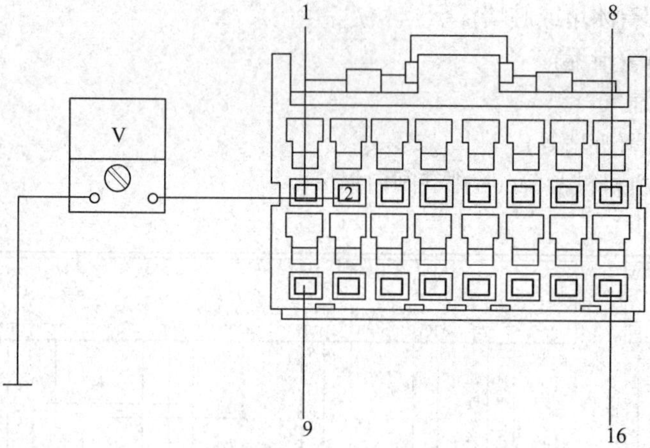

图 8-68 拆下空调控制器 16 针插接件

② 车辆电源开关置 ON 挡。

③ 使用万用表检查空调控制器的工作电压。线束侧插接件 2 针脚与车身搭铁之间的电压，正常值约为 12 V。若无 12 V 工作电压，检查空调控制器线束侧插接件 2 针脚与空调系统 FB11 熔断器之间线路的电阻值，正常电阻值应小于 1 Ω。万用表检查空调控制器的工作电压参见图 8-69。

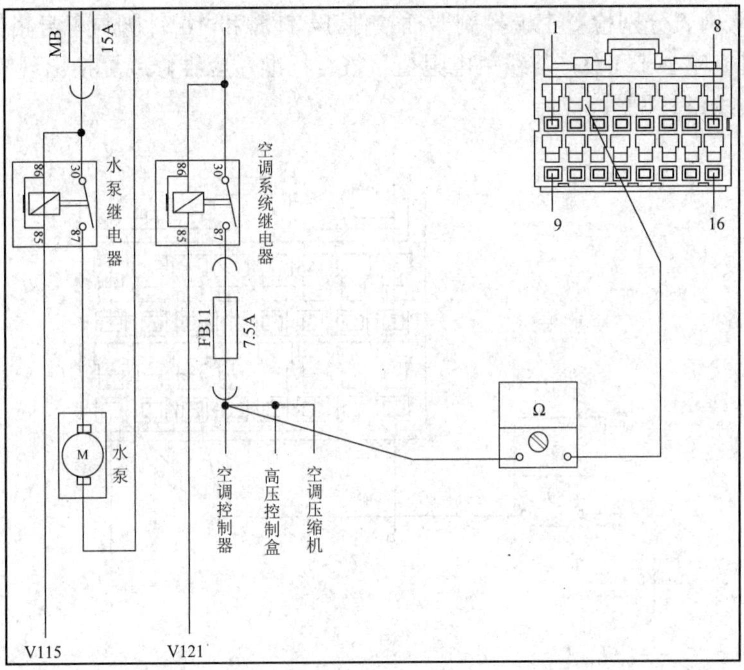

图 8-69　万用表检查空调控制器的工作电压

④ 若线路正常，则检查空调系统 FB11 熔断丝是否正常。若熔断丝正常，则检查空调系统继电器是否正常；若不正常则更换空调系统继电器，正确检查空调系统继电器 85 端子与整车集成控制器(VCU)121 端子之间线路的电阻值，正常电阻值应小于 1 Ω。检查空调系统继电器参见图 8-70。

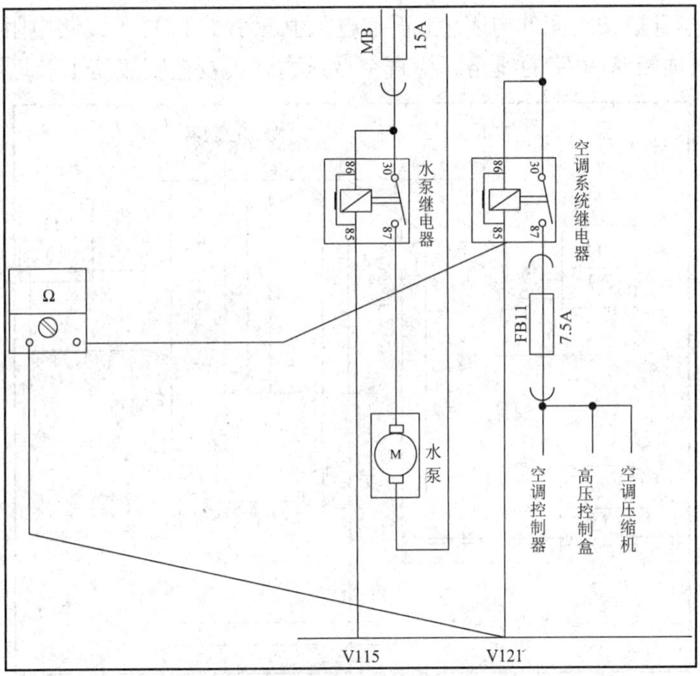

图 8-70　检查空调系统继电器

⑤ 使用欧姆表分别检查空调控制器插接件 14 针脚和 16 针脚与车身搭铁之间的电阻值，正常电阻值应小于 1 Ω。若线束电阻值不符合标准，应维修或更换出现断路/短路的线路。检查搭铁线路参见图 8-71。

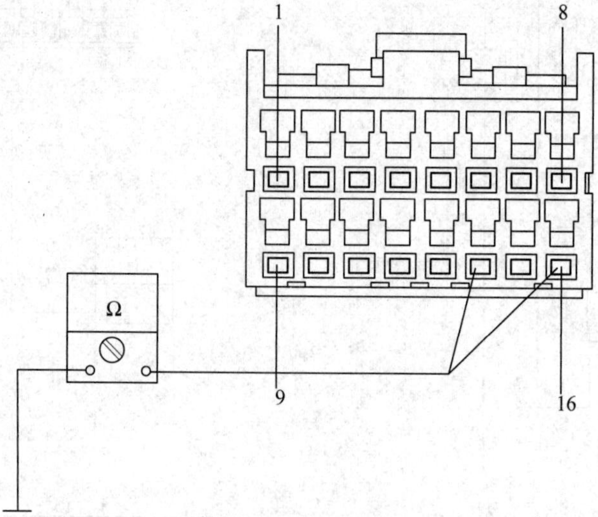

图 8-71　检查搭铁线路

(4) 检查空调压力开关及控制线路。

① 断开空调控制器 12 针脚插接器和空调压力开关插接器。

② 分别检查空调控制器 12 针脚插接器 10 端子与空调压力开关 2 端子之间的电阻值，空调控制器 16 针脚插接器 10 端子与空调压力开关 1 端子之间的电阻值，空调压力开关 3 端子、4 端子与车身搭铁之间的电阻值，正常电阻值应小于 1 Ω。若线路电阻值不符合标准，应维修或更换出现断路/短路的线路。检查空调压力开关及控制线路 1 参见图 8-72。

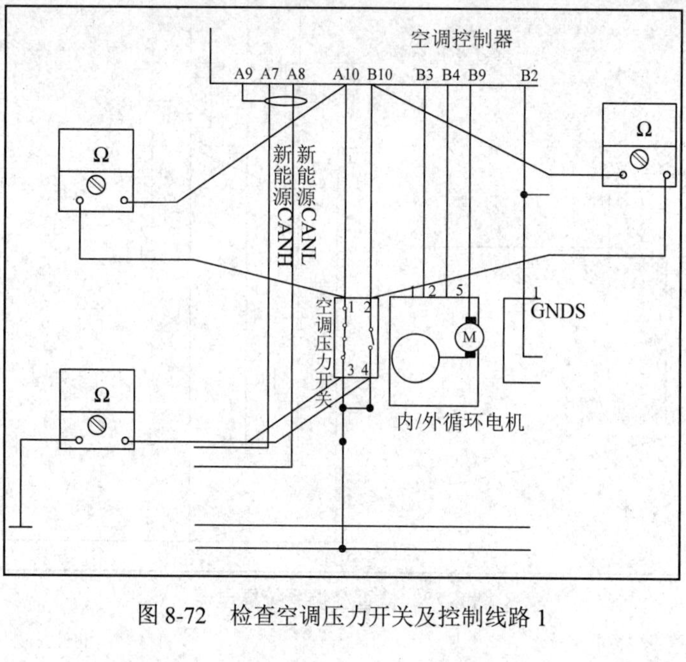

图 8-72　检查空调压力开关及控制线路 1

③ 安装空调控制器 12 针脚插接器和 16 针脚插接器。

④ 起动车辆，打开空调 A/C 开关。

⑤ 检查空调压力开关插接器 1 端子与 4 端子、2 端子与 3 端子之间的电压，正常电压约为 12 V。若无电压或电压不符合标准值，应更换空调控制器。检查空调压力开关及控制线路 2 参见图 8-73。

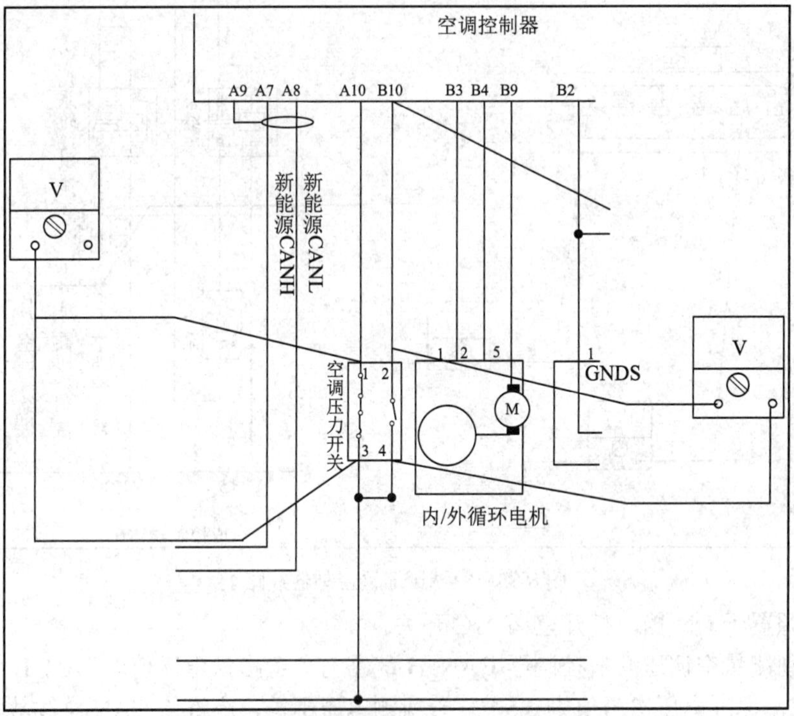

图 8-73　检查空调压力开关及控制线路 2

⑥ 检查空调压力开关 1 端子与 4 端子、2 端子与 3 端子之间是否导通，若不导通，则更换空调压力开关。检查空调压力开关参见图 8-74。

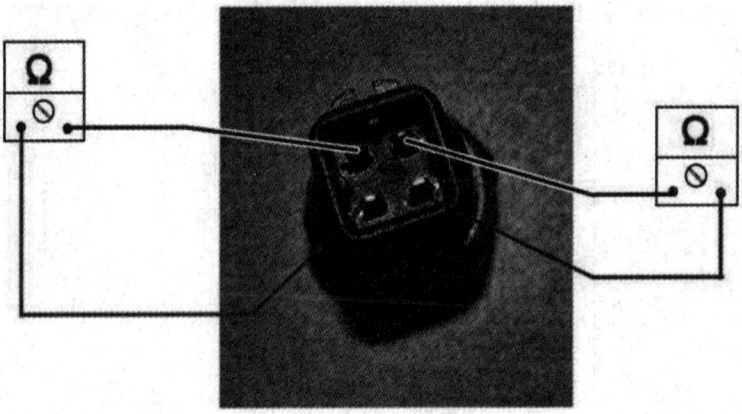

图 8-74　检查空调压力开关

(5) 检查空调压缩机控制器线路。

① 车辆电源开关置 OFF 挡。

② 断开空调压缩机控制器低压插接器，分别测量空调压缩机控制器低压插接器 6 端子与 FB11 熔断丝之间导线电阻值、空调压缩机控制器低压插接器 2 端子与车身搭铁之间导线电阻值，正常电阻值应小于 1 Ω。若所测线束电阻值不符合标准，则维修或更换出现断路/短路的线路。空调压缩机控制器线路 1 参见图 8-75。

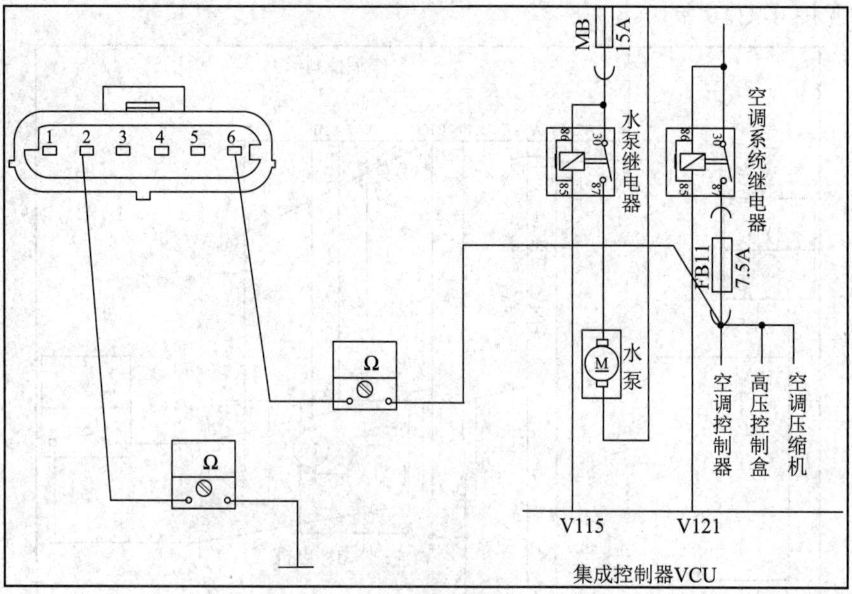

图 8-75　空调压缩机控制器线路 1

③ 电源置于 ON 挡，打开空调 A/C 开关。

④ 分别测量空调压缩机控制器 CAN_H 线路与车身搭铁电压值、CAN_L 线路与车身搭铁电压值，标准电压参考值为 2.5 V。若所测电压不符，应维修 CAN 总线故障。空调压缩机控制器线路 2 参见图 8-76。

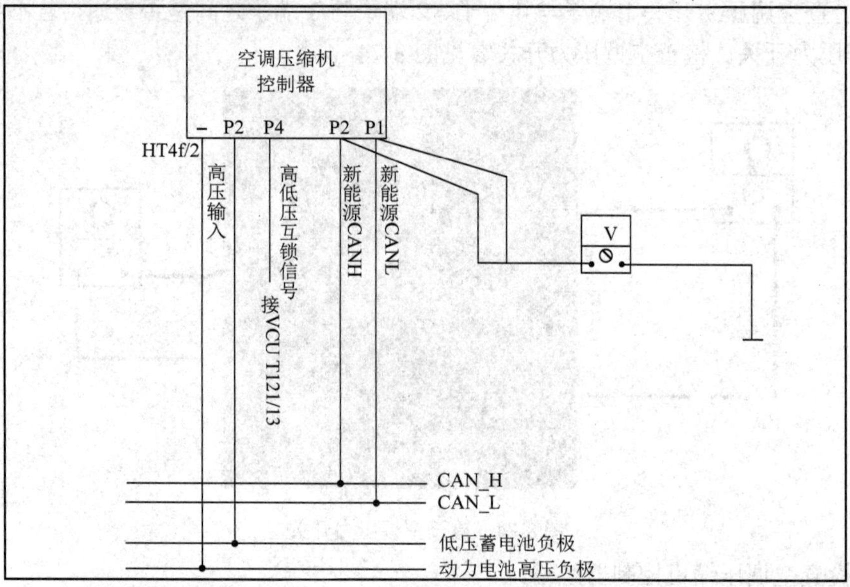

图 8-76　空调压缩机控制器线路 2

(6) 检查、更换空调压缩机。

① 安装好空调系统各插接件。

② 使用诊断仪读取空调系统数据流，检查高压系统是否出现互锁。

③ 断开高压维修开关后，检查空调系统高压线路插接件是否出现退针现象，若出现针脚退针，处理互锁针脚插头故障。

④ 若以上测量均正常，替换电动空调压缩机后再检查故障是否排除。

⑤ 故障排除后清除故障码。

4. 故障排除

本故障案例是真实故障，在实际故障诊断步骤中，经检查发现空调压力开关损坏，将其更换后故障排除，空调工作恢复正常。

故障 2——驱动电机的旋变位置传感器故障

1. 故障现象

客户驾驶北汽 EV160 纯电动汽车，在行驶过程中系统故障警告灯突然点亮，如图 8-77 所示，此时车辆无法行驶。维修站维修技师赶到现场连接诊断仪，读出故障码 P0519(此故障码为北汽 EV160 的故障码)，表示电机超速保护故障，初步判断该车辆无法在原地进行抢修，安排牵引车将车辆拖至 4S 店。

(a) 仪表　　(b) 系统故障灯

图 8-77　仪表与系统故障灯

2. 故障分析

北汽 EV160 驱动电机与控制系统参见图 8-78。

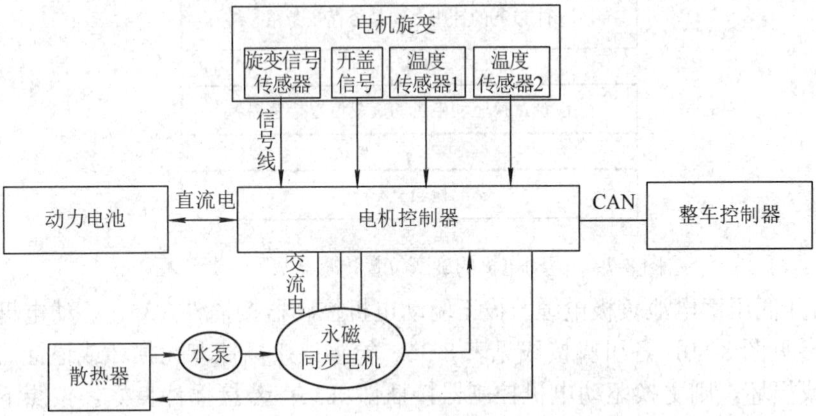

图 8-78　北汽 EV160 驱动电机与控制系统

(1) 系统故障灯显示红色并持续闪烁，表示仪表和整车失去通信。

(2) 系统故障灯显示红色并持续点亮，表示车辆出现一级故障。车辆的故障等级参见表 8-35。

表 8-35　车辆故障等级

等　级	名　称	故 障 处 理
1 级	致命故障	电机零转矩，1 s 紧急断开高压，系统故障灯亮
2 级	严重故障	2 级电机故障，电机零转矩； 2 级电池故障，限制功率，系统故障灯亮
3 级	一般故障	进入跛行工况/降功率，系统故障灯亮
4 级	轻微故障	4 级故障属于维修提示，但是 VCU 不对整车进行限制，只在仪表显示； 4 级能量回收故障，仅停止能量回收，行驶不受影响

3. 故障诊断流程

驱动电机的旋变位置传感器故障诊断流程参见图 8-79。

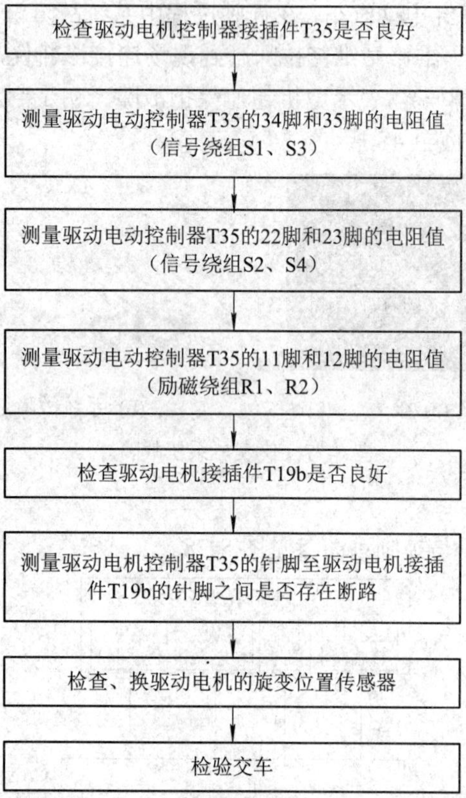

图 8-79　驱动电机的旋变位置传感器故障诊断流程

(1) 断开低压蓄电池负极电缆，拔下驱动电机控制器接插件 T35。驱动电机控制器接插件 T35 参见图 8-80；各引脚接线见表 8-36。检查该接插件有无损坏或退针，若发现接插件退针或损坏，则更换驱动电机控制器接插件 T35；若接插件良好，按照下一步骤进行检查。

图 8-80　驱动电机控制器接插件 T35

表 8-36　引脚编号

引脚编号	连接线名称	说　明
12	激磁绕组 R1	电机旋转变压器接口
11	激磁绕组 R2	
35	余弦绕组 S1	
34	余弦绕组 S3	
23	正弦绕组 S2	
22	正弦绕组 S4	
33	屏蔽层	
24	12V–GND	控制电源接口
1	12V+	
32	CAN_H	CAN 总线接口
31	CAN_L	
30	CAN_PB	
29	CAN_SHIELD	
10	TH	电机温度传感器接口
9	TL	
28	屏蔽层	
8	485+	RS485 总线接口
7	485–	
15	HVILI(+L1)	高/低压互锁接口

(2) 测量驱动电机控制器 T35 的 34 脚和 35 脚的电阻值(信号绕组 S1、S3)，标准值应为 60(1 ± 10%) Ω。若所测量电阻为无穷大，则更换旋变传感器。

(3) 测量驱动电机控制器 T35 的 22 脚和 23 脚的电阻值(信号绕组 S2、S4)，标准值应为 60(1 ± 10%) Ω。若所测量电阻为无穷大，则更换旋变传感器。

(4) 测量驱动电机控制器 T35 的 11 脚和 12 脚的电阻值(励磁绕组 R1、R2)，标准值应为 33(1 ± 10%) Ω。若所测量电阻为无穷大，则更换旋变传感器。

(5) 拔下驱动电机接插件 T19b，检查接插件有无损坏或退针，若发现接插件退针或损坏，则更换驱动电机接插件 T19b。驱动电机接插件 T19b 参见图 8-81；各引脚说明参见表 8-37。

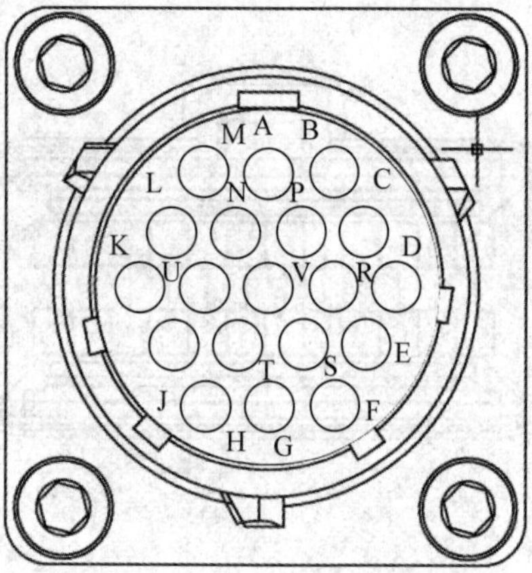

图 8-81　驱动电机接插件 T19b

表 8-37　T19b 针脚说明

引脚编号	连接线名称	说明
A	激磁绕组 R1	电机旋转变压器接口
B	激磁绕组 R2	
C	余弦绕组 S1	
D	余弦绕组 S2	
E	正弦绕组 S3	
F	正弦绕组 S4	
G	TH0	电机温度接口
H	TL0	
L	HVILI(+L1)	高低压互锁接口
M	HVILI(+L2)	

(6) 测量驱动电机控制器 T35 的针脚至驱动电机接插件 T19b 的针脚之间是否存在断路，若测量电阻为无穷大，则更换或修理线束。

(7) 若以上测量均正常，替换驱动电机的旋变位置传感器后再检查故障是否排除。

(8) 故障排除后清除故障码。

4. 故障排除

在实际故障诊断步骤中，经检查发现驱动电机的旋变位置传感器损坏，将其更换后故障排除，空调工作恢复正常。

故障 3——动力电池高压母线连接的故障诊断

1. 故障现象

一辆北汽 EV150 纯电动汽车在行驶过程中，突然出现丢失动力的情况，重新起动后组合仪表的动力电池故障警告灯和动力电池高压断开故障警告灯同时亮起，且系统故障指示灯点亮(表明出现二级故障)，参见图 8-82。

2. 故障分析

(1) 用诊断仪读取故障码和数据流，显示动力电池系统有故障。

(2) 动力电池故障警告灯点亮的条件。电池管理系统对绝缘电阻、电芯电压、SOC计算、电池温度、母线电流等指标进行检测过程中，若发现某些参数超过标准上限，则BMS上报VCU，由VCU点亮该故障警告灯。

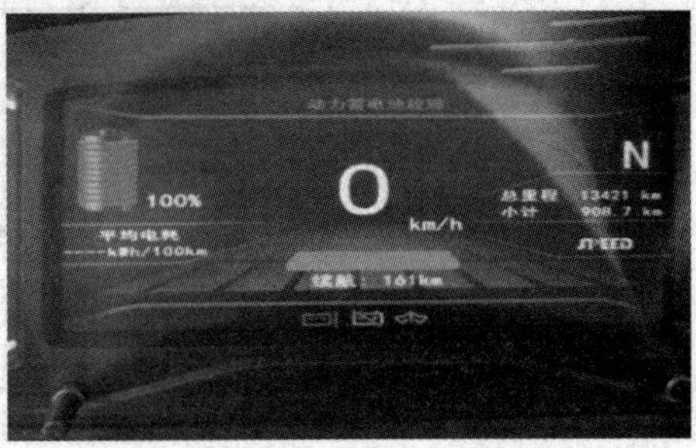

图 8-82　EV150 仪表故障灯点亮

(3) 动力电池高压断开故障警告灯点亮的条件。当动力电池内部出现断路或者高压系统部件之间出现断路，VCU检测不到高压互锁的确认信号时将点亮该故障警告灯。

(4) 系统故障灯点亮的条件。该黄色警告灯持续点亮，表示故障为二级故障，且是当前存在的故障。

综合分析，若该车动力电池故障警告灯和动力电池高压断开故障警告灯同时点亮，可能有三种原因：

(1) 动力电池模组低压断路。

(2) 高压互锁故障。高压互锁电路参见图 8-83。

(3) 系统误报。

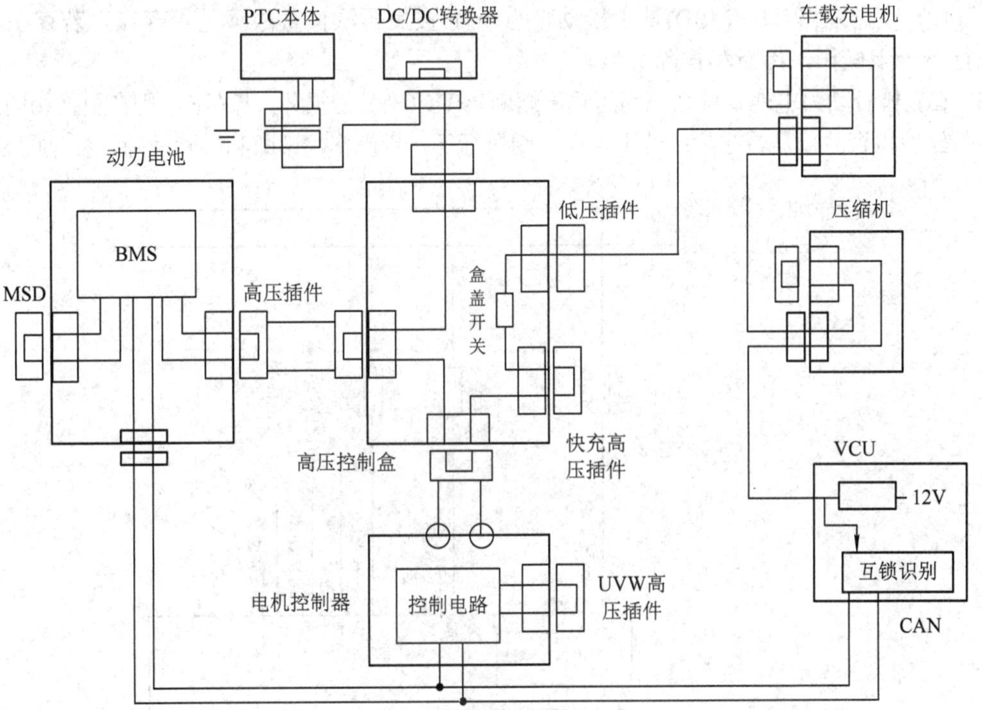

图 8-83　高压互锁电路

3. 故障诊断流程

故障诊断流程参见图 8-84。

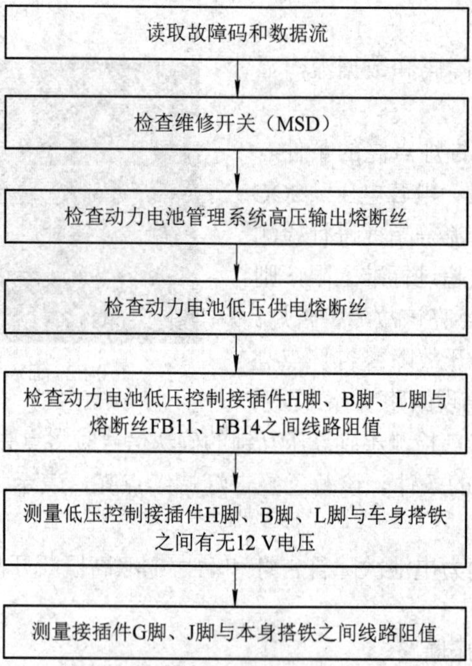

图 8-84　故障诊断流程

(1) 读取故障码和数据流，显示动力电池高压母线连接的故障。

(2) 检查维修开关(MSD)是否松动，重新插/拔后再次检查故障是否存在，若存在，则执行下一步操作，诊断和排除故障。

(3) 检查动力电池管理系统高压输出熔断丝(HU03)是否损坏，若存在，则在更换相同规格熔断丝后检查故障是否排除；若不存在，则执行下一步操作，诊断和排除故障，参见图 8-85。

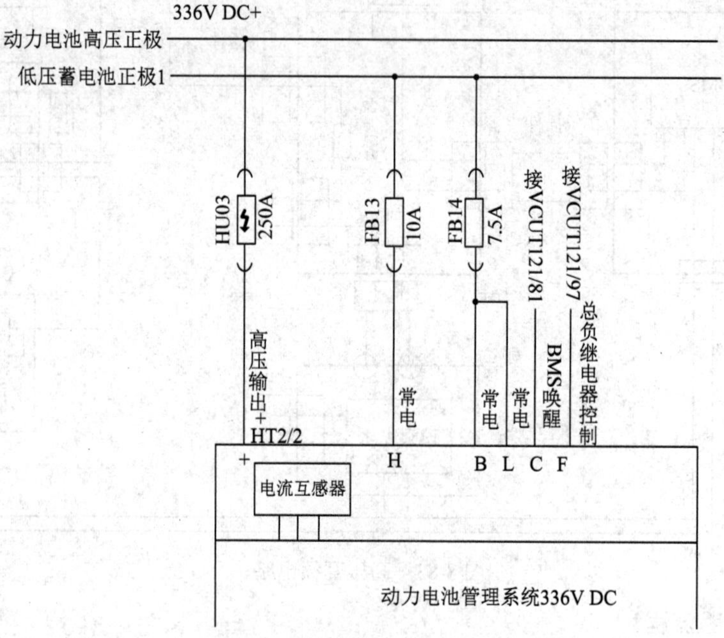

图 8-85　动力电池管理系统电路

(4) 打开前舱电器盒，检查动力电池低压供电熔断丝 EB13 和 EB14 是否熔断，若熔断则更换熔断丝。

(5) 打开电源开关至 ON 挡，将车辆举升，断开动力电池低压控制接插件。动力电池低压控制接插件(动力电池侧)如图 8-86 所示；各引脚含义参见表 8-38。

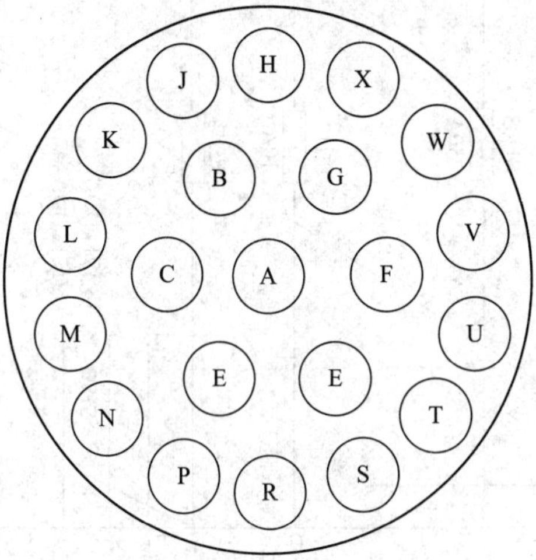

图 8-86　动力电池低压控制接插件

表 8-38　动力电池低压控制接插件针脚

针脚号码	含　义	针脚号码	含　义
A	未使用	H	继电器供电正极
B	BMS 供电正极	J	继电器供电负极
C	Wake Up	K	未使用
D	未使用	L	高压互锁信号(+)
E	未使用	M	未使用
F	负极继电器控制	N	新能源 CAN 屏蔽
G	BMS 供电负极	P	新能源 CANH
R	新能源 CANL	V	快充 CANH
S	动力电池内部 CANH	W	动力电池 CAN 屏蔽
T	动力电池内部 CANL	X	未使用
U	快充 CANH		

(6) 使用欧姆表分别测量接插件 H 脚、B 脚和 L 脚与熔断丝 FB13、FB14 之间线路电阻值。若所测线束电阻值不符合标准，则维修或更换出现断路/短路的线路。线路电阻值测量参见图 8-87。

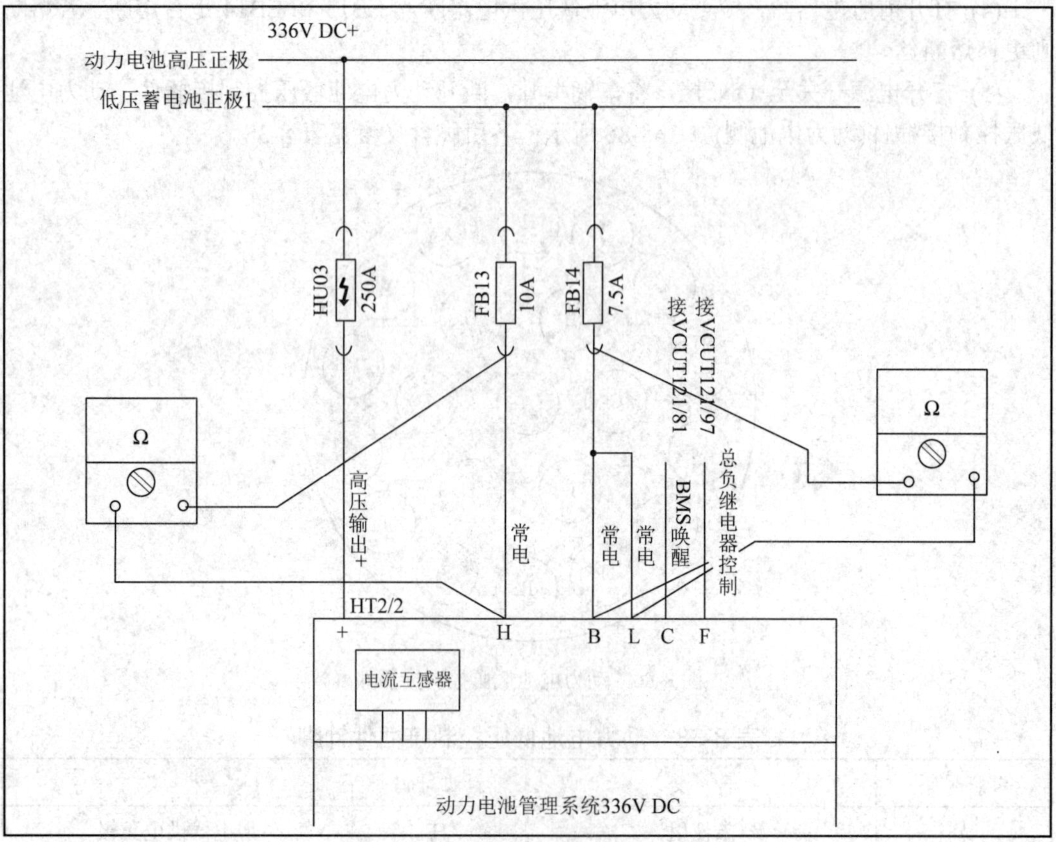

图 8-87　线路电阻值测量

(7) 使用万用表电压挡分别测量低压控制接插件 B 脚、H 脚和 L 脚与车身搭铁之间有无 12 V 电压参见图 8-88，若无 12 V 电压，则使用万用表电压挡测量熔断丝 FB13、FB14 与车身搭铁之间有无 12 V 电压；此时若无 12 V 电压，则维修或更换低压配电盒故障，参见图 8-89。

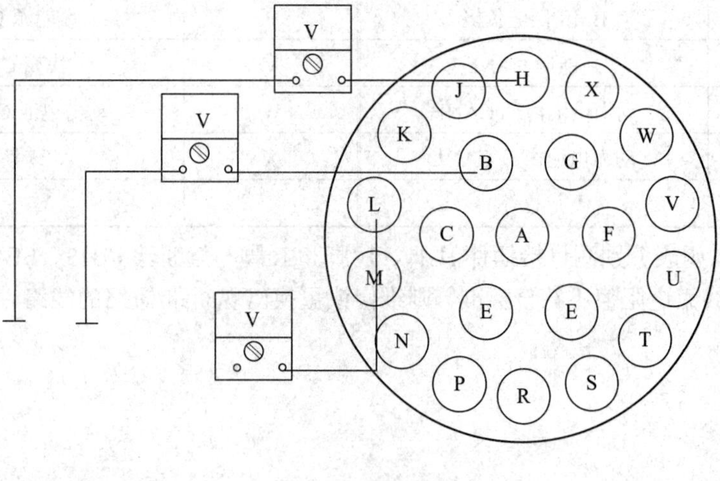

图 8-88　电压测量

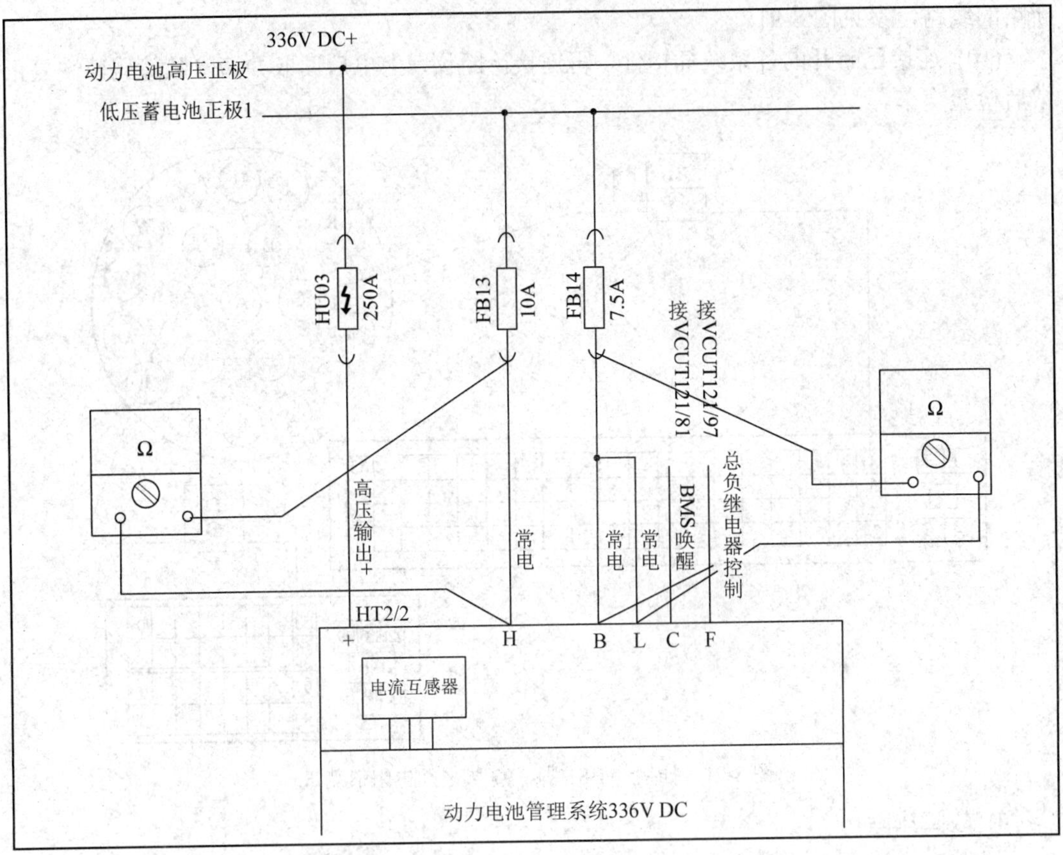

图 8-89　测量熔断丝 FB13、FB14 与车身搭铁之间

(8) 使用欧姆表分别测量接插件 G 脚、J 脚与车身搭铁之间线路电阻值，若线束阻值无穷大，则维修或更换出现断路/短路的线路，参见图 8-90。

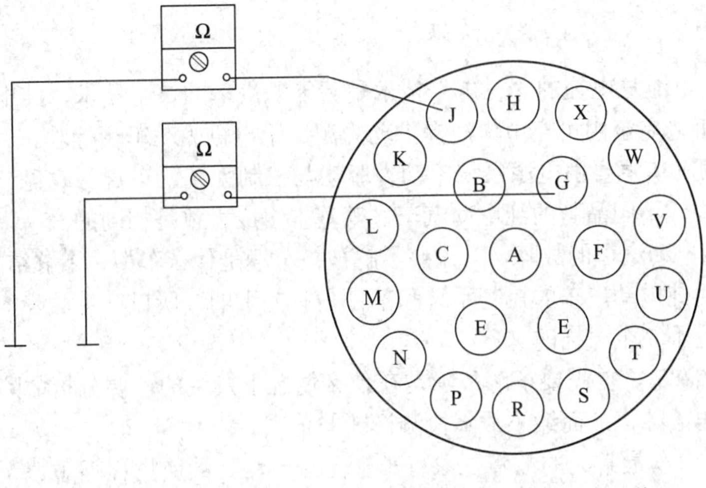

图 8-90　测量接插件 G 脚、J 脚与车身搭铁之间线路电阻值

(9) 断开 VCU 插接件，使用欧姆表分别测量电池管理系统低压插接件 C 脚、F 脚与 VCU 插接件 B81 脚、97 脚之间的电阻值，若所测线束电阻值无穷大，则维修或更换出现

断路的线路，参见图 8-91。

(10) 连接已断开的各系统插接件，再连接诊断仪，上电后读取并清除故障码，恢复正常后检验交车。

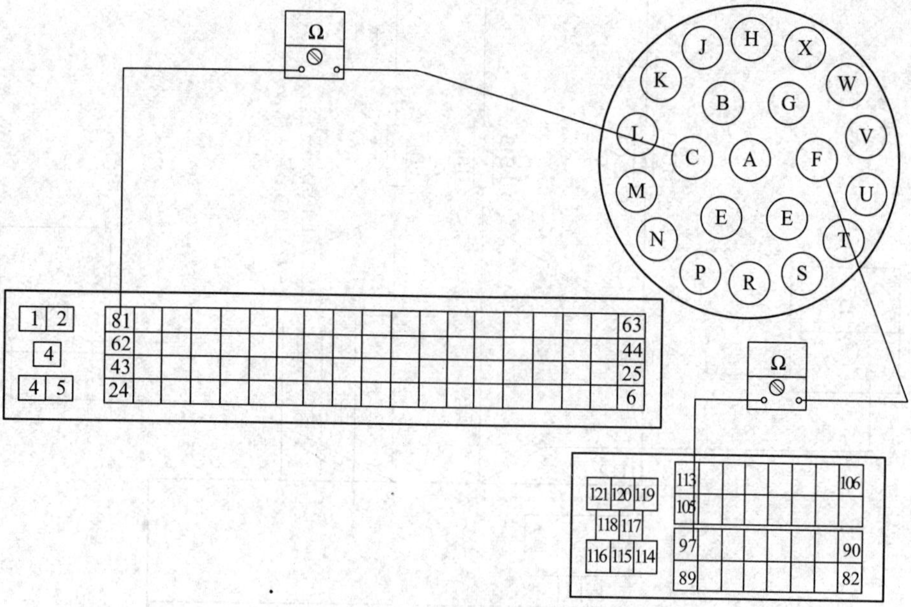

图 8-91　插接件 B81 脚、97 脚之间电阻值测量

4. 故障排除

本故障案例是真实故障，在实际故障诊断步骤中，该车所有电路检查都正常，维修开关拔出后重新插入，再重新读取故障，故障码消失，工作恢复正常，故障排除，所以总结故障原因是维修开关接触不良。

三、训练小结

(1) 电机、电池与电控的“三电”技术是新能源汽车的核心技术，纯电动汽车没有传统的燃料发动机，完全由可充电电池提供动力源，用电机驱动车辆行驶。

(2) 纯电动汽车主要由电源系统、动力驱动与控制系统、车身、底盘、电器以及安全保护系统等构成，不同品牌的纯电动汽车，其基本组成大致是相同的。

(3) 判断纯电动汽车的故障，首先要了解被检车辆是什么车型，了解结构组成与特点，因为不同车型的纯电动汽车的控制系统和部件是有差别的，所以产生故障的原因及检测诊断的具体方法是不完全一样的。

(4) 对于故障车，首先要了解故障是在什么情况下发生的，要分析故障是属于低压故障还是属于高压故障，从而缩小故障检测诊断的范围。

(5) 纯电动汽车最常见的故障现象有车辆无法起动、续航里程缩短、无法监控电池状况和加速无力等，故障原因大部分都是“电”故障。

(6) 动力电池与电源管理系统常见的故障有单体电池故障、线路或连接件故障和动力电池管理系统故障等。

(7) 电机与控制系统常见的故障有驱动电机故障、控制系统故障和工作电源系统故障等。

(8) 整车控制系统常见的故障包括整车控制器故障及CAN线、传感器信号和电源等的故障。

(9) 充电系统常见的故障主要有慢充电系统故障和快充电系统故障，分析和诊断充电系统故障，根据故障产生的条件进行不同系统的检测诊断，如果在慢充和快充时都不能充电，应该对动力电池、动力电池管理系统进行检测诊断，并检查是否存在高压漏电等原因，促使高压互锁起作用，从而产生不能充电的故障。

(10) 掌握检测诊断和排除纯电动汽车故障的必要条件。

(11) 严格按照高压安全操作规范进行操作。

训练八 混合动力汽车典型故障诊断与分析

任务目标

(1) 了解混合动力汽车的分类和基本结构及特点。

(2) 熟悉混合动力汽车故障诊断和检测作业的安全注意事项。

(3) 熟悉混合动力汽车典型故障诊断思路及检测步骤。

(4) 掌握混合动力汽车典型故障现象和原因。

(5) 掌握混合动力汽车典型故障分析和检测能力。

(6) 掌握混合动力汽车典型故障诊断与排除方法。

知识链接

通过案例介绍混合动力汽车某一方面的故障诊断与维修的一般方法，要求学生能够以此类推，掌握混合动力汽车故障诊断和维修的流程与策略。

提出任务：在混合动力汽车的使用过程中如果发生故障，那么你们知道有哪些故障诊断的步骤与注意事项吗？应该如何正确进行操作呢？

依据前面已介绍的知识，你们能够完成下面混合动力汽车的典型故障诊断与各项专项分析的技能训练实操任务吗？

一、诊断混合动力汽车故障的能力要求

1. 掌握混合动力汽车故障诊断的基础要求

(1) 熟悉混合动力汽车的分类、整车结构，各部件的作用、结构与工作原理。

(2) 了解整体控制原理和各系统的控制原理。

(3) 能够识读和分析电路图。

(4) 掌握诊断仪和万用表等检测仪器的操作使用方法，清楚故障码的含义和产生故障

码的条件，知道主要数据流的含义、标准值以及造成数据不正确的原因。

(5) 能够熟练运用维修手册。

2. 掌握混合动力汽车故障诊断的检测能力

(1) 能够正确观察仪表板上的仪表和警示灯状态，了解其含义并能做相应的检测。

(2) 能够正确使用诊断仪对车辆进行全面检测，熟练使用诊断仪的所有功能，包括读取/清除和分析故障代码(定义及运行、设置条件)，读取和分析数据流，进行部件驱动测试，设置(校准或标定)及更新控制程序。

(3) 熟练使用必要的设备或仪器量具，根据维修手册和电路图进行正确测量，并判断测量结果。

3. 掌握混合动力汽车故障的分析判断思路

汽车产生故障时不同的运行模式参见图 8-92。

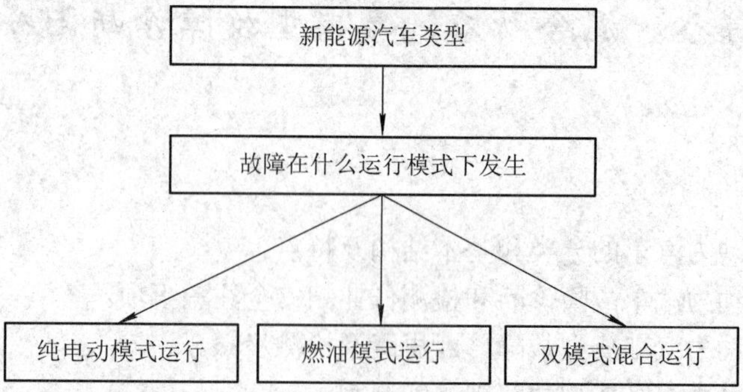

图 8-92　汽车产生故障时不同的运行模式

相同的故障在不同驱动类型车辆上的检查方法介绍如下。

1) 串联式混合动力汽车不能起动运行的故障

从串联式插电混合动力汽车结构可以看到，串联式混合动力汽车的唯一驱动动力源是电动机，所以电机可作为诊断的切入口之一(见图 8-93)。

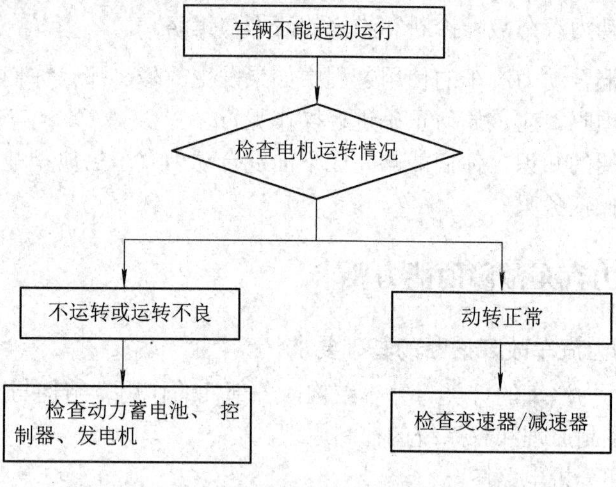

图 8-93　串联式车型诊断策略

2) 并联式和混联式混合动力汽车不能起动运行的故障

并联式和混联式混合动力汽车的起动动力源是发动机的起动机，所以诊断切入口是起动机。并联式和混联式车型诊断策略参见图 8-94。

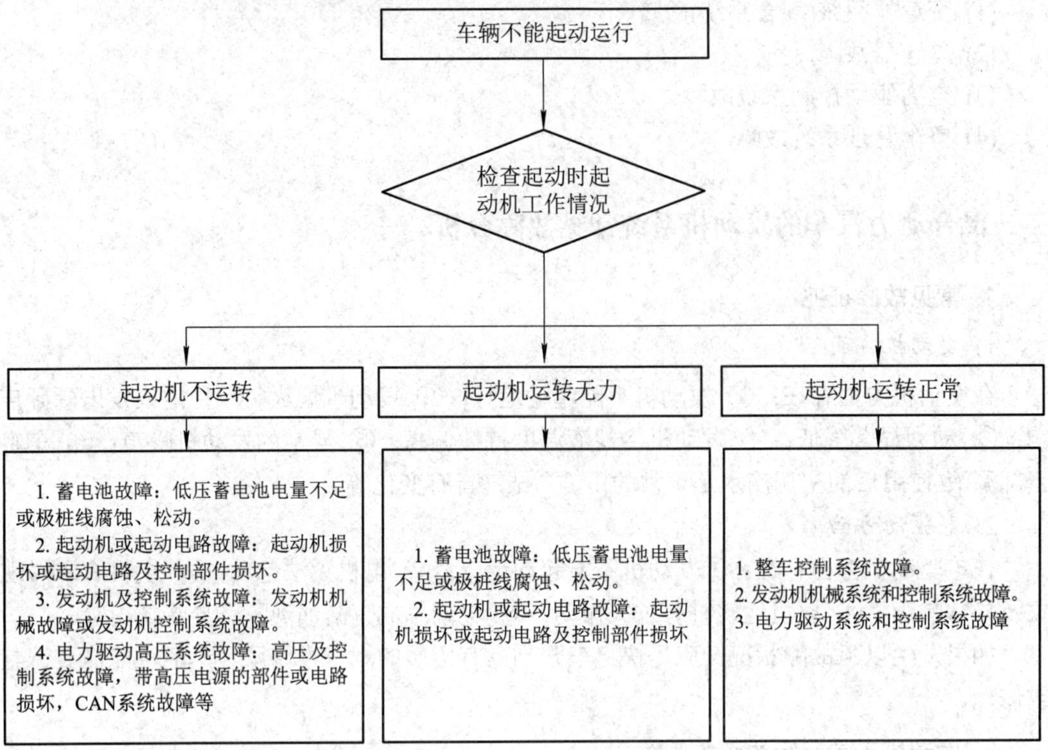

图 8-94 并联式和混联式车型诊断策略

3) 纯电动运行模式下发生故障

如果并联式或混联式混合动力汽车在发动机运行模式时工作正常，而在纯电动运行模式时工作不正常，那么应对电力驱动系统进行检查与分析，故障原因可能是以下系统发生故障：

(1) 动力电池和管理系统(包括动力电池系统、动力电池管理系统、动力电池电路系统、动力电池冷却系统等)故障。

(2) 电机与管理系统(包括驱动电机、驱动电机控制系统)故障。

(3) 变速器系统故障。

(4) 整车管理系统故障。

4) 燃油模式运行时发生的故障

如果并联式或混联式混合动力汽车在发动机运行模式时工作不正常，那么对发动机系统进行检查与分析，故障原因可能是：

(1) 发动机机械故障。

(2) 发动机电控系统故障。

(3) 变速器系统故障。

(4) 整车管理系统故障。

5) 两种动力混合运行时发生故障

如果并联式和混联式混合动力汽车在混合动力工作时不正常，那么对耦合系统进行重点检查分析，故障原因可能是：

(1) 变速器系统(耦合系统)故障。

(2) 差速器故障。

(3) 电力驱动控制系统故障。

(4) 整车管理系统故障。

二、混合动力汽车的发动机系统常见故障分析

1. 常见故障征兆

1) 发动机方面

在发动机方面存在：① 发动机不能起动运行；② 发动机熄火、不稳定或发出砰砰声响；③ 动力显著降低；④ 发动机冷却液温度持续偏高；⑤ 异常的发动机噪声；⑥ 车辆下部漏液(使用后的空调滴水是正常的)；⑦ 排气音有变化等。

2) 电驱动方面

在电驱动机方面存在：①发动机不能起动运行；② 电机无法起动；③ 电机有卡滞现象及异常响声；④ 电机运转时有过大振动；⑤ 电动总成有漏油现象、异味排出等。

如果发生以上故障状况，应尽快将车开到具有资质的汽车维修厂，车辆可能需要调整或修理。

2. 发动机正常运行的必备条件

混合动力汽车的发动机故障原因和故障现象与电控汽油发动机的相类似，但需要增加考虑的因素是，在混合动力汽车的高压互锁作用下会造成发动机不能起动运行的故障。要使发动机能正常运行必须满足四个条件：

(1) 要有符合规定的气缸压缩压力。

(2) 要有正确的点火时刻。

(3) 要有足够的点火能量。

(4) 要有恰当的混合气空燃比。

以上任何一个条件不满足或不完全满足，就会使发动机运行不正常。

3. 故障信息的记录与分类

发动机电子控制单元不断地监测传感器、执行器及相关的电路、故障指示灯和蓄电池电压等，包括电子控制单元本身，对传感器输出信号、执行器驱动信号和内部信号进行可信度检测，一旦发现某个环节出现故障或者某个信号值不可信，电子控制单元立即在 RAM 的故障存储器中设置故障信息记录。故障信息记录以故障码的形式存储，并按故障出现的先后顺序显示。

故障按出现的频度可分成“稳态故障”和“偶发故障”。

故障按信号错误类型可分成 A、B、C、D 四类：

A 类故障——信号超过正常范围的上限。

B 类故障——信号超过正常范围的下限。

C 类故障——无信号。

D 类故障——有信号，但该信号不合理。

4. 根据故障进行检修的诊断流程

1) 故障诊断前的初步检查

在根据发动机故障现象进行故障诊断之前，首先应进行下列初步检查:

(1) 确认发动机故障指示灯工作正常。

(2) 用故障诊断仪检查，确认没有故障信息记录。

(3) 确认车主投诉的故障现象存在，并确认发生该故障出现的条件。

2) 外观检查

(1) 检查燃油管路是否有泄漏现象。

(2) 检查真空管路是否断裂或扭结，其连接是否正确。

(3) 检查进气管路是否堵塞、漏气、被压扁或损坏。

(4) 检查点火线圈的外观，是否有鼓包或烧熔等，点火顺序是否正确。

(5) 检查冷却系统管路是否堵塞或漏水等。

(6) 检查增压器的外观有无擦伤，涡轮轴组件是否能自由转动，叶轮有无因冲击而损坏的现象。

(7) 检查涡轮壳和相关管路接头是否有废气泄漏，进气系统有无泄漏。

(8) 检查线束搭铁处是否干净和牢固。

(9) 检查各传感器、执行器接头是否有松动或接触不良的情况。

混合动力汽车故障现象和原因分析参见表 8-39。

表 8-39　混合动力汽车故障现象和原因分析

序号	故障现象	主要故障原因分析
1	起动时曲轴不转	机械故障，发动机内部运转部件咬死
2	发动机运行时有异响	机械故障，发动机内部运转部件磨损、装配不良
3	起动机运转正常，发动机不能起动运行	1. 起动机损坏或起动控制电路故障。 2. 蓄电池亏电或极桩线接触不良。 3. 气缸压力低。 4. 点火系统能量不足或点火正时不正确。 5. 无燃油压力或燃油系统其他故障。 6. 因燃油系统、传感器、废气回收系统、涡轮增压、进气系统漏气等造成混合气过浓或过稀。 7. ECU 损坏(外接装置过载导致 ECU 内部元器件损坏或烧毁，进水导致线路板腐蚀)。 8. 高压互锁使发动机不能起动运行

续表

序号	故障现象	主要故障原因分析
4	冷车难起动	1. 水温传感器等造成冷起动时混合气过稀。 2. 喷油器漏油。 3. 点火能量不够。 4. 节气门体脏污。 5. 线路故障
5	热车难起动	1. 水温传感器等造成热起动时混合气过浓。 2. 喷油器漏油。 3. 燃油压力、点火能量以及线路故障
6	任何时候难起动	1. 空滤器堵塞，进气道漏气。 2. 燃油压力低。 3. 点火能量低，火花塞型号或间隙不符规范。 4. 节气门体脏污。 5. 喷油器不良，喷油量不符规定或喷油雾化不良。 6. 气缸压力不足。 7. 点火顺序或点火正时不符合规范
7	无规律难起动	1. 导线损坏，接插件接触不良。 2. 电器元器件质量差或损坏
8	发动机动力差，加速性能差	1. 燃油系统压力不正确，喷油器喷油不良。 2. 火花塞、高压导线、点火器故障造成点后性能差，点火正时不正确。 3. 点火顺序或点火正时不正确。 4. 气缸压缩压力低。 5. 三元催化器堵塞或涡轮增压故障等
9	发动机油耗大	1. 空滤器堵塞。 2. 传感器信号不正确。 3. 喷油器雾化不良。 4. 点火正时不正确。 5. 发动机机械故障
10	发动机怠速抖动(怠速抖动、缺缸抖动、怠速过高、怠速过低)	1. 空滤器堵塞、进气道漏气。 2. 怠速控制器脏、堵、卡。 3. 节气门体脏污。 4. 拆卸后未对怠速系统重新设定。 5. 火花塞型号或间隙不符合规范。 6. 点火顺序或点火正时、燃油压力、气缸压力等不符合规范。 7. 喷油器喷油不良。 8. 曲轴箱通风系统故障

三、混合动力汽车典型故障诊断与分析

教学中以比亚迪唐和比亚迪秦的典型故障诊断与分析为案例进行讲解。

故障 1——漏电故障检修

1. 故障现象

车辆起步后，仪表板显示检查动力系统，系统自动切换为 HEV 模式，使用诊断仪检测故障，显示 P1CA2(漏电传感器报严重漏电故障)、P1CA2(一般漏电故障)，参见图 8-95。

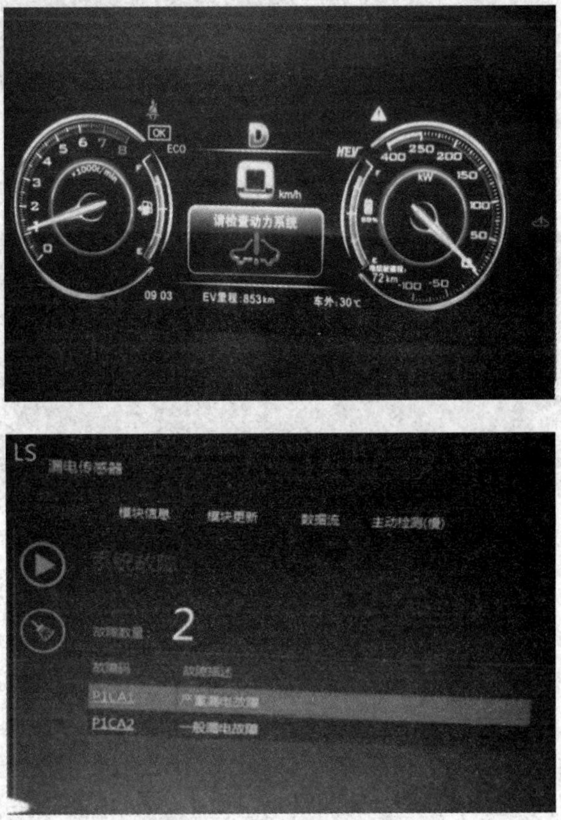

图 8-95　仪表显示故障

2. 故障原因分析

(1) 高压模块、电机存在漏电。

(2) 动力电池模组存在漏电。

(3) 高压线束存在漏电。

(4) 漏电传感器故障。

(5) BMS 故障。

(6) 低压信号线故障。

3. 故障排查

比亚迪唐动力电池有高电量版(712.8 V)和低电量版(620.4 V)两种，其动力电池正/负极母线位于点烟器下方，动力电池正/负极母线座含一根搭铁线。电池包(模组)母线参见图 8-96。

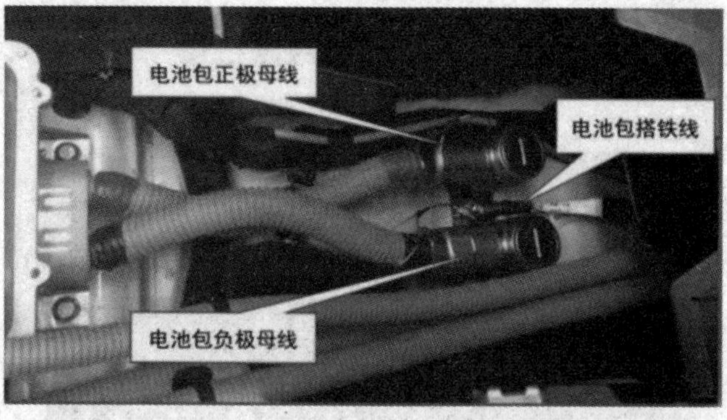

图 8-96　电池包(模组)母线

动力电池采样线位于驾驶员座椅下面，动力电池采样端子参见图 8-97。

图 8-97　动力电池采样端子

(1) 清除故障码，若上电后系统仍报漏电故障，则可按如下步骤检测：

① 车辆下电后，断开低压电池负极，断开电池模组的正/负极母线插接件。

测量电池模组正极母线线束端对车身绝缘电阻值，使用万用表 1000 V 直流挡位(兆欧表)测量，若测量电阻值小于 1 MΩ，则高压配电箱漏电，更换高压配电箱。

② 断开空调压缩机高压线束插接件，测量线束端正/负极高压端子与车身绝缘电阻值，使用 1000 V 直流挡位(兆欧表)测量，若测量电阻值小于 1 MΩ，则分别检测前驱控制器、后驱控制器、车载充电器、PTC、高压配电箱，确认并排除漏电部件。

③ 测量空调压缩机端线束正/负极高压端子与车身绝缘电阻值，使用 1000 V 直流挡位(兆欧表)测量，若测量电阻值小于 1 MΩ，则空调压缩机漏电。

(2) 清除故障码后，若上电后系统无漏电故障，但挂 D/R 挡后如报漏电故障，则可按如下步骤检测：

① 车辆下电后，断开低压磷酸铁锂电池负极，断开电池模组正/负极母线插接件。

② 断开前驱电动机三相线，分别测量电动机三相线、前驱控制器三相输出端子对车身的绝缘电阻，若在 1000 V DC 挡位(兆欧表)测量的电阻值小于 1 MΩ，则被测元件漏电。

③ 断开后驱电动机三相线，分别测量电动机三相线、后驱控制器三相输出端子对车身的绝缘电阻，若在 1000 V DC 挡位(兆欧表)测量的电阻值小于 1 MΩ，则被测元件漏电。

(3) 清除故障码后，若上电后系统无漏电故障，但开空调报漏电故障，则可按如下步骤检测：

① 将温度调到制冷最低，若开空调报漏电，则为压缩机漏电。

② 将温度调到暖风最高，若开空调报漏电，则为 PTC 漏电。

③ 清除故障码，若上电后系统无漏电故障，但充电系统报漏电故障，此情况为车载充电器漏电。动力电池采样端子的含义参见表 3-40。

表 8-40　端子含义

脚位	定　义	脚位	定　义
A(1)	BIG 电源正	T(17)	高压检测互锁正
B(2)	BIG 电源正	U(18)	高压检测互锁负
C(3)	电池模组接触器 1 电源正	V(19)	
D(4)	电池模组接触器 2 电源正	W(20)	严重漏电
E(5)		X(21)	一般漏电
F(6)	负极接触器电源脚	Y(22)	
G(7)	+12V(漏电传感器)	Z(23)	
H(8)		a(24)	CAN2_L(漏电传感器)
J(9)		b(25)	漏电传感器 CAN2 屏蔽地
K(10)	BIG 电源负	c(26)	
L(11)	BIG 电源负	d(27)	GND
M(12)	负极接触器控制脚	e(28)	CAN1 屏蔽地
N(13)	电池模组接触器 1 控制脚	f(29)	CAN1_L
P(14)	电池模组接触器 2 控制脚	g(30)	—
R(15)	—	h(31)	CAN2_H(漏电传感器)
S(16)	—	j(32)	CAN1_H

故障 2——在 EV 模式下电动空调不工作

1. 故障现象

一辆比亚迪秦在 ON 挡上电后，在 EV 模式下开启空调后发动机自动起动，机械压缩机工作。

比亚迪秦的空调系统框图参见图 8-98。该空调系统是在传统机械压缩机制冷及发动机冷却液制热的基础上，增加了一套在发动机不工作工况(即 EV 或 HEV 模式)下可实现制冷和制热的独立系统。比亚迪秦在 EV 模式和 HEV 模式下开启空调，优先使用电动压缩机及 PTC 加热器加热。比亚迪秦的空调控制系统的核心是空调控制器。

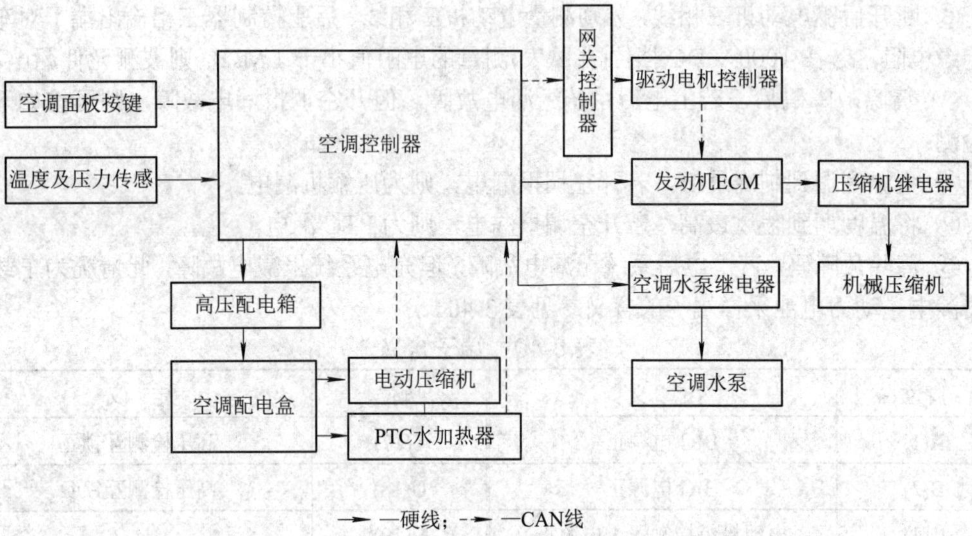

图 8-98　比亚迪秦空调系统框图

2. 故障原因分析

比亚迪秦在打开空调后，机械压缩机可以正常工作，可以排除空调管路系统、空调面板按键、温度传感器及压力传感器等故障，因此故障主要与电动压缩机高压部分及控制部分有关。其可能故障原因如下:

(1) 高压配电箱故障。

(2) 空调控制器故障。

(3) 空调配电盒故障。

(4) 电动压缩机及其线路故障。

3. 故障排查流程

(1) 车辆 ON 挡上电后，用诊断仪读取并断电动压缩机及 PTC 加热器模块高压的输入是否正常。

(2) 断开电动压缩机 A56 接插件，测量 A56 接插件 1 脚电压为是否为低压蓄电池电压，测量 A56 接插件的 2 脚搭铁是否正常，若不正常，则维修线路故障。

(3) 测量电动压缩机 A56 接插件的 4 脚、5 脚 CAN 线线上的电压是否正常(约 2.5 V 电压)，若不正常，则维修 CAN 线路故障。

(4) 断开 PTC 加热器 B57 接插件，测量 B57 接插件 1 脚电压是否为低压蓄电池电压，测量 B57 接插件的 6 脚搭铁是否正常，若不正常，则维修线路故障。

(5) 测量 PTC 加热器接插件的 4 脚、5 脚 CAN 线上的电压是否正常。

(6) 测量电动压缩机及 PTC 加热器接插件线路高压及低压是否都正常。

故障 3——高压互锁故障

1. 故障现象

车辆无 EV 模式，仪表提示“请检查动力系统”，动力系统故障灯亮，高压 BMS 报故障码 PIA4000，高压互锁故障。

2. 故障分析

高压互锁线路如图 8-99 所示。

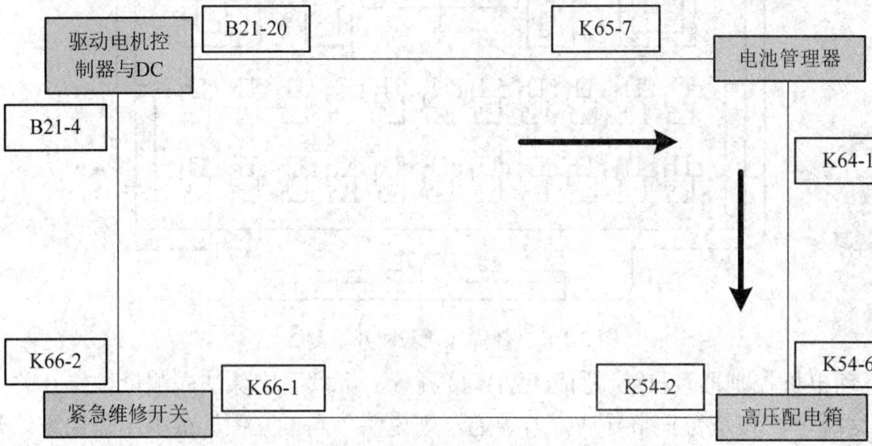

图 8-99　高压互锁线路

3. 故障排查

(1) 车辆 ON 挡上电，使用诊断仪读取故障码，故障码的含义参见表 8-41。

表 8-41　故障码含义

序号	故障码	故 障 解 释
1	PIA4A00	高压互锁，一直检测为高信号故障
2	PIA4000	高压互锁故障

(2) 清除故障码，关闭点火开关后重新上电，检查故障码是否重现。

(3) 若故障码重现，使用诊断仪读取高压电池管理器及驱动电机控制器数据流，检查高压电池管理器中“高压互锁”状态是否为“锁止”状态，高压接触器是否为“断开”状态。

(4) 检查高压电池管理器中“高压互锁”状态是否显示为“锁止”状态，高压接触器是否为“断开”状态。

(5) 测量高压互锁端子及低压互锁线束是否连接正常。

① 测量高压电池管理器 K64-1 与 K65-7 针脚之间是否导通，参见图 8-100。

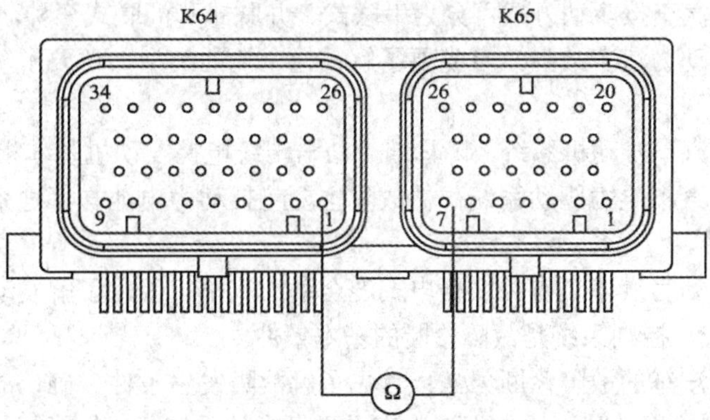

图 8-100　针脚连通与断开检测 1

② 测量高压配电箱 K54-2 与 K54-6 针脚之间是否导通，参见图 8-101。

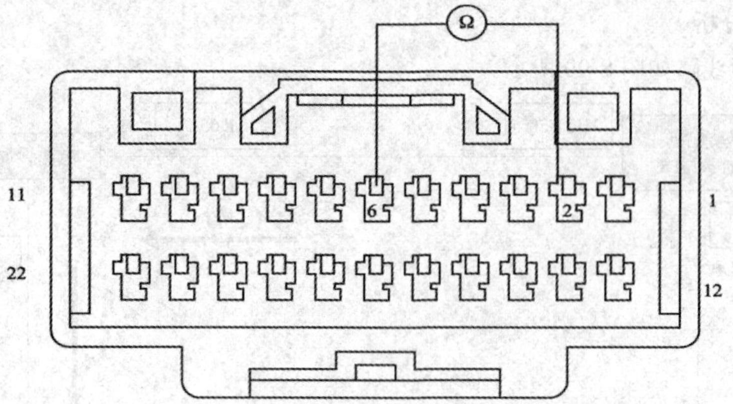

图 8-101　针脚连通与断开检测 2

③ 驱动电机控制器及 DC 总成无法直接测量，可以用排除法先测量维修开关 K66-1 与 K66-2 这两个针脚是否正常导通，若导通，则说明“高压互锁”故障不是由维修开关引起的；若不导通，则维修开关故障，更换维修开关。

④ 若维修开关正常，则拔掉所有高压线束，检查互锁针脚是否有退针现象；若出现针脚退针，则为互锁针脚插头故障，参见图 8-102。

⑤ 若以上测量均正常，替换高压电池管理器后检查故障是否排除。

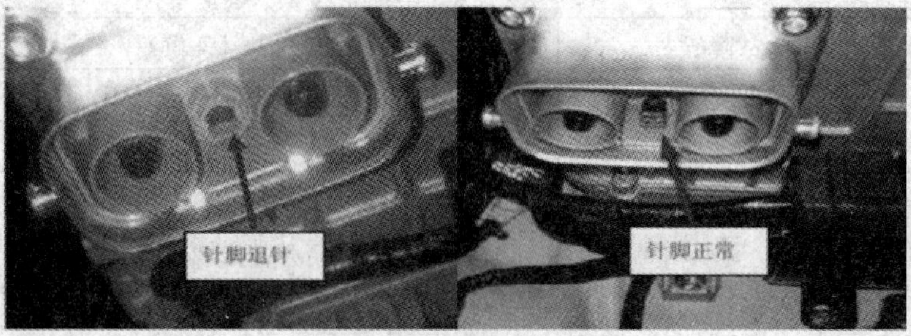

图 8-102　针脚退针示意图

四、训练小结

(1) 混合动力汽车按驱动方式可分为串联式、并联式和混联式三种。

(2) 判断混合动力汽车故障，首先要了解被检车辆的类型，还要了解在什么驱动模式下发生故障。

(3) 混合动力汽车发动机系统故障诊断方法与传统电控发动机基本相同。

(4) 混合动力汽车电力驱动系统部件故障主要包括动力电池与管理系统故障、驱动电机与控制系统故障。

(5) 由于混合动力汽车还有并联插电式混合动力汽车，因此了解发动机组成与控制系统、电力驱动组成与控制系统是故障诊断的基本条件。

(6) 混合动力汽车的故障诊断方法：首先了解故障发生条件，确认故障真实性；然后使用诊断仪读取和分析故障码与数据流，查看需标定的系统，比较类似故障；最后结合维修手册检测诊断故障。

(7) 维修日系混合动力汽车时，必须使怠速停止模式不工作，否则会造成重大安全事故。

项目小结

(1) 电动汽车高压安全与保护措施技能实训。
(2) 电动汽车高压线束安全检测技能实训。
(3) 电动汽车电池安全与防护技能实训。
(4) 电机控制器拆卸与安装技能实训。
(5) 高压控制盒拆卸与安装技能实训。
(6) 电动汽车充电安全操作技能实训。
(7) 纯电动汽车典型故障诊断与分析技能实训。
(8) 混合动力汽车典型故障诊断与分析技能实训。

思考与练习

(1) 电动汽车高压断电有哪些步骤？
(2) 电动汽车整车高压线束有哪些？
(3) 电动汽车电池如何进行回路、漏电和绝缘检测？
(4) 简述电机控制器拆卸与安装步骤？
(5) 高压控制盒拆卸与安装的步骤有哪些？拆卸与安装过程应该注意哪些事项？
(6) 如何进行电动汽车安全充电？电动汽车慢充与快充有何异同？
(7) 北汽 EV200 空调系统不制冷故障如何诊断与分析？
(8) 混合动力汽车有哪些典型故障？如何进行故障诊断与分析？

参 考 文 献

[1] 关云霞，梁晨. 新能源汽车技术[M]. 北京：机械工业出版社，2018.
[2] 高窦平，高庆华. 新能源汽车高压电安全技术[M]. 北京：人民交通出版社，2018.
[3] 陈伟儒，万艳华. 新能源汽车高压安全与应急处理[M]. 北京：人民交通出版社，2018.
[4] 曾鑫，刘涛. 新能源汽车动力电池与驱动电机[M]. 北京：人民交通出版社，2017.
[5] 汽车专业领域职业技能等级标准专家委员会. 汽车专业领域 1+X 职业技能等级标准[M]. 北京：北京中车行高新技术有限公司，2019.
[6] 北京吉利大学校企合作师资研修培训参考[M]. 北京：浙江吉利汽车有限公司，2019.